BASTEI
LÜBBE

Mary Kay Blakely

Weckt mich, wenn es vorbei ist

Ein neuntägiges Koma wird für Mary Kay Blakely, erfolgreiche Journalistin und Mutter von zwei Kindern, zum Schlüsselerlebnis. Sie fragt sich, ob sie vorher wirklich glücklich war...

Aus dem Englischen übersetzt
von Ekkehart Reinke

BASTEI
LÜBBE

BASTEI-LÜBBE-TASCHENBUCH
Band 61 201

1. Auflage April 1991
2. Auflage Juni 1991

Deutsche Erstveröffentlichung

Die amerikanische Originalausgabe erschien unter
dem Titel WAKE ME WHEN IT'S OVER im Verlag
Times Books, New York

Printed in Germany, Juni 1991
Einbandgestaltung: Manfred Peters
Titelbild: Gruner & Jahr
Satz: Fotosatz Prechtl, Passau
Druck und Bindung: Ebner Ulm
ISBN 3-404-61201-9

Der Preis dieses Bandes versteht sich einschließlich
der gesetzlichen Mehrwertsteuer

Inhalt

Prolog: Die Leiden 7

1. Kapitel: Die Notaufnahme 74
2. Kapitel: Der Irre in der Familie 89
3. Kapitel: Zwei Söhne 109
4. Kapitel: Queen Marys Hände 135
5. Kapitel: Liebe Miss X 158
6. Kapitel: Das Rätsel der Verantwortung 180
7. Kapitel: Die Fünfhundert-Seiten-Scheidung 200
8. Kapitel: Unregelmäßige Gehirnströme 227
9. Kapitel: Bericht über Alph 248
10. Kapitel: Das Hotel Cedar 272
11. Kapitel: Der Energiekreis 298
12. Kapitel: Die Frau mit dem weißen Licht 307
13. Kapitel: Das Erwachen 323
14. Kapitel: Mein anderes Ich 352

PROLOG

Die Leiden

Während der ganzen Fahrt zum Flughafen Detroit am 21. März 1984 mußte ich mir auf die Zunge beißen, um Howie nicht zu bitten: »Gib Gas!« Ich saß auf dem Beifahrersitz und stemmte den Fuß gegen die Bodenplatte, während ich die Meilenpfosten am Rand des Highways zählte, als ob ich uns dadurch schneller vorantreiben könnte. Mein Herz pochte — hörbar, wie ich meinte —, und Howie schaute gelassen durch die Windschutzscheibe.

Es hatte keinen Zweck, ihn anzutreiben, er hörte sowieso nicht auf mich, konnte meine Ängste nicht nachempfinden, selbst wenn ich sie ihm erklärt hätte. In den letzten fünf mühevollen Jahren unserer Ehe hatte er sich mit dem Tempo einer schwerbeladenen Schildkröte weiterentwikkelt. Meine häufigen Anwandlungen von Angst beeindruckten ihn nicht im geringsten. Er hielt sie für die zwar tragischen, aber unvermeidlichen Äußerungen eines geborenen Angsthasen. »Wenn du weiter so langsam bist, wirst du eines Tages noch Wurzeln schlagen«, hatte ihn schon ein Zimmergenosse vom College verulkt. Selbst in Notfällen — und dazu zählte für mich der Wunsch, meine Maschine nach New York zu erreichen — brachte er es höchstens auf eine gemächliche, gleichmäßige Reisegeschwindigkeit.

Immer fuhren wir erst im letzten Augenblick ab. Vielleicht, weil uns das Adrenalin, die Spannung, davon ablenkte, dar-

über nachzudenken, wo ich hinflog, wer mich bei der Landung erwartete und warum ich bald weiterfliegen mußte, wie ich es seit 1984 tat. Das alles deprimierte Howie zutiefst. Unsere Trennung lag schon drei Jahre zurück, aber in Howies Psyche herrschte noch immer Eiszeit. Zornig und verletzt hatte er während der langwierigen Scheidungsverhandlungen dagesessen — die Arme düster vor der Brust verschränkt — und mich über den Beratungstisch hinweg betrachtet wie ein Einzelkämpfer aus dem politischen Untergrund. Meine Kompromißbereitschaft hätte ihn eigentlich begeistern müssen, wenn sie nicht mit der Scheidung verbunden gewesen wäre und damit seinen inbrünstigen Schwur zunichte gemacht hätten: »Ich gelobe, diese Frau zu meiner rechtmäßig angetrauten Gemahlin zu nehmen.«
Gegenwärtig gab er sich kühl zurückhaltend, damit mich die Tatsache, daß er mir einen Gefallen tat, nicht auf die Idee brachte, er würde meine »Fahnenflucht« gutheißen. Daß wir uns immer noch liebten, machte alles noch aufreibender. Howie war unberechenbar und schwankte zwischen Wut und Zuneigung wie jemand, den beim Ferngespräch mit der Geliebten ständig atmosphärische Störungen unterbrechen. Mal brüllte er zornentbrannt los, mal entschuldigte er sich wieder und schwieg verbissen. Die Situation machte ihn fertig.
Natürlich mußten wir unterwegs anhalten, um zu tanken, denn wie gewöhnlich stand die Benzinanzeige gefährlich nahe an »leer«. Howie war chronisch knapp bei Kasse, und schon aus diesem Grund ein nervöser Fahrer. Alle dreißig Sekunden streifte sein Blick die Benzinuhr — typisch für jemanden, der seinen Tank immer nur zu einem Viertel füllt. die Geldprobleme plagten ihn, seit er vor fünf Jahren seine Stellung bei der Stadtverwaltung von Fort Wayne, Indiana, verloren hatte. Von Beruf Städteplaner, war er von den

Wechselfällen der Lokalpolitik abhängig und beschloß, nach fruchtloser Stellungssuche, den Beruf zu wechseln. Im Alter von zweiundvierzig Jahren kehrte er an die Universität von Michigan zurück, um seinen Doktor nachzuholen. In jenem September, als er nach Ann Arbor zog, trennten wir uns.

Das »Auflösungs-Übereinkommen«, wie es unser gemeinsamer Anwalt genannt hatte, enthielt einige Fußangeln, zum Beispiel teilte es unsere Kinder zwischen uns auf, als wäre deren Zeit und Zuneigung eine Handelsware. Unsere beiden sechs und sieben Jahre alten Söhne stellten während der Verhandlungen nur eine Bedingung: »Wir wollen uns nie für einen von euch entscheiden müssen.« Es lag ihnen so viel an diesem Wunsch, daß ich als die Mutter ebenfalls immer an ihren Vater gebunden bleiben mußte.

Da wir keine Durchschnittsehe geführt hatten, ließ sie sich auch nicht mit einer Durchschnittsscheidung beenden. Wir brauchten ein Dokument mit dehnbaren Bestimmungen, die unseren wechselnden Lebensumständen angepaßt waren. Unser Scheidungsvertrag sollte periodisch auslaufen, damit wir ihn gewissermaßen alle zehntausend Meilen in die Inspektion geben konnten. Für Ehepaare mit Kindern ist so etwas wie eine »endgültige Scheidung« nicht möglich, und ich hatte mich schon darauf eingerichtet, von nun an mit Howie in ständiger Scheidung zu leben.

Im ersten Stadium der »Auflösung« lebten die Kinder mal in unserem Haus in Fort Wayne, mal in Howies Studentenbude in Ann Arbor. Die Jungen reisten gern, waren der Situation aber doch nicht ganz gewachsen. Wenn wir ihre Sachen von einem Kofferraum in den anderen packten, pflegten sie immer irgendwelche Schulhefte oder Baseballhandschuhe liegenzulassen. »Im wohlverstandenen Interesse der Kinder«, hatte man uns Eltern eine enge Zusammenarbeit auferlegt, aber zwischen uns lagen hundertvierzig Meilen. Howie fühlte sich entfremdet und ausgesperrt und konnte nicht an einem Wochenende die verlorene Intimität des täglichen Zusammenlebens wiederherstellen. Während der Ehe hatte er immer sehr viel Zeit mit seinen Söhnen verbracht, und die Scheidung brachte lange, leere Stunden in sein Leben.

Da ich als Journalistin überall arbeiten konnte und Howie nicht, verschob ich freiwillig meinen Umzug mit den Kindern und wohnte zunächst zwei Jahre in Ann Arbor. Phase zwei der »Auflösung« begann damit, daß ich das Haus in Fort Wayne verkaufte, unsere Schulden bezahlte und eine große Wohnung mit drei Schlafräumen mietete. Sie lag an einer mit Bäumen bestandenen Straße, von wo aus die Kinder bequem zu ihrem Vater radeln konnten. Diese Wohnung wurde das feste Zuhause der Kinder. Wenn ich aus beruflichen Gründen nach New York oder Washington fuhr, zog Howie vorübergehend mit ein. Für die Kinder bewährte sich dieses Arrangement, aber uns zwang es zu einer Art gemeinsamem Haushalt, der erneut die Probleme brachte, die schon unsere Ehe überschattet hatten. Es gab zum Beispiel ermüdende Diskussionen über neuanzuschaffende Haushaltsgeräte, und ich wollte nicht, daß die Dinge noch schlimmer wurden. Dies war der zweite große Einschnitt, den ich erreichte — ich hatte in unserem ewigen Krieg um Geld einen vorübergehenden Waffenstillstand erzwungen. Die Bedingungen waren sehr einfach: Howie zahlte von seinem Einkommen aus Teilzeitjobs, was er erübrigen konnte, ich zahlte den Rest. Das lief auf bedingungslose Kapitulation aus, auf nackte Armut, der wachsende Schuldenberg verursachte mir zunehmend Gewissensbisse.

Aber es gab in diesem Jahr zu viele Kriege an zu vielen Fronten zu führen, um höhere Unterhaltszahlungen bei

Howie durchzusetzen. Er war im dritten Jahr seines Studienprogramms und hatte erst wenige Seiten seiner Dissertation zu Papier gebracht. Mir war klar, daß es noch Jahre dauern würde, bis er über etwas wie einen regelmäßigen Gehaltsscheck verfügen würde. Eine beängstigende Perspektive für unsere kleine Familie, die nach dieser »Kernspaltung« von meinen sehr wechselhaften Einkünften als Journalistin abhing.

*

Endlich hielt der Wagen vor dem Terminal des Flughafens New York. Ich schaute zur Uhr. Mir blieben noch genau zehn Minuten, um den langen Gang zum Abflug-Gate hinunterzusprinten. Eine sportliche Höchstleistung, die durch das tonnenschwere Gepäck erschwert wurde, das ich bei mir hatte. Seit drei Jahren reiste ich jeden Monat hin und her zwischen den Kindern, meiner Arbeit in New York und dem Mann in Washington, den ich liebte. Wie unter einem Zwang packte ich ständig zuviel ein, verfolgt von der Vorstellung, mir könne irgendwo irgend etwas fehlen, was auch immer prompt passierte. Wenn ich in New York arbeitete, fehlten mir die Kinder. Während der Wochen als alleinerziehende Mutter in Ann Arbor verpaßte ich Redaktionstermine, und während der ganzen Zeit — die wenigen, im voraus geplanten Wochenenden ausgenommen — fehlte mir Larrys Zärtlichkeit. Ich vermißte seine Umarmungen, seinen Körper überhaupt.
Aber schließlich hatte ich diese verkrachte Existenz selbst gewollt, und deshalb akzeptierte ich deren Mängel als unvermeidlichen Preis für meine hochfliegenden Pläne. Am Ende sollten nämlich all die verstreuten Teile meines Lebens ein prächtiges Bauwerk ergeben. Bei dem ganzen Hin und Her auf dem Weg zu diesem Ziel erfüllte ich zwar immer meine großen Verantwortungen, unterschätzte aber be-

trächtlich den körperlichen und seelischen Streß, obwohl mein Körper mir genügend Warnsignale gab über seinen gefährdeten Zustand. Noch an diesem Morgen war ich mit starken Unterleibsschmerzen erwacht und hatte einen Augenblick lang vermutet, mich bei meinen grippekranken Kindern angesteckt zu haben. Eine Grippewelle ging gerade um unter den Schülern der dritten und vierten Klasse, und meine beiden Söhne lagen seit einer Woche im Bett. Da mein Körper Viren geradezu magnetisch anzieht, glaubte ich, mich angesteckt zu haben. Aber damals reagierte ich auf jede körperliche oder seelische Unbill mit Härte, ich biß die Zähne zusammen, machte tapfer weiter und stolperte ins nächste Unglück. Jedenfalls kam es mir nie in den Sinn, wegen eines Unwohlseins eine Reise zu verschieben. Meinem Terminkalender zufolge stand mir ab dem 21. März eine Woche großer Möglichkeiten bevor, die ich drei Jahre lang geplant und vorbereitet hatte. Vor allem in New York erwartete mich eine Fülle von Terminen, die mich in einen Anfall von Packwut stürzten. Ich füllte drei Koffer mit der Auswahl an Grau und Marineblau, die meinen Mitteln und der Kleiderordnung für Geschäftstermine am ehesten entsprach. Dazu kamen Bücher, Manuskripte und genügend Schreibpapier, um mich eine Woche lang bei den Mittagessen mit Redakteuren dahinter zu verschanzen. Ferner ein reichhaltiger Vorrat an Medikamenten, Gaze und Verbänden für die Wunden, die man mir gerade bei einer Vorsorgeoperation geschlagen hatte, außerdem eine Mappe mit zwei Dutzend Röntgenbildern, die ich einem Lungenfacharzt in der Mount-Sinai-Klinik vorlegen wollte. In einem Anfall von Ehrgeiz nahm ich auch noch den kleinen blauen Vinylkoffer mit, der die persönlichen Aufzeichnungen meines Bruders Frank enthielt. Er hatte mich gebeten, sie zu redigieren, und seit zweieinhalb Jahren drückte ich mich davor. Schließlich hatte mich das Fieber des Kofferpackens so berauscht, daß ich sogar die alte knielange Weste aus rotem Wildleder aus den Tiefen des Kleiderschranks nahm.

Die Weste war eine der vielen Kuriositäten meiner Garderobe. »Eigentlich ziehst du dich gar nicht an«, hatte Larry einmal gesagt, »du kostümierst dich.« Seit Jahren kaufte ich auf meinen Vortragsreisen durch die Städte alle möglichen Sammlerstücke – zum Beispiel den lavendelfarbenen Gasmaskenbeutel aus Minneapolis, den ich als Einkaufstasche verwendete. Das Nachthemd mit der Aufschrift: »Laßt uns laichen!« unter der rosarote Lachse flußaufwärts schwammen, stammte aus Juneau, die Keramikohrringe aus Big Sur, die Gürtelschnalle aus Kansas City und das Bowling-Hemd aus Evansville.

Diese Souvenirs waren alle tragbar und erinnerten mich an Menschen, an ihre Städte und daran, wie ich mich am Tag des Kaufs gefühlt hatte. Jedesmal, wenn ich den lavendelfarbenen Gasmaskenbeutel mitnahm, fiel mir beispielsweise ein, wie ich vor meiner Ansprache in Minneapolis nach Luft geschnappt und dabei aus dem Innern meines Rippenbogens heraus gestöhnt hatte. Als ich vor den vollbesetzten Reihen der Zuschauer aufs Podium stieg, war ich fast sicher gewesen, daß mein letztes Stündlein geschlagen hätte.

Die Weste aus Chicago rief mir meine Freunde mit den Stirnbändern und die afrikanischen Daschikis in Erinnerung, die sich regelmäßig in der kleinen Wohnung einfanden, die Howie und ich in der Altstadt gemietet hatten. Sie saßen im Schneidersitz auf dem Fußboden und schmiedeten Pläne für die friedliche Revolution der Liebe. Wir alle waren jung und unschuldig gewesen und im Besitz der großen Wahrheit. Ich hatte die Weste nie wieder getragen, wußte aber genau, was mit ihr geschehen sollte: Sie mußte begraben oder verbrannt werden wie eine heilige Reliquie, dachte ich, und an jenem Tag im März hielt ich es durchaus für denkbar, mit dieser Weste nach Greenwich Village zu gehen und die alten, nie ganz erloschenen Sehnsüchte wieder empfinden zu können.

Ich war ein Landei aus dem Mittelwesten, und bislang hatte man mich in New York nur ausgelacht. Als ich meiner Redakteurin bei der *Cosmo* am Telefon meine Schwierigkeiten mit ihrem Auftrag beschrieb, hatte sie nur gesagt: »Oh, Mary Kay, das muß doch nicht alles so bedeutungsschwanger werden! Mach's dir leicht, dann lebst du länger!«

Vor dem Einpacken probierte ich die Weste noch einmal an und erinnerte mich wieder, wieviel Spaß es gemacht hatte, sie zu tragen. Die langen Troddeln schwangen bei jedem Schritt rhythmisch hin und her, so daß aus jedem Gang über die Straße ein kleiner Tanz wurde. Ich stellte mir vor, wie ich mit Larry gemütlich durch den Abend spazieren würde, meinen Daumen hinten in seinen Gürtel eingehakt, sein Arm liebevoll auf meinen Schultern. Ich malte mir aus, wie wir an unserem Lieblingstisch im Café Riveria im Greenwich Village sitzen und die Neujahrsfeiern nachholen würden, die wir aus Anlaß seiner langersehnten Versetzung von Washington nach New York hatten begehen wollen. Das war der erste entscheidende Schritt gewesen bei der heiklen Verpflanzung zweier Karrieren und zweier Kinder, und es hatte mir fast das Herz gebrochen, daß im vergangenen Winter nichts aus diesem Fest geworden war, weil ich am Neujahrstag wieder ins Krankenhaus mußte.

Wenn ich heute den Flug verpaßte, setzte ich meine ganze Zukunft aufs Spiel, davon war ich in meiner Aufregung fest überzeugt. Flink wie ein Wiesel sprang ich aus dem Wagen, während Howie bedächtig seine Zigarette ausdrückte und den Aschenbecher zuklappte.

»Mit dem ganzen Zeug wirst du's nie rechtzeitig schaffen«, prophezeite er düster. Inzwischen hatte er den Kofferraum seines verbeulten roten Corolla geöffnet und das Gepäck in Augenschein genommen. Die Schultern frierend hochgezogen, wärmte er sich die Hände in den tiefen Taschen seiner Cordhosen und überlegte, welchen Koffer er zuerst herausnehmen sollte. Der Wind wehte ihm das dunkelblonde Haar in die Stirn, und ich sah, daß sein Bart dringend gestutzt werden mußte. Nach zehn Jahren als Hausfriseuse konnte ich es mir nicht abgewöhnen, Howies Kopf kritisch zu mustern. Seit der Scheidung hatte ich ihm nur noch selten die Haare geschnitten, und vor einigen Monaten ganz damit aufhören müssen. Es fiel mir zu schwer, mich über seinen Kopf zu beugen, ihn am Hals und im Nacken zu berühren, die feinen, weichen Haare zu kämmen und dann zurückzutreten und den schrecklichen Schmerz in seinen traurigen blauen Augen zu sehen.

»Ich muß es aber schaffen«, sagte ich, »ich habe keine Zeit mehr abzusagen.« Er lud das Gepäck aus und stellte alles hin, ohne mich zu fragen, ob er mir helfen könne. Ich konnte ihn nicht darum bitten, Regel Nummer eins unseres Waffenstillstands lautete: »Erwarte nichts!« Er hätte mir ebensogut einen Konzertflügel für die Carnegie Hall übergeben können, ich hätte versprochen, ihn abzuliefern. Außerdem war er mit seinem Schneckentempo sowieso keine Hilfe, bei diesem Endspurt war Schnelligkeit angesagt.

Ich bepackte mich mit den Koffern und sah Howie beim Abschied in die Augen. Regel Nummer zwei lautete: »Belaste dich nicht mit dem Kummer des anderen!«, was bei langen Blicken in diese traurigen blauen Tiefen äußerst schwer war. Mechanisch streckte Howie die Arme aus, um mich an sich zu ziehen, als ihm plötzlich sein Versprechen einfiel. Er hielt mitten in der Bewegung inne und gab mir einen

leichten Klaps auf den Arm — eine klägliche Geste, die bewirkte, daß ich auch keinen Ton herausbrachte.
Dieser Klaps bedeutete, daß ich mich wohl in meinen Berechnungen getäuscht hatte. Bis zum großen Tauwetter, wo Howies Herz schmelzen und er mir wieder freundschaftliche Gefühle entgegenbringen würde, war es offenbar noch eine Weile hin. Nach zehn Jahren vertrauter Berührungen und gegenseitiger Zuneigung war die Kälte des Umgangs eine besonders harte Strafe, die mich bekümmerte. Wie lange können Menschen bei so eisigen Temperaturen existieren, ohne daß etwas von ihnen abstirbt?
Ich war entschlossen, nichts von Howie zu erwarten, aber trotzdem enttäuscht, daß er wirklich nichts gab. So kehrte sich Liebe in ihr Gegenteil. Das Äußerste, worauf ich in dieser emotionalen Verödung hoffen konnte, war das Fehlen von Schmerz. Ich drehte mich um und steuerte auf den Eingang zu, bemüht, mich nicht mit Howies Einsamkeit zu belasten.
»MK!« rief er mir nach — ein alter, vertrauter Gruß aus liebevoller Vergangenheit, der mich zum Stillstand brachte. Ich drehte mich um. Er stand vor der offenen Fahrertür, nur sein Oberkörper ragte wie eine große freischwebende Büste über das Wagendach. Ein plötzlicher Einfall hatte seine Miene vorübergehend belebt.
»Vergiß nicht, was wir besprochen haben!« rief er mir zu, und ich dachte wieder an die lange Sitzung am Küchentisch, am Vorabend nach dem Abendessen. »Überleg es dir, und wenn du zurückkommst, entscheiden wir uns«, sagte er mit einem Achselzucken, als habe er kein großes Interesse an der Sache. Er war ein schlechter Schauspieler! Seine Augen verrieten ihn, meldeten Freude oder Kummer wie zwei Signallampen. Als er mich gestern abend gebeten hatte, meinen Umzug mit den Kindern um ein weiteres Jahr zu

verschieben, hatte in diesen Augen ein unmißverständlicher, dringender Hilferuf gestanden.
Er war gut vorbereitet gewesen und hatte überzeugende, vernünftige Gründe vorgebracht. Daß die Kinder hier in der Schule gute Fortschritte machten und viele gute Freunde in Ann Arbor hatten. Daß er sein Studium unterbrechen, ganztags arbeiten und die finanziellen Bürden auf sich nehmen wolle, die er bisher mir überlassen hatte. Daß ich auf diese Weise noch ein Jahr mit Larry allein sein könne, bevor wir die Verantwortung für eine Familie auf uns nehmen müßten. Zum erstenmal in drei Jahren hatte sich Howie damit einverstanden gezeigt, ein paar finanzielle Verpflichtungen zu übernehmen. Und was noch überraschender war: Er hatte den Faktor Larry zur Kenntnis genommen. Im Austausch für diese Zugeständnisse bat er um ein weiteres Jahr mit den Kindern. Das war gewissermaßen der Gipfel seiner Wünsche.
»Ich werd's mir überlegen«, schrie ich zurück. Er winkte mir und sagte noch etwas, aber es war nicht zu verstehen bei dem starken Wind. Es war offensichtlich etwas, das zu seinem seltsam liebevollen Lächeln paßte. Der körperlose Kopf glitt unter das Wagendach und verschwand im Auto. Ich verlor noch ein paar wertvolle Sekunden, bis der Corolla startete und sich meine Erstarrung löste. Ich fühlte mich seltsam bewegt.

*

Ich schaute mich nach einem leeren Gepäckkarren um, konnte aber keinen entdecken. Meine gesammelten Wünsche und Träume wogen fast so schwer wie mein eigener Körper. Ich stolperte den Gang entlang, als trüge ich mich selbst auf den Schultern. Bis auf eine letzte Hostess in grauer Uniform mit roter Krawatte war die Wartezone am Abflug-Gate leer.

Die ziehharmonikaförmige Gangway zum Flugzeug erinnerte an einen riesigen Staubsauger, der die Menschen wie Krümel in den Bauch der Maschine zieht. Auf dem Weg durch die Gangway schlugen meine Koffer an die biegsamen Wände der Ziehharmonika. Ich hörte mein Herz hämmern, betrat die Maschine und bemühte mich, die Passagiere der 1. Klasse nicht mit meinem Gepäck zu belästigen. Schließlich landete ich vor einem großen Knäuel von Personen, die ihr Handgepäck in den vorgesehenen Fächern verstauen wollten.

Ich schnappte nach Luft, und mit jedem tiefen Atemzug drang dunkel und langgezogen eine Art Flötenton aus meiner Brust. Die Leute vor mir drehten sich um, hoben die Augenbrauen und suchten nach der Quelle des bizarren Geräuschs. Das klagende, fast unmenschliche Stöhnen kam aus einem fünfzehn Zentimeter langen Gummischlauch, der aus meiner Körpermitte ragte. Dieses leise Stöhnen, das gelegentlich aus meinen Rippen drang, war nicht leicht zu erklären — schon gar nicht in kurzen Worten. Ich wollte es nicht erst versuchen. Vielmehr zuckte ich mit den Achseln, als wäre ich ebenso überrascht und ratlos wie die anderen. Dann sah ich mich mit ausdrucksloser Miene um, als suchte ich ein Kind mit einer zerbrochenen Ziehharmonika. Der Mann auf dem Sitz zu meiner Linken, dessen Ohr nur Zentimeter von meinen Rippen entfernt war, sah mich so durchdringend an, als hege er einen Verdacht.

Der Schlauch war ein kleines Andenken an eine Lungengewebsuntersuchung, der ich mich vor wenigen Monaten unterzogen hatte. Irgendwann im Verlauf der Operation war es in der Wunde zu einer Infektion mit Eiterbildung gekommen, aber der Chirurg hatte sie unbekümmert wieder zugenäht. Ich ahnte nichts davon, bis ich einen Monat später beim Aufwachen eine Verdickung unter der Wunde fühlte. Ich lüftete das Nachthemd und entdeckte eine Geschwulst von der Größe einer halben Grapefruit. Sie dehnte die zarte, fünfzehn Zentimeter lange Operationsnarbe zu einem grotesk lächelnden Mondgesicht. So mußte Larry den Neujahrstag 1984 allein im Café Riviera in New York feiern, denn ich zog zu einer Nachoperation ins Krankenhaus.

Ein langer, harter Kunststoffschlauch wurde zwischen den Rippen in die Brusthöhle eingeführt. Der Absaugapparat am Fußende des Betts förderte gurgelnd eine verdächtige, farblose Flüssigkeit zutage. Fast eine Woche später wurde ich entlassen, mit einem weicheren, engen Gummischlauch in den Rippen und meterlangen Gazebinden um den Leib. Zweimal am Tag mußte ich die Röhre in eine kleine Wanne mit einer Salzlösung tauchen und den Verband wechseln. Ich bemühte mich, diese ekelhafte Aufgabe so gelassen wie möglich zu erledigen und den Schreck über meinen völlig außer Rand und Band geratenen Körper zu überwinden.

Der ganze Ärger hatte zwei Jahre vorher angefangen, als ich in Ann Arbor angekommen war und die zweite Phase der »Auflösung« begann. Spätabends wurde ich mit Schüttelfrost und Fieber in der Notaufnahme eingeliefert. Die Internisten in der Catherine-Macauley-Klinik diagnostizierten Lungenentzündung. Ich dagegen hielt mich für ein Opfer des eisigen Klimas, in dem ich mich bewegte. Die Ärzte betrachteten besorgt meine Röntgenaufnahmen, auf denen sich geheimnisvolle dunkle Schatten an den Lungenspitzen zeigten.

Ich war auch beunruhigt, aber keineswegs überrascht, weil diese Schatten schon in anderen Streßperioden meines Lebens aufgetaucht waren. Sie kamen und gingen. Vermutlich würden sie wieder verschwinden, wenn ich mein Leben im Griff hatte. Das Problem war allerdings, daß mir das nicht

gelingen wollte. Sie heilten mich mit Penicillin von der Lungenentzündung, aber die Schatten wurden größer.
Zwei Jahre lang widersetzte ich mich der Lungengewebsprobe, weil ich außer den dunklen Schatten auf den Röntgenbildern keine anderen Symptome aufwies. Ich unterzog mich zahllosen Blutproben und Durchleuchtungen, man nahm Speichelproben, man untersuchte mich auf Herz und Nieren, aber nichts lieferte eine Erklärung für die Schatten. Die Ärzte waren überzeugt, daß eine Lungengewebsuntersuchung in spätestens zehn Tagen alle Fragen klären würde. Ich staune immer wieder, daß Wissenschaftler mit so genauen Zeitvorstellungen an verzwickte Probleme herangehen. Während ich als Journalistin über das Geheimnis und den Symbolgehalt dieser Schatten grübelte, maßen die Ärzte geschäftig deren Umfang und Größe, gaben ihnen wissenschaftliche Namen und erwarteten nach einer bestimmten Zeit erschöpfende Antworten.
Als die Schatten vor zehn Jahren zum erstenmal aufgetreten waren, hatten die Lungenspezialisten am Städtischen Tuberkulose-Sanatorium von Chicago eine Untersuchung des Lymphgewebes vorgenommen und einen »sarkomähnlichen Tumor« festgestellt. Es handle sich um einen Fehler des Immunsystems, hieß es, wobei die körpereigene Abwehr gegen sich selbst arbeitete. Es gab keine Therapie, man ließ der Krankheit ihren Lauf, bis sie verschwand. In jener Woche im Sanatorium legte ich mir eigene Erklärungen zurecht und fand eine andere mögliche Ursache für die Schatten auf den Röntgenbildern. Ich war seit drei Jahren verheiratet, der Brautstrauß längst verwelkt, mein Mann war arbeitslos, und wir wohnten bei den Schwiegereltern. Meine Diagnose lautete: Depressionen, und dafür gab es nur eine Behandlung: Abwarten.
Das war auch zehn Jahre später noch meine Einstellung, als

die Ärzte in Ann Arbor so großen Eifer zeigten, meinen Körper erneut aufzuschneiden. Ich hatte nicht die Absicht, ihn wieder der Wissenschaft zur Verfügung zu stellen, weil ich nicht an eine körperliche Ursache des Problems glaubte, aber plötzlich tauchten im Oktober 1983 neue Symptome auf. Ich hatte Sehstörungen, sah nur verwischte Bilder und litt unter einer überwältigenden Müdigkeit. Periodisch traten plötzlich Heißhunger und unstillbarer Durst auf; Anzeichen einer weiteren Störung des Immunsystems, die noch viel gefährlicher war: Diabetes mellitus.
Meine Ärzte waren verblüfft, weil diese Krankheit in meiner Familie nie aufgetreten war und ich nicht in ihr Bild von einem Diabetiker paßte – über Vierzig, Vielfraß, Übergewicht. Ich stellte mir vor, daß mein Immunsystem durch die zahlreichen SOS-Signale, die mein Gehirn aussandte, einen Amoklauf unternommen und dabei versehentlich die unschuldigen Langerhansinseln angegriffen hatte. Daß diese winzigen Insulin-Produzenten in meiner Bauchspeicheldrüse unfreiwillig die Opfer befreundeter Kräfte geworden waren, war noch nicht das Ende der Tragödie.
Die täglichen Insulinspritzen und das ganze Drum und Dran der Zuckerkrankheit beherrschten mein Leben, aber ich wehrte mich gegen die Vorstellung, daß sich das bis zu meinem Lebensende nicht ändern würde. Als mein Internist auf die Idee kam, daß die Diabetes und die Lungenschatten einen Zusammenhang haben könnten, daß man mit der Diagnose und Behandlung der einen Krankheit auch die Symptome der anderen aufheben würde, kapitulierte ich und erklärte mich mit einer Vorsorgeoperation einverstanden. Meine Familie und die Freunde waren erleichtert, endlich einen Namen zu haben für die Krankheit, die mir das Mark aus den Knochen sog, aber ich war nicht

überzeugt. Es widersprach allem, was ich über meinen psychosomatischen, höchst sensiblen Körper wußte. Ich hielt die Schatten für Symptome einer schweren Depression, die an einem Wochenende im November vor zwei Jahren eingesetzt hatte, als mein Bruder Frank seinen blauen Koffer bei mir zurückließ. Und ich konnte mir nicht vorstellen, daß man Depressionen mit chirurgischen Eingriffen heilte. Meine Ärzte waren begeistert von der Biopsie der offenen Lunge. Der Chirurg hatte eine große Gewebeschicht entfernt, das komplette Abbild eines Schattens, der aussah wie eine mit klarer Flüssigkeit gefüllte Knolle. Nach einer Woche hatte sich in der Kultur noch nichts Eindeutiges gezeigt, und meine Ärzte mußten bereits mehrere der möglichen Diagnosen streichen. Nach zehn Tagen waren auch entlegene Hypothesen nicht mehr zu halten, und sie mußten ihren Ehrgeiz, den Kollegen an der Universität eine verblüffende Krankengeschichte zu unterbreiten, zurückstellen. Das Geheimnis blieb ungelöst, und beim Krankenhauspersonal war ich allgemein bekannt als der Blakely-Fall.

Im Bewußtsein einer Niederlage schickte man einige tiefgefrorene Gewebeproben an das Institut der US-Armee in Washington und an das bekannte Labor von Dr. Anna Luisa Katzenstein an der Universität von Louisiana. Die Pathologen konnten nur bestätigen, was es nicht war: Es war kein Krebs, es war nicht die Wagnersche Krankheit, es war überhaupt keine in der modernen Wissenschaft bekannte Infektion. Um sie zu benennen, kam man auf verschiedene Bezeichnungen — als Favorit erwies sich »Nodus-Nekrose« (abgestorbene Gewebeknoten).

Während der langen Genesungszeit im Krankenhaus hatte ich reichlich Zeit, über die Bedeutung der Nodus-Nekrose nachzudenken. Der Heißhunger, der unstillbare Durst — ich sah mich schon den tödlichen Fehler von Salingers Bananenfisch begehen, der in eine Höhle schwamm und so viele Bananen fraß, daß er nachher nicht mehr hinauskonnte. Ich hatte auch zu viele Wünsche und Pläne und wußte sehr gut, daß alles auf einmal unvernünftig war. Aber welche meiner Sehnsüchte wollte ich opfern? Die Kinder nicht, auch nicht Larry, meine Familie oder meine Freunde. Meine journalistische Arbeit? Meine Versprechen an Frank? Meine gestörte Beziehung zu Howie? Wenn man zu viele Leidenschaften hegt, dachte ich, kann sich der Brustkorb zu bizarrer Größe aufblähen. Aber da ich meinen Appetit nicht bezähmen konnte, entschied ich mich schließlich für den Schlauch.

»Ich kann einfach nicht glauben, daß dies das Beste sein soll, was die moderne Medizin zu bieten hat«, beklagte ich mich während einer Untersuchung bei meinem Arzt. »Wir leben nicht im Mittelalter, wir haben doch Antibiotika!« Der Schlauch erschien mir kaum besser als der Aderlaß im 19. Jahrhundert, damals hatte ein Patient eine etwa fünfzigprozentige Chance, den Arztbesuch zu überleben. Nach meinen Erfahrungen mit der modernene Medizin waren die Aussichten heutzutage etwa gleich groß.

Drei Monate lang reiste ich mit diesem bizarren schlauchartigen Apparat durchs Land, zorniges und bedrücktes Opfer der medizinischen Schule von Curly, Moe und Larry.*

Während der Schlauch dieses leise Stöhnen von sich gab, erfaßte mich ein Schwindelgefühl, das Gepäck wurde mir zu schwer, ich ließ die Riemen von den Schultern gleiten, und die Koffer fielen mit einem dumpfen Geräusch zu Boden. Ich verlor das Gleichgewicht und landete ungeschickt auf dem obersten Koffer.

---

* Curly, Moe und Larry: amerikanische Filmkomiker (Anm. d. Übers.)

Einmal am Boden, sah ich keinen Grund, sofort wieder aufzustehen. Es würde sowieso dauern, bis der Gang vor mir frei war. Also stützte ich die Ellbogen auf die Knie, verbarg das Gesicht in den Händen, schloß die Augen und versuchte, mein inneres Gleichgewicht wiederzufinden. Ich rief sozusagen meinen inneren Notarzt zu Hilfe.
Es lohnte sich schon, darüber nachzudenken, warum ich bei meinem labilen körperlichen Zustand den Flug überhaupt angetreten hatte. Ein Grund dafür war sicherlich, daß mein Frühwarnsystem nicht mehr klappte. Meine ungewöhnlich hohe Schmerzwelle ließ mich die erste Welle gar nicht empfinden. In der Nacht vor Ryans Geburt waren Howie und ich in panischer Eile ins Krankenhaus gerast, weil ich meine ersten Wehen glatt verschlafen hatte. Ich merkte die Symptome immer erst, wenn der Schmerz schon unerträglich war.
Ich hatte mich bereits in meiner katholisch geprägten Kindheit daran gewöhnt, geringere Schmerzen nicht zu beachten, weil man mich zu einer regelrechten kleinen Märtyrerin erzog. Schweigend erduldetes Leid half angeblich den armen Seelen im Fegefeuer. Ich stellte mir also vor, mit jeder Minute, die ich wartete zum Arzt zu gehen, immer mehr Seelen in den Himmel zu befördern. »Ein Opfer darbringen«, lautete in meiner Familie die Formel für das Ertragen von Schmerzen. Es war Bestandteil der Blakely-Krankheit. Seitdem ich weiß, wie töricht es ist, Symptome nicht zu beachten, versuche ich wieder, auf meinen Körper zu hören, gehe bei ersten Symptomen in die Sprechstunde und überlasse die armen Seelen dem Fegefeuer. Aber als mir dieser Schlauch eingesetzt wurde, war ich wieder unempfindlich geworden.
Ein vernünftigerer Mensch als ich hätte den Flug nach den ersten typischen Grippeanzeichen vermutlich aufgescho-

ben, aber mit Vernunft war schon seit geraumer Zeit bei mir nichts mehr auszurichten.
Ich hatte seit 1984 die Fähigkeit verloren, zwischen einem echten Notfall und einem nur leicht bedenklichen Zustand zu unterscheiden. Ich konnte nicht sagen, welche Anzeichen auf echte Krankheitserreger hindeuteten und welche das Produkt eines überempfindlichen Seelenzustands waren.
Täglich erlebte ich, welch großen Einfluß meine Vorstellungen auf körperliche Vorgänge ausübten. Wenn ich beispielsweise errötete, war ich beeindruckt von der Kraft meines Unterbewußtseins, das gegen meinen Willen Tausende von winzigen roten Blutkörperchen gegen die Schwerkraft nach oben in mein Gesicht strömen ließ. Wenn ich eine aufregende Idee hatte, bekam ich eine Gänsehaut am Hals, Lampenfieber beschleunigte meine Atemzüge, und wenn ich an manche Gesichter dachte, die mir an meinem Küchentisch gegenübergesessen hatten, stieg mir das Wasser in die Augen. Wenn ein Körper schon auf flüchtige Emotionen so dramatisch reagierte, konnte dann nicht auch ein langer, schwerer Kummer Schatten auf den Lungenflügeln hervorrufen?
Ich hatte ein angeboren schwaches Nervensystem. Auch meine vier Geschwister hatten irgendwann einmal ähnlich gefährliche Bereiche berührt. Meine Schwester Gina, die die Jüngste und das Lieblingskind von Kay und Jerrys fünf Sprößlingen war, bekam einen Ausschlag namens »Petite Riasis Rosia«, als sie das Elternhaus verlassen sollte. »Was bedeutet das?« fragte Kay unseren Hausarzt, der diese verwirrenden Erbanlagen seit zwanzig Jahren beobachtete und wie üblich zugeben mußte: »Ich weiß es nicht. Ich habe so etwas noch nie gesehen.« Wir waren wie eine Familie von Kanarienvögel, die auf jede atmosphärische Störung über-

sensibel reagieren und beim ersten Hauch eines giftigen Gases von der Stange fallen.
Nach den zahlreichen schweren Explosionen in meinem privaten und beruflichen Leben hatte ich mit schweren Depressionen zu kämpfen, betrachtete sie aber nicht als Krankheit, was sie ebenso wenig waren wie Schwangerschaft oder Alter. Nach meiner Erfahrung waren Depressionen etwas Natürliches und nicht weniger ehrfurchtgebietend als Freude oder Glück. Im allgemeinen waren sie die Folge emotioneller Zusammenstöße mit der Außenwelt. In solchen Momenten leuchtete in meinem Unterbewußtsein plötzlich das Warnsignal: »Hier ist etwas nicht in Ordnung!«
So etwas pflegte mich tagelang außer Gefecht zu setzen, und nie kam ich dahinter, warum, wie und wann die Vorahnung auftrat und was sie zu bedeuten hatte. Aber unter der äußerlichen Passivität der Depressionen entwickelte sich eine enorme innere Aktivität, denn mein Unterbewußtsein bereitete rasend schnell sämtliche Hirnleitungen auf eine neue Wahrheit vor. Die Offenbarungen des Jahres 1984 erforderten so umwälzende Veränderungen in meinem Leben, daß ich mich fühlte, als wäre mein Kopf in ein Eisen geklemmt.
Wenn ich morgens nach herzbeklemmenden Träumen aufwachte, merkte ich, daß nachts eine gewaltige Bautätigkeit im Gange gewesen war. Tagsüber war ich abgelenkt durch meine Pflichten und konnte keine genauen Formen oder Umrisse ausmachen. Aber daß in diesen unruhigen Nächten neue Wahrheiten geboren wurden, spürte ich schon daran, wie erschöpft ich jeden Morgen war.
Depressionen waren in meinem Fall immer von gesteigerten körperlichen Reaktionen begleitet. Schon gewöhnliche Ereignisse erzeugten solche Überreaktionen. Der Telefonanruf einer Redakteurin konnte einen Schweißausbruch be-

wirken, und als Larry mich eines Abends anrief, um mir zu sagen, daß er mich liebe, brach ich in Tränen aus. Ich hatte mich so eisern gegen Schmerz und Verzweiflung gewappnet, daß mich jede zärtliche Botschaft völlig aus der Bahn warf. Deshalb war ich auch nicht überzeugt, daß die plötzliche Schwäche in den Knien auf eine Grippeinfektion zurückging. Es konnte ja auch sein, daß sich wieder eine Nodus-Nekrose unangenehm bemerkbar machte. Oder es war eine verspätete Antwort auf Howies letzte Worte am Abflug-Gate. Wie dem auch sein mochte, meine Reaktion auf die Grippesymptome war die gleiche wie auf die unangenehme Mitteilung, die mir der Zahnarzt einige Tage zuvor gegeben hatte. Es ging um zwei Backenzähne, die ich mir nach der Operation beschädigt hatte, als ich beim Aufwachen aus der Narkose fürchterlich mit den Zähnen geklappert hatte. Der Zahnarzt untersuchte sie und empfahl zwei Porzellankronen zu je dreihundertfünfzig Dollar. Aus irgendeinem Grund kam mir das zum Schreien komisch vor. Ich geriet außer Rand und Band und machte lauter dumme Witze. Konnte man die Kronen auch aus etwas Billigerem als Porzellan herstellen, vielleicht aus Melmac oder Tupperware? Konnte ich auf der Rückseite meines Führerscheins eintragen lassen, daß ich im Falle meines Todes ein Kronenspender sei? War es sicher, daß keine Gaumengewebeuntersuchung angezeigt sei? Ich war offenbar die einzige, die das alles furchtbar komisch fand. Ich entschuldigte mich immer wieder, aber ich konnte nicht aufhören zu lachen.

»Geht es Ihnen auch gut?« fragte der Zahnarzt deutlich beunruhigt. Er überlegte wohl, ob es ratsam war, einer bedrohlich außer Kontrolle geratenen Frau seine Finger in den Mund zu stecken. Ich nickte schwach, und die Lachtränen rannen mir über die Wangen.

»Geht es Ihnen nicht gut?« wiederholte eine Frauenstimme. Ich schlug die Augen auf und erblickte die graue Jacke einer Stewardeß, die sich über mein unpassendes Lager im Kabinengang beugte. Die Maschine rollte schon über die Startbahn, und die übrigen Passagiere, die alle schon angegurtet auf ihren Plätzen saßen, verdrehten sich die Hälse und warfen mir neugierige Blicke zu.
»Doch«, log ich, »alles klar.« Auch wenn eine Blakely mit einem Pfeil zwischen den Rippen zu Boden sinkt, wird sie auf eine Frage nach ihrem Befinden immer antworten: »Machen Sie sich keine Sorgen, mir geht es gut!« Ich unterdrückte einen weiteren Lachanfall, wischte mir die Tränen von den Wangen und kam taumelnd auf die Beine. Ich trug die lilafarbene Weste mit den knielangen Troddeln und kam mir unter all den Nadelstreifen ringsum wie eine Schießbudenfigur vor.
»Kann ich Ihnen helfen?« fragte die Stewardeß und bot mir an, einen Teil meines Gepäcks zu verstauen. Am liebsten hätte ich ihr gesagt, daß mir nur noch ein Wunder helfen könne, aber dann übergab ich ihr die Mappe mit meinen Röntgenbildern, die ich in gewissem Sinne als moderne Kunstwerke ansah. Ich stellte mir zum Beispiel vor, daß Oscar Wilde, wenn er die nötige Apparatur besessen hätte, auch Röntgenstrahlen benutzt hätte, um die finstere Seele des Dorian Gray darzustellen.
Während die Stewardeß nach vorn ging und nach einem freien Gepäckfach suchte, stand der Mann vom Ecksitz neben mir auf und beförderte meine übrigen Koffer in den Kasten über uns. Dann wartete er geduldig, bis ich mich auf meinen Sitz gezwängt hatte, wobei er mich mit großer Neugier betrachtete. Ich legte Aktenmappe und Handtasche auf dem leeren Mittelsitz ab und ließ mich mit bleischweren Gliedern auf dem Fensterplatz nieder.

Dann legte ich den Gurt an und beschäftigte mich angelegentlich mit dem Inhalt meiner Aktenmappe. Ich befürchtete, daß mein Nachbar eine Unterhaltung mit mir anknüpfen könnte, arbeiten wollte ich eigentlich nicht, nahm aber immer ein Manuskript mit, falls mich einmal die Lust dazu überkommen sollte. Im allgemeinen überließ ich mich jedoch im Flugzeug meinen Träumen. Der moderne Luftverkehr läßt einem so wenig Zeit, sich der neuen Umgebung anzupassen, Passagiere aus Minnesota steigen im milden Florida leicht verwirrt aus der Maschine und haben immer noch ihre Parkas an. Nur zwei Stunden lagen für mich zwischen der Kälte Ann Arbors und meiner heißen Liebe in New York. Da blieb mir kaum Zeit, mich von meinen Isolierschichten freizumachen.
Ich nahm das Taschenbuch und den Schnellhefter mit Notizen für meinen *Cosmo*-Artikel heraus und legte sie in das Netz am Vordersitz. Darunter verstaute ich die Aktenmappe. Dann griff ich zu dem Magazin, das man mir geschickt hatte mit der Empfehlung, mich dem Stil der Zeitschrift nach Möglichkeit anzupassen. Als ich das Heft eben aufschlug, durchbrach mein Nachbar die Demarkationslinie.
»Sie haben wirklich einen Haufen Gepäck mit«, bemerkte er freundlich. »Sind Sie Künstlerin?« Ich senkte eine Ecke des Magazins, um ihn anzusehen. Er war aus Detroit, nicht aus New York, vermutete ich. Er war geduldig, hilfsbereit, neugierig und hatte nicht den überlegenen Blick eines Menschen, der alles kennt und alles gesehen hat. Auf dieser Strecke waren es immer die Leute aus dem Mittelwesten, die eine Unterhaltung anknüpften, und die New Yorker brachen sie dann wieder ab. Mir war inzwischen klar, daß sie nicht einfach unhöflich waren, wenn sie den Austausch von Vertraulichkeiten ziemlich grob und kurzangebunden ab-

wehrten, die Reserviertheit der Leute aus dem Osten war eher eine Art emotionaler Sparsamkeit. Sie lebten in einer Stadt voller Bananenfische ... Sieben Millionen Menschen voller Ehrgeiz und Leidenschaften auf einer dreizehn Meilen langen Insel. Da konnte sich niemand erlauben, in jeden hingehaltenen Hut einen Vierteldollar zu legen. Man mußte haushalten mit seinen Gefühlen.

»Nein«, sagte ich, »das bin ich nicht.« Meine Miene sollte ihm zu verstehen geben, daß die Unterhaltung beendet war, aber ich war eben noch keine überzeugende New Yorkerin.

»Was sind Sie dann?« fuhr er fort, meine Signale übersehend. Ich überlegte, wie gefährlich es wohl war, wenn ich zugab, Journalistin zu sein. Man mußte sich dann immer auf Fragen gefaßt machen wie: Was schreiben Sie? Wo wird es veröffentlicht? Wie haben Sie angefangen? Und es stellte sich immer heraus, daß meine Gesprächspartner in ihrer Freizeit »auch schon geschrieben« hatten und begierig waren, Gemeinsamkeiten zu entdecken. Ich kam zu dem Ergebnis, daß ich im Moment nichts zu verschenken hatte und den hingehaltenen Hut ignorieren mußte.

Also sah ich meinem Nachbarn in die Augen und log: »Ich bin Mastdarmspezialistin.« Es folgte ein kurzes Schweigen. Er beäugte die Weste mit den Troddeln, als wollte er sich davon überzeugen, nicht zu träumen.

»Oh«, sagte er. Sein Lächeln erlosch und er verstummte. Offenbar hatte er sich noch nicht mit Krankheiten des Mastdarms beschäftigt. Ich hob wieder mein Magazin und gab vor zu lesen.

Meine Antwort war keine direkte Lüge gewesen, denn manchmal kam ich mir wirklich vor wie eine Spezialistin für die analen Aspekte des Lebens. Und der Schnellhefter in der Ablage vor mir bewies, daß ich mit Sicherheit auch keine sehr professionelle Journalistin war.

Seit drei Monaten, seit man mir den Schlauch eingebaut hatte, litt ich unter einer ernsthaften Blockierung beim Schreiben und kam nicht weiter mit meinem *Cosmo*-Auftrag. Es handelte sich um einen großangelegten gefühlsbetonten Artikel von ungefähr dreitausendfünfhundert Worten — hausintern Super-Schnulze genannt — unter dem Titel »Das Rätsel der Verantwortung«. Darin sollte ich den circa zweieinhalb Millionen *Cosmo*-Leserinnen zeigen, wie sie mit ihrer Arbeit und den übrigen Verpflichtungen fertig werden können, ohne auf zuviel Vergnügen — vornehmlich das sexuelle — zu verzichten.

Ich war blockiert, weil ich mir nicht vorstellen konnte, den Leserinnen irgendwelche nützlichen Ideen vermitteln zu können. Mein eigenes Privatleben hatte hinreichend gezeigt, was man alles falsch machen konnte. Bisher hatte ich folgende Worte zu Papier gebracht: »Lesen Sie Dr. Jean Baker Millers Buch 'Eine neue Psychologie der Frauen', alles andere ist Nebensache.« Damit blieben also noch dreitausendvierhundertfünfundachtzig Worte zu schreiben, aber mir war der Stoff bereits ausgegangen. Es kribbelte so gut wie gar nicht in meinen Fingern.

Als Albert Einstein mit seiner Relativitätstheorie Furore gemacht hatte, schrieb er einmal an einen Freund: »Ich komme mir vor wie eine Henne, von der man erwartet, daß sie ständig Eier legt. Aber je berühmter ich werde, desto dümmer werde ich.« Ich konnte ihm das nachempfinden. Vor drei Jahren hatte *The New York Times* neun Artikel von mir in der Spalte »Sie« veröffentlicht. Daraufhin hatte sich meine Karriere blitzartig von Fort Wayne in Indiana, nach New York City verlagert, wo man mich in den Redaktionen der überregionalen Magazine auf die Liste der begehrtesten Autoren setzte. Man hielt mich irrtümlich für einen Profi, der jeden Dienstag bis zwei Uhr nachmittags seine elfhundertfünfzig Worte produzieren konnte. Tatsächlich schrieb ich quälend langsam, jedes Wort verursachte mir Geburtswehen, und Mondphasen beeinflußten mich weit mehr als Abgabetermine.

»Schreiben ist für dich kein Beruf«, hatte meine Schwester Gina am Telefon gesagt, als ich ihr erzählte, daß ich nicht länger frei arbeiten, sondern mich nach einer festen Stellung umsehen wollte, »Schreiben ist deine Religion.«

In einer Familie von Gottsuchern wurde mein erklärter Agnostizismus nie ganz akzeptiert. Meine Geschwister sahen mich als eine der ihren, als Angehörige einer besonderen, über den Konfessionen und Kirchen stehenden Klostergemeinschaft. Sie übersetzten mein weltliches Tun und Treiben in geistige Begriffe. »Schreiben ist deine Form des Gebets«, phantasierte Gina am Telefon, »du reihst Worte aneinander, um zur Wahrheit zu gelangen.«

Ich spezialisierte mich auf Wahrheiten, die Frauen angehen, und da gab es damals selten gute Nachrichten. An der Wand meines Arbeitszimmers hing ein Poster, das ich auf einem Streifzug durch die Harvard Commons gekauft hatte und das die Essenz meiner Religion enthielt: »Wahrheit macht frei — aber vorher macht sie unglücklich.«

Meine Art zu schreiben war chaotisch und höchst anstrengend geworden. Ich trieb im dunklen Bauch des Walfischs dahin und wartete, bis er mich wieder ausspie, um dann wie wild auf den Wellen der wiedergewonnenen Freiheit umher zu paddeln. Manchmal brauchte ich Tage, bis ich begriff, was ich dabei gelernt hatte. Manchmal verstand ich überhaupt nicht, was ich geschrieben hatte, bis es veröffentlicht war und leidenschaftliche Diskussionen in der Familie und unter Freunden auslöste.

Die älteren Mitglieder meiner irisch-katholischen Familie, die nie mit Kommentaren über mein Leben und meine Arbeit sparten, pflegten zu verstummen, wenn ich über Abtreibung schrieb. Meine feministischen Freundinnen empörten sich, wenn sie glaubten, ich behandelte die Männer zu sanft. Howie fühlte sich durch einen Artikel über die Ehe persönlich beleidigt, und eine langjährige Freundin, über deren Scheidung ich einen Artikel geschrieben hatte, erklärte: »Ich habe beim Lesen geweint. Es stimmte alles ... es war wunderschön geschrieben ... aber ich mußte weinen.« Das war also damals meine Hauptbeschäftigung: Mit dreitausendfünfhundert oder weniger Worten so viele Menschen wie möglich unglücklich zu machen.

Die Proteste wurden immer dann laut, wenn ich eine bittere Wahrheit erträglich und schmackhaft zu machen versuchte. Diese Zensur im eigenen Kopf verwandelte meine Prosa in einen Brei der Gefühlsduselei. Wenn die Wahrheit in Konflikt kam mit der Liebe — und es gab kaum ein Thema, bei dem ich nicht einen Konflikt mit einem geliebten Menschen riskierte —, ließ ich die Wahrheit im Stich. Durch diesen Kompromiß konnte ich mich geliebt fühlen — allerdings für etwas, was ich in Wirklichkeit nicht war.

*

»Leiden Sie unter zuviel Streß?« las ich plötzlich beim Umblättern. Das Wort »Streß« stand alarmierend in großen roten Buchstaben, die sonst in Frauenzeitschriften so schlimmen Gefahren wie »Fett« oder »Falten« vorbehalten waren. Ich wurde aufgefordert, meine Angstschwelle zu messen durch eine Addition aller »Streßfaktoren«, die auf mich zutrafen.

Die ersten fünf paßten haargenau. »Kürzlich geschieden«, »Umzug in eine andere Stadt«, »Schwere Gesundheitsprobleme«, »Finanzielle Schwierigkeiten« und »Streit mit einem Familienangehörigen«. Beim sechsten zögerte ich: »Aus dem Job geflogen« — das konnte mir jeden Tag passieren, aber diesen Punkt brauchte ich schon gar nicht mehr. Ich hatte bereits genügend Faktoren, um mich an die Spitze der roten Skala zu placieren. Meine Punktezahl fiel unter die Kategorie »Gefährlich überlastet«, unter eine Gruppe also, bei der jederzeit mit einer Katastrophe zu rechnen war. Und dabei standen die Punkte aus dem letzten Absatz noch aus, in dem als weitaus wichtigster Streßfaktor aufgeführt war: »Tod eines geliebten Menschen.«

Francis Jude, mein ältester Bruder, war ein Opfer der gefährlichsten Erscheinungsform der Blakely-Krankheit geworden. Er hatte sich mit ungebremster Leidenschaft ins Leben geworfen, ein glänzend begabter und witziger Mensch und der wohl Verrückteste unter meinen vier exzentrischen Geschwistern. Während seines kurzen Erwachsenendaseins hatte er insgesamt acht Nervenzusammenbrüche erlitten und war ebenso oft — mal freiwillig, mal nicht — in Chicagoer Anstalten gewesen. Vielleicht hatte seine wilde Einbildungskraft die chemischen Veränderungen in seinem Körper hervorgerufen, vielleicht war es umgekehrt gewesen — jedenfalls trieb er mit übermenschlicher Energie durch seine manischen Perioden, um dann monatelang in tiefe Erschöpfung zu fallen. Am 12. November 1981 beging er Selbstmord.

Die ärztliche Diagnose lautete »manisch-depressiv«, doch Frank hielt seine Krankheit für »ein geistiges Fieber«. Auf seine Jugend in einem katholischen Seminar folgte die Phase ernsthafter Gottsuche in den Schriften buddhistischer Mönche, jüdischer Rabbis, protestantischer Pfarrer und schließlich unitarischer Prediger. Aus alledem entwickelte er eine Weltsicht, die nicht sektierisch, sondern zutiefst gläubig war.

Unter normalen Umständen war er ein zurückhaltender, schüchterner Mensch, aber sobald er »high« war, hatte er etwas Beeindruckendes und eine Art Charisma. Einmal kandidierte er »im Auftrag höherer Mächte« für den Gouverneursposten von Illinois, überwand mühelos die Sicherheitssperren der Sun Times in Chicago und überbrachte dem Kolumnisten Mike Royko die frohe Botschaft, daß er dazu bestimmt sei, ihm den Wahlkampf zu organisieren. Royko rief die Polizei, und Frank verbrachte den Rest seines Wahlkampfes in der Heilanstalt Reed. Dieser Zwischenfall veranlaßte Royko, eine Kolumne über Frank zu schreiben, aber er widmete sie nicht Franks Streben nach dem Gouverneursposten, sondern verwies auf die Fehler in den Sicherungssystemen der Zeitungen und Krankenhäuser, durch die es Irren möglich war, ungehindert durch Chicago zu streifen.

Ich hielt Franks eigene Diagnose zwar für ebenso glaubhaft wie jede andere, geriet aber trotzdem mit ihm aneinander. Das war nach seinem ersten Zusammenbruch 1967, als man ihn im Loretto-Krankenhaus in Chicago einer Behandlung mit Elektroschocks unterzog und er erzählte, daß er seine Botschaften vom lieben Gott direkt empfangen habe. Er behauptete, die Wahrheit erreiche ihn unter heftigen Schlägen, wie er es immer schon erwartet habe. Ich wollte ihm helfen, seinen verstörten Geist wieder zu ordnen und wies auf den Unterschied zwischen Stromstößen und göttlichen Strafen hin. Ich sagte ihm, daß eine Maschine ihm diese knisternden Schläge durch den Körper gejagt habe — und nicht Gott. »Die Wahrheit versengt dir nicht das Hirn«, gab ich ihm zu bedenken.

»Manchmal doch«, erwiderte er mit weitaufgerissenen Augen, über diese Offenbarung wohl genauso erstaunt wie ich. Ein Ausdruck reiner Klarheit ging über sein Gesicht, gefolgt von plötzlicher Überraschung und am Ende ungeheurer Verwirrung — eine Art Zeitraffer des chaotischen Durcheinanders in seinem Kopf ... Ich konnte geradezu mitansehen, wie ihm seine Unschuld abhanden kam und wie er in diesem Behandlungsraum in Loretto, vom elektrischen Schlag der Wahrheit gebeutelt, noch viel mehr verlor.

Die Behandlung hielt seine manischen Anwandlungen nur vorübergehend im Zaum. Während seiner folgenden Zusammenbrüche studierten ihn die berühmtesten Psychiater von Chicago, untersuchten, testeten, betäubten, befragten und examinierten ihn — aber keiner konnte ihn heilen. Die Versuche, seine Stimmungen durch Lithiumbicarbonat zu stabilisieren, scheiterten, und die Ärzte standen vor einem Rätsel.

Frank selbst war über den ständigen Tumult in seinem Kopf eher erstaunt. Er sagte, er habe das Gefühl, ein Diskuswerfer habe seinen Kopf umspannt und wirbele ihn wie vor einem mächtigen Wurf hin und her. Frank wartete auf diesen Wurf, der ihn aus dem schwindelerregenden Hin und Her in den freien Flug entlassen würde.

Während der Anfälle, in denen sein Geist an die Grenzen menschlicher Gefühle stieß, war ich meist bei ihm. Er hörte und sah offenbar Dinge, die ich nicht begriff, und über die ich stundenlang mit ihm diskutierte. In den Isolierzellen dieser Irrenanstalten, die man heutzutage vornehm als »Heilanstalten« bezeichnet, als ob das für die zerrütteten Gemüter einen Unterschied machen würde. Anständige Bürger sahen die Irren ohnehin am liebsten hinter Schloß und Riegel, auch die nicht gewalttätigen. Weil sie ihnen Angst einjagten, weil sie laut sagten, was andere nur insgeheim dachten. Im Greenwich Village habe ich zum Beispiel beobachtet, wie die Normalbürger einen weiten Bogen machen um die alte Frau mit der Strickmütze und dem wilden Blick, die Tag für Tag vor Poppy's Imbißstube steht und ein Plakat hält mit der Aufschrift: »Unser Ende ist nah!«

Eines Tages fragte ich: »Wie wird es sein?« und legte ihr einen Vierteldollar in die Sammelbüchse. Die Frage lähmte sie für einen Moment. Ihr Blick wurde leer, eine innere Vision schlug sie in Bann. Dann nahm sie plötzlich die Außenwelt wieder wahr, als wäre hinter ihrer Stirn etwas explodiert. Sie streckte die Arme zum Himmel und aus den Löchern ihrer abgewetzten Handschuhe krochen schmutzige Fingernägel. »Atomisiert!« schrie sie. Dieses eine Wort war die Zusammenfassung des Films in ihrem Kopfkino. Dann reichte sie mir einen Bleistift als Schutzschild gegen die allgemeine Vernichtung, die auf uns zukommen sollte.

Die Zeit, die ich mit Frank und seinen Leidensgenossen verbrachte, war irritierend, weil sie die Grenze zwischen Gesundheit und Krankheit verwischte. Nach einer nachmittäglichen Diskussion, in der die Irrsinnigen unverblümt Wahrheiten ausgesprochen hatten, kam ich nach Hause und hörte in den Abendnachrichten, daß der Präsident des mächtigsten Landes der Welt der winzigen Insel Grenada den Krieg erklärt hatte und niemand war auf die Idee gekommen, ihn einzusperren! Es war bedrückend, daß Geisteskranke einen völlig vernünftigen Eindruck machten, während sich der Präsident der Vereinigten Staaten aufführte wie ein Kandidat für die Klapsmühle.

Als Schwester eines Manisch-Depressiven nimmt man unwillkürlich an sich selbst gewisse Familienähnlichkeiten wahr. Ich beschwor Frank, endlich Vernunft anzunehmen, als er schon im Elgin-Staatskrankenhaus, der letzten Station für unheilbare Fälle, gelandet war und auf den Fluren auf und ab tigerte, während ich atemlos neben ihm hertrottete, aber ich wünschte ihm nur aus Pflichtgefühl eine Rückkehr ins normale Leben. In Wahrheit bezweifelte ich längst den Wert einer »normalen« Existenz.

Frank kehrte von seinen Ausflügen in den Wahnsinn völlig

verändert zurück, und ich merkte allmählich, wieviel mir an seinen Expeditionen lag. Ich selbst war zu feige, meinen Geist zügellos umherschweifen zu lassen, denn ich hatte ja gesehen, welch hohen Preis Frank dafür gezahlt hatte. Auf seine manischen Perioden folgten lange Phasen der Depression, in denen er sich bemühte, seine Träume dem normalen Leben anzupassen. Die Botschaften, an die er während seiner Anfälle so inbrünstig glaubte, gingen in Zweifeln unter, und er büßte mit quälender Einsamkeit für seine Andersartigkeit. Gelähmt von Unentschlossenheit und Angst, schlief er in diesen Zeiten bis zu zwanzig Stunden am Tag. seine fantastische Energie ließ ihn im Stich, und er stemmte den dünnen, geschwächten Körper so mühevoll aus dem Bett, als wiege er fünf Zentner. Er selbst nannte diese schreckliche Konfrontation mit dem Bewußtsein »das schlimme Übel der Verzweiflung«. Es war ein immer wiederkehrender Fixpunkt auf dem Rundkurs seiner geistigen Fieberanfälle.

Am Wochenende vor seinem Freitod besuchte er mich in Fort Wayne. Er wußte, wie schwer mich sein Verlust schmerzen würde, deshalb sagte er mir an diesem Wochenende immer wieder, daß er mich sehr liebe. Erst später begriff ich, daß es seine Art gewesen war, mir Lebewohl zu sagen. Als Anlaß für seinen Besuch diente ihm ein Koffer voller Tagebuchnotizen, die er auf dem Höhepunkt seiner Fieberanfälle angefertigt hatte und die ich nun »übersetzen« sollte. Alle Bausteine seiner großen Visionen seien vorhanden, erklärte er, es fehle nur der Zusammenhalt. Ich nahm den Stapel Papier in Empfang und war darauf gefaßt, den lieben Gott als eine Art elektrischer Stuhl in Franks Evangelium wiederzufinden.

Frank war zweifellos ein guter Schriftsteller, hatte fast alle konventionellen Formen gesprengt und im Sturmlauf sei-

ner gigantischen Gedanken jede Rücksicht auf den Leser außer acht gelassen. Manche Seiten enthielten nur einen einzigen Satz ohne Einführung oder Erklärung, wie die einsame Botschaft eines Besessenen, der mit einem Plakat durch die Straßen läuft.
»Im weißesten Licht wird der Tänzer zum Tanz«, hieß es beispielsweise auf einer Seite. Dieses Tagebuch las sich wie eine Sammlung von Zen-Weisheiten — Dokumente eines Geistes zwischen Wahnsinn und Genie.
Obgleich die Erinnerung schmerzlich war, dachte ich gern an seinen letzten Besuch zurück. Es befreite mich von dem Schuldgefühl, seinen Selbstmord nicht verhindert zu haben, daß er an diesem Wochenende nicht deprimiert gewesen war. Im Gegenteil, er ritt auf der Woge eines manischen Hochs und lief wie wild durch die stille Nachbarschaft meines Heims in Fort Wayne. Um Mitternacht sang er einer in unserer Straße lebenden Witwe auf dem Rasen vor ihrem Haus ein Ständchen, was sie zu Tode erschreckte. Seine Stimmen hatten ihm gesagt, daß sie einsam war, und er fühlte die Kraft, grenzenlose Liebe zu verbreiten.
Ich erinnere mich, am Sonnabendnachmittag durch das Küchenfenster beobachtet zu haben, wie er mit den Kindern das herabgefallene Laub eines ganzen Monats zusammenharkte und auf eine große Plane häufte. Abwechselnd sprangen die Kinder hinein, und Frank zog sie vom hinteren Teil des Grundstücks bis zum Rinnstein an der Straße. Mit einem mächtigen Schwung, den man seinem mageren, von Medikamenten geschwächten Körper nicht zugetraut hätte, schleuderte er die Kinder und das Laub in die Luft. Dabei stieß er jedesmal einen Laut aus, eine sonderbare Mischung aus Karateschrei und manischem Gelächter, aus dem nicht klar hervorging, ob mit dem Wurf Schmerz oder Freude verbunden waren. Dann jagte er mit den Kindern zurück

nach hinten und fing wieder von neuem an, als hinge sein Leben davon ab, Kinder und Blätter auf die Straße zu streuen. Als die Kinder schon längst nicht mehr mitspielten, häufte er noch immer Laub auf, und als es dunkel wurde, schaltete er die Scheinwerfer über der Garage an, weil er einfach nicht aufhören konnte.

Wie ein übermütiger Zauberlehrling, der die Wasserfluten mit dem Besen stoppen will, harkte er fieberhaft weiter, und sein schmerzendes Freudengeheul drang durch die abendliche Stille. Mit der Kaffeetasse in der Hand stand ich am Fenster und fragte mich, was er da noch hochzuwerfen glaubte — und wohin. Was seine Zukunftspläne anging, war er an diesem Wochenende sehr verschlossen, aber ab und zu hatte er diesen entrückten Blick, den er immer bekam, wenn er sich in Gesellschaft von Engeln befand.

Ich wußte, daß sein Selbstmord keine Verzweiflungstat gewesen war, sondern nach seiner Logik eine Tat tiefsten Glaubens. Es war ein Tod der Erschöpfung nach den Mühen des Denkens und Strebens, und ich war dankbar, daß er am Ende aller Qualen angelangt war. Das bewahrte mich allerdings nicht vor tiefer Trauer, als er beerdigt wurde, und seither hat mich ein Gefühl des Verlustes nie verlassen. Seit dieser geliebte Verrückte für immer von der Bühne verschwunden war, spürte ich ein rastloses Verlangen, wie ein hungriges wildes Tier, das gefangen gehalten wird.

»Wünschen Sie etwas zu trinken?« fragte die Stewardeß, die mit dem Getränkewagen durch den Gang kam.

»Ich nehme eine Bloody Mary«, antwortete ich, »oder besser gleich zwei.« Plötzlich war ich schrecklich durstig. Ich nahm ein paar Geldscheine aus der Brieftasche, reichte sie ihr und erhielt zwei Fläschchen Wodka mit einer Dose Tomatensaft. Ich goß den Saft über die Eiswürfel, bis das Glas randvoll war und trank es in einem Zug aus. Immer noch durstig, goß ich es zum zweitenmal voll und leerte es wieder. Ich drehte die Verschlußkapsel von den Wodkaflaschen ab und goß deren Inhalt über das Eis. Den Alkohol wollte ich eigentlich langsamer trinken, aber mein Glas war bereits wieder leer, bevor die Stewardeß bei der nächsten Reihe angekommen war. Ein schreckliches Brennen lief mir durch die Speiseröhre. Erst da wurde mir bewußt, was ich getan hatte, und ich bat um eine Tasse Kaffee.

»Ich kenne niemanden, der so schnell trinken kann wie Sie«, sagte mein Nachbar, der seine Bierdose öffnete. Ich bemerkte, daß er die Augenbrauen hochgezogen hatte.

Um mich zu beruhigen, drückte ich auf den Knopf an meinem Sitz und ließ die Rückenlehne nach hinten klappen. Dann heftete ich meinen Blick auf die Wolken unter der Maschine. Die letzten Strahlen der untergehenden Sonne hatten sie rot und gelb gefärbt, und von unten strahlte es hellweiß. Sie schwebten wie Leuchtkissen im dunkler werdenden Himmel, und ich erwartete fast, Frank zu entdecken, wie er mit untergeschlagenen Beinen auf einer Wolke saß und mit den Beinen wippte, wie er es noch zuletzt an meinem Küchentisch getan hatte.

»Woran denkst du?« hatte ich ihn immer wieder gefragt. »Was geht in dir vor?« Irgend etwas lag in der Luft. Seine Augen hörten nicht auf zu strahlen, aber er lehnte es ab, mir zu verraten, was mit ihm los war.

»Ach, ich laß es mir einfach nur gutgehen«, antwortete er mit herausforderndem Lächeln, aber mehr war nicht aus ihm herauszuholen.

Am Abend verlangte er sein Lieblingsgericht — Schmorbraten mit Kartoffelpüree, nach einem Rezept unseres Vaters, das beängstigende Mengen von Butter und Salz enthielt. Frank füllte sich immer wieder seinen Teller mit dem schaumigen Zeug. Das erinnerte mich an den Helden in dem Film »Begegnung der dritten Art«, der nach einem Treffen mit den Außerirdischen eines Abends beim Essen den Verstand verliert und immer mehr Kartoffelbrei auf seinen Teller türmt. Seiner Frau und dem Sohn bleibt vor Staunen der Mund offen, als er plötzlich wild mit den Händen in die weiche Masse greift und das Modell eines Berges formt, auf dem die nächste schicksalhafte Begegnung mit den Außerirdischen stattfinden solle.

Frank starrte die Kartoffeln mit einem ähnlich besessenen Blick an, blieb aber ruhig, behielt die Gabel in der Hand und aß gemächlich den ganzen Berg auf. Ich staunte über seinen Appetit, sein spindeldürrer Körper hatte offenbar die Aufnahmefähigkeit eines Kamelhöckers.

Am Sonntagmorgen fragte ich ihn, ob er für die Rückfahrt ein Schinkensandwich mitnehmen wolle. Ja, am besten zwei, sagte er, bat mich aber, auf Senf und Mayonnaise zu verzichten. »Leg nur einfach etwas Schinken zwischen die Scheiben!«

»Einfach aufs trockene Brot?« fragte ich. »Magst du denn keinen Senf mehr?« Früher hatte er seine Brote dick damit beschmiert.

»Er tropft mir immer auf die Hose«, sagte er mit diesem warmen, versonnenen Lächeln, das ich so gut an ihm kannte. Daß ihm beim Essen immer etwas auf den Schoß fiel, lag wohl an seinen exzentrischen Eßsitten. Um sich nicht die Hände mit Senf zu beschmieren, balancierte er das Sandwich auf den Fingerspitzen wie auf einem Stativ, stützte den Ellbogen auf den Tisch und verdrehte sich den Hals, um rundherum ein Stück nach dem anderen abzuknabbern. Damit machte er die ganze Familie verrückt, weil alle darauf bestanden, daß das Sandwich umkippte und auf seinem Schoß landete. Das passierte jedesmal, aber unsere

Kay plagte sich vergeblich, ihm die Extravaganzen beim Essen und in der Kleidung auszutreiben. Selbst Kay mit ihrem unbezähmbaren Willen streckte schließlich die Waffen vor seinen hartnäckigen Eigenheiten. Sie sagte nichts mehr, wenn er zu jeder Jahreszeit die marineblaue Strickmütze aufsetzte, ob Schneestürme oder Tornados gemeldet waren, ob die Sonne glühte oder die Herbststürme wehten. Die Wollmütze sei sein Lithium, behauptete er. Sie bringe seine Stimmen zum Schweigen.

Dieses ständige Kapitulieren vor seiner Krankheit machte sein Leben ärmer, aber er sah keine Alternativen. Statt das Sandwich richtig anzufassen, verzichtete er lieber auf den Senf. Über dieses »senflose« Leben mußte ich nachdenken, als ich ihn an einem sonntag vor zwei Jahren zum Bus fuhr — in Zeiten starker Gemütsbewegungen denke ich immer an höchst triviale Dinge. Beim Einsteigen drehte er sich noch einmal um, um mir zuzuwinken. Plötzlich ging in meinem Kopf ein Blitzlichtgewitter los, und wie in einem Brennglas lag die Zukunft vor mir. Ich wußte mit einem Mal, daß ich ihn nie wiedersehen würde und spürte den Drang, etwas Bedeutungsvolles zu sagen — wie sehr ich ihn liebte und daß ich ihn retten wollte.

Statt dessen sagte ich, mit einem Blick auf seine dichten schwarzen Locken: »Du hast deine Strickmütze vergessen!« Ich war auch für Franks Frisur zuständig, und sein Haar sah so wild aus, daß ich am liebsten schon vor Tagen zur Heckenschere gegriffen hätte. Er faßte sich an den Kopf, als wolle er meine Behauptung nachprüfen und sagte lachend: »Du mußt sie mir mit der Post schicken!« Dann schlossen sich die Bustüren.

Zweieinhalb Jahre später lag die Strickmütze immer noch verpackt neben dem Telefon in der Diele . . . Wie an dem Abend, als Kay mich aus Chicago anrief.

»Hallo, mein Liebling«, hatte sie leise gesagt, und ich hatte instinktiv auch mit der anderen Hand zum Hörer gefaßt. Mutter sagte nur in Notfällen »mein Liebling«. Ihre Liebe war aus härterem Holz, nachdem sie fünf Kinder mit Strenge und Disziplin durch die Klippen von Kindheit und Jugend gesteuert hatte.
»Sind die Kinder im Bett?« fragte sie leise. Ich sank auf den Sessel am Telefon. In meiner Kehle bildete sich ein schmerzhafter Kloß, der mir die Luft abschnitt. Ich ahnte, was sie mir zu sagen hatte. Am Morgen war ein Brief von Frank gekommen. »Ein wunderschöner Brief«, sagte sie mit heiserer stimme, die von einem tränenreichen Nachmittag kündete. »Er hat uns zum Weinen gebracht.« Sie hielt inne und holte noch einmal Luft, um kurze, aber inhaltsschwere Zusammenfassung zu geben: »Er hat sich bei uns bedankt, daß wir seine Eltern waren.«
Sie hatte die Polizei verständigt, die binnen einer Stunde die Angaben im Brief bestätigten. Der Coroner hatte Franks Zimmer im Hotel Cedar versiegelt. »Einer der Angehörigen muß seine Sachen holen«, sagte sie. Wir wußten beide, wen sie damit beauftragen würde, aber wir sprachen jetzt noch nicht davon. Franks Körper sei ins Leichenschauhaus überführt worden, sagte sie, aber sie habe noch keine Nachricht, ob der Sarg für die Totenwache geschlossen bleiben müsse. »Sie arbeiten noch an ihm«, sagte Kay, und ihre sonst so kräftige Stimme war kaum hörbar.
Nun sah ich Frank in den Wolken unter dem Flugzeug und setzte ihm in Gedanken die Strickmütze auf. Darüber stellte ich mir einen Heiligenschein vor, eine so unpassende Idee, daß Frank bestimmt seinen Spaß gehabt hätte. Ich fing an zu kichern, hörte aber gleich wieder auf, weil mir die Tränen kamen. Ich begann zu weinen, nicht mit einem diskreten Schluchzen, sondern mit Trompetenstößen, unter-

malt von dem leisen Stöhnen der Flöte in meinen Rippen. Mein Nachbar griff sofort zu der Tüte für Luftkranke und hielt sie mir geöffnet hin. Er dachte wohl, die beiden Drinks hätten mich geschafft.
Ich wollte lächeln und ihm sagen: »Mir geht's gut«, brachte aber kein Wort heraus. Ich zog ein Paket Kleenex aus dem lavendelfarbenen Gasmaskenbeutel und putzte mir die Nase, ganz undamenhaft, als ob ich mit einem Bulldozer den Kloß aus meiner geschwollenen Kehle entfernen könnte. Es war mir selbst peinlich, und ich meinte, daß mein verwirrter Nachbar eigentlich eine Erklärung für mein ungewöhnliches Verhalten verdient hätte: »Mein Bruder wollte keinen Senf mehr essen, und dann ließ er auch noch seine Strickmütze liegen . . .«
Ich kam zu dem Ergebnis, daß jede Äußerung sinnlos und mein Image bereits zu schwer geschädigt war. So überließ ich den armen Mann der Vorstellung, daß er neben einer labilen und zudem betrunkenen Person gesessen hatte, die Fachärztin für Krankheiten des Mastdarms war und in einer roten Hippie-Jacke mit Fransen herumlief.

Inzwischen setzten wir zur Landung auf dem Flughafen La-Guardia an und wurden aufgefordert, unsere Plätze einzunehmen und die Gurte anzulegen. Müde sammelte ich meine Notizen ein und wollte auch mein Tagebuch in die Aktentasche legen, als ich plötzlich den Drang verspürte, etwas einzutragen. Das war ungewöhnlich — die Seiten waren in diesem Jahr meistens leergeblieben.
Meine Freundin Gabrielle Burton hat mir einmal erzählt, daß ihr Tagebuch während einer ihrer langen Schreibblokkaden nur eine einzige Eintragung enthielt, die Mitte des Jahres entstanden war, als sich ihr Zustand kurzfristig besserte. Die Notiz lautete: »Zwei Zähne mit Zahnseide gerei-

nigt.« Zum Beweis hatte sie ein Stück der vergilbten Seide eingeklebt. Wer unter Depressionen leidet, hat eben nicht viel zu berichten, weil er die produktivsten Stunden verschläft.

Mein Heilmittel für Depressionen bestand darin, daß ich mir alle möglichen Auswege erträumte. Ich warf die Angelruten aus, mit den Ködern aus Visionen und Phantasien, warf sie, so weit ich nur konnte, und zog sie dann langsam wieder ein. Damals waren meine Angelschnüre so schwer, daß ich meinte, einen Wal an der Leine zu haben, aber ich schaffte es nicht, mich zu entscheiden, was ich denn überhaupt einholen wollte. Die leeren Seiten in meinem Tagebuch zeigten deutlich, daß ich mich nicht einmal an meine Träume erinnerte.

Ich schlug das Tagebuch auf und schrieb das Datum nieder, um meine Pläne für diese Woche festzulegen. Aber während die Maschine bereits im Sinkflug war und der Druck auf die Ohren immer stärker wurde, schien sich in meinem Kopf irgend etwas zu lösen und selbständig zu machen. Ich begann schnell und fast wie in Hypnose zu schreiben und konnte regelrecht beobachten, wie sich die Seiten wie von selbst mit Worten füllten.

Nur ein einziges Mal hatte ich früher schon mit solchem Tempo und solcher Sicherheit geschrieben. Das war am Morgen von Franks Bestattung gewesen. als ich einen Nachruf auf ihn verfaßte. Auch damals hatte ich keine Ahnung, woher mir die Worte zuflogen. Mein älterer Bruder, ein Zen-Schüler und erfahrener Yoga-Lehrer, sah in mir bereits das Werkzeug einer höheren Macht, weil meine Rede seiner Ansicht nach überhaupt nicht nach mir klang. Zum Beispiel kam Gott darin vor, und Paul wußte, daß ich mich nie auf Gott verließ. Er meinte, ich müßte in meiner Entwicklung noch einen weiten Weg zurücklegen, vermutete sogar,

daß ich mich zurückentwickelte, und glaubte, daß meine Verstrickung in weltliche Dinge, zusammen mit der Aufmerksamkeit, die ich für mein Werk und meine Politik erntete, mich für eine Erlösung im Nirwana ziemlich ungeeignet machten. Meine riskanten Abweichungen vom geistigen Weg konnten mich seiner Meinung nach mehr als eine Inkarnation kosten.
Manchmal erboste mich diese Beurteilung meines Seelenzustands, aber es fiel mir schwer, mich einem Menschen zu erklären, der von so hoher Warte aus sprach. Offenbar hatte er auch verdrängt, daß ich es gewesen war, die vor zwanzig Jahren Lesestoff von D.T. Suzuki und Lu K'uan Yu in die Familie eingeführt hatte. Ich beschwerte mich oft bei Frank, daß Paul sich für den einzigen Heiligen auf der Welt halte. »Du bringst es noch fertig, daß er das wirklich glaubt«, sagte Frank, »oder daß ich mich dafür halte. Vielleicht kannst du nichts dafür«, meinte er achselzuckend, »vielleicht sollst du auf dieser Reise erfahren, was Eitelkeit und Neid bedeuten.« Diese Worte sprach er in Duning, wo er eingewiesen worden war, nachdem ihn ein staatlich geprüfter Psychiater aus Illinois für verrückt erklärt hatte.
Es machte mir nichts aus, daß Paul meine Urheberrechte an dem Nachruf in Frage stellte, denn wenn ich auch seine Theorie von der höheren Kraft bezweifelte, so wußte ich doch selbst nicht, wie ich den Text zustande gebracht hatte. Ich hatte mir nur vorzustellen versucht, was Frank anläßlich seiner Beerdigung gesagt hätte. Er hätte es sicher gewagt, witzige Bemerkungen einzuflechten, so kam es, daß die Trauergemeinde während meiner Ansprache abwechselnd lachte und weinte und daß die Gemüter in den Kirchenbänken mächtig erschüttert wurden.
Wieder überkam mich dieses Gefühl des Schreckens, als sich die Maschine auf New York City senkte, auf die Insel

mit den sieben Millionen Bananenfischen. Statt meinen Terminplan aufzustellen, erfand ich folgende Botschaften an mich selbst:

Frank: Du bleibst also bei deiner arroganten Behauptung, daß du weißt, was nur Gott wissen kann. Mary Kay, wenn du so verhaftet bleibst in besitzergreifender Liebe, kannst du nie die Erlösung im Nirwana erreichen. Du willst auf deine Sehnsüchte nicht verzichten, weil du dich fürchtest, nichts mehr zu fühlen. Doch das Nirwana gibt die Liebe nicht auf, sondern geht über sie hinaus. Warum muß ich dir das immer wieder sagen?

Howie: Du bist weder für sein Glück noch für seine Einsamkeit verantwortlich. Überlaß es ihm, seinen Frieden zu finden! Das bedeutet, daß du aufhören mußt, dauernd seine Gedanken zu lesen. Schuldgefühle sind eine unvollkommene Form der Liebe, und du hast zuviel davon. Strebe nach Erkenntnis, ohne dich selbst zu bestrafen! Und denk' an das Gespräch in Reed über Kay und Jerry! Dafür trifft zu: Es geht euch gar nichts an!

Ryan und Darren: »Kinder sind Gäste im Haus«, wie du weißt. bedenke, daß du sie nicht besitzen, nicht »haben« kannst! Das verlangt von dir den Glauben, daß sie dich lieben, auch aus der Ferne. Betrachte diese Trennung als Training für den Umgang mit einem leeren Nest. Könntest du nicht ihr neunmonatiges Schuljahr zu einer Wiedergeburt benutzen?

Unser Körper: Fang an, ihn wieder gesund zu machen! Nimm deine Yoga-Übungen wieder auf! Schlafe viel ... du mußt unter allen Umständen schlafen! Ruhe wird alle Schäden kurieren. Lerne Frieden!

Hier endete die Eintragung. Meine Hand kam so unvermit-

telt zur Ruhe, wie sie zu schreiben begonnen hatte. Ich überlas die Seite, ganz entgeistert von dem, was ich da geschrieben hatte. Es war gar nicht mein Stil. Aus »ich« war irgendwie »du« geworden und einmal »unser«. War ich das gewesen? Ich war zu vernünftig, um an Geister, an Marsbewohner oder an eine psychische Erklärung für das Phänomen des »mechanischen Schreibens« zu glauben.
War ich also verrückt? Ich fühlte den Druck in den Ohren und schluckte angestrengt, um ihn zu lösen. Ich schlug die Hände an die Ohren, mehrmals schnell hintereinander, als ob ich eine Wespe verscheuchen wollte. Mein Nachbar, der dafür keinen Grund sah, nahm höflicherweise keine Notiz von meinen Aktionen — wie die Passanten, die nicht auf die verrückte Alte vor Poppy's Laden achteten.
Die Maschine setzte erst bei der zweiten Bodenberührung auf. Mein Magen hing noch irgendwo über dem New Yorker Hafen, als das schrille Kreischen der Turbinen einsetzte, die unsere Fahrt bremsten. Es war bei weitem der ungemütlichste Flug der letzten drei Jahre gewesen, und ich war nicht mehr ganz ich selbst. Mein Gurt war fest geschlossen, und doch war mir, als würde ich aus dem Sitz geschleudert.

In der kleinen Menschenansammlung, die auf unsere Maschine wartete, war Larry leicht auszumachen. Ich brauchte nur nach dem größten und ungeduldigsten Mann mit den dichtesten Augenbrauen zu suchen. Sein gutgeschnittenes Gesicht sah auf Flughäfen immer etwas verwirrt aus, aber sobald er mich entdeckte, strahlte es in reiner Freude. Dann fiel ihm wohl ein, daß wir uns am Ende der Woche schon wieder trennen mußten, und seine Miene trübte sich wieder.
Ich drängte mich nach vorn bis zu dem Seil, mit dem der Raum abgesperrt war, und ließ mein Gepäck einfach fallen.

Gleich würde mir jemand helfen, denn Larry hatte schon als Pfadfinder gelobt, immer sauber, höflich, treu und hilfsbereit zu sein. Und das Versprechen der Hilfsbereitschaft hielt er am eifrigsten ein.
Er breitete die Arme aus, um mich an sich zu ziehen. »Gib mir keinen Kuß!« warnte ich. »Meine Kinder haben Grippe, und ich glaube, ich habe mich angesteckt.« Er küßte mich trotzdem. Dieser sonst so zurückhaltende und vorsichtige Mann ließ davon auf Flughäfen nichts mehr erkennen. Das hatten die drei Jahre des ständigen »Hallo, du« und »Leb' wohl« bewirkt. Drei Jahre, in denen man sich sehnte nach noch einem Kuß, noch einer Umarmung, damit die kommenden einsamen Wochen erträglicher erschienen. Er griff nach mir und zog mich an sich. Meine Nase stieß an seinen offenen Kragen, aus dem sich ein vertrautes kleines Büschel weicher dunkler Haare kräuselte. Ich atmete tief ein, vergrub mein Gesicht an der weichen Haut unter dem Baumwollhemd und wärmte mich in seinen Armen wie an einem Ofen.
Gott, welch ein Trost waren diese Arme! In ihnen fühlte ich mich glücklich und so geborgen, daß ich mich nie mehr rühren wollte. Ich schloß die Augen und lehnte mich an seine Schulter, während er mir kleine Küsse auf den Scheitel drückte, die mir wie leichte elektrische Ströme die Wirbelsäule hinunterflossen bis in meine Zehenspitzen. (In dem Film »Pretty Pink« beschreibt die verliebte Heldin einen Kuß mit den Worten: »Er muß es an Melonen geübt haben . . .«) Er wiegte mich in seinen Armen, und mir war, als ob ich mich auflöste. Stundenm schienen vergangen zu sein, als ich merkte, daß er mich an den Schultern rüttelte.
»Bist du eingeschlafen?« fragte er lachend.
»Kann sein«, sagte ich, schlug lächelnd die Augen auf und kehrte in die Wirklichkeit zurück. »Ich habe im Flugzeug

etwas getrunken. Davon ist mir noch ganz schwindlig.« Er ließ die Hände auf meinen Schultern, trat einen Schritt zurück und musterte mich.
Im Laufe seiner fünfzehnjährigen Journalistenlaufbahn hatte er große Menschenkenntnis erworben. Seine Urteile waren immer objektiv, außer wenn es um mich ging. Jeder Blick, den er auf mich richtete – besonders der lange erste Blick nach langer Trennung –, war voller Beifall. Wie immer mein Zustand sein mochte, ich war da – und das war für ihn das Wichtigste.
»Na?« sagte er grinsend und nahm ein paar der roten Fransen in die Hand. »Wer hat denn gewonnen beim Rodeo?« Er machte häufig Witze über meine Garderobe, meist mit todernstem Gesicht. »Na, wohin geht's denn heute?« hatte er mich eines Abends in Washington gefragt, als ich in einem schwarzen Sweatshirt mit aufgestickten silbernen Sternen aus dem Schlafzimmer kam. Er ließ die Zeitung sinken. »Ins Luft- und Raumfahrtmuseum?« Er selbst war immer korrekt gekleidet, hatte aber Freude an meinem ausgefallenen Geschmack. Manchmal machte ich mir Sorgen über unsere große Verschiedenheit. Wie konnte sich ein ausgesprochener Tatsachenmensch in eine Frau verlieben, die meist in ihren Träumen lebte?
Als ich ihm eines Abends von meiner Sorge erzählte, sagte er lächelnd: »Das verstehst du nicht. Ich fühle mich ganz aufgehoben in deinen Gefühlen. Du weißt gar nicht, wie liebenswert du für mich bist.« Ich brachte den emotionellen Wellenschlag in sein ruhiges, wohlgeordnetes Leben. Und ich wiederum brauchte für meine untersten Stimmungen seinen sicheren Halt.
Wir parkten den Wagen in der Sixth Avenue. Mir fiel auf, daß die alte Frau mit ihrem Plakat nicht an der gewohnten Stelle stand. Ihre Bleistifte mußten sich heute wohl gut ver-

kauft haben, dachte ich. Wahrscheinlich ist sie deshalb früh nach Hause gegangen.

»Ich möchte wissen, wo sie abends hingeht«, sagte ich zu Larry. Plötzlich schoß mir ein beunruhigender Gedanke durch den Kopf. »Hat sie heute ihre Strickmütze aufgehabt?« fragte ich ihn.

»Ich weiß nicht«, sagte er. »Ich habe sie schon seit einigen Tagen nicht mehr gesehen.«

»Nein?« Ich blieb auf dem Bürgersteig stehen. »Wo ist sie?« wollte ich wissen, als müßte er auf sie aufpassen, wenn ich nicht da war.

»Wahrscheinlich hat sie irgendwo Unterschlupf gesucht«, sagte Larry. »Wir hatten in diesem Monat schon ein paar bitter kalte Nächte.« Das klang vernünftig, aber dies war kein Tag für logische Erklärungen oder normale Antworten, und was ich da hörte, deprimierte mich sehr. Vielleicht war das Ende, das sie so nahe sah, schon gekommen, dachte ich. Aber wenn auf New York City eine Atombombe gefallen wäre, hätte ich wohl auch im Mittelwesten davon erfahren.

»Warte mal 'nen Augenblick!« sagte ich und ging in Poppy's Laden. Manchmal, wenn sie die Passanten lange genug gewarnt und genügend Geldstücke eingeheimst hatte, war sie in die Imbißbude gegangen und hatte sich ein Sandwich gekauft.

»Hab' sie seit einer Woche nicht gesehen«, sagte der Grieche hinter dem Ladentisch, der gleich wußte, wen ich meinte. »Vielleicht hat die Polizei sie mitgenommen. Sie wurde oft laut und hat die Leute erschreckt.« Ich hatte plötzlich Schuldgefühle, weil diese Leute, zu denen ich gehörte, einfach fordern konnten, daß man Menschen wie diese Alte in Gewahrsam nahm. Ich holte einen Zwanzig-Dollar-Schein aus der Tasche und legte dem Griechen ans Herz, der Alten

bei ihrem nächsten Erscheinen ein paar Sandwiches zu geben.
Überrascht starrte er zuerst auf den Geldschein, dann auf mich. Von der Tür aus rief ich ihm noch zu: »Machen Sie die Sandwiches so zurecht, wie sie sie mag! Mit viel Senf.«
Ich hatte keine Ahnung, ob die Alte Senf mochte oder nicht. Das sagte ich auch Larry, als ich meine Brieftasche wieder verstaute. Er mischte sich nie ein, wenn ich impulsiv kleine Spenden an die Leute auf den Straßen New Yorks verteilte, und er protestierte auch nicht. Er sah mir ruhig zu, wenn ich beim Bummel durch die Stadt Vierteldollarstücke in alle möglichen Sammelbüchsen warf. Für mich war das eine Art Steuer, die man als Opportunist an die unbeugsamen Verlierer abzuführen hatte. Ich wußte, daß es sinnlos war, in dieser Stadt der Superreichen mit einem Vierteldollar etwas gegen die ungeheuerliche Armut ausrichten zu wollen, aber all diese Verrückten, die von ihren Visionen besessen und durch sie gelähmt waren, kamen mir wie Verwandte vor. In meiner sehr privaten Theorie über Seelenwanderung mußte jeder am Ende als Prophet des Schreckens und der unaussprechlichen Träume wiedergeboren werden.
Mit dem Geld, das ich verteilte, erkaufte ich mir Zeit. Dafür, daß ich die sichtbar Wahnsinnigen am Leben erhielt, blieb es mir erspart, mich selbst an eine Straßenecke zu stellen und meine Seele zu entblößen. Ich bildete mir allerdings nicht ein, in der Lotterie von Gesundheit und Wahnsinn ein besonders gutes Los gezogen zu haben. Vielmehr fürchtete ich, daß meine schwache Bindung an die Realität schon ein Zeichen dafür war, daß ich auch bald zu den Verdammten gerufen werden würde.

Wir gingen über die 13th Street bis zum Cambridge-Haus, wo wir eine große Studiowohnung gemietet hatten. In Anbetracht meiner labilen Gesundheit war diese Lage ideal, denn nur eine Querstraße weiter lag das St. Vincent's Hospital, eine der größten Kliniken New Yorks.

Larry öffnete die Wohnungstür und stellte mein Gepäck im Schrank ab. Dann wandte er sich mir zu, das angestaute Verlangen eines Monats in den Augen. Er küßte mich wie ein Verdurstender, und die Wärme seiner Lippen übertrug sich auf meine. Wir streichelten unsere Wangen, die Ohrläppchen und den Hals. Wir waren endlich allein, und er gab seiner Begierde durch lautes Stöhnen Ausdruck. Seine Hand fuhr unter mein Sweatshirt, ich berührte seinen drängenden Unterleib.

»Komm ins Bett!« stöhnte er leise und biß mich sanft ins Ohrläppchen.

»Ja, gleich«, flüsterte ich, »ich muß nur schnell ins Bad.«

Er nahm meinen Kopf zwischen seine Hände, schaute mir in die Augen und las meine Ängste. Leise sagte er: »Der Schlauch stört mich nicht. Ich liebe dich.«

»Ich weiß«, sagte ich, »aber mich stört er.«

Am ersten gemeinsamen Abend brauchte ich immer ein bißchen Zeit, um meine Hemmungen abzuschütteln.

Ich nahm meine Tasche mit den umfangreichen medizinischen und kosmetischen Utensilien und begab mich ins Bad. Währenddessen ging Larry in die Küche, um zwei Weingläser zu holen. Ich schloß die Badezimmertür, zog mich aus und trat vor den Spiegel. Vorsichtig zog ich das Klebeband von der Brust, nahm den Plastikbeutel ab, der die vollgesogenen Gazebinden um den Schlauch umschloß, und ließ die aufgeweichte Masse unbesehen in den Papierkorb fallen. Manchmal war die Gaze klar, manchmal blu-

tig, aber niemand konnte sagen, was das eine oder andere zu bedeuten hatte.
Ich trat unter die Dusche. Der weiche rote Gummischlauch ragte wie ein kleiner Wasserspender aus meinen Rippen. Mit angehaltenem Atem seifte ich mich ein und stellte mir vor, wie ganze Bataillone mikroskopisch kleiner Bakterien in den schwärzlichen Fliesenfugen lauerten und nur darauf warteten, mich zu überfallen. Vorsichtig wusch ich die linke Seite, deren Haut durch das ständige Abziehen der Klebebänder ganz rauh geworden war. Über das blasse Weiß der Haut zogen sich rote Striemen wie die Blutspuren einer geschlagenen Armee auf ihrem Rückzug durch den Schnee.
Immer wenn ich mich für den Liebesakt mit Larry bereitmachte, ekelte ich mich besonders vor dem Schlauch. Mitten in meiner Nacktheit steckte ein grotesk häßlicher Fortsatz, der manchmal auf dem Höhepunkt der Leidenschaft ein leises Stöhnen von sich gab, als hätte eine dritte Person das Zimmer betreten. Das war entsetzlich peinlich und beeinträchtigte den Genuß am Sex, der mir bei Larry so viel bedeutete. Ich haßte den Schlauch, diesen Feind meiner Wollust.
Mir wurde schwindlig, weil ich so lange den Atem angehalten hatte. Ich stellte das Wasser ab und erlaubte mir endlich ein paar tiefe Atemzüge. Dann schloß ich die Augen und hielt mich einen Moment an den Wasserhähnen fest. Ein plötzlicher Hustenanfall quälte mich und bereitete mir stechende Schmerzen in der Brust. Mit gesenktem Kopf stand ich keuchend da. Als ich die Augen wieder aufschlug, fiel mein Blick auf einen kleinen roten Gegenstand, der zwischen meinen Füßen herumschwamm. Es war der Gummischlauch, er tanzte im Kreis auf dem Strudel über dem Abfluß. Ich hielt mich am Wasserhahn fest, um nicht das

Gleichgewicht zu verlieren, bückte mich und fischte ihn aus dem Wasser.
Nun hielt ich ihn in der Hand, unschlüssig, was ich mit dem gestellten Feind anfangen sollte. Zwischen meinen Rippen gähnte ein fingerbreites Loch. An seinen Rändern zeigte sich rosiges Wundgewebe. Aus dem Loch kam kein Blut, kein Laut, und es tat nicht weh. Seit drei Monaten lebte ich rund um die Uhr mit diesem verhaßten Schlauch zwischen den Rippen, immer im Glauben, mein Leben hinge davon ab. Und da stand ich nun, hielt ihn in der Hand — und lebte und atmete trotzdem.
Möglicherweise steckten noch feindliche Truppen in meinem Körper und sicher war es ratsam, den Schlauch zu sterilisieren und wieder in die Öffnung einzusetzen, damit die Infektion in der Falle saß und nicht wieder zum Ausbruch kommen konnte. Aber einmal befreit von diesem Schlauch, sehnte ich mich danach, daß es für immer wäre. Ich dachte an eine Liebesnacht mit Larry ohne diese verdammte Erinnerung an meine Krankheit. Also warf ich den Schlauch auf das Bord über dem Waschbecken und nahm mir ernsthaft vor, ihn morgen zu sterilisieren und wieder einzusetzen.
Dann zog ich das Nachthemd mit den rosaroten Lachsen an, die stromaufwärts zu ihren Laichgründen unterwegs waren. Ob diese herrlichen Fische wußten, daß das Paarungsritual ihnen den Tod brachte? Sind sie so mutig oder nur unwissend? Während ich an meinem Kulturbeutel hantierte, fragte ich mich, wie es um die Hirnkapazität von Fischen bestellt war. In Zeiten großer seelischer Belastungen fallen mir immer so unwichtige Dinge ein.
Mein damaliger Bestand an kosmetischen Artikeln hätte selbst die Make up-Artisten eines Schönheitssalons beeindruckt. In den zehn Jahren in Fort Wayne hatte ich mich selten dem Ritual des Schminkens unterzogen. Die Mutter-

schaft gab mir einen natürlichen Zauber, und als ich Feministin wurde, verbot sich der eitle Krimskrams ohnehin von selbst. Aber in den letzten drei Jahren waren die kosmetischen Artikel allmählich wieder bei mir aufgetaucht, aus zutiefst persönlichen Gründen. In meinem gefährdeten Gemütszustand konnte ich der Wirklichkeit nicht ins Auge sehen. Mit der Kunstfertigkeit, die mir Miß Philipps vor zwanzig Jahren während meiner Mannequin-Zeit in Chicago beigebracht hatte, verwandelte ich mein bleiches, schwindsüchtiges Gesicht in eine bunte Palette, bürstete meine langen Haare, hob sie hoch, ließ sie wieder fallen und stellte mir dabei vor, es seien Larrys Hände, die das taten.

Er liebte die glänzenden Silberfäden, die in mein schwarzes Haar Lichtpunkte setzten. Andere Frauen fragten mich oft: »Ist das Natur?« Ich hatte das Haar meiner Großmutter mütterlicherseits geerbt, einer hoheitsvollen irischen Schönheit, nach deren Silberhaar sich stets die Leute umzudrehen pflegten. »Es ist der prächtigste Erbfehler, den du aufzuweisen hast«, hatte Larry einmal gesagt.

Ich trat aus dem Bad in das gedämpfte Licht des Schlafzimmers. Auf dem Tisch neben dem Bett flackerte eine kleine Petroleumlampe. Larry lehnte gegen die Kissen und trank Wein. Ich hob die Bettdecke hoch, schmiegte mich an seinen Körper und legte meinen Kopf auf seine weichen schwarzen Brusthaare. Er steckte die Nase in mein Haar, sog den Geruch des frischen Shampoos ein und gab leise, anerkennende Geräusche von sich.

»Du bist zu schön für mich«, sagte er und streichelte mir den Rücken. Ich wollte ihm so gern glauben.

Als ich am nächsten Morgen die Augen aufschlug, hörte ich durch die offene Badezimmertür Larrys elektrischen Rasierapparat brummen. Ein ausgesprochen männliches Morgengeräusch, das zugleich angenehm und beunruhigend war. Unwillkürlich fragte ich mich: »Will ich wirklich wieder mit einem Mann zusammenleben?« Schnell legte ich die Frage wieder zu den Akten. Ich hatte sie mir schon hundertmal beantwortet. Trotzdem verfolgte mich eine große Sorge. Ich war sicher, daß ich Larry liebte. Er war verantwortungsbewußt, tüchtig, intelligent, witzig, ein großartiger Liebhaber, freundlich und geduldig mit den Kindern, und er hatte eine Stellung. Nur eins ließ mich manchmal zweifeln: Er liebte seine Mutter nicht. Aber war dieser einzige Schönheitsfehler wichtig genug, eine Ehe zu verhindern?

Larrys Mutter mußte in seiner Kindheit eine gräßliche Frau gewesen sein. Ihre unglückliche Ehe hatte sie zutiefst pessimistisch gestimmt, und Larry, ihr einziger Sohn, kämpfte seit seiner Jugend gegen dieses düstere Erbe an. Mit zweiundvierzig Jahren hatte er seine Riesenwut auf die inzwischen achtzigjährige Mutter durch Logik bezwungen. »Sie hatte einfach kein Talent zur Mutterschaft« — mit diesem Satz drückte er aus, was er schon als Kind empfunden hatte. »Die Mütter meiner Freunde waren lustig, verspielt und herzlich — meine Mutter schenkte mir zu Weihnachten beispielsweise zwei Paar Schuhspanner.« Vom Verstand her hatte er ihr vergeben, aber seelisch rächte er sich und benahm sich wie ein verletzter Jüngling. Pflichtbewußt rief er sie jede Woche einmal an, hörte ihr aber nur mit halbem Ohr zu. Er las die Zeitung und antwortete einsilbig auf ihre Fragen. Sie füllte die Leere dieses nervenaufreibenden Schweigens, indem sie das Gespräch fast allein bestritt. Zuerst redete sie über das Wetter und den Garten. Danach kam sie auf die neuesten Offenbarungen ihrer Fernseh-Evangelisten zu sprechen, womit sie aber seiner Verachtung nur neue

Nahrung gab. Er sagte es nie. Aber sie spürte es. Es machte sie nervös und fahrig und veranlaßte sie zu Bemerkungen, die die Entfremdung und Verachtung noch verstärkten.

Es war das traurigste Mutter-Sohn-Verhältnis, das ich je erlebt hatte, und ich war immerhin Zeuge einiger ziemlich ungeschickten Veranstaltungen in meiner eigenen Familie geworden. Würden meine beiden Söhne mich eines Tages auch aus ihrem Leben abkoppeln, weil wir uns außer den Wettermeldungen nichts mehr zu sagen hatten? Da alle Mütter bei der Erziehung ihrer Kinder schwere Fehler begehen, war ich aus persönlichen Gründen für ein generelles Pardon und wünschte mir, Larry würde Mitgefühl gegenüber seiner Mutter empfinden.

Er erinnerte mich an Camus' leidenschaftslosen Helden in *Der Fremde,* der für ein nicht begangenes Verbrechen verurteilt wird, weil das Gericht niemandem glauben kann, der am Grab der Mutter keine Tränen vergießt. Larry hatte auch keine Tränen für das leere Leben seiner Mutter, und an diesem Morgen war mir, als könnte ihm das noch einmal eine Mordanklage einbringen. Ich wälzte mich herum und versuchte aus dem Bett zu kommen, was mich überraschenderweise sehr viel Willenskraft kostete. Lieber Himmel, jetzt hat mich die Grippe richtig am Wickel, dachte ich. Mit großer Anstrengung durchbrach ich das Magnetfeld, das mich an die Matratze fesseln wollte, und kam endlich auf die Beine. Aber sofort begann sich das Zimmer um mich zu drehen. Meine Füße erschienen mir mehrere Stockwerke weit unter mir. Jetzt revoltierte auch mein Magen, und ich glaubte, schnellstens ins Badezimmer zu müssen, wollte mich aber nicht in Larrys Gegenwart übergeben, weshalb ich mich wieder aufs Bett sinken ließ. Meine Magenkrämpfe waren ein deutliches Anzeichen dafür, daß

die Bazillen aus Ann Arbor in mir wüteten und meine Pläne für den heutigen Tag zunichte machen konnten.
Warum mußte mich die Grippe ausgerechnet jetzt erwischen, wo wir den Mietvertrag für unser zukünftiges Haus unterzeichnen wollten? Vielleicht war es eine Warnung vor der neuen Ehe, auch wenn wir sie ohne kirchliche oder weltliche Trauung führen wollten.
In der Woche vor meiner Hochzeit mit Howie hatte ich einen heftigen roten Hautausschlag bekommen, der so schmerzhaft gewesen war, daß ich zwei Tage in der Badewanne sitzen mußte. Unser Hausarzt hatte »so etwas noch nie gesehen« und konnte mir nichts verschreiben, das Linderung verschafft hätte.
Wenn ich angesichts einer bevorstehenden Hochzeit einen nicht definierbaren Hautausschlag bekam, konnte es dann vielleicht sein, daß die Aussicht, »in Sünde« miteinander zu leben — wie Kay und Jerry das unweigerlich bezeichnet hätten, wenn ich bislang den Mut aufgebracht hätte, sie zu informieren —, mir eine Grippe bescherte?
Halbangezogen kam Larry aus dem Badezimmer und fragte: »Stehst du auf?« Den Nadelstreifen für die Madison Avenue zog er immer erst im letzten Augenblick an, diese vornehme Uniform, mit der man sich in seiner Branche tarnte und deren schmale Linien ihn daran erinnerten, daß er für eine Bande von Papiertigern arbeitete.
»Ich kann nicht«, antwortete ich kurzangebunden. »Ich habe einwandfrei Grippe.« In meinem Leib rumorte es mehr denn je. Ich konnte nichts mehr sagen, und um das Zimmer nicht weiter um mich herumtanzen zu sehen, schloß ich die Augen.
»So ein Mist«, sagte Larry leise, schwankend zwischen Mitleid und Enttäuschung. Schlimm genug, daß man sich drei von vier Wochen nicht sehen konnte — und jetzt wurde ich

in der einen Woche, die wir zusammen hatten, auch noch krank! Schließlich gewann das Mitleid die Oberhand.
»Kann ich irgend etwas tun?« fragte er und strich mir übers Haar.
»Du könntest für mich anrufen und Ellen sagen, daß ich heute vormittag nicht zur Redaktionskonferenz kommen kann, ja? Sag ihr, daß ich später anrufe, damit wir einen neuen Termin vereinbaren können!«
Er nickte, knöpfte sich den Mantel zu, griff nach seinem Diplomatenkoffer und küßte mich zum Abschied. »Paß gut auf dich auf«, sagte er über die öde Weite des Wohnzimmers hinweg. Ich hörte die Tür zuschlagen und schlief wieder ein.
Was die weiteren Ereignisse dieses Tages betrifft, so weiß ich nur noch, daß ich nicht auf mich aufpaßte, von ein paar erfolglosen Versuchen abgesehen. Als ich aus einem unruhigen Traum in Schweiß gebadet erwachte, stand ich beispielsweise auf und schaffte es, mir eine Insulinspritze zu geben. Aber ich versäumte, meinen Glukosespiegel zu prüfen, und machte auch keinen Vermerk auf meiner Tabelle. Mehrmals mußte ich Abstecher ins Badezimmer machen und mich über die Toilette beugen. Trotzdem hatte ich Heißhunger und rasenden Durst. Soweit ich mich erinnere, stürzte ich sechs Clubsoda hinunter und verschlang eine ganze Schüssel Pfirsichpudding, bevor er noch richtig geliert war.
Am Spätnachmittag wischte ich mir gerade die heiße Stirn mit einem kalten Waschlappen ab, als ich auf dem Bord den Schlauch liegen sah. Da fiel mir wieder ein, was ich mir am Abend vorgenommen hatte: Ich mußte ihn sterilisieren und wieder einsetzen, bevor sich die Öffnung in meinen Lungen schloß. Statt dessen setzte ich mich nun auf den Rand der Badewanne und betrachtete den Schlauch wie hypnoti-

siert. Im Geiste hörte ich noch einmal alle Melodien, die er in den vergangenen drei Monaten gespielt hatte, und mir fiel wieder der Abend ein, an dem er während meiner Rede vor der Vereinigung berufstätiger Frauen in Detroit angefangen hatte zu pfeifen. Ich sah wieder die Gesichter in der ersten Reihe, die mich wegen meiner unerwarteten Bauchrednernummer erstaunt musterten.
Nicht weniger peinlich war es gewesen, als mich Larry einmal aus plötzlichem Antrieb mitten auf einer belebten Straße in Manhattan umarmte und wir beide den kurzen, gequetschten Ton aus meinen Rippen hörten, der klang wie ein leiser, unterdrückter Furz. Dieses abscheuliche rote Gebilde raubte mir meine Sinneslust und stahl mir alle Energie! Drei Monate Verzweiflung brachen plötzlich über mich herein, ich empfand schreckliches Mitleid mit mir und brachte mehrere Stunden damit zu, daß ich auf dem Rand der Badewanne saß und mit dem Schlauch über meine Lebensbedingungen haderte.
Mein Trancezustand nahm ein abruptes Ende, als ich das Telefon klingeln hörte. Ich legte den Schlauch wieder auf das Bord und wählte das Schicksal der zum Untergang verdammten Lachse, die zu ihrem Laichplatz schwimmen, von dem sie nie wiederkehren. Jahr um Jahr entscheiden sich diese tapferen, dummen Tiere für ein kurzes, aber glorreiches Leben.
Ich wankte zum Telefon. Nach dem langen Sitzen auf der Badewanne brannten tausend winzige Nadeln in meinen Beinen. Beim neunten oder zehnten Klingeln war ich endlich am Hörer.
»Wie geht es dir?« fragte Larry und man hörte ihm die Erleichterung an, als ich mich meldete. »Ich habe schon den ganzen Tag über angerufen.« Er hatte unser Signal benutzt — einmal klingeln, aufhängen und neu wählen. Das bedeu-

tete: »Ich bin's, du kannst dich melden. Larry mußte das oft signalisieren, weil ich häufig bei Anrufen von Redakteuren — und meist auch von Gläubigern — nicht ans Telefon gehen wollte. Ich hatte das Klingelzeichen schon früher an diesem Nachmittag gehört, war aber nicht fähig gewesen, den Hörer zu heben. Mein Arm wog einen Zentner.

»Ich muß heute länger arbeiten«, teilte er mir düster mit. Er sprach aus der Dunkelheit seines sonnenleeren Büros in der Madison Avenue, und seine Stimme hörte sich an, als käme sie aus einem kleinen Schrank, in dem sich der Ärmel eines Waschbärpelzes über den Telefonhörer gelegt hatte. Larry konnte sich nur schwer an die Arbeit in Public Relations gewöhnen, ihm fehlte die strenge Wahrheitssuche seiner Journalistenjahre. Wenn er mit Kunden verhandelte, spürte er oft den Drang, sie mit Fragen nach ihrer Verantwortung für die Öffentlichkeit festzunageln. Er hätte Hunderte von Stellen als Journalist überall im Lande antreten können, aber diese Arbeit hatte er aufgegeben, um der Frau, die er liebte, näher zu sein. Ich fühlte mich immer ein wenig schuldig, wenn ich das aus seiner Stimme heraushörte.

Es war ungefähr neun Uhr, als ich ihn abends zur Tür hereinkommen hörte. Ich weiß die Zeit noch, weil ich mit dem Blick auf die Uhr gegen den Schlaf ankämpfte. Meine Augenlider waren wie winzige Hanteln und während es in meinen Schläfen pochte, versuchte ich die Lider aufzuhalten wie ein Gewichtheber, der eine so schwere Last hochstemmt, daß ihm die Adern platzen wollen. Sobald mir die Augen zufielen, setzte immer wieder der gleiche Traum ein: Ich befand mich in totaler Finsternis, Licht und Farben waren ausgelöscht, und ich fühlte, wie ich rasend schnell in einen bodenlosen schwarzen Abgrund stürzte. Der Wind röhrte in meinen Ohren und zerrte heftig an meinem Körper. Dann schreckte ich mit klopfendem Herzen und klappernden Zähnen auf, und der Schweiß brach mir aus, als wäre ich im allerletzten Augenblick aus einem Alptraum erwacht.

Ich war ungeheuer erleichtert, als ich Larry meinen Namen rufen hörte. Hilfe war da! Nun konnte ich endlich beruhigt die Lider schließen.

»Wie fühlst du dich?« fragte er leise. Mit kühlen Händen fuhr er mir beruhigend über die heißen Wangen.

»So schlecht habe ich mich noch nie gefühlt«, sagte ich. »Heute muß ich ein Dutzend Seelen aus dem Fegefeuer erlöst haben«, fuhr ich fort, obgleich ich wußte, daß Larry sich in katholischer Terminologie nicht auskannte. Ob die Opfer einer abtrünnig gewordenen Gläubigen überhaupt noch halfen? Das war einer der Verluste, die ich bei meiner Abkehr vom Katholizismus beklagt hatte — daß Schmerzen, die einmal nützlich gewesen waren, nun sinnlos sein sollten. Ohne die Seelen im Fegefeuer war eine Grippe eben nur eine Grippe.

»Mir ist so elend«, sagte ich, »daß ich gleich in die Notaufnahme von St. Vincent gehen könnte. Aber wer traut sich mit einer Grippe in die Notaufnahme?« Larry gab keine Antwort. Er setzte sich auf den Bettrand, strich mir mitleidig und liebevoll übers Haar und schwieg. Doch sein Gesicht sprach Bände. Es zeigte denselben Ausdruck wie bei unseren Abschieden auf dem Flughafen. Die Besorgtheit des Liebenden hatte tiefe Falten in seine Stirn gegraben. Ich drückte seine Hand und schloß die schmerzenden Lider. Sofort setzte wieder der Traum ein, den ich vertrieben hatte.

Finsternis umschloß mich, ich hörte den Sturm in meinen Ohren und stürzte durch den leeren Raum. Mein Magen stülpte sich hoch, und ich schauderte. Plötzlich wurde ich von einem starken Sog ergriffen. Eine unsichtbare Kraft

wirbelte mich mit unglaublicher Geschwindigkeit durch einen langen, dunklen Tunnel. Mein Herz schlug wie rasend. Durch den Sturm hörte ich ein hohl klapperndes Geräusch, als ließe ein Kind beim Laufen einen Stock über einen Gitterzaun springen. Mir war, als würde ich durch eine endlose Gangway geschleudert und mein Gepäck klatschte an die weichen Wände. Am Ende des Tunnels erschien ein stecknadelgroßer Lichtpunkt, und in meinem Fieberwahn dachte ich, wenn ich dieses Licht erreichte, würden alle Schmerzen aufhören. Darauf richtete ich meinen ganzen Willen, und so bewegte ich mich mit unglaublicher Kraft auf diesen Punkt zu.
Plötzlich verschwand das verheißungsvolle Licht, und ich änderte unvorhergesehen die Richtung. Wieder begann ich rasch zu fallen. Ich schluckte schwer, um die aufkommende Übelkeit zu überwinden – eine Grippekranke, die hilflos eine Achterbahn hinuntersauste. Dann endete der Fall, und ich tauchte in eiskaltes, aufgewühltes Wasser.
Schaudernd schnappte ich nach Luft. Meine Zähne schlugen heftig aufeinander, und ich schluckte viel Wasser. Zum Schwimmen war ich zu schwach, versuchte nur, mich an eins der Gepäckstücke zu klammern, die um mich herumwirbelten. Franks blauer Vinylkoffer schwamm rasend schnell an mir vorbei. Bevor ich ihn packen konnte, war er außer Sicht. Dann ergriff ich den roten Gummischlauch, der wie ein winziges Floß in einem bedrohlichen Mahlstrom herumwirbelte. Ich hielt ihn hoch über den Kopf, doch da zog mich die Kraft des Mahlstroms nach unten.
Unter Wasser brannten mir die Augen vom Salz. Ich hielt den Atem an, aber meine Lungen schrien nach Luft. Ein plötzlicher, unwillkürlicher Atemzug, und das schwarze Wasser drang mir durch die Kehle in die Lungen, in den Kopf und das Loch zwischen meinen Rippen. Der Schmerz

zerriß mir die Brust. Mir war klar, daß ich ertrinken würde. Ich keuchte halb erstickt. Schmerzende Stiche durchbohrten mein Herz. Der Tod war nahe, und ich hoffte nur, er würde mich schnell ereilen.

Ich hatte immer geglaubt, der Tod würde mit gewaltiger Wucht, mit ungeheurem Schmerz oder überwältigender Freude kommen oder vielleicht auch so, daß ganz zuletzt das Denkvermögen aussetzte. Statt dessen kam er langsam und verwirrend. Ich hörte zu atmen auf, der stechende Schmerz ließ nach, der gewaltige Druck auf der Brust verschwand. Mein lebloser Körper schwamm in ruhigerem Gewässer. Ich war blind und gelähmt. Es war sonderbar, ohne Atem und Herzschlag zu sein und doch zu fühlen: Ich bin noch da!

Die gewaltige Wucht des Todes kam einher mit einem läppischen Gedanken: Ich fragte mich, ob ich den Kindern genügend Geld fürs Mittagessen dagelassen hatte, und fand es erstaunlich, daß ich noch denken konnte, ohne körperlich vorhanden zu sein. Da ich noch denken konnte, mußte ich wohl auch noch sein, obwohl ich doch zweifellos nicht mehr am Leben war.

Irgendwann in der Mitte der Nacht zum 23. März 1984 rissen die dünnen Fäden zu meinem Geist, und ich spülte über den Rand des Lebens. Ohne etwas von den Gefahren und Sorgen um mich zu ahnen, schlief ich weiter, im Bann erstaunlicher Visionen und Wahnvorstellungen ... im Bann von Träumen, die sich mir unauslöschlich eingeprägt haben, die ich nie vergessen sollte.

Am nächsten Morgen hörte ich Larrys elektrischen Rasierapparat leise schnurren. Es hörte sich an wie das schwache Brummen einer weit entfernten Kreissäge. Dann klickte es, und ich vernahm das dumpfe Quietschen der Türangeln, als die Badezimmertür geöffnet und wieder geschlossen wurde. Danach Schweigen. Im Gefolge dieser leisen, häuslichen Geräusche stiegen vertraute Szenen in mir auf. Das leise Tappen bestrumpfter Füße auf dem Hartholzfußboden und ihr plötzliches Verstummen dicht bei mir deuteten auf Larry, der seine morgendlichen Vorbereitungen unterbrochen hatte, um nach mir zu sehen und sich zu vergewissern, daß ich noch am Leben war.

In den vergangenen zwei Jahren hatte ich ihn häufig so neben dem Bett stehen sehen, unschlüssig, ob er sich das Hemd weiter zuknöpfen oder es wieder ausziehen und zu mir ins Bett kommen sollte. Am ersten gemeinsamen Morgen stand er immer minutenlang am Bett, betrachtete mich und kämpfte gegen den Wunsch, mich zu wecken, bevor er zur Arbeit fuhr.

Ich stellte ihn mir vor, auch jetzt wie er wieder dastand, von Zweifeln geplagt und geistesabwesend das Oberhemd zuknöpfend. Die blasse Haut seiner langen Beine hob sich scharf ab gegen die blauen Hemdzipfel und die schwarzen Socken. Er hatte etwas Verletzliches in diesem halbnackten Zustand, bevor er seine »Rüstung« anlegte — Anzug, Gürtel, Brille und Krawatte. Für mich zählte es zu den glücklichen Augenblicken des Zusammenlebens, daß ich häufig Gelegenheit hatte, ihm ernste Fragen zu stellen, wenn er erst halb angezogen und noch in Unterwäsche und Socken war. Irgendwie fiel es mir leichter, wichtigere Angelegenheiten einem Mann in Unterhosen vorzutragen. Das schuf günstigere Voraussetzungen als ein korrekter Aufzug mit Anzug und Weste. Ich diskutierte gern mit einem »wehrlosen« Larry.

Wenn er sich morgens ankleidete, lag ich unter den Decken und beobachtete ihn wie ein Entenjäger hinter seinem Sichtschutz, der plötzlich durch das Fernglas im Schilf einen scheuen Gänsesäger entdeckt. Fasziniert betrachtete ich Larrys Verwandlung vom Privat- zum Geschäftsmann, verfolgte, wie sein verletzliches Ich hinter der selbstsicheren Maske des PR-Managers aus Manhattan verschwand, wie aus dem närrischen, leidenschaftlichen Mann, den ich liebte, eine vornehme, offizielle und ein wenig fremde Person wurde.

»Wozu das da?« fragte ich mitunter spöttisch und zog an seiner Krawatte. »Soll man dich etwa für einen normalen Menschen halten?« Diese Witze über seine Verkleidung als seriöser Geschäftsmann quittierte er im allgemeinen mit einem Grinsen, aber vor drei Monaten, als man ihn nach Manhattan versetzte, bemerkte ich eine Veränderung. Allmählich dämmerte ihm wohl, was der Wechsel für ihn bedeutete — besonders im Hinblick auf die nun übliche Sechzig-Stunden-Woche —, und er grinste nicht mehr, sondern brummte reuevoll. Mach keine Witze, sollte das heißen, und ich machte auch keine mehr.

Jede Spur von Bedauern in seinem Tonfall rief Schuldgefühle in mir hervor, denn schließlich war ich der Grund gewesen für seine Versetzung. Ich wußte, daß ein Dasein in Manhattan eine erhebliche Umstellung für ihn war, für einen Mann, der auf Ordnung, Logik und Leistung Wert legte und zu seinem seelischen Gleichgewicht Frieden und Ruhe benötigte.

New York City war kaum die geeignete Umgebung für jemanden, der verzweifelte vor den langen Schlangen an Bushaltestellen und der es an Regentagen, wenn die Menschen durchnäßt in die Busse drängten, vorzog, zu Fuß nach Hause gehen. Daß ein zurückhaltender, nachdenklicher Mensch in dieser Stadt der sieben Millionen Bananenfische glücklich werden könnte, war ungefähr so wahrscheinlich wie die Liebe zwischen einem Wildhasen und einem Hauskaninchen. Ich hatte Zweifel, ob Larry in die Familie passen würde.

Drei Monate nach seinem Umzug in das New Yorker Büro, das einen ständigen Erfolgsdruck ausübte, zeigte sich an dem Schweiß und den Falten auf seiner Stirn, daß er sich mit dem hektischen Tempo nicht abfinden konnte. In seinen Jahren als Leitartikler bei der Fort Wayne Journal Gazette hatte er eine andere Arbeitsmethode gehabt. Er pflegte sich im Sessel zurückzulehnen und gemächlich die Argumente abzuwägen, fasziniert von den endlosen Möglichkeiten, die sich auftaten. In seiner New Yorker Firma mußten die Entscheidungen in atemberaubendem Tempo getroffen werden, unabhängig davon, ob sie richtig waren oder falsch. Schlimmer war noch, daß er jetzt direkt unter den Augen seines Chefs arbeiten mußte, eines erbarmungslosen Verfechters der — wie Larry es nannte — »Möwen-Methode: anfliegen, alle anscheißen und wieder wegfliegen.« Am Monatsende gab der Leiter des Finanzressorts eine Art Zeugnis aus, auf dem Larrys Arbeitsstunden mit denen seiner Kollegen verglichen wurden. Dieses System kam denen zugute, die gut mogelten, insofern war der monatliche Stunden-Wettstreit ein hartes Los für einen ehrlichen Menschen.

Noch immer machte ihm die Erinnerung an die besonderen Umstände zu schaffen, unter denen sein geliebter Journalisten-Job ein Ende gefunden hatte. Vor zwei Jahren war der Verleger der Zeitung, bei der er fünfzehn Jahre gearbeitet hatte — als Reporter, dann als Leitartikler und in den letzten zehn Jahren als Chefredakteur —, in sein Dienstzimmer spaziert gekommen und hatte ihn urplötzlich gefeuert. Diese »Enterbung« war der letzte Akt einer zunehmend problematisch gewordenen Mentor-Protegé-Beziehung. Wie ein wütender Vater, der seine Enttäuschung nicht in Worte kleiden kann, hatte der Verleger nur ausweichende Antwor-

ten auf Larrys verblüffende Frage nach dem Warum. »Es ist am besten so«, sagte er nur.
»Nie im Leben hätte ich damit gerechnet«, betonte Larry immer wieder. »Gefeuert« – das war etwas, was er sich als Ende seiner fünfzehnjährigen erfolgreichen Tätigkeit einfach nicht vorstellen konnte. Er hatte nie erfahren, was eine Niederlage war, und nun verlor er unerwartet nicht nur die Stellung und das Einkommen, sondern auch seinen Titel als Chefredakteur und damit seinen Rang in unserer kleinen Stadt. Die Ehrerbietung von Oberkellnern, von Angestellten der Reinigung oder von der Empfangsdame im Country-Club – er hatte sie stets als persönliche Huldigung betrachtet, und jetzt stellte sich heraus, daß sie nur seiner Stellung gegolten hatten. Es war ein Schock, als er merkte, daß er ohne seine Position ein Niemand war.
Mit zweiundvierzig Jahren sah er sich mit Fragen konfrontiert, von denen normalerweise Jüngere mit weniger Hintergrund betroffen waren. Er war ein Anonymus ohne Titel, bezweifelte seine Kompetenz auf dem Gebiet Public Relations und quälte sich ständig mit Fragen, die sonst Heranwachsende beschäftigten: »Wer bin ich?« Bei Tage konnte er seine Selbstzweifel noch kontrollieren und unter seiner Manager-Verkleidung verstecken, aber nachts wurde er unruhig. Als wir das erste Mal in Manhattan übernachteten, jagte er mir einen richtigen Schreck ein, als er plötzlich mit bleichem Gesicht und jagendem Atem hochfuhr.
»Was ist los?« flüsterte ich entsetzt und dachte schon an Einbrecher oder Mörder.
»Mein Gott«, sagte er keuchend und wischte sich die Stirn mit einem Zipfel des Lakens ab, »ich habe geträumt, daß ich noch einmal gefeuert werde.« Er hatte wieder seine »Parkplatz-Miene«, einen wilden, ratlosen Blick, den ich zum erstenmal vor zwei Jahren an ihm gesehen hatte, als er mich

bat, ihn auf dem Parkplatz vor meinem Büro zu treffen. Es war der Nachmittag, an dem man ihn gefeuert hatte. Jeder Muskel in seinem Gesicht war verkrampft, in dem Bemühen, das Zittern um Augen und Mund zu unterdrücken. Diesen Ausdruck hoffnungsloser Seelenqual hatte er immer, wenn er sich wieder nach dem Warum fragte, und auch jetzt sah ich diese Frage auf den Lippen des Mannes neben meinem Bett. In seinen lebhaften braunen Augen standen noch Spuren des »Parkplatz-Blicks« und der Ängste der vergangenen Nacht. Er wollte, daß ich die Augen aufschlug. Ich spürte es, noch bevor er meinen Namen rief.

»Mary Kay, bist du wach? Mary Kay ...« flüsterte er, offenbar unschlüssig, ob er mich in meinem Zustand überhaupt wecken sollte. Vorsichtshalber rief er zuerst leise meinen Namen, in der Hoffnung, daß ich schon wach war. Die Zärtlichkeit in seiner Stimme hatte einen schmerzlichen Unterton und löste einen Sturm der Leidenschaft in mir aus. Ich machte mir Vorwürfe, weil ich ihn mehr liebte, seit er Unglück gehabt hatte, weil ich mich ihm enger verbunden fühlte, seit man ihn gedemütigt hatte. Das war ungerecht und sah so aus, als sei ich froh über seine Niederlage. In Wirklichkeit war ich es auch. In der Zeit seiner Erfolge war er ziemlich arrogant gewesen, da er sich nie mit unangenehmen Dingen hatte auseinandersetzen müssen. Zum Beispiel hatte ich ihn nie richtig wütend gesehen. Die heftigste Emotion auf seiner Gemütsskala nannte er »überrascht sein«.

Als ich ihn einmal auf diese »gedämpften« Emotionen ansprach, sagte er: »Vielleicht steckt ein Vulkan in mir.« Seit er Demütigung und Leid erfahren hatte, machte mich seine Ruhe manchmal nervös. Als ich von Franks Begräbnis zurückkam, umarmte er mich und versuchte mich zu trösten mit den Worten: »Ich will der Felsen sein, an den du dich

lehnen kannst.« Ein Felsen und ein Sandsack — wir waren schon ein seltsames Paar.
Der Felsen zerbrach, als man ihn entließ. Kurz nach seinem Umzug nach New York sagte er eines Abends am Telefon: »Ich spreche vom Fußboden aus zu dir.« Er haßte die japanische Matte, die ihm in der möblierten Wohnung als Bett dienen sollte. »Ich bin zweiundvierzig Jahre alt und muß auf dem Fußboden schlafen — soll das ein Fortschritt sein?« »Es ist am besten so«, zitierte ich ironisch seinen ehemaligen Boß. Allmählich fragte ich mich, ob irgend etwas in meinem Karma, meinem Horoskop oder Psychogramm dafür sorgte, daß die Männer, in die ich mich verliebte, ihre Stellung verloren. Howie war vier von zehn Ehejahren arbeitslos gewesen, und selbst der »Felsen« war offenbar nicht immun gegen meinen unheilvollen Einfluß. In seinen Redakteursjahren hatte ich Larry immer bewundert, ihn aber bis zu jenem Nachmittag auf dem Parkplatz nie richtig geliebt. Vielleicht konnte ich nur einen Mann lieben, der erfahren hatte, daß er ein Niemand ohne jede Bedeutung war. Vielleicht war mir ein Felsen auch einfach zu hart zum Ankuscheln.
So oder so — sein drängender Tonfall an jenem Morgen erweckte in mir den Wunsch, ihm auf halbem Wege entgegenzukommen, die Augen aufzuschlagen, ihn zu berühren und ihm die Gewißheit zu geben, daß er sich auf mich verlassen konnte. Doch ich tat nichts dergleichen. Ich schluckte auch nicht, als ein Knoten in meinem Hals mir die Luft abwürgte. Und ich hustete nicht, als das Wasser in meine Lungen drang. Mein Körper reagiert nicht mehr auf die Signale meines Gehirns. Ich lag auf der Matte wie ein nasser Sack, und mein Atem klang, als müßte ich ersticken. Das gab den Ausschlag, Larry bekam es mit der Angst und beschloß nun doch, mich zu wecken.

»Mary Kay!« rief er mit lauter Stimme. Ich fühlte, wie er mich an die Schulter faßte und sanft schüttelte. Immer lauter rief er meinen Namen, und jedesmal schüttelte er mich heftiger. Dann trat eine Pause ein. Die Skala seiner Gemütsbewegungen reichte nicht aus für die Fassionslosigkeit, die ihn ergriffen hatte. Der Zeiger übersprang die Marke »überrascht sein« und blieb in der Gegend um »Schock« stehen.
»Mary Kay?« fragte er, tief besorgt. Ich hörte, wie er einige Male den Atem scharf einzog, als leide er jetzt auch an Luftmangel, weil ihm jemand gerade einen Schlag in den Bauch versetzte. Er faßte nach meiner Hand, hob sie hoch und ließ sie wieder fallen. Diesen Test führte er zweimal durch. Dann hatte er begriffen, daß ich keine Muskelreaktion, keinen Reflex mehr zeigte.
»Mary Kay!« brüllte er wie jemand, dessen Kind gerade den Arm in den Löwenkäfig stecken will. Dann schob er meine Lider hoch und starrte in die blicklosen Augen. Um mich gebeugt, blieb er einen Moment lang stehen, und mir war, als hörte ich das Pochen seines Herzens.
»Um Gottes willen!« flüsterte er mit der Stimme eines Mannes, dem man gerade den Todesstoß versetzt hat. Zärtlichkeit, Schmerz und Angst vereinigten sich darin zu einem herzzerreißenden Akkord von drei Noten: »Sie ist bewußtlos . . .«

1. KAPITEL

Die Notaufnahme

Leise tappt Larry auf Strümpfen über den Holzfußboden des Studios. Ich höre das gespenstisch hohle Atmen eines Mannes in Angst. In meinem Traum sehe ich einen fliehenden Mönch. Auf leisen Sandalen flüchtet er einen dunklen Klostergang entlang, das Gesicht unter der Kapuze seines Mantels verborgen. Türen öffnen sich quietschend, und Glasfläschchen klicken in seiner nervösen Hand aneinander. Dann erreicht der verhüllte Mönch auf leisen Sohlen eine Wand und klopft dreimal an.

»Ich glaube, sie liegt im Koma«, sagte Larry zu dem Mann, der am Notruf Bereitschaft hatte.

Nach einer Weile fügte er hinzu: »Diabetes, Typ I.« Er beschrieb meinen röchelnden Atem, erwähnte die Insulinmenge und die Grippesymptome. Dann wurde seine Stimme leiser und flackerte, als käme sie aus einem Rundfunkgerät, mit schwachen Batterien. »Ja«, seufzte er als Antwort auf eine Frage. »Nein« und noch einmal »Ja«. Für einen Augenblick wieder lauter werdend, schloß er: »Okay, beeilen Sie sich!«

In meinem Traum tappte der verhüllte Mönch rasch einen anderen Gang entlang und betätigte eine Alarmglocke. Offenbar wollte er die übrigen Klosterinsassen vor einer drohenden Gefahr warnen.

In Wirklichkeit drückte Larry anhaltend auf den Knopf der

Wechselsprechanlage. Ungeduldig betätigte er den Summer, der den Pförtner aufschrecken sollte, diesen Klostervorsteher, der die Mieter ungerührt wie Leibeigene behandelte und auch jetzt keine Eile zeigte.
»Nun mach schon, komm!« flüsterte Larry in steigender Angst, als habe er beim Galopprennen auf ein Pferd gewettet, das weit hinter dem Feld zurücklag.
Endlich meldete sich der Pförtner. »Ja?« sagte er gedehnt, deutlich verärgert über die rüde Klingelei.
»Hier ist 5-D«, sagte Larry kurz. »Meine Freundin liegt im Koma, und ein Krankenwagen ist unterwegs. Falls er in fünf Minuten nicht hier ist, müssen Sie raufkommen und mir helfen, sie zum St. Vincent zu bringen.« In Anbetracht des gespannten Verhältnisses zwischen dem Pförtner und dem Appartement 5-D wartete er gar nicht erst auf eine Antwort.
Ich hörte leise, aufgeregte Schritte durch das Zimmer eilen. Dann Stille, unterbrochen vom Geräusch eines Reißverschlusses und dem Einrasten einer Gürtelschnalle. Eine Hand schlug gegen die Wand, und jemand stöhnte leise. Dann wieder Schritte, jetzt in einem harten Stakkato.

In meinem Traum wirft der Mönch den Kapuzenmantel ab, und ich sehe Larry, der sich rasch und geschickt anzieht. Er grinst, wie er seit Jahren nicht mehr gegrinst hat. Jetzt, in unserer ersten Woche in Manhattan ist dieses Grinsen wieder da. Bei unserer ersten Möglichkeit, glücklich und zufrieden miteinander zu leben, wie wir es uns immer vorgestellt haben. Heute morgen hat er es eilig, wartet ungeduldiger als sonst auf die Times, *die einen Artikel von mir enthält. Eigentlich dürften wir beide nicht mehr so scharf darauf sein, unsere Namen gedruckt zu sehen. Aber wir sind unverbesserliche »Halbblütler« — halb Blut, halb Tinte in den Adern — und bekommen* immer noch Herzklopfen, angesichts einer Zeitungsspalte in den eigenen Formulierungen.

Larry hält im Rasieren inne. »Ich werde den Pförtner fragen, ob er uns die Zeitung besorgt. Gleich an der Ecke ist ein Stand«, sagt er und geht auf die Wechselsprechanlage zu.

»Ich glaube nicht, daß ein Pförtner für Geld Zeitungen holt«, sage ich vorsichtig, weil mir peinlich wäre, wenn ich mich wie jemand aus dem Mittelwesten benehmen würde. Ich bin empfindlich in solchen Dingen. Aber Larry will gerne bezahlen, wenn er dadurch schneller an die Times kommt.

»Ich habe keine Zeitung für Sie«, sagt der Pförtner, nachdem er gemächlich den Stapel in der Halle durchgesehen hat. Larry erklärt ihm, daß er ihm eine Zeitung vom Stand an der Ecke holen soll. Verächtliches Schweigen. »Sir«, sagt der Pförtner dann mit deutlicher Ironie, »ich hole keine Zeitungen.«

Die Zurückweisung läßt Larry kalt. Ob er es wirklich überhört oder sich nur eine dicke Haut zugelegt hat — seine Fähigkeit, Peinlichkeiten abzuschütteln, ist in meinen Augen jedenfalls eine Gabe.

»Nicht zu glauben«, sagt Larry leicht erstaunt. »Es hätte nicht mal eine halbe Minute gedauert . . .« Er rasiert sich zu Ende und stürzt den Kaffee hinunter, zu aufgeregt, um sich mehr Zeit zu lassen. »Komm, zieh deinen Mantel an, und bring mich zur U-Bahn! Wir kaufen zwei Zeitungen, damit du auch eine Times hast.«

»Ich bin noch nicht angezogen«, protestiere ich. »Ich hol' sie mir später.«

»Nein, mach doch!« drängt er lächelnd. Nach acht Jahren Zusammenarbeit als Redakteur und Reporterin hört er immer noch gern unsere Journalisten-Herzen im Gleichtakt schlagen. Das ist einer der Augenblicke, wo »der eine verständnisvoll die Erregung des anderen mitfühlt« — diesen Satz hat Larry unterstrichen in dem Buch »Psychologie der romantischen Lie-

be«. Er lädt mich ein zu einer improvisierten Party, und er tut es mit leichtem Nachdruck, denn er braucht den Beweis, daß er den richtigen Schritt getan hat, daß sein Entschluß, an diesem Rennen um hohe Einsätze teilzunehmen, kein Fehler gewesen ist.

»Okay«, sage ich, binde mir einen Gürtel um das Nachthemd und raffe es hoch, bis es nur noch zu den Knien reicht. Auf diese Weise ist es unter dem Mantel nicht zu sehen. Ein Trick, den ich im College gelernt habe und mit dessen Hilfe ich manche morgendliche Vorlesung, die ich beinahe verschlafen hätte, noch rechtzeitig erreichte.

Als wir durch die Halle gehen – gutgekleideter Geschäftsmann mit ungekämmter Eingeborenen, deren nackte Beine in Mokassins stecken –, beäugt uns der Pförtner neugierig. Sobald wir draußen sind, lacht Larry, nimmt meine Hand und zieht mich zum Zeitungsstand. Er stellt seine Aktenmappe auf die Erde und schlägt die Zeitung auf. Ihre dünnen Blätter flattern im Wind.

»Hier bist du!« sagt er, deutet auf meinen Namen unter einer Überschrift, und sein Gesicht leuchtet auf. Dann umarmt er mich heftig, wobei die Zeitung ziemlich stark zerknittert wird. »Das ist toll«, sagt er und küßt mich auf den Scheitel, »das ist einfach großartig.« Ich hebe die Arme, um sie um seinen Hals zu legen, als ich merke, daß mein Gürtel rutscht und zu Boden fällt. Der Wind packt ihn und weht ihn über den Bürgersteig, vorbei an dem Pförtner, der uns von der Tür aus beobachtet. Es wäre ihm ein Leichtes, den Gürtel zu fassen, aber er rührt sich nicht.

»Gürtel holt er auch nicht«, stelle ich fest und rolle die zerknitterte Times *zu einer Kugel zusammen. Larry lacht und gibt mir einen Abschiedskuß. Dann verschwindet er im Eingang der U-Bahn. Ich gehe unter den Kronleuchtern der Halle des Cambridge-Hauses her. Das Nachthemd flattert um meine*

Fußgelenke, die zu einem Knäuel gerollte Zeitung klemmt unter meinem Arm. Der Miene des Pförtners ist überdeutlich anzusehen, daß er es nicht mag, wenn Eingeborene mit wilden Frisuren und unpassendem Schuhwerk durch seine Halle schwärmen. Ich bemühe mich, ihm mimisch begreiflich zu machen, daß er von der Mode des Mittelwestens nicht die geringste Ahnung hat.

Da sich also die Mieter von 5-D als höchst fragwürdig erwiesen hatten, hatte Larry mit dem Portier das Gespräch schnell abgebrochen. Er war auch nicht in der Stimmung, sich eine Antwort zu holen wie: »Sie — ich hole keine Komas.«

Ich war dankbar für die eingetretene Stille, denn ich war völlig durcheinander. War ich nun tot oder nicht? Ich schien zwischen Wirklichkeit und Traum zu schweben, tot in der einen, lebendig in einer anderen Welt. In Wirklichkeit war ich natürlich tot, denn als Larry mich rief, hatte ich ja vergeblich versucht, die Augen aufzuschlagen. Ich hatte gemerkt, daß die Verbindung zu meinen Augenlidern abgebrochen war. Nicht etwa, weil die Muskeln mir nicht gehorchten — ich hatte ja gar keine Muskeln mehr, keine Augenlider, nichts. Meine Kommandos gingen ins Leere. Weitere Versuche bewiesen, daß ich weder schlucken noch die Glieder bewegen konnte. Ich konnte hören und spüren, wenn Larry etwas sagte oder mich berührte, war aber nicht imstande, ihm zu antworten oder ihn zu berühren. Mein Körper war wie ein kaputtes Funkgerät, das noch empfangen, aber nicht mehr senden konnte. Wenn ich nicht tot war, dann war ich zumindest blind und gelähmt, was mich unter anderen Umständen schwer erschüttert hätte. Aber in meinem wohligen Traum fühlte ich eher Neugier als Besorgnis — falls ich überhaupt irgend etwas fühlte, denn tatsäch-

lich war das Fehlen von Empfindungen das Bemerkenswerteste an diesem sonderbaren Schlag.
Praktisch gehörte mein Körper nicht mehr zu mir, ich befand mich aber auch nicht außerhalb von ihm, da ich ja immer noch Geräusche hörte und Berührungen spürte. Es war eher so, daß ich meinen Körper langsam abschüttelte, und mit dieser Loslösung überkam mich eine zufriedene Müdigkeit, vergleichbar der Mattigkeit, mit der man nach einem langen Tag auf den Pisten die Skier und Stiefel ablegt und sich vor dem Verleih anstellt, um die Ausrüstung zurückzugeben. Bei eigenen Sachen hätte man sich vielleicht über irgendwelche Schäden geärgert, für den Fall, daß man noch einmal auf die Piste zurückwollte. Aber ich hatte den deutlichen Eindruck, daß mein Körper nur geliehen war, und bedauerte nicht, daß seine Zeit nun abgelaufen war. Die Schmerzen in den Armen und Beinen genügten, um jeden Wunsch nach einer Verlängerung zu unterbinden.
Obwohl ich meinen Körper abgestreift hatte, war ich offenbar immer noch *da*. Wie eine Art hüllenloser Geist, der durch die Zeit schwebt. Ich existierte nur noch als Gedanke, und es schien nicht einmal unbedingt *mein* Gedanke zu sein. Der Geist, der ich war, funktionierte viel unbeschwerter, intuitiver, unbewußter. Ich wußte noch, was Geräusche und Berührungen waren, registrierte sie aber nicht mehr auf die übliche verkrampfte, emotionelle Art. Ich konnte denken, ohne daß sich die launische Maschinerie meines Gehirns in Gang setzte. Es war ein völlig müheloses, von Gefühlen befreites Denken.
Bei jedem Geräusch konnte ich mich erinnern, welche Reaktionen es früher in mir ausgelöst hatte, aber doch nur entfernt, wie man sich etwa beim Wiederlesen eines Liebesromans noch Jahre später vage entsinnt, einst einen Kloß im Hals gehabt zu haben bei dieser Lektüre. In der angeneh-

men Ungezwungenheit meines Traums wurden daraus die fernen Echos früherer Leidenschaften. Als ich zum Beispiel Larrys kummervolle Stimme vernahm, spürte ich zu meiner Überraschung nur einen flüchtigen Stich, denn im verklärten Licht des Traums schwand jedes Leid. Meine Liebe zu Larry verwandelte sich in eine große Zuneigung zu diesem Licht, unter dessen Strahlen ich keinen Schmerz mehr fühlte.

Manchmal lösten die Geräusche und Berührungen jedoch einen Strom von Bildern aus, der mir den Blick zum Licht verstellte. Dann versank ich wieder in das mühsame Denken mit dem eigenen Kopf. Unter allen Verletzungen, die mein Körper davongetragen hatte, schien mein Gehirn am meisten gelitten zu haben. Ich versuchte, seine wilden Gedankensprünge nicht zu beachten, aber es spie immer weiter Erinnerungsfetzen aus, wie ein Motor, der noch stotternd weiterläuft, wenn die Zündung bereits abgestellt ist. Mönche in Kapuzenmänteln, zärtliche Umarmungen, ein muffiger Pförtner — der Regisseur dieses Films mußte verrückt sein, denn er reihte Szenen aneinander, die nicht zusammengehörten, und die Stimmen waren nicht zu identifizieren. Ich hatte keinen Einfluß auf den Ablauf der Szenen, ich betrachtete sie mit sonderbarer Gleichgültigkeit, wie bei einer Privatvorstellung in einem riesigen Kino, wo sich der Rohfilm, das angeschnittene Material meines Lebens abspulte. Ich verfolgte die vertrauten Ausschnitte ohne die Bestürzung, den Hohn oder die Freude, die sie normalerweise erregten.

Diese sonderbare Gleichgültigkeit bewirkte auch, daß ich die handelnden Personen anders beurteilte und nicht mehr das Bedürfnis hatte, für den einen oder anderen Partei zu ergreifen. Das war wirklich erstaunlich für eine Frau, die in ihren sechsunddreißig Lebensjahren eine besessene Parteigängerin gewesen war. Aber jetzt wollte ich die Menschen in meinem Traum nicht mehr verändern, sondern sie nur noch kennenlernen und verstehen, was sie bewegte.

Wieder näherten sich Larrys eilige Schritte und verstummten neben der Matte. Er hob die Decke hoch, und ein kühler Luftzug glitt über meinen nackten Körper. Vorsichtig hob er meine Füße an und streifte die weiche Baumwolle einer Trainingshose darüber. Die feierliche Zärtlichkeit seiner Berührung weckte das Echo eines erotischen Vergnügens. Es glich dem erregenden Schauer, den ich empfunden hatte, als ich die Schlußszenen des Films »The Way We Were« sah. Die meisten meiner Freundinnen hatten ähnlich empfunden und waren darüber genauso erstaunt gewesen wie ich. Das Gefühl stellt sich erst bei der letzten Abschiedsszene der Liebenden ein. Er blickt zu Boden, entdeckt ihren offenen Schnürsenkel und bückt sich, um ihn zu binden. Die Kamera zeigt nur das Gesicht der Frau, aber die Wirkung seiner zärtlichen Geste spürt jeder Zuschauer als erregenden Schauer an den eigenen Füßen.

Wie kam es zu dem köstlichen Beben, in unseren Zehen? Lag es an den Füßen? Waren die Hunderte von Nervenenden, die es dort geben soll, auf einmal sensibilisiert? Lag es an dem Kummer auf dem Gesicht des Geliebten oder an seiner demütig gebeugten Haltung? Oder daran, daß er sich unaufgefordert entschlossen hatte, etwas für sie zu tun, bevor sie den Wunsch noch ausgesprochen hatte? Kannte er ihre Bedürfnisse vielleicht so gut, daß er seine Liebe mit Hilfe dieses Schnürsenkels zeigen konnte? Als Larry behutsam meinen Fuß hob und mich anzukleiden begann, kam die Erinnerung an den Schauer, den mir diese Szene reiner Liebe verursacht hatte.

Larry kannte mich so gut, daß er die Kleidungsstücke für meine Einlieferung ins Krankenhaus so auswählte, wie ich es wohl auch selbst getan hätte. Er band mir die Trainingshose in der Taille zu, und ich spürte, wie er mir mein altes blaues Baumwollhemd über den Kopf zog. Es war meine übliche »Arbeitskleidung«, es waren die Sachen, die meinem Schreiben die nötige Würde verliehen — braune Trainingshosen und ein hellblaues Sporthemd mit dem lila Aufdruck: »Wild Women don't get the Blues« (Freie Frauen lassen sich nicht hängen). Mit diesem Motto sollte ich also nach Larrys Wunsch die Ärzte in der Notaufnahme begrüßen.

Schwer atmend hob er meinen schlaffen Oberkörper an, um das Hemd auf dem Rücken glattzuziehen. »Mein Gott«, flüsterte er, »du bist mir auch gar keine Hilfe!« Er stöhnte vor Anstrengung, denn tote Körper sind viel schwerer als schlafende, die immer noch über passive Reflexe verfügen. Mein Schädel fiel wie ein Stein an Larrys schweißnasse Brust, hinter der das Herz laut pochte. Mein Kopf war schwer wie nach dem befriedigenden Rausch der Leidenschaft. Er ruhte an Larrys nackter Brust wie nach einem Liebesakt, und ich stellte mir vor, in seinen Körper zu versinken.

Er zog mir gerade die Socken über, als ihn ein lautes, heftiges Klopfen unterbrach. Unvermittelt ließ er meinen Knöchel los und rannte zur Tür. Vom Flur kam das verhaltene Flüstern von Männerstimmen. Dann kehrte Larry zurück mit einer kleinen Helferschar. Plötzlich war der stille Raum voller Geräusche. Piepser ertönten, in den Walkie-Talkies knarrten die Funkgeräusche, und schweres Gerät schrappte über den Fußboden. Im Traum sah ich, wie die Artillerie die Kanonen in Stellung brachte. Mein Kontakt mit dem Licht brach ab, und gleich darauf nahm man mich gefangen.

Jemand stülpte mir eine harte Plastikmaske übers Gesicht

und befestigte sie mit Bändern stramm am Kopf. Es war eine Art umgekehrte Gasmaske, die mir einen Schwall heißer chemischer Stoffe in die Kehle blies. Ein fürchterlicher Druck legte sich auf meine Brust, und jeder Herzschlag verursachte einen stechenden Schmerz.
»Die Notaufnahme will einen Glukosetest«, sagte der Mann, der mich festhielt, daß es weh tat. »Welche Art Insulin nimmt sie?« Weit im Hintergrund hörte ich Larry, wie er mit dem Feind mit gedämpfter Stimme Auskunft gab. Ich stellte mir vor, daß man ihn gefangen hielt, daß er gefesselt und geknebelt in einer Zimmerecke stand. Eine Nadel stach mir ins Handgelenk, eine zweite weiter hoch in den Arm, wo man sie mit Klebestreifen befestigte. Das Walkie-Talkie knackte, als eine chiffrierte Meldung ans Hauptquartier durchgegeben wurde.
»Sie ist über achthundert«, meldete ein Mann düster.
»Um Gottes willen!« antwortete die Funkstimme. »Dann ist keine Zeit zu verlieren!«
Es klopfte noch lauter an die Wohnungstür, und der nächste Trupp marschierte ein. »Sir, die Polizei ist hier«, verkündete der Pförtner. Offenbar wollte er das ganze Haus mobilisieren. Es entstand ein kurzes Schweigen, und ich stellte mir vor, daß Larry — noch immer gefesselt und geknebelt — einmal mehr sein bemerkenswertes Talent unter Beweis stellen würde, keine Peinlichkeit aufkommen zu lassen.
»Entschuldigung, Sir«, sagte ein junger Beamter, »das übliche ... Wir müssen in jedem Koma-Fall ... ermitteln.« Er zögerte. »Durchsuchung nach Rauschgift erübrigt sich«, sagte er dann. »Der Sanitäter hat uns alles Nötige mitgeteilt und den Bericht schon unterschrieben.«
Damit verabschiedete er sich. Im allgemeinen Getöse ging der Klang seiner Stiefel unter. Plötzlich schien er sich an etwas zu erinnern. »Ich hoffe, es geht alles gut«, sagte er. Seine

Stimme schwankte, als schüttele er beim Sprechen den Kopf. »Bei Gott . . . alles Gute!«
»Okay, unter den Rücken fassen . . . und los!« Der Anführer dirigierte das Krankenwagenteam, damit alle gleichzeitig zupackten. Überall berührten mich Hände, was ziemlich weh tat. Ich wurde auf die Trage gelegt. Die heißen, chemischen Dämpfe versengten meine Lunge. Mir wurde unerträglich elend. Ich spürte einen dumpfen Schmerz in den Gliedern, und mein Hals war völlig ausgetrocknet.
Schließlich lag ich im Krankenwagen und wußte, daß man mich ins Krankenhaus brachte. Mein Herz schlug wie verrückt. Die Lungen schrien vor Schmerz, alles in mir bäumte sich auf. Ich wollte das alles nicht, wollte keine Kanülen und Schläuche, keine verzweifelten Kämpfe gegen Hunger und Durst. Ich wollte weg aus diesem Krieg und betete, das Licht möge mich retten.
»Irgendwas stimmt da nicht«, sagte der Sanitäter, während er die Trage schwer atmend vom Krankenwagen wegschob. »Sie wird nicht wach unter der Sauerstoffmaske.«
Der Arzt neben ihm beugte sich vor, steckte das kalte Metall seines Stethoskops unter mein Hemd und schob es zentimeterweise über die Rippen. »Sie hat eine Menge Flüssigkeit da drin«, sagte er. »Wir müssen das absaugen.«
In der Notaufnahme entfernten sie die Sauerstoffmaske und rammten mir stattdessen einen harten Kunststoffschlauch in die ausgedörrte Kehle. Eine Vakuumpumpe wurde angeschlossen, und der Schlauch saugte das zarte Lungengewebe ab. Brüllender Schmerz durchfuhr meinen Körper. Eine Riesenfaust quetschte mein Herz zusammen. Blendende Lichter explodierten in meinem Kopf. Ich kapitulierte bedingungslos und überließ meinen Leib den Händen der Sieger. Körperlos, gleichgültig schwebte ich in die Zone des weißen Lichts.

Der Schlauch wurde herausgezogen und durch einen kleineren ersetzt, den man an ein Beatmungsgerät anschloß, um die Folter noch fortzusetzen. Aber ich fühlte nur noch einen leichten Schmerz, wenn sich meine Brust unter dem rhythmischen Pumpen warmer Luft hob und senkte. Ich war verwirrt und fragte mich: Was hat die Sieger so gegen mich aufgebracht? Welches Verbrechen habe ich begangen, daß sie mich so ausdauernd foltern?

Man zog mir Hemd und Hosen aus und steckte mich in die Gefängnistracht. Dutzende von Händen erforschten meinen Körper. Eiseskälte durchdrang mein Fleisch. Sie befingerten die Halsnarbe von der Gewebeentnahme in Chicago, die Narbe des Kaiserschnitts und die immer noch empfindliche Wunde am Brustkorb von der verhängnisvollen Operation in Ann Arbor. Im Traum sah ich eine tätowierte Frau, die sich reglos und schweigend weigerte, die grellfarbigen Einzelheiten ihres Lebenslaufs preiszugeben.

Während die Finger methodisch weiterglitten, beschrieb eine Stimme die genaue Stellung jeder Wunde im sachlichkühlen Tonfall des Pathologen bei einer Obduktion:

»... fünf Zentimeter langer Schnitt über dem rechten Schlüsselbein ... deutliche Keloide (meist gutartige Bindegewebsverwachsung an Narbenrändern) um die Narbe am Unterleib ... fünfzehn Zentimeter langer seitlicher Schnitt mit Wundnahtspuren ... vor recht kurzer Zeit ... zwischen der dritten und vierten Rippe ...« Plötzlich sagte die Stimme in starker Erregung: »Mein Gott!« und brach ab. »Was ist das denn?« fragte der Arzt erschrocken. »Eine Schußwunde?«

Ich hörte, wie Larry das Loch in meinen Rippen erklärte ... die Lungengewebeentnahme, das Empyema, die Salzlösungen, den roten Gummischlauch. Aus verschiedenen Ecken des Raums wurde er jetzt mit Fragen bombardiert. Er berichtete von der »Nodus-Nekrose«, den »rheumatischen Faktoren« und der »sarkomähnlichen Tumorbildung«. Er nannte die Daten und Städte, die Länge der Krankenhausaufenthalte und die Namen der Ärzte. Er gab die Zahl, das Alter und das Geschlecht meiner Kinder an, kurzum: er erwiderte das Bombardement mit einem ganzen Sperrfeuer von Tatsachen, die er im Lauf der letzten acht Jahre von mir erfahren und gesammelt hatte.

»Wer bist du?« fragte er mich oft, besonders dann, wenn er sich selbst dieser Frage gegenübersah. Während er — als Journalist noch — die Tatsachen notierte — über meine Familie, meine Kinder, meinen Körper —, verliebte er sich in mich. Er pflegte mich von Washington aus über meinen Terminkalender zu befragen, um mit meinem Alltagsleben in Kontakt zu bleiben. »Was hast du morgen vor?« fragte er jeden Abend. Ich beschrieb ihm dann ausführlich jedes kleinste Vorhaben. Einmal zählte ich zum Beispiel auf:

». . . Postamt, Arzt und . . . oh, ja! Ich muß noch zur Bank und Geld abheben!«

»Geld abheben?« fragte er scherzend, denn er kannte meine schwache Finanzlage. »Dann vergiß bloß nicht, einen Revolver mitzunehmen!«

Die Fragen hörten auf, das Notaufnahmeteam arbeitete schweigend weiter, obwohl Larry noch einen ganzen Stapel ungenutzter Informationen auf Lager hatte. Wie ein Doktorand, der sich akribisch auf die mündliche Prüfung vorbereitet, hatte er mehr Wissen und mehr faszinierende Einsichten über das Thema gesammelt, als die Fragesteller ahnten, und diese Daten lasteten offenbar schwer auf ihm. Als er ungefragt noch eine Einzelheit preisgab, die das düstere Bild ein wenig zurechtrücken sollte, hörte er sich an, wie jemand, der an einer Überdosis von Tatsachen leidet. »Ihre Haare«, sagte er schwach und wie von fern, ». . . sind ungefärbt!«

Das klatschende Geräusch von Gummihandschuhen, die jemand abstreifte, zeigte das Ende der Untersuchung an. Die Stimme des Arztes, der seine Feststellungen auf Band gesprochen hatte, ging von dem offiziell-förmlichen Ton zu müder, außerdienstlicher Freundlichkeit über. Ein Mann wollte dringend etwas von ihm wissen über die nächsten Röntgenuntersuchungen und Labortests. Zu meiner Überraschung erkannte ich Larrys Stimme, der in der Sprache des Feindes fragte: »Wann bringen Sie sie auf die Intensivstation?« War er übergelaufen und einer der ihren geworden? Hatten sie ihn durch Folterandrohungen gezwungen, ein Kollaborateur zu werden? Wer war dieser gespenstisch vernünftige, dieser sonderbar sentimentale Mann, den ich liebte — ein Kollaborateur oder ein Spion?

Der Arzt erklärte bedauernd, in der Intensivstation sei augenblicklich nichts frei, die drei Aids-Patienten könnten nicht verlegt werden, aber man werde ein Bett für mich richten. Larry — inzwischen völlig dem Umgangston des Feindes angepaßt — stellte weitere Fragen. Wie lange würde ich noch im Koma liegen? begann er in schüchternem Ton, und ich stellte mir vor, wie er mit dem Notizbuch des Reporters auf die Antwort wartete. In Krisensituationen sammelte er als erster immer Informationen.

»Es sieht nach einer Keto-azidose und einem ausgewachsenen Syndrom der Atmungsorgane aus«, sagte der Arzt und übersetzte den Befund dann in allgemeinverständliche Sprache. Es handle sich um den Fall einer Zuckerkranken in schwerer Krise, deren Immunsystem so viel Flüssigkeit produziere, daß ihr Körper davon überschwemmt zu werden drohe. »Sie ist sehr krank«, sagte er voll Mitgefühl. »Es könnte recht lange dauern.«

»Recht lange« genügte dem Reporter nicht, war ihm zu vage. Er drängte auf eine konkretere Auskunft, mit der er

seinen Artikel beginnen konnte. Wie meine Chancen stünden, überhaupt wieder aus dem Koma zu erwachen, fragte er. Der Arzt schwieg einen Augenblick. Er suchte nach den richtigen Worten.
»Ich habe noch nicht viele Patienten in so schlechtem Zustand gesehen«, sagte er nachdenklich und bemühte sich dann um etwas mehr Zuversicht. »Ich bin Optimist und sage fünfzig zu fünfzig.« Ich stellte mir vor, wie Larry diese Zahlen in sein Notizbuch eintrug.
Nach vier hektischen Stunden in der Notaufnahme war Larrys Anwesenheit nicht mehr von Nutzen. Der Arzt sagte, man könne erst dann etwas tun, wenn verschiedene Testergebnisse vorlägen. Er versprach, Larry über die weitere Entwicklung auf dem laufenden zu halten, und stellte ihm frei, nach Hause zu gehen.
Larry trat an mein Bett und stand dort lange Zeit. Dann legte er mir die Hand auf den Kopf, strich mir übers Haar, beugte sich über das Beatmungsgerät und küßte mich auf die Stirn. Im Traum sah ich mich selbst, wie ich mich über Franks Sarg beugte und mit meinen Lippen die steinerne Kälte seines Gesichts berührte.
Auf dem Weg zur Arbeit ging Larry noch einmal in die Wohnung, um meinen Terminkalender und mein Adreßbuch mitzunehmen. Später stellte er an seinem Schreibtisch eine Liste meiner Angehörigen zusammen, von denen er einige nur aus Erzählungen kannte. Alle diese Fremden, auf die er eines Tages einen guten Eindruck hatte machen wollen, mußte er jetzt einfach anrufen — noch nie hatte er einer so schweren Public-Relations-Action gegenübergestanden: Er durfte niemanden beunruhigen und mußte doch allen mitteilen: »Mary Kay liegt im Koma. Ihre Überlebenschancen stehen fünfzig zu fünfzig.«

2. KAPITEL

Der Irre in der Familie

Kurz nachdem Larry gegangen war, wurde ein weiterer Notarztwagen gemeldet. An diesem 24. März 1984 hatte New York viele Verluste zu verzeichnen. An mehreren Fronten waren die Immunsysteme zusammengebrochen. Während mein Körper noch gegen die Angriffe hyperaktiver Antikörper kämpfte, wurde bereits der nächste Gefangene eingeliefert, weil er gar keine Antikörper entwickelt hatte.

Mit deprimierender Regelmäßigkeit trafen weitere kritische Fälle in der Notaufnahme ein. Das St. Vincent wurde zur meistbeschäftigten MASH-Einheit* in Greenwich Village. Die Leute arbeiteten fieberhaft, um die Kranken wieder zum Leben zu erwecken, die Opfer eines seltsamen modernen Krieges geworden waren, einer gesellschaftlichen Revolution, in der sich die menschlichen Körper selbst vernichten. Zuviel Komfort bei einem zu streßbetonten Leben — nun kehrte sich unser Immunsystem gegen uns und ließ uns im Stich. Als die Zahl der Einlieferungen den kritischen Punkt erreichte, ordnete der Arzt widerstrebend meine Verlegung auf eine andere Station an, bis für mich ein Bett auf der Intensivstation bereitgestellt war.

Sanfte Hände begannen meine schmerzenden Beinmuskeln

* MASH: Film- und Fernsehserie über eine ausgeflippte amerikanische Lazarett-Einheit im Korea-Krieg (Anm. d. Übers.)

zu massieren. Ich spürte die beruhigende Nähe einer Frau, deren kräftige Finger mich an Joan erinnerten, meine kluge Ratgeberin und treue Seelenfreundin in Fort Wayne. Obwohl sie zwanzig Jahre älter war als ich, waren wir unzertrennliche Freundinnen geworden, und als leidenschaftliche Aktivistinnen in der örtlichen Frauenbewegung hatten wir uns ein Jahrzehnt lang gegenseitig bei Konferenzen, Versammlungen und Protestdemonstrationen angefreundet. Und wenn einmal die Kräfte zu erlahmen drohten, beriefen wir eine weitere »Konferenz der Hennen«. Oft stellte sie sich hinter meinen Sessel im Arbeitszimmer und massierte mir am Ende eines harten Tages die Halsmuskeln, während sie die Termine für den nächsten Tag aufzählte. Als mich Arbeit und Mutterschaft zwangen, Fort Wayne zu verlassen, fehlte sie mir anfangs sehr. Der Kampf um die Durchsetzung unserer Interessen war ohne ihren Beistand mühselig und einsam. Ich vermißte ihren leuchtenden Blick, ihren schnellen Witz, ihre liebevollen Umarmungen und ganz besonders die Hennen-Konferenzen. Ich liebte sie einfach, denn sie bewegte etwas und brachte Leben in meine Welt. Auch ihre Massagekünste, die unter ihren Freundinnen hochgeschätzt waren, gehörten dazu.

Die Finger hielten jetzt an einer Stelle und drückten das Fleisch wieder und wieder, als suchten sie die Quelle meiner Schmerzen. Dann bohrte sich eine Nadel hinein, mich durchfuhr ein warmer Strahl, meine verkrampften Muskeln lockerten sich, und meine Glieder wurden federleicht. Als hätte sie jemand abgeschraubt, schwebten meine Beine jetzt einen Meter über mir. Ein merkwürdiges angenehmes Gefühl beseelte mich, weitete meine Schädeldecke und badete den Kopf in strahlendem Licht. Die erregten Stimmen in der Notaufnahme wurden leiser. Ich hörte nur noch schwer zu identifizierende, abgerissene Laute, ähnlich den schlei-

fenden Tönen von einer zu langsam abgespielten Platte. Die Frau, die mir diese Leichtigkeit, diesen Frieden geschenkt hatte, mußte mich sehr lieben. Wem gehörten diese magischen Hände? Wer war diese Freundin? War es Joan?
Im weißen Licht meines Traums erkannte ich weder Umrisse noch Körper. Ich fühlte mich von Wärme und Sorge eingehüllt, zufrieden und erleichtert schwebte ich auf unbekannten Armen über der Matratze. Auch als man mich auf ein fahrbares Bett gelegt hatte, stieg ich mühelos immer höher, schwebte durch den schwerelosen Raum meiner Phantasie frei dahin, nur mit den Handgelenken an dünne Kanülen gebunden. Während mein Körper auf dem rollenden Bett eilig einen Gang hinuntergeschoben wurde, flog ich sachte wie ein Heliumballon durch die Luft, noch lose verankert mit dem Körper unter mir.
Die leisen Stimmen der Krankenpfleger vermischten sich mit dem Klirren von Gläsern an Metall. Ich erkannte das vertraute Geläut von Flaschen mit Nährlösung, die an den Querstangen hoher Gerüste schaukelten. Mein Gefolge schob mich samt Bett, Gerüst und Beatmungsgerät durch das Krankenhaus, und die Glocken über mir verliehen dem Transport das feierliche Gepränge einer kirchlichen Zeremonie: Einmal zerrte es leicht an den Kanülen, als wir gerade eine Kurve zu schnell nahmen und die Krankenpfleger nicht aufpaßten. Die Schläuche verhedderten sich — zwei ungeschickten Brautjungfern gleich, die bei einer unverhofften Richtungsänderung die Schleppe durcheinanderbringen. Man flüsterte sich hastig Anweisungen zu, die Schläuche wurden in Ordnung gebracht, und schon eilte man weiter.
Während der ganzen Fahrt hielten die magischen Finger meine Hand. Erst als das Bett an seinem Bestimmungsort angekommen war, ließen sie mich los. Ich wurde in ein an-

deres Bett gehoben. Man klappte die Stahlgitter an den Seiten hoch und ließ sie einrasten. Wieder nahmen die geschickten Finger der Frau ihre Arbeit auf. Sie sicherte die Kanülen an meinem Arm mit weiteren Klebestreifen und band die Handgelenke mit dicken Baumwollbinden an die Gitterstangen. Als sie mir den Beatmungsschlauch tiefer in die Kehle schob und den Riemen um meinen Kopf fester schnallte, spürte ich den Druck ihrer vollen Brust an meiner. Obwohl ihr Tun meine Freiheit einschränkte, war ich voller Dankbarkeit gegenüber dieser Frau, die mir das helle Licht gebracht hatte. Schließlich hatte sie das Nötige getan, tätschelte mir noch einmal die Schulter und ging. Ihre Schritte verhallten im Korridor, ihr Licht aber blieb bei mir.

Sobald es ruhig geworden war, merkte ich, daß ich nicht allein im Zimmer war. Durch den großen Raum drang das mühsame Atmen von vier oder fünf anderen Kranken. Zwischendurch hörte man einen ergebungsvollen Seufzer oder ein Schnarchen, feucht von dickem Schleim. Am Ende des Zimmers war ein zweites Beatmungsgerät zu hören, und nach jedem Einatmen ertönte ein seelenvolles Ächzen.

Das alles erweckte in mir die Vorstellung einer Gruppe von leidenden Einwanderern, die im Krankenhaus auf Ellis Island in Quarantäne liegen. Wahrscheinlich befanden wir uns in einer Art Wartezimmer für die Intensivstation. Obgleich niemand ein Wort sprach, da jeder seine ganze Energie zum Atmen brauchte, fühlte ich mich eigentümlich hingezogen zu diesen Fremden. Mitgefühl verband mich mit den anderen Kranken, mit den Siegern und mit jedem, der in diesen Krieg verwickelt war.

Diese starke Zuneigung, dieses Gefühl, für jeden dazusein und niemandem etwas zu verübeln, erinnerte mich an Franks euphorische Stimmungen auf dem Höhepunkt seiner manischen Phase vor zwei Jahren. Seine Augen strahlten hell während dieses geistigen Fiebers, und er schilderte mir das erstaunliche Gefühl, von einem geheimnisvollen, verzehrenden, glänzenden Geist in Besitz genommen zu sein, der die eigene Intelligenz bei weitem überrage. Er nannte es das stärkste Vergnügen, das er je empfunden habe. An diesem Nachmittag des Schwebezustands im Durchgangszimmer des St. Vincent glaubte ich zu verstehen, warum Frank diesem Geheimnis sein Leben hatte weihen wollen.

Im betörenden weißen Licht meines Traums gab es weder Schmerz noch Einsamkeit. Nichts von dem, was ich in den letzten drei Jahren so häufig vermißt hatte, fehlte mir jetzt. Ich spürte die Gegenwart aller Menschen, die ich je geliebt hatte, der lebenden und der toten, eingebettet in dieses gütige Licht. Ich erkannte Joan, Larry, meine Eltern, meine Söhne und meinte auch Frank zu sehen, in Gestalt meines Leidensgefährten auf dem Nachbarbett, der nach jedem Atemzug leise pfiff. In meinen Ohren klang es wie Franks ekstatisches »Wow!«

Mein Geist hatte sich verflüssigt, und in einer Brandung von Tönen trieben angenehme Gedanken heran, rollten über Frank hinweg und durch die ganze Station, strömten zur Tür hinaus und den Flur hinunter. Weit in der Ferne hörte ich zu leiser Radiomusik Frauenstimmen beim leichten Geplauder einer Kaffeepause. Der Verkehrsfunk warnte die Autofahrer vor Staus im Holland- und im Lincoln-Tunnel, und ich nahm mir vor, diese Strecken auf der Heimfahrt zu meiden. Ein Discjockey gab seinem Mitgefühl für die betroffenen Hörer Ausdruck und versprach ihnen zum Trost verträumte alte Melodien.

Seine erste Platte erwies sich als riskante Wahl im Hinblick auf den versprochenen Trost, denn die Anfangstakte von Simon und Garfunkle's »Bridge Over Troubled Water« versetzten mich zurück in meine erste Chicagoer Wohnung. Es war an einem Sonntagabend vor vierzehn Jahren gewesen, ich war gerade von einem nervtötenden Besuch bei Frank zurück und hatte den Song auf den Plattenteller gelegt, um mich zu trösten. Damals war er ins ISPI, das staatliche Psychiatrische Institut von Illinois, eingeliefert worden – nach seinem vierten und bisher schlimmsten Nervenzusammenbruch, und drei volle Stunden mit einem Wahnsinnigen hatten mich fix und fertig gemacht.

Die Musik wärmte mich wie meine alte graue Strickjacke, die ich damals so oft trug. Der Gesang setzte ein, und ich kniete auf dem verblaßten braun-gelben Blumenmuster der Couch, die zu meiner möblierten Wohnung gehörte, lehnte mich zurück und schaute über die Oak Street und den Michigan-See. Es fiel mir immer schwer, mein seelisches Gleichgewicht zu bewahren, wenn ich an Frank dachte. Aber damals ganz besonders, denn im Jahre 1970 hatte ich noch das empfindsame, sentimentale Gemüt eines zweiundzwanzigjährigen Mädchens mit missionarischen Tendenzen.

Ich war an jenem Nachmittag sehr enttäuscht, weil Frank nach monatelanger Behandlung noch immer völlig durchgedreht war. Kay hatte ihn in diesem Institut untergebracht, nachdem sie in der Zeitung von zwei Psychiatern an der Universität Chicago gelesen hatte, die ein Experimentierprogramm durchführten. Seinerzeit war der Glaube noch weit verbreitet, daß falsche Mutterliebe die meisten psychischen Probleme verursache. Dr. Meltzer und Dr. Moline hingegen gehörten zu den Pionieren einer Forschungsrichtung, die manisch-depressives Irresein als mögliche Gleichgewichtsstörung des Stoffwechsels ansahen.

Ihre ersten Experimente förderten den Beweis einer fehlerhaften Gen-Entwicklung zutage, was darauf schließen ließ, daß eher biologische als soziale Komponenten Ursprung der Krankheit waren. So wiesen sie beispielsweise ein Muskelenzym nach, das eine Rolle bei Manisch-Depressiven zu spielen schien. Um ihnen zu ermöglichen, ihre Hypothese zu überprüfen, hatte man ihnen den neunten Stock des Instituts überlassen. In dem Artikel fand Kay alle Symptome aufgeführt, die auch ihr Sohn aufwies. Sie rief im Institut an und erhielt einen Termin.

Um zu dem Programm zugelassen zu werden, mußte sich Frank einer Gewebeentnahme am linken Unterschenkel unterziehen. Kay und ich gehörten zur Kontrollgruppe. Wir meldeten uns eines Nachmittags im neunten Stock, wo uns Blut- und Urinproben abgenommen wurden. Dann mußten wir fünf Meilen auf einem Home-Trainer radeln, worauf uns dann weitere Proben abgenommen wurden. Mir kam es vor, als müßten die Forscher eigentlich imstande sein, aus dem ganzen Blut und den anderen Körperflüssigkeiten, die wir gelassen hatten — zusammen mit dem Lungen- und Muskelgewebe, das Frank und ich der Wissenschaft geopfert hatten —, einen ganzen neuen Blakely zu erschaffen.

Irgendwann während der dritten Meile unseres Radelns auf der Stelle sagte ich zu Kay: »Ich weiß wirklich nicht, ob ich in die Kontrollgruppe gehöre.« Ich fühlte mich Frank so eng verbunden, daß ich fürchtete, selbst zu manisch-depressivem Irresein zu neigen. Alle meine Geschwister lebten in dieser Angst. Ich hielt es jedenfalls für verrückt, ihn dadurch vom Wahnsinn erlösen zu wollen, daß ich fünf Meilen in die Pedale trat — und dabei auf der Stelle blieb. Vielleicht waren in Wirklichkeit *wir* die Irren in der Familie, gab ich Kay zu bedenken.

Meine Mutter lächelte, erlaubte aber keine weitere Kritik an

unseren Beinübungen, die uns nirgendwohin brachten. Das Treten fiel ihr schwer, aber wenn sie »unterwegs« schwach wurde, richtete sie sich auf an den Hoffnungen, die ihr die Psychiater des Instituts gemacht hatten. Sobald Kay eine Gelegenheit sah, das Leben ihrer Kinder zu verschönern, trat ein dunkles Leuchten in ihre sonst blaßblauen irischen Augen, und niemand von uns war dann so dumm, ihr diese Absicht ausreden zu wollen. Sie war eine Frau, die nicht so leicht aufgab, und als ihr ältester, intelligentester und feinfühligster Sohn ein Opfer des Wahnsinns zu werden drohte, wurden ihre Augen so tiefblau wie noch nie. Ihr Lächeln in diesem Moment zeigte, daß auch sie sich unserer absurden Lage bewußt war, aber ihre Augen befahlen mir, noch härter in die Pedale zu steigen.
Meine Mutter war stets eine Dame, daher trug sie zu diesem Anlaß ein Kostüm und hochhackige Schuhe, die sie nur eben gegen ein Paar Krankenhauspantoffeln tauschte, mit denen sie im Fahrradsattel einigermaßen unsportlich wirkte. Aber falls sie sich lächerlich vorkam, so ließ sie sich nichts anmerken.
Auch im späteren Verlauf von Franks Krankheit war Kay immer bereit, alle Demütigungen zu ertragen. Jeden Donnerstagabend mußten wir an Gruppentherapiesitzungen teilnehmen, und es tat weh, mitanzusehen, wie man hier mit dieser leicht verletzlichen Frau verfuhr.
Einmal in der Woche wurden Kay, Jerry, Paul und ich mit anderen betroffenen Familien streng über unsere Vergangenheit ausgefragt. Nur Kevin und Gina, meine jüngsten Geschwister, durften zu Hause bleiben, damit ihnen eine direkte Auseinandersetzung mit den erschreckenden Aspekten von Geisteskrankheiten erspart blieb. Sie waren schon genug von der Krise betroffen, weil sie die im Flüsterton geführten Gespräche am Küchentisch mitbekamen

oder mit eigenen Augen Franks bizarres Verhalten beobachteten.
Immer, wenn ihm der Ausbruch aus einer Anstalt gelungen war, stattete er uns einen Besuch ab. Er versäumte auch nie, Tanten und Onkel, Vettern und Neffen noch spätabends vom Krankenhaus aus anzurufen. Er führte allen Mitgliedern unserer weitverzweigten Familie vor, wie ein außer Rand und Band geratener Blakely aussah und sich anhörte, und im Jahre 1970 war es schon lange kein Geheimnis mehr, daß wir einen Irren in der Familie hatten.
Ich haßte die Sitzungen am Donnerstagabend, bei denen unter dem harten, fluoreszierenden Licht der geschlossenen Abteilung Patienten und Angehörige gemeinsam gegrillt wurden. Vielleicht waren irgendwann in der Vergangenheit dieser gedemütigten Menschen tatsächlich Fälle von falsch verstandener Mutterliebe, fehlender väterlicher Aufsicht oder seelischer Vernachlässigung vorgekommen. Welche Familie, die die fünfziger Jahre überlebt hatte, konnte sich davon freisprechen? Aber ich glaubte einfach nicht, daß diese menschlichen Fehlleistungen die körperlichen Veränderungen bei Frank hervorgerufen hatten. Wenn etwas den Ausbruch seiner Krise verzögert hatte, dann war es im Gegenteil die unwandelbare Liebe der Eltern gewesen. Frank erlitt denn auch seinen ersten Zusammenbruch nicht unter deren Dach, sondern zweihundertvierzig Meilen entfernt an der Universität von Süd-Illinois, nachdem er von zu Hause weggezogen war.
Hinzu kam, daß die Ärzte ja eigentlich die Enzyme und Gehirnzellen für verantwortlich hielten und demzufolge kaum Interesse haben konnten für unsere Antworten im Rahmen der Psychoanalyse. Aber da die medizinische Richtung noch keine Heilung versprechen konnte, gehörte zum Institutsprogramm die wöchentliche Dosis Psychothe-

rapie. Ob Verpflichtungen, Traditionen oder einfach Hilflosigkeit der Grund waren für diese Sitzungen — jedenfalls waren sie unproduktiv, wenn nicht sogar schädlich. Einmal wurde Jerry ausgefragt, warum er seinen erwachsenen Söhnen die Hände schüttele, statt sie wie im Kindesalter zu umarmen. Der Psychiater, der die Sitzung leitete, deutete an, das förmliche Händeschütteln unseres Vaters habe für Frank einen Entzug von Nestwärme bedeutet. Paul und ich wußten, wie lächerlich das war.

Wie alle Männer seiner Generation bemühte sich mein Vater um Zurückhaltung bei Gefühlsäußerungen, aber seine Tarnung war nie perfekt. Ich erinnere mich an einen Sonnabendmorgen im Juni, als er im Smoking rastlos auf dem Wohnzimmerteppich hin und her lief und seine Rolle als Brautvater probte. Die Aufgabe, mich meinem Ehemann zu übergeben, stand im Widerstreit zu der Liebe, mit der er mich zweiundzwanzig Jahre lang umhegt hatte. Als ich im Hochzeitskleid vor ihm erschien, brachte er zunächst kein Wort heraus. Seine Augen weiteten sich, und sein Gesicht wurde knallrot. Aber er faßte sich wieder und hielt eine lange, gefühlvolle Ansprache, deren Schlußpunkt ein Lächeln war.

Ob bei Taufen oder Konfirmationen, bei Basketballspielen oder Theateraufführungen in der Highschool — immer sah ich diesen Ausdruck auf seinem Gesicht. Es war geradezu peinlich, neben ihm zu sitzen, wenn eins seiner Kinder auf der Bühne stand. Denn er konnte nie lange genug warten, bis der allgemeine Schlußbeifall seine Gemütsbewegung kaschierte, sondern mußte schon vorher nach dem Taschentuch greifen, womit er alle unweigerlich auf seinen zutiefst gerührten Zustand aufmerksam machte.

Die Kinder dieses schwierigen, gefühlsbetonten Mannes mochten in jenen Jahren der John-Wayne-Verehrung manches Kreuz zu tragen haben — über zu wenig Liebe konnte sich keines beklagen. Dennoch brachte es dieser Psychiater fertig, daß Jerry verzweifelt von den Sitzungen heimkehrte und in den folgenden Monaten von schweren Zweifeln geplagt wurde, weil er glaubte, er hätte seinen Sohn vor dem Wahnsinn bewahren können, wenn er ihn ein paarmal öfter umarmt hätte.

Nur wenige Sitzungsteilnehmer überstanden die Abende, ohne sich zu irgend etwas schuldig zu bekennen. Im allgemeinen nahmen die Mütter die schwersten Verfehlungen auf sich. Eines Abends hatte der Therapeut vergeblich bei Kay nach Anzeichen von »übertriebener Mutterliebe«, nach »befehlshaberischem oder aggressiven Auftreten« geforscht und war schon drauf und dran, sich aussichtsreicheren Kandidaten zuzuwenden. Da stellte er noch eine letzte Frage: Hatte sie ihren Sohn je »zurückgestoßen«? Sofort fiel meiner Mutter ein nächtlicher Vorfall aus dem Jahre 1949 ein, den sie noch immer bedauerte. Der Patient war damals drei Jahre alt gewesen. Ein Kinderarzt hatte nachmittags einen Hausbesuch gemacht und Franks abstehende Ohren mit einer Binde an den Kopf gepreßt. Meine Mutter hatte Franks Ohren zwar immer reizend gefunden, aber der Arzt konnte sie davon überzeugen, daß sie bei einem jungen Mann nicht mehr so entzückend wirken würden. Er ließ keinen Zweifel daran, daß Frank mit abstehenden Ohren weniger Chancen bei Mädchen haben würde und deshalb sein Sexualleben gefährdet sein könnte. Beim Anlegen der Binde hatte der Arzt bemerkt, daß meine Mutter leicht zusammengezuckt war — wie immer, wenn einem ihrer Kinder ein Schmerz drohte. Zum Beispiel als ich mit der Hand in die Wäschemangel kam oder als einem meiner Brüder in der Unfallstation eine Kopfwunde genäht wurde.

Der Arzt schien diese weiche Art zu mißbilligen und warn-

te vor den Gefahren, die sie heraufbeschwor, wenn sie ihre Kinder — besonders die Jungen — verwöhnte. Damals kursierten viele Geschichten über junge Männer, an deren homosexuellen Neigungen die Mütter schuld waren, weil sie ihre Söhne zu oft geküßt hatten. Und der Kinderarzt meinte wohl, mein Bruder habe mit solchen Ohren und einer solchen Mutter kaum Aussicht auf ein normales Leben.
Kay fiel nun ein, daß sie damals die ganze Nacht wach gelegen hatte. Während sie angespannt auf das Weinen ihres kleinen Jungen horchte, kämpfte sie mit dem Wunsch, ihn aus dem Bett zu nehmen und in ihren Armen zu trösten. Aber sie respektierte den für sie schwer erträglichen Rat des Kinderarztes und blieb hart. Einundzwanzig Jahre später gestand sie nun dem Therapeuten, sie könnte Franks Weinen noch heute hören. Vielleicht, sagte sie, habe er sich damals zurückgestoßen gefühlt. Er konnte ja nicht wissen, daß sie nichts lieber getan hätte, als ihn in die Arme zu nehmen, und daß sie sich hatte zwingen müssen, die ärztliche Anordnung zu befolgen.
Kaum schnupperte der Therapeut die Spur der Schuld, begann er tiefer zu wühlen. Vielleicht hatte sie ihn doch für häßlich gehalten? Vielleicht hatte sie ihn unbewußt zurückgestoßen? Meine Mutter dachte eine Weile über diese Vermutung nach und schaute durch den Saal auf meinen Bruder. Dann schüttelte sie bedächtig den Kopf. Nein, sagte sie einfach, ohne jede weitere Erklärung. Frank war trotz der Verheerungen, die die Krankheit angerichtet hatte, trotz der in seinem Inneren wütenden, unbezähmbaren Gewalten ein schöner junger Mann, und meine Mutter war sicher, daß das jeder sehen konnte.
Ich machte damals zahlreiche Solo-Besuche im Institut, zusätzlich zu den nutzlosen Seelenerforschungen an den Donnerstagabend-Sitzungen. Eines Sonntagmorgens fand ich

Frank ans Bett gefesselt vor — er hatte sich geweigert, Medikamente einzunehmen. Er haßte diese Drogen, nach deren Einnahme er anfing zu sabbern und unzusammenhängend zu sprechen. Seinen glasigen Augen war jetzt anzusehen, daß er an der Medikamentenfront eine totale Niederlage erlitten hatte. Die Krankenschwester schnallte ihn von den Bettpfosten los, und ich bat sie, ihn für zwei Stunden aus der Abteilung zu beurlauben.
Es machte mich immer nervös, wenn ich mich in der Klinik mit ihm unterhalten mußte. Ich sah, wie die Pfleger schamlos lauschten, das machte mich ganz verrückt, und ich fürchtete, man würde mich beim Weggehen wegen Beihilfe zum Irresein festnehmen. Es war nicht immer leicht zu sagen, wer eigentlich geisteskrank war, wenn er seine rhapsodischen Monologe begann, mit denen er schon häufig erfahrene Experten, wissenschaftlich gebildete Psychiater und Krankenschwestern so durcheinander gebracht hatte, daß sie seinen wilden Gedankensprüngen fasziniert folgten und es für unmöglich hielten, daß er geisteskrank sein könnte. Bei seinem dritten Zusammenbruch hatte er zwei Offizialverteidiger — sonst vernunftbetonte Menschen mit scharfem Sinn für Logik und Ordnung — so beeindruckt, daß sie dem Richter erklärten, Frank wäre kein Verrückter, sondern ein Genie. Jeder, der mit ihm in Verbindung kam, lief Gefahr, von seinem geistigen Fieber angesteckt zu werden, und seine Angehörigen waren besonders anfällig.
Ich wollte außerhalb der Station mit Frank Kaffee trinken, damit man uns nicht belauschen konnte, und bat die Schwester um einen Erlaubnisschein für die Kantine im ersten Stock. Sie sah mich so ungläubig an, als hätte ich mich gerade bereit erklärt, eine Horde tatendurstiger Pfadfinder durch ein Porzellanmuseum zu führen.
»Trauen Sie sich denn zu, mit ihm fertig zu werden?« fragte

sie mit einem zweifelnden Blick auf meinen mageren Körper. Ich sah Frank an. Er war noch benommen von den Beruhigungsmitteln, und sein dünner Leib verschwand fast unter dem zerknitterten Stoff seines viel zu weiten Schlafanzugs. Mit welchen Tätlichkeiten mochte er denn heute morgen protestiert haben, daß man ihn für gemeingefährlich hielt? In seinem augenblicklichen Zustand, in dem nur noch etwa fünfundzwanzig Prozent seines Gehirns funktionierten, erschienen Fesseln um Handgelenke und Fußknöchel einigermaßen überflüssig.

Ich bezwang meine Verzweiflung und sagte ironisch: »Wenn's weiter nichts ist!« Frank wurde losgebunden und stand schwankend auf. Er bewegte sich tief, um mir für seine Befreiung zu danken.

»Und wem verdanke ich den Besuch einer so bedeutenden Dame, wie Sie es sind?« fragte er lächelnd, Jerrys Stimme und seine irische Ausdrucksweise imitierend. Ich erwiderte sein Lächeln und half ihm in den Morgenrock. Er fuhr fort, unseren Vater nachzuahmen. Manchmal war er Jerry, manchmal Henry David Thoreau, manchmal Michael Corleone . . . wer sich damals mit ihm unterhielt, hatte es immer gleich mit mehreren Personen zu tun. An diesem Vormittag war es Jesus Christus persönlich. Er glaubte, er könne mit Gottes Hilfe Wunder vollbringen und überall Liebe verbreiten. Er fühlte sich mit unwiderstehlicher Kraft und dem Wissen um letzte Dinge begabt. Selbst nach einer Überdosis von Thorazin konnte er schneller gehen als ich und mich jederzeit mit Zitaten mundtot machen. Sein entrückter Himmelsblick war ein kaum zu widerlegendes Argument.

Beim Kaffeetrinken beschrieb er die wunderbare Euphorie, in der er sich am Abend vor seiner Einlieferung befunden hatte. Gegen Mitternacht war er ins Rush-Street-Viertel gegangen, hatte sich vor einem Nachtclub mit dem Namen »Mother's« an den Rinnstein gestellt und angefangen, Fünfzigdollarscheine an jeden auszugeben, der einen haben wollte. »Der Beat, der Beat, der Beat«, so nannte er das, was ihn trieb. Unter dem Einfluß dieses Beats hatte er seine gesamten Ersparnisse in Höhe von zweitausendachthundert Dollar an fremde Menschen verteilt, und wie er schon vorausgesehen hatte, bildete sich ein Menschenauflauf. Der Rausschmeißer von »Mother's« rief die Polizei, und die nahm ihn wegen »Erregung öffentlichen Ärgernisses« fest. Es war seine zweite Einlieferung in eine Gefängniszelle. Beim ersten Besuch hinter Gittern hatte er sich selbst gestellt. Trotz der Lithium-Dosis, die er da zur Beruhigung eingenommen hatte, war er wieder in euphorischer Stimmung gewesen, als er in das Polizeipräsidium an der South-State-Street spazierte und dem Sergeanten am Empfangspult meldete, er habe eine nicht registrierte, tödliche Waffe bei sich. Selbst wenn der Sergeant kein Intelligenzbolzen war, müssen ihm Franks fröhlich funkelnde Augen aufgefallen sein und er hätte ahnen müssen, daß sich hier jemand einen Scherz erlaubte.

»Okay, Kumpel, sehen wir uns mal an, was du hast!« sagte der geplagte Mann. Genau das hatte Frank hören wollen und brach in hysterisches Gelächter aus.

»Okay, Schluß mit den Witzen!« kommandierte der Beamte. »Was für'ne Waffe ist es?«

»Das ist sie!« antwortete Frank, vorübergehend beherrscht. »Mein Gelächter! Das ist meine tödliche Waffe!« Damit begann er eine längere Demonstration des Mordwerkzeugs, aber der Beamte hatte keinen Sinn für diese Art von Humor. Er betrachtete Frank mit finsterem Blick und rief die Sicherheitsabteilung an. Frank wurde wegen »Erregung öffentlichen Ärgernisses« über Nacht in eine Zelle gesperrt.

Seinen Schelmenstreich vor dem Nachtclub »Mother's« hatte er in einem Zustand geistiger Überhitzung vollbracht; die Nacht im Gefängnis hatte dann den Abwärtstrend eingeleitet. Frank wog vielleicht achtundfünfzig Kilo — mit schweren Wanderschuhen jedenfalls. Er war ein hagerer, zart gebauter Mann. Mit »göttlicher Macht« ausgestattet, hatte er dem Beamten, der ihm die Handschellen anlegte, unter irrem Lächeln immer wieder versichert: »Ich liebe dich!« Die Chicagoer Polizei stand zwar in dem Ruf, gewalttätig zu sein — besonders gegen politisch Andersdenkende —, aber kein Beamter legte je Hand an Frank. Sie hatten es gar nicht nötig. Man nahm ihn fest, und legte den gefährdeten kranken Mann einfach zu zwei gemeinen Straßenrowdys, die wegen »Tunten verprügeln« verhaftet worden waren.
Als der selbsternannte Jesus Christus ihre Zelle mit der Botschaft der Liebe auf den Lippen betrat, hielten sie ihn fälschlich für einen Schwulen — in zweitausend Jahren hat sich nichts geändert an den Reaktionen primitiver Menschen auf revolutionäre Ideen. Schwer zusammengeschlagen wurde Frank am nächsten Tag in die psychiatrische Abteilung des Städtischen Krankenhauses eingeliefert. Tagelang konnte er nicht aufstehen und nicht herumgehen, um mit dem ständigen Beat in seinem Inneren fertig zu werden.
Nun grinste er mich über die Kaffeetasse hinweg an und fragte: »Liebst du mich?« Da er Jesus Christus war, wußte er die Antwort im voraus. Aber er wollte sie gern von mir laut ausgesprochen hören.
»Ich habe es dir schon zwanzigmal gesagt«, antwortete ich. »Ja, ich liebe dich. Jesus Christus, Frank, komm doch mal wieder zur Erde!« flehte ich ihn an. »Wenn du aus diesem Irrenhaus raus willst, mußt du auf den Boden der Tatsachen zurückkehren.«
»Ich bin hier nur als Tourist«, sagte er mit hinterlistigem

Grinsen. Es war ein Satz aus dem Musical »1000 Clowns«, den ich selbst gern zitierte — deshalb benutzte er ihn jetzt auch. Frank hatte ein unheimliches Geschick, seine Geschwister bei Diskussionen aus dem Sattel zu heben, indem er deren jeweilige Lieblingssprüche zum eigenen Nutzen einsetzte. Bei mir zitierte er Salinger und Virginia Woolf, bei Paul waren es Victor Frankl und Krishna Prem sowie A. A. Milne und Lewis Carroll bei Gina. Er brachte uns immer aus der Fassung, wenn er unsere Köpfe plünderte und unsere Geistesschätze gegen uns ins Feld führte.

Es war nicht persönlich gemeint — er machte es bei jedem so, der sich mit ihm auf ein Wortgefecht einließ. Im Debattierclub an der Highschool hatte er alle Gegner mattgesetzt durch seine Fähigkeit, spontan ganze Absätze von H. G. Wells oder Thomas Carlyle oder aus den Paulus-Briefen an die Epheser zu zitieren. Er schien nie etwas zu vergessen, was er einmal gelesen hatte. Bei seinen Zusammenbrüchen wurde dann alles in überschwenglicher Fülle, aber zusammenhanglos an die Oberfläche gespült.

Franks Gedächtnis war sein größter Aktivposten, aber auch sein schlimmster Fluch. Zu seinen Hobbys als Teenager zählten die Fahrrouten der CTA-Busse in Chicago. Er kannte sie sämtlich auswendig. Sonnabends fuhr er oft von unserem Haus in der Nordwestecke der Stadt mit einem einfachen Umsteigefahrschein bis zur Südostecke und wieder zurück, ohne einmal den Fahrplan zu Rate zu ziehen. Seine Vorliebe für öffentliche Verkehrsmittel veranlaßte ihn, den Busführerschein zu machen, und in den Semesterferien arbeitete er als Busfahrer.

Doch nach einem seiner manischen Anfälle wurde der Führerschein eingezogen. Frank hatte nämlich im Überschwang der Gefühle eigenmächtig die Fahrroute geändert. Sein Vorgesetzter, ein sympathischer Mann, feuerte ihn ungern, hatte aber keine Wahl. Er konnte ihm keinen Linienbus mehr anvertrauen, weil er immer befürchten mußte, daß Frank statt zur vorgesehenen Endhaltestelle McCormick Place zum Lincoln-Park-Zoo fahren würde. Während seiner euphorischen Periode glaubte Frank nämlich genau zu wissen, was die Menschen brauchten — Gelächter, fünfzig Dollar oder den Zoo.

In den stillen Perioden zwischen den Stürmen der Leidenschaften kehrte Frank dann völlig erschöpft zu dem ruhigen Leben bei Kay und Jerry zurück. In dem ausgebauten Kellergeschoß führten wir lange Unterhaltungen. Wie viele Seelengespräche unter Geschwistern haben diese Wände über die Jahre hinweg mitangehört! Er konnte sich dann genau erinnern, welcher logische Gedankengang seine Wahnsinnshandlungen ausgelöst hatte. Er konnte zum Beispiel wörtlich den inneren Dialog wiedergeben, der es ihm vernünftig und notwendig hatte erscheinen lassen, Geldscheine an wildfremde Menschen zu verschenken. Zwei scheinbar verschiedene Gehirnsysteme — ein ruhiges, vernünftiges mit außergewöhnlichem Gedächtnis und ein überschwenglich rasendes, irres — erlaubten ihm, genau die einzelnen Schritte nachzuvollziehen, die ihn zu seinen verrückten Kapriolen getrieben hatten.

Wenn der Irrsinn ihn packte, verlor er nicht etwa das Gedächtnis, sondern die Hemmungen. Dann verschwanden die Grenzlinien zwischen der intellektuellen und der emotionellen Gehirnhälfte, die Windungen verschmolzen, und unbeirrt setzte er seine Ideen in die Tat um. Um seine zwanghaften Träume zu verwirklichen, riskierte er peinliche Situationen, herbe Kritik — und sogar Prügel. Durch diesen Mut unterschieden wir uns. Auch ich hatte zwar ähnliche Anwandlungen, war leidenschaftlich von einer Idee überzeugt, doch wenn die Zeit zum Handeln kam, zögerte ich. Mein Nervensystem reagierte auf das ungeduldige Drängen des Gehirns nicht mit der Flucht in die Geisteskrankheit, sondern mit körperlichen Zusammenbrüchen, die von der Umwelt eher akzeptiert werden. Das Ergebnis war im Grunde gleich — beide endeten wir mit rätselhaften Symptomen im Krankenhaus, wenn auch in verschiedenen Abteilungen.

Frank mochte sich noch so wehren, am Ende landete er doch wieder in tiefen Depressionen. An jenem Sonntagabend wollte er bei der großen Macht bleiben. Er habe »den Beat, den Beat, den Beat«, sagte er und klopfte sich mit der kleinen, schmalen Hand auf die Brustpartie der offenen Schlafanzugjacke. Er war in Ekstase. Obwohl ich erkannte, daß er schwerkrank war, war es fast unmöglich, ihn nicht für glücklich zu halten. Verwirrt und beunruhigt kehrte ich in mein Apartment in der Oak Street zurück. Worauf sollte ich hoffen? Auf ein Enzym oder auf ein Wunder?

Ich zog Jerrys Strickjacke an und legte Simon und Garfunkle auf den Plattenspieler. Aber ich fand keinen Trost bei ihnen. Sie hatten sich gegen mich verschworen. Mehrfach sangen sie den Refrain »Like a bridge over troubled water I will lay me down«, der versprach, daß ein Mensch sein Leben einem anderen widmen kann — daß das »troubled water«, das aufgewühlte Wasser in Franks unruhigem Geist, also vielleicht durch meine Entschlossenheit beruhigt werden konnte. Die richtige Aufgabe für meinen jugendlich missionarischen Eifer.

Die nachdenklich stimmende Musik, das verblaßte Blumenmuster auf den Sofapolstern, die Sonntagsspaziergänger auf der Oak Street und das Bild des wild und irre lächelnden Frank — das alles erweckte in mir ein so sehnsüchtiges Verlangen, daß meine Kehle wie zugeschnürt war. Minutenlang konnte ich kaum atmen und schlucken. So erging es mir jedesmal in den folgenden vierzehn Jahren, wenn ich den Song hörte, und ganz besonders seit Franks Selbstmord vor zwei Jahren. Ich pflegte dann sofort auf einen anderen Sender zu schalten.

Im St. Vincent lag ich nun blind und gefesselt im Wartezimmer für die Intensivstation und konnte die Musik nicht einfach abschalten. Aber diesmal war mir die Kehle nicht wie zugeschnürt. Erstaunlicherweise vermißte ich nicht einmal Frank, sondern hatte das Gefühl, mich nur drehen zu müssen und meinen Geist in seinen Körper — der da neben mir lag — strömen zu lassen, um mit ihm eins zu sein.

3. KAPITEL

Zwei Söhne

Als Larry in der Notaufnahme anrief, konnte ihm die Schwester nur sagen, daß ich nicht mehr da sei. Als nächstes telefonierte er mit der Intensivstation, weil er annahm, daß ich dorthin verlegt worden wäre. Aber die diensttuende Angestellte hatte keine Unterlagen über meine Einlieferung. Das warf eine Menge Fragen auf. Deshalb verließ Harry früher das Büro, um nach mir zu sehen.

Am Krankenhauseingang wäre er beinahe mit einem Mann zusammengestoßen, der zur Sportjacke ein Hemd mit offenem Kragen und mehrere goldene Halsketten trug und auf dem Weg zur *Happy Hour* irgendwo im Village zu sein schien. Doch eigentlich sah er dafür zu nüchtern aus. Er hielt sich gerade einen Piepser ans Ohr und lauschte gespannt. In der Notaufnahme wurde soeben Alarm gegeben, und sofort schloß sich der Mann in der Sportjacke dem kleinen Trupp blaßgrüner Kittel an, der den Flur entlangeilte.

Viele Minuten vergingen, bevor die vielbeschäftigte Oberschwester Larrys Fragen beantworten konnte. Schließlich fand sie die Papiere, sah Larry ernst an und nannte dieselbe Zimmernummer, für die der Alarm ausgerufen worden war. Besucher mußten warten, bis das kardiologische Team das Zimmer verlassen habe . . . einer der Patienten habe gerade einen Herzanfall.

»Wer?« fragte Larry in aufsteigender Angst. Sie versprach, es herauszufinden, und bedeutet ihm, er solle draußen warten. Doch Larry war nicht der Mann, der in einer solchen Situation gewartet hätte. Er zog auf eigene Faust durch das Labyrinth von Fluren.

Der Empfangsbereich war sauber und modern eingerichtet. Das änderte sich dramatisch, als Larry den alten, noch nicht renovierten Teil des Krankenhauses erreichte. Dunkle Korridore führten zu weitläufigen, deprimierend wirkenden Stationen — in Sepia getauchte Räume aus dem 19. Jahrhundert, wo die Armen und Siechen in ansteckender Nähe beieinanderlagen. Larry stieß die Doppeltür auf, kam in mein Zimmer und hielt angesichts der düsteren Atmosphäre unwillkürlich den Atem an. Sein Magen hob sich, als er die skelettartigen Körper meiner Zimmergenossen erblickte.

In dem höhlenartigen Raum waren die sechs Betten vor einer vergilbten Wand parallel aufgereiht. Larry beschloß sofort, mich aus diesem deprimierenden Zimmer herauszuholen, gleichgültig, aus welchem Grund man mich hierher verlegt hatte — vielleicht ins Mount-Sinai-Krankenhaus. Dort arbeitete Dr. Alvin Tierstein, einer der angesehensten Lungenspezialisten der Stadt, der ohnehin versprochen hatte, sich in dieser Woche meine Röntgenaufnahmen anzusehen.

Der faulige Geruch meiner Zellengenossen stieß Larry ab, und er konnte meine tiefe Zuneigung zu ihnen kaum nachempfinden. So wurde ihm auch nicht bewußt, daß ich jetzt nur noch innerhalb der Gruppe verlegt werden konnte.

Von den blaßgrünen Kitteln umringt, lehnte sich der Mann in der Sportjacke über ein Bett in der hintersten Ecke und horchte einen Körper mit dem Stethoskop ab. Als Larry mich erkannte, stieß er laut den angehaltenen Atem aus und

rannte auf das Bett zu. In höchstem Schrecken fragte er, viel lauter als beabsichtigt: »Was ist mit ihr passiert?«
Das Stethoskop wich jäh vom Wege ab und löste sich dann ganz von meiner Brust. Überrascht hatte sich der Mann aufgerichtet und sah Larry an, der bereits die nächste Frage hatte:
»Wer sind Sie denn?« konterte der Arzt, und er fragte sich offenbar, wie dieser aufgeregte und ungekämmte Mensch überhaupt in die geschlossene Abteilung gekommen war.
»Ich bin ihr Freund«, erklärte Larry etwas ruhiger. Die Stimme verriet sein plötzliches Zögern. Das Wort »Freund« flüsterte er nur noch, weil ihm klar wurde, daß es in seiner Verschwommenheit der klar umrissenen Bedeutung des Wortes »Ehemann« in keiner Weise gleichkam. Übrigens waren es gerade die bedeutungsschwangeren Worte »Ehemann« und »Ehefrau«, die uns veranlaßt hatten, nicht zu heiraten. Gib zwei Menschen eine Rolle, und sie können gar nicht anders, als sie rollengerecht zu spielen! Dagegen war »Freund« ein wohlklingender, kraftvoller Ausdruck unserer Zusammengehörigkeit – für den Mann, der das kardiologische Team anführte, jedoch nahezu ohne Belang.
»Ich habe sie hergebracht«, sagte Larry, »ich bin für sie verantwortlich.« Er suchte nach einem soliden Brückenkopf, von dem aus er die Stellung halten konnte. Er fand keinen, änderte abrupt die Taktik und stellte die nächsten Fragen in normaler Lautstärke. »Was ist mit ihr los?« fragte er als erstes.
»Wir wissen es noch nicht«, sagte der Kardiologe. »Ihr Blutdruck ist plötzlich abgesackt. Wir wissen noch nicht sicher, warum. Jedenfalls haben wir das Morphium abgesetzt.« Dann sprach er von dem gefährlichen Augenblick vor einer halben Stunde, als der Puls ausgesetzt habe, bevor er durch Adrenalinspritzen wieder in Gang gebracht wurde. Eine

Menge Tests waren angeordnet worden, die herausfinden sollten, ob ich einen Herzanfall gehabt hatte oder ob es eine Reaktion auf die Medikamente gewesen war. Der Arzt war wegen der Flüssigkeit in den Lungen besorgt. Sobald sich mein Zustand stabilisiert habe, sagte er, müsse sie wieder abgesaugt werden. Und ich würde jetzt auf die Intensivstation verlegt, ob da nun was frei sei oder nicht.
Das helle Licht in mir wurde dunkler, und nun drangen einzelne Sätze über sein Vorhaben in meinen Traum. Vor einer Weile war die Frau mit den magischen Händen wieder in meine Zelle gekommen und hatte mir liebevoll den Arm getätschelt. Dann hatte sie mein Handgelenk hochgehoben und sanft mit den Fingern draufgedrückt. Doch plötzlich, ohne daß ich etwas getan hatte, ließ sie es fallen und flüsterte: »O mein Gott!« Ich muß in einem seltsamen, einem christlichen Gefängnis sein, dachte ich, wo die Wächter dauernd beten und bei ihren Streifgängen kleine Rufe ausstoßen.
Zuerst hatte ich geglaubt, die Frau würde mir noch mehr Lichter bringen. Statt dessen alarmierte sie jetzt die Truppen! Ich mußte sie wohl irgendwie beleidigt haben. Sie schlug gegen die Wand über mir. Die Wand antwortete. Daraufhin schrie sie zurück »Alarm!« Alarm!«
Fast unmittelbar darauf hörte man Schritte über den Flur kommen. Die Frau war immer noch böse auf mich, sie massierte meine Brust mit einer sehr schmerzhaften Technik, dann drang eine Männerstimme durch die Zelle und erteilte den Begleittruppen knappe Befehle. Man stach mich wiederholt mit Nadeln. Meine Gliedmaßen verhärteten sich, wurden schwerer und zerrten den Heliumballon meines Traums auf den Boden zurück. Aus der luftigen Helle sank ich in einen dunklen Gefahrenbereich. Ein Adrenalinstoß jagte mir durch den Kopf und hob meine Lider zu einem

schmalen Schlitz. Mein Herz schlug wie wild. Hinter dem Gitter schwarzer Wimpern erblickte ich für den Bruchteil einer Sekunde die Feinde.

Sie waren *grün!* Fünf, sechs kahle grüne Köpfe auf weichen, blaßgrünen Körpern mit locker sitzender Haut! Sie *erschreckten* mich!

Die Augen fielen mir wieder zu. Gnadenlos schlugen die grünen Wesen auf meine Brust ein. Mein friedlicher Traum entschwand unter dem schmerzhaften Hämmern meines Herzens. Mich packte die Angst, als ich den Plan vernahm, daß man mich von meinen Zellengenossen — von Frank, Joan, Kay, Jerry und von meinen Kindern trennen wollte. Ich versuchte die Augen aufzuschlagen und einen Fluchtplan zu schmieden, aber der Körper gehorchte meinem Willen nicht.

Als sie mich durch die Abteilung wegtrugen, hörte ich einen Mitgefangenen stöhnen, immer lauter, bis es in einem Jammerschrei endete, einer Klage über Niederlage und Kapitulation. Ich stellte mir vor, wie die Absaugmaschine ihr erstes Opfer packte. Was war sein Verbrechen gewesen — und welches meins? Fieberhaft suchte ich nach Gründen.

Ich lauschte auf die Stimmen der grünen Wesen. Eins von ihnen, Dr. Watski, stellte sich Larry als Stationsarzt vor und befragte ihn über die verblüffenden Eintragungen in meiner Krankenakte. Larry trabte neben dem fahrbaren Bett her und antwortete in knappen stoßweisen Sätzen. Ausdrücke wie »sarkomähnliche bösartige Geschwulst« und »Nodus-Nekrosen« tauchten in der Unterhaltung auf. Dr. Watski blätterte in dem dicken Band, zu dem meine Krankenakte angeschwollen war, und kam schließlich auf die Geburten meiner Kinder zu sprechen.

»Trat die Diabetes während der Schwangerschaften auf?«

fragte er. »War eins der Kinder bei der Geburt ungewöhnlich schwer?«

»Nein«, antwortete Larry. »Das zweite war eine Frühgeburt . . . wog nur etwa über zwei Kilo.«

»Sind die Kinder gesund?« fragte der Stationsarzt. »Oder haben sie irgendwelche Probleme?« Ich dachte an den Therapeuten, der bei Kay nach Problemen geforscht hatte und ihr so gerne ein Geständnis übertriebener Mutterliebe und des Zurückstoßens von Kindern aufgeschwatzt hätte.

»Nein«, log Larry für mich. »Keine Probleme.«

In Wirklichkeit hatte ich mit ihm Hunderte von Problemen durchgesprochen, über unzählige Sorgen diskutiert, die alle in einem Schnellhefter mit der Aufschrift »Scheidungskinder« gesammelt waren. Dick unterstrichene Zeitungsausschnitte, deren Schlagzeilen verwirrendes Durcheinander von Expertenmeinungen boten: »Die Zeit heilt keine Scheidungswunden«, »Kinder vergessen getrennt lebende Väter«, »Leseleistungen männlicher Scheidungskinder nehmen ab«, »Gemeinsames Sorgerecht verursacht mehr Streß als in Familien mit nur einem Elternteil«, »Bei Leistungstesten schneiden Scheidungskinder besser ab.« Ich war ein wandelndes Lexikon für Scheidungsfolgen geworden, ein Kompendium von Statistiken und Studien, und jede Einzelheit dieses verwirrenden Puzzlespiels besprach ich mit Larry, denn ich vertraute seiner klaren Vernunft. Wenn ich daran dachte, welchen Schiffbruch mein Leben erlitten hatte — gescheiterte Ehe, finanzielle Schwierigkeiten, hektische Reisen — konnte ich mir einfach nicht vorstellen, daß meine Söhne diesen giftigen Einflüssen gesund und fröhlich entkommen würden. Ich wandte mich also an die Familienberatung in Ann Arbor und geriet an Dr. phil. Mary Whiteside, die mich und meine schwergeschädigten Angehörigen durch die ersten Jahre nach dem großen Knall.

Nach der ersten Unterredung hatte Dr. Whiteside einen Krisenfall diagnostiziert und mir empfohlen, zweimal in der Woche in ihre Sprechstunde zu kommen, bis einige der akuten Krisensymptome abgebaut waren. Seit Trennung und Scheidung waren nun drei Jahre vergangen, und die korrekte Antwort auf Dr. Watskis Frage hätte lauten müssen: »Und ob! Ja, es gab eine Menge Probleme!«

Die Leseleistung meines jüngeren Sohnes hatte sich zwar verbessert, die meines älteren Sohnes jedoch verschlechtert. Obgleich mit der Zeit die Ängste der Kinder um den Verlust eines Elternteils geschwunden waren, drohte nun das Gespenst des »Stiefvaters«. Wie eine der Studien in meinem Schnellhefter bereits prophezeit hatte, zeigten die Jungen ihrem Vater gegenüber Verständnis und verziehen ihm, spürten aber »nicht die Notwendigkeit einer starken Elternhand — und auch nicht das Bedürfnis nach jemandem, der mit allem fertig wird.« Ich allerdings machte ihnen vor, ich wäre in allen Dingen kompetent, so daß sie den Eindruck gewannen, sich vollkommen auf mich verlassen zu können. Das taten sie auch — und dann erlitt ich den Kollaps.

Man hatte mich also sicher zur Strafe an dieses Absauggerät im St. Vincent angeschlossen, für mein Unvermögen, den Unterhalt der Kinder zu sichern. Bei unserem »Auflösungsvertrag« hatte ich die finanzielle Verantwortung übernommen, solange Howie die Universität besuchte. Drei Jahre als alleinverantwortliche Mutter lagen hinter, zwei noch vor mir . . . ich wußte, daß ich mein Versprechen nicht einlösen konnte.

Immer wieder machte mir meine Armut zu schaffen. Im Lebensmittelladen, wenn die Versicherungsprämien fällig waren, wenn ein Trainer die Beiträge für Fußball- und Baseballunterricht anmahnte. Kein Tag verging ohne Mahnung, und ich war an meiner Armut selbst schuld. Ich hätte ein geregeltes Leben haben können, brauchte nur das Schreiben zu lassen, wie es mir Eltern und Freunde ans Herz legten, und mich um eine ordentliche Stellung in einer Schule oder bei einer Bank zu bemühen. Dann würden regelmäßige Gehaltsüberweisungen und Bonuszahlungen diesem wilden Auf und Ab, diesem Drahtseilakt ein Ende setzen. Mein schlechter Gesundheitszustand erschwerte das Arbeiten und machte 1984 die Hälfte meiner Aufträge zunichte. Ich hatte nur noch zwanzig Prozent meiner früheren Einnahmen, und am Tag meiner Abreise nach New York hätte ein Blick auf meinen Kontoauszug gezeigt, daß ich an der Finanzfront schmählich gescheitert war.

Ich hatte die eigenen Neigungen über die Bedürfnisse meiner Kinder gestellt und bekannte mich deshalb im Sinne der Anklage als schuldig. Zur Strafe sollte ich wohl nicht nur an das Absauggerät angeschlossen, sondern auch von meinen Kindern getrennt werden. Was konnte Dr. Watski anderes gemeint haben, als er sagte, er werde das Morphium absetzen? Damit mußte er die Kinder gemeint haben, denn meine Abhängigkeit war von ihnen so stark, daß ich die Qualen des Entzugs fast augenblicklich zu spüren begann. Die grünen Wesen hoben mich in ein anderes Bett und schnallten mich fest. Ich hätte gern gewußt, wie lange man mich isoliert halten wollte. Ein ganzes Jahr? Dieses Strafmaß hatte Howie bei unserem Gespräch am Küchentisch am Abend vor meinem Abflug vorgeschlagen. Unser Vertrag gab mir zwar das Recht, mit den Kindern nach New York zu ziehen, sobald die zwei Jahre Pflichtaufenthalt in Ann Arbor vorbei waren, aber je näher dieser Tag im Juni rückte, umso verbissener wurde Howie. Und jetzt hatte er mir zwingende Gründe dargelegt, die Kinder noch ein weiteres Jahr in Ann Arbor zu belassen. Dann würden sich ihre schwankenden Leseleistungen stabilisieren, und sie hätten noch Zeit, ihren zukünftigen Stiefvater genauer kennenzulernen, bevor sie auf Dauer mit ihm lebten. Diese Lösung sollte mich auch von meinen finanziellen Lasten befreien, denn im Gegenzug versprach Howie, sein Studium zu unterbrechen und eine Stellung anzunehmen.

Wir hatten das Pro und Kontra des Plans bei fünf, sechs Tassen Kaffee bis tief in die Nacht erörtert, und danach konnte ich nicht einschlafen. Howies Vorschlag war vernünftig, und er hatte dabei mehr »die wohlverstandenen Interessen der Kinder« im Auge als meine. Ich mußte ihn also ernst nehmen. Aber wie sollte ich es ertragen, ein ganzes Jahr lang sechshundertvierzig Meilen von meinen Kindern entfernt zu leben? Aber war etwa eine solche Trennung für Howie leichter? Wie konnten Familien nach einem so vernichtenden Atomschlag überhaupt wieder gesunden?

Vielleicht war es der Kaffee, vielleicht die Grippe der Kinder, vielleicht auch Howies Vorschlag — jedenfalls fühlte ich eine leichte Übelkeit, als der Wecker am nächsten Morgen kundtat, daß es Zeit war, sich auf die Beine zu machen. Ich hatte kein Auge zugetan. Schwankend stand ich auf und ging den Flur entlang, um die Kinder zu wecken.

Obwohl jeder sein eigenes Zimmer hatte, schliefen die Jungen im allgemeinen zusammen, wie früher in Fort Wayne. Zuerst waren sie über die getrennten Zimmer in Ann Arbor noch erfreut gewesen und hatten ihre unterschiedlichen Ansichten von Ausschmückung und Ordnungsliebe ausgelebt. Aber nach drei Nächten war der Reiz des Neuen dahin, und sie hatten schon genug Veränderungen erlebt, als daß sie sich jetzt nicht auch noch voneinander trennen wollten. So lud der kleinere den älteren Bruder ein, die Nacht in seinem Zimmer zu verbringen, und von da an schliefen sie nur noch selten allein. Auch wenn sie Gäste hatten, wurden sämtliche Matratzen und Schlafsäcke in ein

Zimmer geschleppt. Als ich einmal um Mitternacht nach ihnen schaute, zählte ich sechs schlafende Gestalten, die auf dem Boden kampierten. Es erinnerte mich an die eigene Jugend, wenn draußen die Sirenen heulten und wir Kinder unter die Schultische krochen. Kinder halten eben zusammen, ob bei Fliegeralarmübungen oder nach Scheidungen. Ich betrat das Zimmer mit dem unsicheren Schritt des Akrobaten, der gerade erfahren hat, daß er ohne Netz arbeiten muß.

Lieber Gott, was für herrliche Wesen das sind, wenn sie schlafen! Einer von Darrens langen, scheinbar knochenlosen Füßen ragt ein Stück über den Rand der oberen Koje, und im Vorbeigehen streifen meine Haare über die nackten Zehen. In der unteren Koje breitet sich Ryans gewaltige Mähne über das Kopfkissen aus. Sein offener Mund ist halb im Kissen vergraben. Sonnenstrahlen sickern durch die Vorhänge, lassen die Grenzen zwischen Haut und Stoff verschwimmen, und als mich das Licht berührt, löst sich etwas in meinem Inneren. Wärme strömt mir durch die Brust, und am liebsten möchte ich zu den Kindern ins Bett kriechen. Ich liebe ihre schlafenden Körper. Statt dessen trete ich ans Fenster, um die Vorhänge aufzuziehen und das Licht hereinzulassen. Seit zehn Jahren, seit ich Mutter bin, ist mir das immer die liebste Pflicht des gesamten Tages. Heute morgen lasse ich mir viel Zeit, denn ich muß daran denken, daß sie die nächsten zehn Sonnenaufgänge ohne mich erleben werden. Jede Lichtabstufung schafft ein neues Bild, und ich halte ab und zu inne, um es genauer zu betrachten. Beim Leben mit den Kindern habe ich mehr über die menschliche Natur erfahren, als man mir in den Jahren meiner Bildung beigebracht hat. Seitdem ziehe ich auch nie mehr voreilige Schlüsse.

»Okay, ihr Käfer!« rufe ich leise vom Fenster, um sie zu wek-

ken . . . aber nicht allzu schnell. Ich sehe gern, wenn sie sich stöhnend recken und die Decken über den Kopf ziehen. Schließlich erwacht Darren, setzt sich in der oberen Koje auf und guckt dabei wie Oliver Hardy.

»Wie spät ist es, Mom?« fragt Ryan ärgerlich. Er hat den Verdacht, daß ich ihn hinterlistig um einen Teil seiner Nachtruhe bringen will. Jeder Morgen ist für ihn ein fürchterlicher Schock.

»Es ist 7.45 Uhr — Zeit zum Hopphopphopp und auf!« verkünde ich und fahre mit der Hand durch sein dichtes Haar.

Ich erinnerte mich noch an das erste Mal, als ich diese freche Locke sah über der Stirn. Es war um halb fünf Uhr morgens, als mir die Schwester einen Spiegel hinhielt und sagte: »Schauen Sie mal! Können Sie's sehen? Ein Lockenköpfchen!« Ich sah es — und war ihm verfallen.

Seitdem hatte ich die üppigen Haare hundertmal geschnitten. Als im ersten Schuljahr die Kopflaus grassierte, mußte ich die ganzen Nissen herauskämmen, wobei mir vom Essiggeruch schwindlig wurde. Tausendmal hatte ich meine Nase nach dem Bad in sein duftendes Haar gesteckt, tausendmal hatte ich es vor dem Schlafengehen geküßt. Wenn ich wie die alten Ägypter etwas Kostbares mit ins Grab nehmen dürfte, würde ich Kinderhaar wählen.

»Heute gibt's viel zu tun, mein Freund«, sagte ich. »Ich werde dir Beine machen.« Ryan hebt ein kurzes, muskulöses Bein und wackelt ein wenig damit. Das soll heißen: Laß mich noch einen Moment liegen, Mom!

Sie sprangen nie auf Kommando auf, hatten einfach keine Veranlagung zum Gehorsam und keinen blinden Gedanken an Autorität. Trotzdem hatten sie sich bisher an meinem

Beispiel orientiert, und als ich Joan meinen Schnellhefter über die Scheidungskinder vorlegte, versicherte sie mir immer wieder: »Es sind prächtige Jungen!«
Ihr Urteil wog schwer, denn sie hatte die besondere Fähigkeit, mit Amok laufenden Halbstarken fertig zu werden. Als ich sie 1973 kennenlernte, war sie Direktorin an der Bischof-Luers-Highschool, und obwohl es auch zu ihren Pflichten gehörte, Schüler zu bestrafen oder von der Anstalt zu verweisen, war sie doch die beliebteste Lehrerin an der Schule.
»Pubertät ist das Klimaterium der Kinder«, hat Kurt Vonnegut einmal geschrieben. Joan hatte Verständnis für Teenager, für den schnellen Wechsel von heißen Temperamentsausbrüchen und allmählicher Vertrauensbildung, wie es im chaotischen Verlauf des Lebens ganz natürlich ist. Als sie ihr Amt als Direktorin niederlegte, weil sie sich um ein politisches Amt bewarb, wurde ich ihre Nachfolgerin.
Ich erinnere mich noch an einen Juninachmittag in ihrem Dienstzimmer. Wir tranken aus Plastikbechern Boone's Farm-Apfelwein, der am nämlichen Tag bei einer Horde älterer Schüler sichergestellt worden war, und ich fragte sie: »Hast du noch einen guten Rat für mich?« Nachdenklich schweifte ihr Blick durch das Büro, das eine eindrucksvolle Sammlung von selbstgemachten Zwillen, Schleudern und Wasserpistolen enthielt. Es gab eine stark benutzte Bibliothek mit Büchern über Gesundheit und Broschüren von Beratungsdiensten und ein Durcheinander von Möbeln, was dem Raum einerseits einen streng amtlichen, andererseits einen gemütlich privaten Charakter gab.
Sie saß am Schreibtisch, die Ellbogen zu beiden Seiten des Bechers aufgestützt, und ihr Blik blieb schließlich an dem Polstersofa gegenüber haften. Dann stützte sie das Kinn schwer auf die Handflächen, und ihr Gesicht nahm vor-

übergehend einen Zug ungewohnter Melancholie an. Ein letztes Mal schaute sie sich um in diesem Raum, in dem sie unzählige hysterische Anfälle zum Schweigen gebracht, Vandalen und sonstige Übeltäter vernommen und manchen Jugendlichen über die Wunder der Sexualität aufgeklärt hatte. »Du darfst dir nichts gefallen lassen«, sagte sie schließlich, »sonst tanzen sie dir sehr schnell auf der Nase herum!«
Ich befolgte ihren Rat. Außerdem schaute ich dem Leiter unseres Schulorchesters eine spezielle Technik ab, um aufsässige Schüler zur Raison zu bringen. Dieser Bruder Fred war ein kleiner Mann, trug immer seine Franziskanerkutte und nahm kein Blatt vor den Mund. Seine mittelalterliche Arroganz hatte Joan aufgebraucht, und als er einmal ausführlich darlegte, warum Frauen ungeeignet seien für das Priesteramt, hatte sie ihn barsch unterbrochen: »Wie können Sie so etwas sagen, wo Sie doch selbst immer dieses lange braune Kleid tragen?«
Aber oft kam dem kleinen dicken Mann sein aufreizend überlegenes Auftreten zustatten. Zum Beispiel, wenn er auf den Parkplatz lossteuerte, um ein paar Stundenschwänzer, die dort genüßlich qualmten, ins Klassenzimmer zurückzuholen. Einige davon waren einen Kopf größer als er, aber er marschierte mitten in die Gruppe hinein, hob den Arm und brüllte: »Folgt mir!« Dann drehte er sich um und schritt entschlossen wieder auf das Schulgebäude zu.
»Der Trick besteht darin, daß man sich nie umdreht«, vertraute er mir an, denn sonst könne die Autoritätsperson leicht zur Salzsäule erstarren, und außerdem gebe man der Opposition nur Gelegenheit zum Diskutieren. Bisher hatte die »Folgt mir!«-Methode bei Ryan und Darren gut gewirkt. Aber 1984 standen sie vor der Pubertät, und ich erwartete jeden Tag den Ausbruch der Revolution.

»Bist du auch schon ›doof‹ geworden?« hatte ich meine Freundin Jeannette bei meinem letzten Besuch in Fort Wayne gefragt. Wir saßen in einem Café und sahen ihrer Tochter Erin nach, die auf dem Weg zur Damentoilette war. Das Mädchen war zwölf Jahre alt, hatte aber schon einen ziemlich fraulichen Körper. »Also ich bin irgendwann im letzten Sommer doof geworden«, gestand Jeannette. »Für Erin sind meine Kleider doof, was ich sage, ist doof . . . alles, was ich tue, ist doof, und sie muß sich meinetwegen schämen.«
Ich lachte und mir fiel die Psychologin Pauline Bart ein, die auf einem Vortrag über »Die Einsamkeit der getrenntlebenden Frau« erzählt hatte, daß man sie zwar zu Gastvorlesungen an angesehenen Universitäten einlud und für wissenschaftliche Zeitschriften schreiben lasse, aber nach Ansicht ihrer halbwüchsigen Tochter sei sie »zu doof, um allein über die Straße zu gehen«. Das Publikum, das weitgehend aus doofen Müttern bestand, brüllte vor Lachen.
Jeannette bestätigte, daß auch die eindrucksvollsten beruflichen Leistungen das herablassende Urteil allwissender Kinder über ihre Mütter nicht beeinflussen können. Sie hatte Erin kürzlich zu einem ihrer Vorträge mitgenommen, in der Hoffnung, ein paar Pluspunkte gegen deren pubertäre Verachtung zu sammeln. Ihre Tochter saß mürrisch im Zuschauerraum, die Arme vor der Brust gekreuzt, und offenbar darauf gefaßt, sich wieder einmal für die Mutter schämen zu müssen. Der Vortrag regte schließlich eine lebhafte Diskussion an, doch Erins Urteil über die Leistung ihrer Mutter lautete: »Wenn du dich verständlicher ausgedrückt hättest, hätten die Leute nicht hinterher so viele Fragen stellen müssen.«
»Du darfst dir nichts gefallen lassen«, riet ich Jeannette.

Nachdem ich Ryan geweckt habe, steige ich auf die erste Sprosse der Leiter zum oberen Bett, hebe Darrens Fuß am Knöchel an und küsse ihn. Falls Söhne dadurch, daß man ihre Füße küßt, zu Homosexuellen werden — sei's drum! Darrens bemerkenswerte Füße waren von seinem ersten Lebenstag wichtig für unser gegenseitiges Verständnis.

Ich sah diese erstaunlichen Füße zum erstenmal vor acht Jahren mitten in der Nacht, als eine mitfühlende Schwester mich im Rollstuhl aus dem Kreißsaal zur Baby-Intensivstation schob. Es war zwei Tage, nachdem man mich bewußtlos und stark blutend in die Notaufnahme eingeliefert hatte. An die Geburt hatte ich überhaupt keine Erinnerung. Ich wußte auch nicht, ob mein Kind lebendig oder tot, gesund oder mißgestaltet zur Welt gekommen war und ob es ein Junge oder Mädchen war.
Nach dem Kaiserschnitt war ich noch unter dem Einfluß von schmerzstillenden Mitteln und konnte kaum die Augen aufhalten, als ein junger Facharzt, den man mir in die Notaufnahme gerufen hatte, am Tag darauf Visite machte. Er stand am Fuß des Bettes und zählte mir eine lange Reihe medizinischer Fachausdrücke auf, darunter »erhöhter Serfactin-Spiegel« und »nachlassende Apnea« (Atemnot). Ich verstand kein Wort. Er strich mir nicht über den Arm, er sagte kein beruhigendes Wort und vor allem sagte er nicht: »Es ist ein strammer Junge.« Stattdessen erkundigte er sich, ob ich noch Fragen hätte. Ich hatte welche, aber brachte unter dem Einfluß der starken Medikamente kein Wort heraus. Ich versuchte wenigstens eine auszusprechen, die mir auf der Seele brannte — »wird das Kind am Leben bleiben?« —, aber alle meine Anstrengungen waren vergeblich. Dann fielen mir die Lider zu, schwer wie Blei.
»Sie sind wohl überhaupt nicht interessiert, wie?« warf mir

der junge Arzt, der meinen betäubten Zustand für gelangweiltes Desinteresse an seiner glänzenden ärztlichen Rettungsaktion hielt. Ohne noch länger auf meine entscheidende Frage zu warten, ging er beleidigt hinaus. Dann ließ die Wirkung der Medikamente allmählich nach, und ich lag weinend in dem verdunkelten Zimmer, als die diensttuende Nachtschwester hereinkam.

»Was?« sagte sie, als ich ihr den Grund für meine Tränen nannte, »Sie meinen, Sie haben ihn überhaupt noch nicht gesehen? Es ist ein strammer Junge! Ich kann gar nicht glauben, daß die Ärzte Ihnen nicht . . .« Sie verzog den Mund und behielt den Rest für sich. »Kommen Sie, Süße!« sagte sie leise, »wir machen mal 'nen kleinen Ausflug.« Sie half mir in den Rollstuhl und schob mich eilig durch düstere Flure, bis wir zu dem hellerleuchteten Saal für Frühgeburten kamen.

Vor einem kleinen Brutkasten brachte sie den Rollstuhl zum Stehen und zeigte mir meinen Sohn, der knapp zwei Kilo wog und inmitten eines Gewirrs von Drähten und Schläuchen schlief. Unter einer Höhensonne, die seine Gelbsucht kurieren sollte. Da lag er wie ein Urlauber auf einer tropischen Insel, ein schillerndes Körperchen in Rosa und Braun. Sein Kopf hatte etwa die Größe einer Orange, er hatte hohe Wangenknochen und ein zartes Kinn. Die Miniwindel war kaum größer als ein zusammengefaltetes Taschentuch und reichte ihm bis zu den Achselhöhlen. Seine ausgestreckten Füße wirkten wie seine Unterschenkel.

Der Monitor über ihm piepste beständig und zeigte flackernde Lichter. Ein beruhigendes Zeichen: Er lebte! Doch plötzlich ging eine Alarmklingel los, und eine ganze Reihe von Summern ertönte. Die wachhabende Schwester schaute von ihrem Schreibtisch in dem verglasten Büro auf, lief zu dem Brutkasten und stupste Darren ein paar Mal

sanft gegen die Ferse. Der Piepton setzte wieder ein, und ihre Miene entspannte sich.
»Apnea« erklärte sie, »manchmal sind sie so müde, daß sie das Atmen vergessen.« Sie streichelte ihm über den Kopf. »Er macht sich gut«, versicherte sie mir. Trotzdem hatte ich nun die ganze Nacht über die Alarmklingel im Ohr und machte mir Gedanken über die Schäden, die Sauerstoffmangel einem Gehirn im Entwicklungsstadium zufügen konnte.
Acht Jahre später wies Darrens Gehirn keinerlei Schäden auf. Nur gelegentlich zog sich der träumerisch veranlagte Junge auf die ferne Tropeninsel in seinem Geist zurück – wie an diesem Märzmorgen, als er wieder einschlafen wollte, und ich ihm sanft an die Ferse stupste, um ihn in die Wirklichkeit zu holen.

»Steh auf, mein Freund«, flüstere ich, »wir müssen heute noch weit fahren und diverse Versprechen einlösen.«
Ich hebe die Jeans, Socken und Hemden auf, diese unvermeidliche Fährte, die meine Jungen hinterlassen, wenn sie sich aus dem Kokon des Tages schälen. Ihr Zimmer ist immer noch nicht sehr wohnlich, und jedes Mal, wenn ich es betrete, fallen mir nicht eingelöste Versprechen ein.
Mein Freund George hat den Rahmen des zweistöckigen Betts gezimmert, die obere Koje dreißig Zentimeter höher als üblich, die untere direkt auf dem Boden. Aber es fehlt noch der letzte Pfiff, denn ich habe den Kindern ein Zimmer im Zimmer versprochen. Dazu wollte ich ein buntes Zelt für jedes Bettgestell nähen, um die Jungen für ihr geliebtes Zimmer in Fort Wayne zu entschädigen. Dort hatten sie unter weißen Wolkenkissen geschlafen, die von einer himmelblauen Decke herabhingen, und ein Regenbogen hatte sich farbenprächtig über die ganze Wand gespannt. Der Immobilienmakler hatte gesagt, er habe

das Haus nur wegen dieses ansteckend fröhlichen Zimmers loswerden können. Die neuen Kojenbetten der Kinder sind noch immer aus nackter Fichte, denn wieder einmal hat sich meine Phantasie mehr vorgenommen, als mein Wille vermag. Es sieht aus, als schliefen die Kinder auf der Baustelle eines ehrgeizigen, aber etwas verrückten Architekten.

In jenem Jahr gab es noch einige andere merkwürdige Veränderungen im Umfeld der Kinder. Im Badezimmer waren sie umgeben von einem bizarren medizinischen Durcheinander aus Spritzen, Flaschen mit Salzlösung und kilometerlangen Gazebinden. Die Jungen hatten nur eine vage Vorstellung von den Begriffen »Diabetes« und »Empyea«, aber die Injektionsnadeln und feuchten Binden waren eine tägliche Realität, die sie abstieß und faszinierte zugleich. Beispielsweise wollten sie mir beide unbedingt Insulin spritzen.

Als Ryan mir die Nadel in den Arm stach, zuckte er zusammen und fragte ernst: »Hat es weh getan?« Für einen Zehnjährigen war »weh tun« noch ein starkes Wort, besonders für dieses Kind, das keine Schmerzen hatte.

»Ein bißchen«, gab ich zu, »als wenn mich jemand kneift.«

Als Darren an der Reihe war, fragte er: »Mußt du das immer und ewig weitermachen, Mom?« Im Alter von acht Jahren bedeutete »ewig« für ihn ungefähr den Zeitraum bis zu seinem nächsten Geburtstag. Sich drei oder vier Jahrzehnte mit täglichen Injektionen vorzustellen, hätte ihn wohl verrückt gemacht vor Kummer. Ich setzte ihm auseinander, daß die Spritzen in meinem Fall nicht so schwer zu ertragen waren — wohl ein wenig lästig, aber besser als der Tod.

Ich dachte mir, wie entnervend es für zwei sensible Jungen sein mußte, zu sehen, wie der Mutter ein Gummischlauch aus den Rippen ragte, und Tag für Tag ihre seltsamen Rituale im Badezimmer zu verfolgen. In aller Unschuld hatte ich deshalb begonnen, ihnen etwas vorzugaukeln, um ihnen zu helfen, sich in ihrem durcheinander geratenen Leben wieder einzurichten. Meine Behauptung, mir ginge es ausgezeichnet, war vielleicht eine Lüge — aber für die Jungen war sie eine große Beruhigung.

»Legt eure schmutzige Wäsche in den Korb!« ordne ich nach dem Wecken an und nehme schon einen Armvoll mit hinaus. »Ich wasche heute.«
Wenn Howie und ich uns für eine Woche ablösen, versuchen wir dem anderen die laufende Hausarbeit etwas zu erleichtern, aber es gibt immer wieder Zeiten, in denen das nicht klappt. Dann bedienen sich die Kinder beim Anziehen aus dem Wäschekorb.
Während ich mir immer leise Vorwürfe mache, wenn ich eine zu lange getragene Socke rieche, bleibt Howie davon völlig unbeeindruckt. Männer kennen in Sachen Haushalt keine Scham. Wenn Joans Mann beispielsweise die Wäsche macht und das Geld aus den Taschen nimmt, legt er es zu ihrem Erstaunen nicht in fünf verschiedene Umschläge, sondern behält es einfach.
Ich bringe die Wäsche in die Abstellkammer und gehe über den Flur in die Küche. Ich fühle mich beschwingt. In der Küche öffne ich sämtliche Schranktüren, mache Inventur und stelle eine Liste der vorhandenen Lebensmittel auf.

Auch das führte oft zu Selbstvorwürfen. Mein Einkommen als Freiberuflerin schenkte uns mitunter Wochen, in denen wir aus dem Vollen schöpften, doch darauf folgten immer Hungerzeiten. War wieder einmal Schmalhans Küchenmeister, wurde ich wütend, wenn Howie keine Listen aufstellte und die Vorräte nicht vor meiner Ankunft ergänzte. Dabei

haßte ich selber den nörgelnden Ton, in den ich verfiel, sobald mich der Geldmangel zur Verzweiflung trieb.
Bei der heutigen Inventur der Küchenregale kam ich zu dem Schluß: Sieht so aus, als seien noch Lebensmittel für zehn Tage da.
Joan hatte mir bekümmert über meine ersten Anzeichen von Streß empfohlen: »Du mußt dir einen knüppelharten Anwalt nehmen und auf deine Rechte in Geldfragen achten, Mary Kay!« Stattdessen hatte ich mich für einen Anwalt entschieden, der uns gemeinsam vertrat. Als er dieses Dokument aufsetzte, das wir später durch neue Verhandlungen abändern konnten, spürte ich Joans Enttäuschung über mein Verhalten. Ich hatte eine finanzielle Abmachung unterzeichnet, die so viel Biß hatte wie ein nicht entwöhntes Kleinkind. Meine lahme Haltung in Geldangelegenheiten beruhte zu einem Drittel auf Selbstbewußtsein — ich glaubte fest daran, in kurzer Zeit mit meinem Einkommen über die Armutsgrenze hinaus zu kommen — und zu zwei Dritteln auf Widerwillen gegen einen knüppelharten Typ von Anwalt.

Bevor ich die Schränke wieder zumache, werfe ich einen Blick auf drei Tabellen innen an den Türen: eine Liste von Nahrungsmittelgruppen und ihren Kalorien, die ich auswendig kennen muß, seit ich zuckerkrank bin. Ich nehme eine Dose Flocken heraus und schließe die Türen. So bewältige ich die traurige Wirklichkeit — indem ich die Augen vor ihr verschließe. In der Tür erscheinen die Kinder, schon fertig angezogen zur Schule.
Ihre neue Selbständigkeit erstaunt mich immer wieder. Kinder sind lange Jahre so hilflos, können weder den Reißverschluß ihrer Schneeanzüge zuziehen noch Schnürsenkel binden. Unablässig läuft ihnen die Nase, ständig rutscht ihnen das Hemd

aus der Hose. Da fällt es schwer, nicht mehr zu helfen, wenn sie auf selbständigem Handeln bestehen.
Wenn Kinder unabhängig werden, schneiden sie beim Essen gern unförmige Klumpen ab oder ziehen sich an wie Clowns. Ryan und Darren haben allerdings das Stadium der auffallenden Muster bereits hinter sich und tragen jetzt zu Bluejeans ihre vertrauten grauen Pullis.
Wie gewöhnlich hat sich Ryan heute morgen die Baseballmütze über die Ohren gezogen. Er setzt sie morgens als erstes auf und trägt sie beim Frühstück, beim Lesen, bei Mathe und Musik, beim Fußballspielen und bei der Rückenmassage. Sie hält offenbar seinen Verstand fest zusammen, wenn die Eltern durch dauernden Wechsel für Unruhe sorgen. Wenn ich will, daß er mir zuhört, muß ich ihm erst auf den Mützenschirm klopfen.
»Ach du meine Güte, Mom, müssen wir das Zeug essen?« stöhnt Darren und schaut die Flocken an, als wären sie etwas höchst Widerwärtiges.
»Nein«, sage ich, »in eurem Schrank steht noch eine Schachtel Cornflakes.« Mit dem Kopf deute ich auf die unteren Türen, wo die Kinder die erlaubten Leckereien aufbewahren. Darren wirft einen angeekelten Blick auf die Granolariegel und Rosinenjoghurts und verkündet mißmutig: »Kein Captain Crunch dabei.« Dann sagt er: »Ich finde es scheußlich, daß du zuckerkrank bist. Mom.« Es ist nicht mein labiler Gesundheitszustand, den er beklagt, sondern das Fehlen von Süßigkeiten. Er ist zuckergeschädigt.

Ich fand meine Diabetes auch scheußlich, denn ich mußte eine strenge Diät einhalten, und das verlangte Konzentration. Auf Reisen mußte ich daran denken, kleine Zwischenmahlzeiten einzupacken, um bei Verspätungen verhängnisvolle Insulinreaktionen zu verhindern. Im Handschuhfach

und in der Aktenmappe hatte ich kleine Plastikbeutel mit nicht zuckerhaltigen Süßigkeiten verstaut, und in der Handtasche trug ich häufig etwas Obst und kleine Schachteln für die Abfälle mit mir herum.
Einmal saß ich mit Darren im Wartezimmer eines Arztes, und irgendwo läutete entnervend lange ein Telefon. Ich griff in die Handtasche, holte eine Banane heraus und hielt sie mir ans Ohr. »Hallo, wer ist da?« fragte ich. Darren mußte lachen ... Ich stellte oft irgendwelchen Blödsinn an, um ihn lachen zu hören.

»Ich fliege heute nach New York«, erinnere ich die Kinder beim Frühstück. »Heute abend zieht Dad ein.« Trotz der dramatischen Veränderungen in unserem Leben bemühe ich mich um einen heiteren Ton, denn aus einer Studie in meinem Schnellhefter weiß ich, daß Kinder die Befürchtungen und Ängste ihrer Eltern leicht übernehmen.
Gestern abend hat Darren noch gesagt »Immer wenn du in ein Flugzeug steigst, Mom, denke ich, daß du nicht zurückkommst.« Das ist ein beunruhigendes Geständnis aus dem Munde meines nachdenklichen Sohnes — zumal mich ähnliche Gedanken heimsuchen. Ich habe ihn in die Arme genommen, ihn geküßt und ihm versprochen, daß ich immer zurückkommen werde — so oder so. Was immer das bedeuten mochte.
Heute morgen schlage ich vor: »Nach der Schule können wir uns im 'Brown Jug' treffen und noch eine Pizza essen, bevor ich zum Flughafen muß.« An Abschiedstagen greife ich schamlos zur Waffe der Bestechung.
»Können wir nicht Dad dazu einladen?« fragt Ryan. Er denkt immer an die wohlverstandenen Interessen seines Vaters.

Ryan hegte starke Sympathien für seinen Dad, dem jedermann das gebrochene Herz ansehen konnte. In dieser Hinsicht verstand Ryan keinen Spaß, und als er hörte, wie ich am Telefon zu einer Freundin sagte: »Howie war so nett, mir heute den Wagen zu leihen«, ging ihm das gegen den Strich. »Was meinst du mit: 'Er war so nett'?« fragte er und sah darin eine offensichtliche Beleidigung für Howie. »Dad ist *immer* nett«, behauptete er. Ich versuchte ihm zu erklären, was die Redensart besagte, aber er hatte seine Antennen zum Empfang versteckter Beleidigungen voll ausgefahren, und ich drang nicht durch. Er warf mir unter dem Schirm der Baseballmütze einen Seitenblick zu, der sagen sollte: Daß mir das nicht noch einmal vorkommt!

Ich war neidisch auf das große Verständnis, das er für seinen Vater bewies, fand es aber auch bewundernswert. Wenn ich Ryan richtig lieben wollte, mußte ich großzügiger sein, als ich eigentlich war.

»Na sicher«, stimme ich zu. »Ich rufe Dad an und bitte ihn, um drei Uhr da zu sein. Vielleicht bleibt dann noch Zeit für ein paar Videospiele im 'Crosseyed Moose'. Ich habe noch ein paar Gutscheine.

»Ich denke, du kannst den Mann da nicht leiden«, sagte Ryan, womit er auf eine Szene bei unserem letzten Besuch in der Spielhalle anspielt.

Ich hatte die Gutscheine für den »Familienabend« vorgelegt, an dem Kinder in Begleitung ihrer Eltern zum halben Preis spielen dürfen. Der Geschäftsführer weigerte sich aber, die Gutscheine anzuerkennen und sagte, wir wären keine richtige Familie.

»Ohne einen Vater sind Sie keine Familie«, sagte er barsch und gab mir die Gutscheine zurück.

»Erzählen Sie doch nicht so einen Quatsch!« erwiderte ich. »Es gibt in unserem Land Millionen von Familien ohne Vater.« Ich zitierte Statistiken aus meinem Schnellhefter »Scheidungskinder« und klärte ihn darüber auf, daß nur sieben Prozent der Amerikaner in den von ihm gewünschten Modellfamilien lebten — mit einem Vater, der die Brötchen verdiente, einer Mutter, die sich um den Haushalt kümmerte und zwei schulpflichtigen Kindern. »Wenn ich nun Witwe wäre?« fragte ich ihn und erwog bereits Howie vielleicht erschießen zu lassen, damit die Gutscheine anerkannt würden.

»Auch dann nicht«, sagte er achselzuckend, »wir machen keine Ausnahmen. wenn Sie keinen Vater haben, sind Sie keine Familie.«

Er brachte mich zur Weißglut, daß man die Väter so wichtig nahm und Mütter glatt überging. Ich warf dem Mann allerhand Fakten aus meinem Schnellhefter um die Ohren — den hohen Prozentsatz von Vätern, die keine Unterhaltszahlungen leisteten, die ihre Besuchszeiten nicht wahrnahmen, die Geburtstage ihrer Kinder vergaßen und nicht einmal deren Alter wußten. Ich sagte ihm, daß seine uneinsichtige Haltung nicht nur diskriminierend sei, sondern ihm nicht einmal geschäftlichen Vorteil bringe, weil er damit 93 Prozent der Amerikaner von vornherein ausschließe. Und ich sagte ihm, daß er verrückt sei.

Er entgegnete, wenn einer hier verrückt wäre, dann wohl ich, und forderte mich auf, die Halle sofort zu verlassen. Ich war auf dem besten Wege, »Öffentliches Ärgernis zu erregen«, und mein Bruder Frank hätte bestimmt so lange weiter provoziert, bis jemand die Polizei gerufen hätte. Aber nach zahllosen Auseinandersetzungen mit Behördenvertretern kannte ich die Vorteile eines rechtzeitigen Rückzugs, wollte nur nicht ohne Protest gehen, weil das irgendwie bedeutet hätte, Frank in den Rücken zu fallen.

Seit seinem Selbstmord war noch kein Jahr vergangen, und

ich war immer noch wütend auf ihn, weil er mich verlassen hatte und von mir erwartete, »seine Übersetzerin« zu sein, noch ehe er mich seine Sprache zu Ende gelehrt hatte. Also klatschte ich die Gutscheine auf den Ladentisch im »Crosseyed Moose«, drehte mich entschlossen um, hob den Arm zum Signal für die Kinder und schrie: »Folgt mir!«

Natürlich waren sie längst draußen. Beim ersten Verdacht, daß sich ihre Mutter daneben benehmen könnte, waren sie verschwunden und erwarteten mich nun mürrisch mit den Händen in den Taschen und gesenkten Köpfen. Sie haßten Streitereien — vor allem Ryan. Als sein Vater noch mit uns lebte, pflegte er in die Küche zu kommen und uns flehentlich zu bitten, nicht länger zu streiten. Howie und ich sparten uns die explosiven Diskussionen also für den späten Abend auf, wenn die Kinder schliefen. Aber die ironischen und beleidigenden Worte hingen auch am nächsten Morgen noch in der Luft. Die Kinder ließen sich nicht täuschen. Sie wußten, daß wir uns wieder gestritten hatten.

Als ich ihre bedrückten Mienen vor dem »Crosseyed Moose« sah, wurde mir elend zumute, weil ich sah, daß sie sich für mich schämten. Ich wollte sie nicht direkt um Entschuldigung bitten, um den Rest meiner Selbstachtung zu wahren, aber meine Worte kamen einer Entschuldigung so nahe, wie es die Regeln erlaubten.

»Ist schon okay, Mom«, sagten die Kinder sofort wie aus einem Mund.

»Ist schon okay, Dad . . . ist schon okay, Mom«, hatte es oft geheißen nach den vielen Szenen des vergangenen Jahres. Kleine Kinder vergeben sehr, sehr vieles und gewähren den Eltern, deren Leid sie miterleben, gern Amnestie. Auch jetzt vor dem »Crosseyed Moose« bezeugten sie mir ihre Sympathie, indem sie mich bei der Hand nahmen. So gingen wir den Bürgersteig entlang, und ihre kleinen Hände fesselten mich stärker, als es die Handschellen der Polizei vermocht hätten.

»Ich kann den Mann immer noch nicht leiden«, sage ich zu Ryan, »aber heute ist ja kein Familienabend. Diese Coupons hier gelten für normale Menschen wie uns.« Ich gehe in die Hocke, damit ich ihm unter die Baseballmütze sehen kann. »Diese Gutscheine«, sage ich und drehe ihm den Schirm nach hinten, »sind ausschließlich für Freaks.«
»Okay, Mom«, sagt er. Ein Lächeln erhellt sein Gesicht und verschiebt die Sommersprossen auf seinen Wangen. »Bis nachher.« Er umarmt mich zum Abschied.
»Gebt mir keinen Kuß, Käferchen!« sage ich und halte ihnen die Wange hin. »Sonst steckt ihr mich noch mit eurer Grippe an.« Ich tätschle ihnen die Köpfe, und das genügt auch. Ich tätschle ihnen gern die Köpfe, wenn sie im Bett sind, und im Kino streichle ich über ihre Hände, im Auto über ihre Knie. Diese Liebkosungen sind der Ausdruck meiner Leidenschaft, sie markieren meinen Beat – den Beat meines Herzens.

4. KAPITEL

Queen Marys Hände

25. Mai 1984

Ich bin nach New York unterwegs, um Larry bei seinen Wachen im St. Vincent zur Seite zu stehen. Mary Kay liegt im Koma, und ich muß daran denken, was wir beide mindestens gemeinsam haben: das feine Sprachgefühl. Wenn wir über das Werk eines Schriftstellers sprechen, pflegen wir uns gegenseitig Sätze oder Redensarten zu zitieren, die unserer Ansicht nach die Quintessenz des Gelesenen wiedergeben. Ich denke dabei besonders an eine Stelle aus Vonneguts »Palm Sunday«, die wir beide für zitierenswert hielten und bei der ich noch die ernste Stimme im Ohr habe, die Mary Kay immer annimmt, wenn sie »etwas wirklich Gutes« zitiert: ». . . irgendwo dort drin wurde mein Sohn Mark verrückt und wieder gesund. Ich fuhr nach Vancouver, sah, wie krank er war, und brachte ihn in eine Anstalt. Ich mußte annehmen, daß er nie wieder gesund werden würde.« Dieses »Ich mußte annehmen, daß er nie wieder gesund werden würde« war eine unheimliche, unheilverkündende Feststellung, die doch Optimismus ausstrahlte, weil sie in der Vergangenheitsform abgefaßt war und daher nur eine »Fast«-Katastrophe beschrieb. Nur eine Zeitlang mußte Vonnegut das Schlimmste annehmen, doch am Ende waren seine Befürchtungen das Erzeugnis seiner Phantasie.

Als Gina auf dem Flug von Chicago nach New York diese Notizen zu Papier brachte, holte Larry gerade seinen Wagen vom Parkplatz an Pier 40 und fuhr von Manhattan nach La Guardia. Erst bei der Einfahrt in den Midtown-Tunnel entspannte er sich etwas, lockerte den Biß seiner fest zusammengepreßten Zähne und spürte erstmalig den dumpfen Schmerz nach einer stundenlangen krampfhaften Anspannung. So sehr hatte er sich gewappnet, die schrecklichen Ereignisse der beiden letzten Tage zu ertragen, daß ihm sein Kummer erst bewußt wurde, als Hilfe schon unterwegs war.
Am Freitagnachmittag hatte er mehrmals versucht, Gina zu erreichen. Sie schien ihm die geeignete Vermittlerin für schlechte Nachrichten an meine Familie, deren Empfindlichkeit ihm bekannt war. Aber Gina hatte den ganzen Tag in Konferenzen gesessen. Immer wieder hatte er auch Kays und Jerrys Telefonnummer in Florida gewählt und niemanden erreicht, weil die beiden übers Wochenende zu Freunden an der gegenüberliegenden Küste gefahren waren. Da sich keiner meiner näheren Angehörigen bemüßigt fühlte, mit der Anschaffung eines automatischen Anrufbeantworters einen Schritt ins Zeitalter der Technologie zu tun, hatte Larry jede Stunde angerufen und das Telefon zuerst sechs-, dann zwölf- und schließlich zwanzigmal klingeln lassen. Beim letzten Versuch hatte er zehn Minuten lang stumm auf das leere Rauschen im Hörer gelauscht.
Am Freitagnachmittag hatte er bei Ginas Kollegin in der Computerwissenschaftsabteilung an der De Paul-Universität seinen Namen und seine Privatnummer hinterlassen, aber keine weitere Nachricht, um zu vermeiden, daß Gina bei ihrer Rückkehr einen Zettel vorfand mit der Mitteilung »Ihre Schwester liegt im Koma. Setzen Sie sich bitte mit St. Vincent in Verbindung.«
Am Freitagabend rief Gina bis elf Uhr in unserer Wohnung

an, aber zu dieser Zeit saß Larry in der Intensivstation an meinem Bett, streichelte meine Hand und wartete auf die höchst unwahrscheinliche Wiederauferstehung. Er hatte die Abendschicht und danach den Nachtdienst ausgefragt, in der Hoffnung, irgend etwas zu erfahren, das in dieser verzweifelten Lage einen Funken Hoffnung entzünden konnte. Erst am Samstagnachmittag erreichte er Ginas Wohngenossin, die den Hörer weiterreichte. Larry versuchte den Schock mit dem zweifelhaften Trost zu mildern, ich sei zwar nun schon seit zwei Tagen im Koma, aber die Ärzte seien froh, daß sich mein Zustand »stabilisiert« habe.

Für Gina war das durchaus eine gute Nachricht, jeder Hinweis auf Stabilität galt in der Familie als günstiges Zeichen. Nach fünfundzwanzig Jahren mit den merkwürdigsten ärztlichen Diagnosen und höchst unbestimmten psychiatrischen Gutachten war Gina so weit, ein »stabiles Koma« in Anbetracht schlimmerer Alternativen für eine gute Sache zu halten.

Als jüngstes Familienmitglied hatte sie bei Familienkrisen nie die Tiefbekümmerte gespielt und erst recht nicht mit Rat und Tat eingegriffen. Zwar wußte sie Bescheid über meine Krankenhausaufenthalte und das scheußliche Gerät zwischen meinen Rippen, aber es war mir gelungen, in ihr wie in den Kindern den Anschein unerschrockener Bravour zu erwecken. Also glaubte sie fest an meine schnelle Genesung und erwartete, daß ich bald aus dem Koma erwachen und vielleicht sogar entrüstet aus dem Krankenhaus marschieren würde, wie ich es vor zwei Jahren bei einer Lungenentzündung gegen den Rat der Ärzte getan hatte, um mich zu Hause mit Hilfe von Penicillintabletten auszukurieren.

»Wann wird sie aufwachen?« fragte sie Larry, der sich diese Frage in der vergangenen Nacht auch wiederholt gestellt hatte. Mein zeitweilig stabiler Zustand lag irgendwo zwischen Leben und Tod. Niemand wußte, wie lange ich dort unentschieden verweilen oder welchem Pol ich bei einer Änderung entgegentreiben würde. Das längste Koma in der Medizingeschichte war aus Florida bekannt. Elaine Esposito aus Tarpon Springs war im Alter von sechs Jahren nach einer Blinddarmoperation nicht mehr aufgewacht und bis zu ihrem Tod im Koma verblieben — siebenunddreißig Jahre und hundertelf Tage lang. Larry erzählte meiner Schwester nichts von diesem Rekord, sondern antwortete nur mit den unbestimmten Angaben der Ärzte: »Es könnte noch ein, zwei Tage dauern — auch sehr viel länger.«

Während der Hauptverkehrszeit fuhren sie im Schrittempo über eine Schnellstraße. Wie hypnotisiert starrte Gina auf den Kilometerzähler, der fünfmal die Ziffer 0 zeigte und plötzlich auf Null umsprang. In diesem Augenblick war ihr mit einem jähen Schrecken die Bedeutung eines Komas klar. Am nächsten Tag erinnerte sie sich bei einer Tagebucheintragung weniger an den genauen Wortlaut ihres Gesprächs mit Larry als an eine ferne, dunkle Vorahnung ihres Unterbewußtseins.

Es ist komisch, aber ich kann mich nicht erinnern ... ich weiß nur noch, daß er sagte: »Gina, ich bin so froh, daß ich dich erreicht habe.« Es hörte sich ziemlich verzweifelt an, als er berichtete, wie er versucht hatte, die Eltern zu verständigen. Und vielleicht war er deshalb so dankbar, mich erreicht zu haben, weil ich genausogut wie sie oder eins der älteren Geschwister wußte, was zu tun ist.

Es war das erste Mal, daß sich jemand in einer familiären Krise an mich um Rat wandte und von mir ein aktives Eingreifen erwartete. Ich war an so etwas nicht gewöhnt und habe ihn wohl gefragt, wie ernst die Sache sei. (Vielleicht ist mir der

Wortlaut entfallen, weil ich mich jetzt schäme, daß ich es nicht wußte! Wie konnte ich ihn nur zwingen zu sagen »Es ist sehr ernst. Man weiß noch so gut wie nichts?«) Auf jeden Fall hat mich der Schock davon abgebracht, darauf zu antworten, bis jemand anderes zu erreichen war und die Verantwortung übernehmen konnte.

Larry hatte ihr vorgeschlagen, mit dem Flug nach New York noch einige Tage zu warten. »Sie braucht dich wahrscheinlich nötiger, wenn sie aufgewacht ist«, gab er zu bedenken. Aber Vernunft war damals nicht gerade Ginas Leitstern. Ohne zu wissen warum, war sie sich sicher, gebraucht zu werden, und als sie Larry ihren impulsiven Einfluß mitteilte, war er deutlich erleichtert. Das bestätigte sie in ihrer Entscheidung. Wenn sie schon mir nicht helfen konnte, konnte sie sich doch für Larry nützlich machen. Der Mann brauchte Hilfe und wußte noch gar nichts davon.
Immer schon hatte Gina ihre älteren Geschwister mit der unheimlichen Fähigkeit überrascht, Dinge zu »wissen«. Während wir uns in mühselige Überlegungen verrannten, kam sie instinktiv zu den richtigen Schlüssen.
In unserer Kinheit hatte sie beispielsweise einmal fast eine halbe Stunde nach den Schokoladenkeksen gesucht, die meine Mutter vor uns versteckt hielt. Da kam Gina und holte die Dose, ohne zu überlegen, unter dem elterlichen Bett hervor. »Woher hast du gewußt, daß Mom sie da versteckt hat?« fragte ich meine dreijährige Schwester. Sie zuckte nur die Achseln und sagte: »Ich hab's eben gewußt.«
Wenn jemand sie bat, diese Dinge zu erklären, war sie ganz verblüfft, so selbstverständlich erschienen ihr diese Intuitionen. Überlegungen? Wozu?
Diese plötzlichen Eingebungen kamen so regelmäßig, daß sie gelegentlich nicht wußte, ob sie auf Erkenntnissen be-

ruhten oder nicht. Hochmütig warf sie die merkwürdigsten Ideen ins Gespräch, als wären es allgemein bekannte Tatsachen. Als sie Larry zum ersten Mal sah — nur zwanzig Sekunden lang — war ihr sofort klar, was ich erst drei Jahre später erkannte. Gina und ich verließen gerade ein vollbesetztes Restaurant im Zentrum von Fort Wayne, als Larry mir von weitem zuwinkte. Ich erwiderte seinen Gruß nur knapp, aber selbst aus zwanzig Metern Entfernung war ihr Larrys innere Beteiligung nicht entgangen. Auf dem Parkplatz fragte sie: »Wer war denn das?«

»Mein Redakteur am *Journal*«, sagte ich. »Der Mann mit dem Riesen-Rotstift.« Zwei Jahre schrieb ich bereits eine wöchentlich erscheinende Kolumne und hatte noch nicht eine einzige Seite produziert, die seinen hohen Ansprüchen genügte. Er war mein Pater Jerome, jener Highschool-Lehrer, der Frank nur glatte Einsen gegeben und dennoch am Ende jedes Vierteljahres seine Leistungen als »ungenügend« bezeichnet hatte. »Ich fürchte, irgendwas an mir stößt ihn ab«, hatte Frank immer vermutet, und ähnlich empfand ich bei Larry, der immer mit dem Rotstift in meinen Artikeln wütete.

»Weißt du, er ist in dich verliebt«, folgerte Gina, als wäre es selbstverständlich, zu diesem Schluß zu kommen. Tatsächlich wußten weder ich noch Larry etwas davon, und wenn mein Herz in seiner Gegenwart überhaupt schneller schlug, dann höchstens, weil ich mich über ihn ärgerte, und ihm übelnahm, mir die Arbeit so schwer zu machen. Ich hatte schon genug damit zu tun, zwei kleine Söhne zu betreuen und das traurige Ende meiner Ehe zu erleben. An eine Romanze war gar nicht zu denken.

Kopfschüttelnd sagte ich: »Du denkst, daß jeder dauernd in irgendwen verliebt ist.« Tatsächlich war Gina als verwöhnter Nachkömmling geneigt, alle Gesten und Signale zwischen zwei Menschen für Liebesbezeigungen zu halten. Insofern war die große Liebe, die unsere Eltern ihrem jüngsten, lustigsten und großzügigsten Kind zuteil werden ließen, Geschenk und Fluch zugleich, denn Ginas Jugend war eine schlechte Vorbereitung auf den kalten Wind, der sie außerhalb des festgeschlossenen Familienclans erwartete.

»In ganz Chicago hat es wohl kein Baby gegeben, das so oft abgeknutscht wurde«, sagte Jerry einmal, als ich gerade die letzte Rolle unserer selbstfabrizierten Familienfilme in den Projektor legte. Bei Kays Amateurfilmerei geriet ihr zwar oft der Daumen in Großaufnahme vor die Linse, aber trotz solcher technischer Mängel kam Gina in jeder Szene prächtig heraus.

Ein Streifen schilderte ihre Ankunft aus dem Krankenhaus im Jahre 1959. Die erste Aufnahme zeigte Jerry, der mit einem Grinsen von mindestens hundert Watt vier ebenso entzückte Kinder in das weißflaumige Bündel gucken ließ, das er an seine Brust drückte. Der Stummfilm zeigte uns, wie wir dieses Bündel streichelten, die winzigen Finger anfaßten und die kleinen Rippen kitzelten. dann schnüffelten wir an dem Bündel, hielten uns anschließend die Nase zu und übertrieben damit so sehr, daß die Kamerafrau die Aufnahmen stark verwackelte. Hauptdarstellerin Gina war erst wenige Tage alt, riß die Augen neugierig auf, blieb aber von dem Theater um sie völlig ungerührt. Ihre ruhige, unbewegte Miene inmitten der wilden Bekundungen allgemeiner Zuneigung schien zu sagen: Aha, so ist also das Leben.

Als Gina zur Welt kam, hatten ihre Eltern schon die Erfahrung von fünfzehn Jahren hinter sich und waren bereit zu einem weiteren Jahrzehnt intensiven Lernens bei den berühmten Psychologen, die ihren ältesten Sohn analysierten. Die Schocktherapien bei ISPI und anderen Chicagoer Anstalten hatten ihnen gezeigt, wie kurzlebig die Ansichten

der Fachleute waren, und sie mußten erleben, wie die strengen Lehrsätze der fünfziger Jahre zwanzig Jahre später zur Lächerlichkeit verkamen.
Die volkstümlichen Sprüche von damals hatten gelautet: »Kinder soll man sehen, aber nicht hören« oder »Wer es an der Rute fehlen läßt, der verdirbt sein Kind«. Das wirkte jetzt wie ein makabres Rezept zur Aufzucht einer Nation von stummen seelischen Krüppeln. War es die Nachkriegssehnsucht nach Ruhe und Ordnung gewesen, die dieses freudlose Verhalten Kindern gegenüber erzeugt hatte? Oder waren die Fachleute in dieser Generation des Baby-Booms besonders menschenfeindliche Exemplare gewesen? Was immer auch die Ursache der unbarmherzigen Spielregeln gewesen sein mochte — die autoritätsgläubigen Ärzte hatten sie erteilt, ohne Rückfragen oder gar Diskussionen zu erlauben.
Kaum hatte Kay im ISPI zugegeben, daß sie seit einundzwanzig Jahren bereute, Frank nicht liebkost zu haben, als er die ganze Nacht hindurch geweint hatte, fragte der Therapeut des Instituts anklagend: »Warum haben Sie denn die absurden Anordnungen Ihres Arztes überhaupt befolgt? Warum haben Sie stattdessen nicht Ihrem Instinkt vertraut?
»Ich dachte, das dürfe ich nicht«, sagte sie demütig. »Er war doch Arzt, und ich nicht.« In den fünfziger Jahren waren die Chancen ungleich verteilt gewesen. »Nur eine Hausfrau« zu sein, stempelte einen sofort zur Verliererin gegen die riesige Überlegenheit eines Arztes. Zwei Jahrzehnte später, als man meine Mutter grausam für die Fehler des Kinderarztes zur Rechenschaft zog, war es nicht viel anders geworden.
Die brutalen Befragungen warfen letztlich kein neues Licht auf Franks Erkrankung, sondern hatten nur zur Folge, daß meine Eltern Autoritäten nicht mehr so unbedingt anerkannten. Besonders meine Mutter kam zu der Erkenntnis,

daß fachärztliche Ansichten über die Bedürfnisse von Kindern nichts anderes waren als Vermutungen. Antworten auf die Fragen »Warum?« und »Wie?« behielten sich meine Eltern selbst vor, Theorien, die nicht mehr zutrafen, wurden erleichtert fallengelassen. Wenn es wirklich ein Fehler gewesen war, aus Tradition Zurückhaltung zu üben und dem erstgeborenen Sohn nur die Hand zu geben, so hatte ihn Jerry jedenfalls nie wieder begangen, und seine jüngste Tochter durfte sich seiner Umarmung fünfundzwanzig Jahre lang erfreuen.
Als Gina in die Pubertät kam, hatte Kay auch bereits ihren Widerstand gegen die Sünde der Eitelkeit und des Stolzes aufgegeben — eine Einstellung, mit der sie ihre älteren Kinder um die Freude an den Zeugnissen und Erfolgen gebracht hatte, weil sie sie ständig warnte, »den Kopf hoch zu tragen«. Meine Jugend fiel in die Zeit ihrer schärfsten Ermahnungen vor unangebrachter Eitelkeit. Wenn sie merkte, daß ich mich vor dem Badezimmerspiegel schön machte, blieb sie draußen auf dem Flur stehen. Den unvermeidlichen Wäschekorb auf der Hüfte, begann sie ihre Gardinenpredigt: »Es zählt nicht, wie man aussieht, sondern wer man ist . . .«
Später bereute sie, mir nie gesagt zu haben, »was für eine Schönheit du damals warst«. Doch sie war immerhin so rechtzeitig davon geheilt, daß sie sich über Ginas Erfolge freuen konnte. Außerdem hatte diese streng bescheidene Frau ihre jüngste Tochter »Regina Maria« genannt, was sich in der Übersetzung aus dem Lateinischen keineswegs demütig, sondern eher stolz anhörte: Königin Maria!
Diese grenzenlose Liebe meiner Eltern hätte unter den älteren Sprößlingen leicht Eifersucht hervorrufen können, aber zwei zufällige Ereignisse verhinderten das. Das strenge Programm am ISPI machte Paul und mich zu treuen Verbünde-

ten der Eltern — und das in einem Lebensalter, wo Kinder im allgemeinen rebellieren. Ich hatte gerade damit angefangen, als das rührende Beispiel meiner Mutter, die aus Liebe zu ihrem Ältesten tapfer in die Pedale eines Hometrainers trat, meine Revolte schon wieder zunichte machte, und Paul war von der Treue der Eltern so beeindruckt, daß er sie immer in Schutz nahm. Wenn die jüngeren Geschwister den Frieden durch lauten Streit störten, ermahnte er sie »Geht gefälligst in den Keller, wo sie euch nicht hören! Merkt ihr denn nich, daß sie schon genügend um die Ohren haben?« Wir verfielen in der Gewohnheit »aggressiver Fürsorge« — was ein befreundeter Psychologe als den Zwang definierte, »sich als Beschützer von Menschen aufzuspielen, die gar keine Hilfe benötigen.« Auch Gina selbst dämpfte jeden Anfall von Neid, denn wir waren alle zusammen ganz verrückt nach ihr. Sogar der nur acht Jahre ältere Kevin hatte es schwer, seine Rivalenrolle aufrechtzuerhalten. Als er sich einmal bei einem Rodelausflug der Familie das Bein brach und wir ihm alle mit sauberer Handschrift kleine Scherze und Gedichte auf seinen Gips schrieben, war er so stolz auf sein Gipsbein, daß er Gina zuerst nicht daran lassen wollte. Er behauptete, das Gekritzel einer Dreijährigen würde »alles versauen«, gab aber schließlich nach, als sie ihm versprach, nur eine kleine Figur bunt anzumalen. Sie zeichnete ein Herz, das nicht ganz symmetrisch ausfiel, und bevor sie zum Buntstift griff, fragte sie ihn »Purpur oder rot?« Ohne es zu ahnen, hatte sie einen Witz gemacht, denn bei den Streitkräften der USA heißt das Verwundetenabzeichen »Purpurherz«.

Bei Ginas Geburt hatte Frank gerade sein erstes Jahr am Quigley-Priesterseminar begonnen. Mit fünfzehn — noch bevor er den schwachen Schatten auf der Oberlippe, den er regelmäßig inspizierte, rasieren mußte — ging er an den Wochenenden auf Klausurtagungen, die ihn vor den wollüstigen Abweichungen vom Pfad der Keuschheit bewahren sollten. Wie Frank mir einmal berichtete, wurde bei diesen Anlässen »alles zwischen deinen Schultern und deinen Knien« als sündhafte Zone des weiblichen Körpers deklariert. Es war verboten, diese Körperteile einer Frau zu berühren oder auch nur an sie zu denken. Eine schwere Aufgabe für einen Seminaristen, der viel über diesen kurvenreichen verbotenen Zonen der weiblichen Anatomie zu lesen, zu schreiben und nachzudenken hatte.

Ungläubig frage ich: »Meine Hände gehören also auch dazu? Was ist denn an meinen Händen sündig?« Ich stellte mir vor, ich müßte sie bei künftigen Verabredungen mit Jungen immer über dem Kopf halten. Hände sollen sogar das Schlimmste sein, antwortete Frank, weil sie die meisten sexuellen Handlungen begehen.

Die Vorlesungen machten einen tiefen Eindruck auf den noch unschuldigen Frank, dem es aber bereits schwerfiel, seine Phantasien im Zaum zu halten. Wenn er ins Badezimmer ging und die Tür abschloß, überfielen ihn merkwürdige Gedanken, und seine Angst, eine Todsünde zu begehen, wurde so groß, daß er sich vor jedem Besuch des Badezimmers seelisch stärken mußte. Schon auf dem Flur begann er das Tantum Ergo zu singen und konzentrierte sich auf das Lied, bis er die Spülung betätigte. Er brach uns das Herz, die laute Angst zu hören, die ihn ergriff, und am Ende war meine eigene Verehrung für dieses Lied völlig geschwunden. Während die anderen Mädchen im Sonntagschor offenbar beim letzten Amen dieses Tantum Ergo eine geistige Erhöhung verspürten, hörte ich nur die Toilettenspülung rauschen.

Franks Berater in Quigley diagnostizierte zu Beginn bei ihm nur »Skrupel«, womit er eine zu wörtliche Deutung

der Theologie meinte. Aber Frank glaubte, das Problem liege ebenso im Katholizismus wie in seiner Auslegung, und als er das Priesterseminar verließ, empfahl er Kay und Jerry, Gina nicht auf eine Bekenntnisschule zu schicken, weil der gewaltige Nachdruck, mit dem man dort vor Todsünden gewarnt werde, das Leben für einen normalen Menschen unerträglich mache. Seine eigenen Erfahrungen hatten ihn davon überzeugt, daß ein »Aufenthalt außerhalb des eigenen Körpers« nicht das Rechte für einen Heranwachsenden sei, und er wollte, daß Gina eng mit ihrem Körper und ihrem Verstand verbunden blieb. Er wußte, wie verführerisch ihre sprunghaft schnelle Intuition war, und riet ihr, alles mit strenger Logik zu prüfen. Sie sollte immer erforschen, woher ihre seltsamen Eingebungen stammten, und ihnen nicht trauen, wenn sie ohne eine verläßliche Herkunftsquelle auftauchten. Kaum war Gina aus dem Kindergarten heraus, begann er sie bereits gewohnheitsmäßig mit seiner Methode sokratischer Befragung auf die Probe zu stellen.
»Gina, woher weißt du, daß der Mond nicht aus grünem Käse besteht?« fragte er einmal.
Sie bestrich gerade ein Sandwich mit Erdnußbutter. »Weil die Astronauten gerade Steine vom Mond mitgebracht haben und keine Käsescheiben, Frank.«
»Woher weißt du so genau, daß diese Steine nicht in Wirklichkeit große Stücke von grünem Käse sind?« fuhr er fort.
»Wenn man auf diese Steine beißt, bricht man sich die Zähne ab — deshalb«, sagte sie. »Außerdem ist allgemein bekannt, daß der Mond nicht aus grünem Käse besteht.« Sie schnitt das Sandwich diagonal durch und versuchte die Debatte abzukürzen. Aber es gab neue Fragen. Frank nahm weder auf ihr Alter Rücksicht, noch überließ er ihr das letzte Wort. Er war mit kleinen Kindern genauso taktlos wie mit seinen Lehrern.

»Aber woher wollen wir das wissen?« bedrängte er sie. »Hat deines Wissens ein Wissenschaftler mal ein Stück von den Steinen abgebissen?« Gegen ihn konnte man in einer Debatte nie die Oberhand behalten. Wenn jemand Pluspunkte erzielte, wurde Frank nur noch eifriger und erhöhte seinen Einsatz. Seine lästige Fragetechnik brachte ältere Geschwister ins Stottern, seine jüngste Schwester aber war so unverfroren, daß sie das Gespräch einfach abbrach. »Okay«, sagte sie, »vielleicht besteht der Mond aus grünem Käse. Wen kümmert das?«

Meine Eltern blieben trotzdem bei ihrer Bindung an Bekenntnisschulen, bestimmten aber Paul und mich zu Ginas Taufpaten, was damals ein höchst unorthodoxer Schritt war. Als wir zum erstenmal unsere Pflicht in der Kirche zur Unbefleckten Empfängnis ausübten, waren wir beide noch praktizierende Katholiken, aber zehn Jahre später war Ginas Pate — inzwischen als Landwirtschaftsökonom in den Diensten der kanadischen Regierung — tief in die östlichen Philosophien eingedrungen und ein strenger Sannyasin geworden, der durch Meditation und Abkehr von der Welt Erleuchtung suchte. Die Patin hatte unterdessen Wurzeln geschlagen im mittelwestlichen Indiana — einer von Gott völlig verlassenen Gegend — und war zu den Feministinnen von Fort Wayne gestoßen.

Als Gina alt genug war, schickten wir ihr Erbauungsschriften wie *Yoga für Anfänger, Eine Einführung ins geistige Leben* von Krishna Prem und *Zu ihrem eigenen Nutzen* von Diedra English und Barbara Ehrenreich. Mit zwei gläubigen katholischen Eltern, einem Zen-Schüler und einer glühenden Feministin als Patin und zwei älteren Brüdern, die Priesterseminare besucht hatten und jetzt ihre Erziehung beaufsichtigten, waren Ginas religiöse Überzeugungen einigermaßen umfassend.

Unsere Familienbindungen waren inzwischen zu einer Struktur spitzer Winkel mit Gina im Schnittpunkt geworden. Ich pflegte sie alljährlich zu Halloween ins »Kaffeehaus der Amazonen« nach Fort Wayne einzuladen, und sie brachte mir von Paul Zitate mit aus dem *Leben mit den Meistern vom Himalaya.* Mich ärgerte Pauls unreflektierter Chauvinismus, ihn mein ungeistiges politisches Streben. Nur Gina konnte unsere verschiedenen Wellenlängen aufeinander abstimmen.

Ihre rasch gewonnenen Einsichten in unsere Persönlichkeiten und Gedanken machten ihre Besuche so angenehm wie ein Gespräch mit einer witzigeren, liebenswerteren Ausgabe meines Bruders.

Frank hatte gedacht, Gina wäre wie er, und ich dachte: Sie ist wie ich. Sie selbst fand es einigermaßen verwirrend, so sehr mit ihrem jeweiligen Gesprächspartner übereinzustimmen. »Das bedeutet«, notierte sie, »daß ich entweder sechs Persönlichkeiten besitze oder überhaupt keine.« Als sie schließlich Anfang der achtziger Jahre nach der eigenen Identität suchte, mußte sie sich durch die dicken Schichten der Meinungen zweier offizieller Eltern und der vier geradezu aggressiv fürsorglichen Pseudoeltern durcharbeiten und wehrte sich gegen unsere Einmischung in ihre Entwicklung.

Nach mehreren gescheiterten Versuchen verließ sie endgültig das Elternhaus, wohnte zuerst auf dem Campus von DePaul's Lincoln Park, ging wieder zurück, bezog ein Apartment nahe der Innenstadt von Chicago und kehrte noch einmal zurück. Ihr Streben nach Unabhängigkeit, ihr Versuch, die magnetischen elterlichen Bande zu durchschneiden, verlief wie das Auf und Ab eines Jo-Jo-Spiels.

Das jüngste Kind — bis dahin der Liebling aller — war nun zunehmend schwerer zu verstehen. Nachdem ihr letztes Semester mit einer beunruhigenden Zahl von nicht gemachten Scheinen endete, gab sie das Studium auf und nahm eine Vollzeitstelle an. Sie besuchte die Abendschule, war aber nur am Rande an Diplomen interessiert. Bei vier Abiturienten, zwei Magistern und einem Doktor der Philosophie unter den Geschwistern sah Gina keinen zwingenden Grund, den Familiennamen noch öfter in Schönschrift verewigen zu lassen.

Ihr Scheitern bekümmerte Kay, die den Fehler bei sich suchte. »Vielleicht war ich zu sehr ihre Freundin und zu wenig ihre Mutter«, sagte sie seufzend, als klar wurde, daß ihre Jüngste nach fünf Jahren College aufhören wollte. »Wir hatten einfach zuviel Freude an ihr.«

1970 hatte Jerry die Bank als Pensionär verlassen. Gina war damals elf Jahre alt, und man feierte das Ereignis mit einer gemeinsamen Europareise. Zum erstenmal in ihrem Leben hatten meine Eltern Zeit für Vergnügungen — nach vierundzwanzig Jahren täglicher Pflichterfüllung, und nun glaubte Kay, daß sie sich diese Vergnügen besser nicht gegönnt hätte und daß sie schuld waren an Ginas vorzeitigem Abgang vom College.

»Ach, Kay«, schalt ich sie sanft, »du bist zu katholisch. Es muß doch nicht jede schöne Zeit ihren Preis haben.« Ich war sicher, daß ihr Vergnügen nicht das geringste mit Ginas Versagen zu tun hatte, und vermutete, daß nicht zu wenig, sondern zuviel Disziplin hinter ihrem gegenwärtigen Kummer steckte.

Wir hatten alle versucht, Gina zu einem Sinneswandel zu bewegen. Aber ihr innerer Zwang, die Wahrheit, die ganze Wahrheit und nichts als die Wahrheit zu erfassen, hatte sie daran gehindert, auch nur die einfachsten Aufgaben und Zwischenexamen zu bewältigen. Es war das gleiche Problem, dem ich mich fast gewohnheitsmäßig gegenübersah.

Erst kürzlich hatte sich das wieder gezeigt, als ich nicht in der Lage war, die komplizierte Antwort auf »Das Rätsel der Verantwortung« für die *Cosmo*-Leser vereinfacht darzustellen. Ginas letzter Brief hatte meine Ahnung bestätigt.

Liebe MK,
ich komme gerade von dem Kurs über Moderne Dichtkunst und bin etwas übererregt. Entschuldige also bitte, wenn ich meine geistigen Krämpfe zu Papier bringe — aber ich muß mich jemandem mitteilen! Ich habe gerade drei Stunden lang ein Gedicht von Wallace Stevens »aufmerksam gelesen«, wie eine Besessene Metaphern entziffert, Bildern in endlosen Variationen nachgespürt (mal ist es Wasser, mal ist es Nebel, laßt mich doch in Ruhe!) — und all das, um Professor B. ganz gemächlich sagen zu hören, daß der alte Wallace Stevens da doch eine ganz nette Arbeit über ein so abgedroschenes Thema wie Religion abgeliefert hätte! Nachdem ich mich also derart abgestrampelt habe, um hinter die Bedeutung der Dichterworte zu gelangen, wird das Thema überhaupt nicht diskutiert! Mag sein, daß das vielleicht eher zum Freizeitvergnügen mit Wallace Stevens und nicht in den Englisch-Unterricht gehört . . . aber ich bin innerlich fast explodiert, als ich hörte, Religion wäre ein abgegriffenes Thema. Ich wette, B. war früher auch auf dem Priesterseminar . . . seine Bemerkung klingt wie ein Stammtisch-Witz, findest du nicht?

Der Brief ging noch über vier weitere Seiten. Sie wetterte gegen Professor B's hohle Äußerungen und fragte sich, wie sie in Moderner Dichtkunst bestehen könne, ohne ihre tiefe Neigung zu »abgedroschenen Themen« preiszugeben. Sie gestand, daß sie noch immer nicht ihre Arbeit über *Ariadne* fertig habe, ein Essay, das vor anderthalb Jahren fällig gewesen war und derzeit aus etwa sechzig losen Notizblättern bestand, die sie von Kurs zu Kurs, von Bibliothek zu Bibliothek gesammelt hatte. Diese Semesterarbeit über *Ariadne* lag ihr am schwersten auf der Seele, weil sie ihr in wenigen Monaten in den Computern der Registratur ein »Ungenügend« eintragen würde.

Bei ihrem letzten Besuch hatte sie meinen Eßzimmertisch mit ausführlichen Entwürfen gepflastert. Ich konnte mir also gut vorstellen, daß ihr Essay inzwischen zu einem ernsthaften Konkurrenten für *Krieg und Frieden* angewachsen war und verstand ihre Verzweiflung. Allerdings steckte ich selbst bis zum Hals in nicht eingehaltenen Terminen und war keine Hilfe. Stattdessen gab ich ihr die Botschaft meiner *Cosmo*-Redakteurin weiter, nach der das Leben nicht unbedingt so bedeutungsvoll sein mußte. »Mach dir keine Sorgen, dann lebst du länger!« schrieb ich in meinen Antwortbrief, den ich jedoch nicht abschickte.

Auf dem Flugplatz La Guardia hatte Larry Gina sofort unter den Passagieren ausgemacht. Sie war elf Jahre jünger als ich, volle fünfzehn Zentimeter größer, und ihr Haar zeigte keine Spur vorzeitigen Ergrauens – trotzdem meinte er, sie sähe genauso aus wie ich.

Gina war eine lässige Schönheit von fünfundzwanzig Jahren, trug gewöhnlich kein Make-up auf der reinen rosigen Haut und band die dichten schwarzen Haare irgendwie zufällig nach hinten, so daß sie in reizvoller Unordnung um ihren Kopf wippten, wenn sich ihr hochgewachsener sportlicher Körper leichten Schrittes fortbewegte. Sie war sich ihrer fesselnden Ausstrahlung nicht bewußt, aber kein neuer Bekannter konnte durch unser Eßzimmer gehen, ohne auf ihr gerahmtes Porträt zu deuten und zu fragen: »Wer ist denn das?« Als sich Kays und Jerrys Gene vereint hatten, um »Queen Mary« zu erschaffen, hatten sie wirklich eine seltene biologische Leistung vollbracht.

Bluejeans und Mokassins waren die Spitzenreiter in der damaligen Garderobe der Queen, gelegentlich garniert mit einer Männerweste oder anderen Accessoires, die sie auf ihren Streifzügen zu den Billigläden der Außenbezirke erwarb. Ihr Bekleidungsstil reichte von exzentrisch bis königlich, was weniger vom Anlaß als von ihrer Laune abhing. An diesem Märztag gab sie sich seriös in einer bei ihr sonst unüblichen Anpassung an den Ernst ihrer Mission. Sie trug ein hübsches Schneiderkostüm in weißbraunem Hahnentrittmuster und einen dazu passenden Kaschmirschal. Wenn sich Gina um angemessene Kleidung bemühte, konnte sie umwerfend schön sein.
Als sie Larry winken sah, leuchtete ihr Gesicht in dem manischen Blakely-Grinsen auf, das Vater als offizielle Begrüßung auf Flughäfen und Bahnhöfen eingeführt hatte. Selbst als er mich am Tag vor Franks Beerdigung vom Zug abholte, mich schnell in der Menge ausmachte, die Hand hob und »Hallo, Süße!!!« rief, hatte sich sein vom Kummer gezeichnetes Gesicht für einen Augenblick durch dieses breite Lächeln erhellt.
Gina behauptete, unser Vater könne in einer bestimmten Umgebung — wozu vornehmlich Flughafenterminals und Bahnhöfe zählten — nur mit drei Ausrufungszeichen sprechen. Wie immer die Stimmung des Ankommenden sein mochte, es war unmöglich, dieses Lächeln zu sehen, ohne sich unerklärlich glücklich zu fühlen. So ging es auch Larry, als Gina ihre Koffer abstellte und ihn in die Arme schloß.
Ihre unerschütterliche Zuneigung zu mir hatte sich auch auf ihn verlagert. Für Larry, das einzige Kind unglücklicher einsilbiger Eltern, waren meine Verwandten wild durcheinanderredende Angehörige eines exotischen Stammes. Die Zusammenkünfte seiner Familie mit Vettern, Kusinen, On-

keln und Tanten verliefen demgegenüber alle mit der gleichen Schweigsamkeit wie die mit seinen Eltern. »Bei Festen saßen wir auf Faltstühlen an der Wand des Wohnzimmers aufgereiht und aßen schweigend Napfkuchen mit Zuckerguß«, erzählte er. Wenn jemand sich bemüßigt fühlte, etwas zu sagen, war es im allgemeinen eine Bemerkung über das Wetter oder eine Klage über das zu langsame Wachstum von Mais. Sein Vater war ein so einsamer Mensch, daß seine Mutter bei seiner Beerdigung Mühe hatte, sechs Freunde zu finden, die als Sargträger fungieren konnten.

Daß Larry in seiner Kindheit nie fröhliches Geplauder um sich gehabt hatte, war noch zweiundvierzig Jahre später daran zu spüren, daß ihm der erforderliche leichte Plauderton bei Cocktailpartys oder formlosen Essen mit meinen Freundinnen abging. Als Autodidakt in der Kunst der Konversation hatte sein Gesprächsstil mit neuen Bekanntschaften die Wärme eines Reporters, der mit bohrenden Fragen die Unstimmigkeiten im städtischen Haushaltsplan ergründen will.

Mit meiner Schwester war er jedoch sofort ein Herz und eine Seele, weil sie ihn lebhaft an mich erinnerte. Wenn sie sprach, hörte er meinen nasalen Akzent und das schnelle Lachen des Mittelwestens, aber ihre Augen waren doch die einer anderen.

Auf der Fahrt nach Manhatten bereitete er Gina auf das unerfreuliche Bild vor, das sie im St. Vincent erwartete, denn das Koma hatte mein Gesicht in eine ausdruckslose Maske verwandelt.

Larry hatte dieses Gesicht jahrelang betrachtet, im Schlafen und im Wachen, mit oder ohne Lippenstift, die Haare hochgesteckt oder lang fallend. Dennoch wirkte ich im Koma für ihn seltsam fremd. Meine Gesichtszüge waren durch das Fehlen jedes Gemütsausdrucks sonderbar ver-

zerrt, als hätte mich ein wohlmeinender Bestattungsunternehmer einbalsamiert und gewissenhaft jede Kummer- und jede Lachfalte beseitigt, um die Illusion eines friedlichen Todes zu erwecken.
Er versuchte, Gina gegen die erschreckende Nacktheit meines Gesichts zu wappnen, das genauso erloschen wirkte wie Franks Züge, die ich in der Leichenhalle kaum wiedererkannt hatte. Es waren zwar seine Augenbrauen, seine Wangen und seine Lippen — aber nicht sein nachdenklicher Ausdruck oder sein ansteckendes Lächeln, und das Gefühl, nichts für diesen Leichnam, diesen Körper ohne Geist und Seele empfinden zu können, war schrecklich gewesen.
Das Koma ähnelte der Passivität des Todes, abgesehen von den spukhaften Zufallsbewegungen, die der Körper machte, wenn die Wirkung der Beruhigungsmittel nachließ. Dann wurde ich überaus erregt, strampelte in sinnloser Hektik und drohte die Schläuche abzureißen. Larry setzte Gina auseinander, daß man mir deshalb Handgelenke und Knöchel ans Bett gebunden hatte, um sie auf den schlimmen Anblick einer gefangengehaltenen Verwandten vorzubereiten.
Als Gina meine Isolierzelle betrat, trieb ich gerade einen unebenen finsteren Weg hinunter. Es war eine Folge der Morphiumspritzen. Die angegriffenen Nervenzellen meines Gehirns hatten Informationsbruchstücke aufbewahrt, die ich nicht zusammenzusetzen vermochte. Es kam mir vor, als hätte ich stundenlang nachgedacht, bevor ich endlich zu dem Schluß kam, daß ich im Krankenhaus liegen mußte. Ich hatte zwei junge Männer belauscht, die sich an meinem Bett von den Schwierigkeiten erzählten, die es bereitete, »vom Gehalt eines Assistenzarztes in New York City zu leben«. Daraus folgerte ich, daß sie Ärzte waren und ich ein Patient und daß wir uns alle in New York City befanden.

Diese einfache Überlegung hatte mich gewaltige Konzentration gekostet, doch die Frage »Warum?« blieb weiterhin ein Geheimnis.
Die jungen Männer zogen mir Kanülen aus den Armen und stachen andere hinein. Dabei beklagten sie sich über die gestiegenen Mieten in Manhattan, ein Thema, das unweigerlich bei jedem Gespräch in New York vorkommt und das auch mich betraf. Deshalb wollte ich mich in die Unterhaltung einmischen, denn Larry und ich hatten auch keine geeignete Wohnung für uns und die Kinder in Manhattan finden können — aber wieder einmal wollte mein Körper meinem Willen nicht gehorchen.
Ich fühlte mich blind und gelähmt und wollte mich unbedingt erinnern, was passiert war. Vielleicht war ich bei einem Autounfall schwer verletzt worden, ich erinnerte mich auch tatsächlich an einen Zusammenstoß, wußte aber auch genau, daß ich danach noch hatte gehen können.
Vielleicht war aber der Unfall nur ein Traum gewesen? Die Umstände wechselten in meinem Geist — zuerst war ich im Gefängnis, dann im Krankenhaus, dann wieder im Gefängnis. Ursprünglich hatte ich Feinde gesehen, die meine Lungen absaugten und auf mich einstachen. Dann waren es freundliche Menschen, die mich sanft massierten und mir ein herrliches Licht zeigten. Zuerst hatten meine Körperteile sich wie Verbündete betragen, wenn ich mich von den bedrückenden Schläuchen an Armen, Mund und Nase befreien wollte, aber nun reagierten sie nicht mehr, obwohl ich meine ganze Willenskraft aufbot.
Ich war völlig verwirrt. Kaum hatte ich eine Wahrheit entdeckt, wurde mir klar, daß sie aus zweifelhaften Traumvisionen bestand. In diesem unsicheren Zustand bezweifelte ich die Gültigkeit aller Wahrnehmungen, und als ich Gina und Larry ins Zimmer treten hörte, hielt ich auch das nur

für Einbildung. Sie kamen näher, dämpften die Stimmen zum Flüsterton, und ich merkte, daß Gina mir mit der Hand über den Scheitel strich.

»Hallo, Süße«, sagte Gina. Es war Jerrys Gruß — ohne die Ausrufungszeichen. Ihre Stimme hörte sich ungewöhnlich tonlos an, als ob sie nach einem anstrengenden Volleyballspiel gerade in die Umkleidekabine gekommen wäre. Sie schien nicht besonders glücklich, mich zu sehen, doch das zärtliche Streichen über mein Haar verriet unmißverständlich ihre Zuneigung.

»Na, wie sieht's denn aus, Schwesterchen?« fragte sie. Der Kraft und Geläufigkeit ihrer Stimme nach war ihre Stärke zurückgekehrt und auf ihren trockenen Witz konnte man sich ohnehin immer verlassen. »Wie kann eine freie Frau denn trübselig im Bett liegen?« fragte sie mit gespielter Ungläubigkeit und strich mir über Hals und Schultern. Diese sanften Hände — wie konnte jemand den Hunger des Körpers nach der Berührung von Händen für Sünde halten? Wie ein elektrischer Strom fuhren Ginas Hände durch die dicke Schale meiner Einsamkeit.

Ich hatte das Gefühl, daß schon seit Tagen niemand mehr zu mir gesprochen hatte. Ich hatte Menschen von mir, um mich, über mich sprechen hören, aber bis zu Ginas Kommen hatte mich keiner direkt angesprochen. Sie tat es, machte Witze und stellte mir Fragen, die keine Antworten erforderten. Wie ich es früher bei ihr getan hatte, als sie gerade fünf Jahre alt war.

Wir hatten neun Jahre ein gemeinsames Zimmer gehabt, und wenn ich von einer Verabredung oder einer Party nach Hause kam, schlief sie meistens schon. Dann setzte ich mich immer ans Fußende des Doppelbetts und redete laut eine halbe Stunde oder länger auf sie ein, bis ich den Abend für beendet hielt.

Auch im Schlaf war Gina eine angenehme Zuhörerin. Ich stellte ihr hochwichtige Fragen wie »Soll ich mich wieder mit ihm verabreden?« oder – leiser und ganz ernstgemeint – »Glaubst du, daß ich hübsch bin?« Sie wachte selten auf, nahm aber von meiner Anwesenheit unbewußt Notiz und gab Brummtöne von sich, die ich im allgemeinen als Zustimmung auffaßte. Meine Gewohnheit, mich nächtlich mit ihr zu unterhalten, beunruhigte Kay, die mich ermahnte »Sie braucht ihre Ruhe.« Aber diese »unbewußten« Gespräche lehrten uns, wie man trotz eines Komas miteinander »redet«.

Gina setzte sich auf den Bettrand und unterhielt sich mit mir in der Kurzsprache, in der wir neuerdings miteinander verkehrten. Sie ließ nur ein paar Brocken aus früheren Gesprächen fallen, die den Inhalt ganzer Sätze zusammenfaßten. Einmal sprach sie mich als »Königin der Narren« an. Ich verstand, was sie damit sagen wollte, aber der Schlauch im Mund hinderte mich dran, zustimmend zu brummen. Gina und ich hatten schon soviel gemeinsam erlebt und erlitten, daß sie glaubte, wir seien nur getrennt durch die »sehr dünne Membran«, die Salinger zwischen zwei Verwandten der Familie Glass erwähnt. Nur die undurchsichtige Trennwand war also zu durchbrechen, um klare Antworten auf ihre Fragen zu erhalten. In meinem Gesicht war nichts zu lesen über meine Gedanken, also nahm Gina meine Hand und hielt sie fest, als könne sie irgendwelche Antworten wie bei einer Art Blindenschrift ertasten. Die Schlüsse, die sie aus dieser unorthodoxen Methode zog, gab sie laut bekannt: »Kannst du mich hören, Süße? Ja? Ja ... ich glaube, du kannst es.«

5. KAPITEL

Liebe Miß X

26. März 1984

Barbara,
ich sitze hier in der kleinen Wohnung meiner New Yorker Freundin und bin vor Wut ganz außer mir. Über die »Besuchszeit« in einem Krankenhaus um die Ecke, wo nämlich meine Schwester auf der Intensivstation liegt und die Besuchszeit erst um zwölf Uhr mittags beginnt. Vier Stunden lang kann ich also kaum etwas tun, außer über diese Idee einer Besuchszeit auf die Palme zu gehen und ab und an einen Brief zu schreiben.
Ich bin gestern nachmittag hier angekommen und habe sofort meine Schwester besucht. Sie ist sechsunddreißig Jahre alt, und ich sagte immer, daß die elf Jahre Altersunterschied mir eine Vorstellung davon geben, »wie ich einmal sein möchte, wenn ich groß bin«. In Wirklichkeit komme ich aber nie an das heran, was sie schon mit fünfundzwanzig war. Sie hatte ein Magisterdiplom, war in Europa gewesen und arbeitete, wenn ich mich recht erinnere, als Platzanweiserin, um sich und ihren Mann über Wasser zu halten, während sie sich auf das Lehrerexamen vorbereitete. Trotz erheblicher Gesundheitsprobleme hat sie sich seitdem nie geschont. Sie erzieht meine beiden einzigen Neffen – zehn und acht Jahre alt – und hat es mit Hilfe einer einfachen Schreibmaschine geschafft, von einer wöchent-

lichen Kolumnenschreiberin in Fort Wayne zur anerkannten New Yorker Journalistin aufzusteigen. Ich glaube, sie würde Dir sehr gut gefallen.
Ungefähr zwei Jahre lang stritt sie sich mit ihren Fachärzten, die eine Lungenoperation durchführen wollten, die sie für unnötig hielt. Erst vor kurzer Zeit gab sie nach, weil die Krankheit ihre Widerstandskraft gelähmt hatte. Vorige Woche kam sie nach New York, um einen Mietvertrag für ein Haus in Connecticut abzuschließen, und im Juni wollte sie mit ihrem Freund Larry und den Kindern dort einziehen. Doch irgendwann am Donnerstag fiel sie in ein Koma.
Am Freitagmorgen merkte Larry, daß sie ohne Bewußtsein war, und ließ sie ins Krankenhaus bringen. Ursprünglich wurde angenommen, das Koma wäre durch ihre Diabetes bedingt. Larry erreichte mich erst am späten Samstagnachmittag, als er bereits wußte, daß die Diabetes nur teilweise für ihren Zustand verantwortlich war. Ihr Blutzuckerspiegel hatte sich fast sofort stabilisiert, aber sie hat das Bewußtsein seither nicht wiedererlangt.
Ich war auf ihren Anblick völlig unvorbereitet. Als ich sie von der Tür aus sah, mußte Larry mich auffangen, weil ich sonst zusammengebrochen wäre. Ich heulte unentwegt, während er beruhigend auf mich einsprach: »Es geht ihr schon viel besser.«
Sie hing an einem Beatmungsgerät, das offenbar überhaupt nicht auf ihren Körperrhythmus eingestellt war. Mit Gewalt hob und senkte es ihren Brustkorb, und sie wehrte sich dagegen. Sie versuchte, die Knie zu beugen, die Arme zur Seite zu strecken und den Kopf vom Kissen zu heben. Aber es gelang ihr nicht. Sie war so schwach – es schien mir unmöglich, daß sie noch am Leben war!
Ich ging an ihr Bett und fing an mit ihr zu sprechen. Und sobald ich sie berührte, fühlte ich mich besser. Ich hatte den Ein-

druck, ich könnte doch etwas für sie tun. Ihre Hand war kalt, aber als ich sie in meiner hielt, erwärmte sie sich ein wenig ...

Ginas Brief an Barbara brach mittendrin ab, zum selben Schicksal verdammt wie die unvollendete *Ariadne.* Ihre Schreibblockade, die ich schon während unseres letzten Telefongesprächs diagnostiziert hatte, war im Grunde ein Akt der Selbstverteidigung, ein Schutz vor der direkten Konfrontation mit schrecklichen Wahrheiten, mit ihrer großen Angst, Plattheiten zu schreiben. Ginas Hang, ewig lange »nach dem richtigen Wort« zu suchen, war chronisch geworden. Sie brauchte unter Umständen, drei, vier Monate, um zwei Seiten zu schreiben, und schaffte ihre Termine nur noch dadurch, daß sie — wie ich — bis Mitternacht arbeitete und im übrigen auf den Expreßdienst der Post zählte. Trotz dieser offenbar ererbten Unfähigkeit zu raschem Schreiben war sie entschlossen, während ihres Aufenthalts in New York ein Tagebuch zu führen. Sie räumte die Kaffeetassen und Frühstücksteller vom einzigen Tisch des Studioappartements und verwandelte ihn so in einen provisorischen Schreibtisch. Dann schlug sie ihr Notizbuch auf und vermerkte gewissenhaft oben auf der Seite das Datum. Sie schaute durch das Fenster im fünften Stock auf die Ziegelwand gegenüber, um ihre Gedanken zu sammeln und die seltsamen Gefühle zu beschreiben, die sie gestern abend beim Halten meiner Hand im Krankenhaus verspürt hatte. Fast eine Stunde lang verlor sich ihr Blick in dem engen Lichtschacht zwischen den Ziegelsteinen. Die Gedanken, die sie mit Worten einzufangen hoffte, entflohen immer wieder, und da sie sich nicht im Notizbuch einfangen ließen, wollte sie sie in einem Brief niederlegen. Sie brauchte eine freundliche Leserin als Hilfe, einen warmen Atem auf der anderen Seite, aber kaum hatte sie die Fakten aufgezählt, stockte sie bereits vor den verdächtigen Folgerungen.

Sie hatte keinen Beweis für die Annahme, daß ich trotz des äußeren Anscheins noch am Leben war, daß ich denken und alles mitanhören konnte. Daß die Diabetes nur erklärte, *wie* ich in Bewußtlosigkeit verfallen war, aber nicht *warum*, und daß mich die medizinische Wissenschaft allein nicht wieder ins Leben zurückrufen konnte. Sie fand keine vernünftige Erklärung für ihre Ahnungen und wußte nicht, wie ich auf andere als die ärztliche Weise aus dem Koma zu holen war. Aus all diesen Gründen blieb der Brief unbeendet. Gina fand keinen Ausweg aus ihrer Schreibblockade, und da sie sich gerade entschlossen hatte, sich an das Rationale, das leicht Erklärbare zu halten, hielt sie ihre tränenden Augen und die Halsschmerzen für den Beginn einer Erkältung.

Nach meiner Theorie ist eine Erkältung nie ein rein körperliches Phänomen. Ich hatte mich in den letzten beiden Jahren oft erkältet und viel Gelegenheiten gehabt, die Symptome und Wirkungen zu studieren. Schließlich war ich — bei allem Zögern der gewohnheitsmäßigen Skeptikerin — zu dem Schluß gekommen, daß eine Erkältung ein geistiges Leiden war. Darin bestärkte mich die bemerkenswerte Ähnlichkeit zwischen dem Weinen und einer »Erkältung«: der geschwollene Hals, die heisere Stimme, die Dumpfheit im Schädel, die schmerzenden Nebenhöhlen. Und welcher Körperteil wurde bei einer Erkältung am meisten beansprucht? Der Tränen-Nasengang natürlich. Mit den brennenden roten und wässrigen Augen setzte eine Kettenreaktion ein. Die Tränendrüsen klärten die ständig feuchten Augen, zogen das Salzwasser nach innen ab, sandten Hitzewellen durch die Kehle und ließen sie anschwellen. Eine Erkältung ist wie ein Weinen nach innen, ein seelischer Kummer, der sich den Sinnen bemerkbar machen will, ein kleines physisches *Mantra,* das der Körper vollbringt, indem er eine Bitte durch die Nervenbahnen zum Gehirn leitet. Die Symptome entstehen also nicht aus einer Infektion im Kopf, sondern aus einem Schmerz im Herzen. Aber dennoch durchstöberte Gina den Arzneischrank und nahm zwei Tabletten, denn sie hatte eine Menge zu erledigen in den drei Stunden, die ihr vor dem Gang ins St. Vincent blieben. Sie zog meinen Terminkalender aus der vollgepackten Aktenmappe und machte sich an die Arbeit, die Larry schon am Freitag begonnen hatte: Sie sagte meine Verabredungen für die kommende Woche ab. Larry hatte eine Liste der Namen und Telefonnummern zusammengestellt, die unter den Tagen vom 23. bis 31. März verzeichnet waren. Sie füllten zwei ganze Seiten. Acht Essensverabredungen mit Redakteurinnen und potentiellen Verlegern mußten abgesagt werden, vier Einladungen an Kollegen zum Frühstück oder zur Happy Hour, ein seit sechs Monaten geplantes Treffen mit zwei langjährigen Freundinnen, von denen eine eigens aus Alaska nach New York angereist war. Zwei Vorstellungsgespräche an Universitäten, eine Verabredung mit einem Immobilienmakler aus Connecticut und ein Vortrag vor dreihundert Zuhörern, denen man leider nicht mehr rechtzeitig mitteilen konnte, daß die Referentin verstummt war.

Beim Blättern in meinem Terminkalender war Larry der große Unterschied zwischen meinem Leben in Ann Harbor und dem in Manhattan ins Auge gefallen. Die Seiten vor und nach der letzten Märzwoche waren blütenweiß bis auf Arzttermine, bis auf die zweimal in den Wochen fälligen Besuche im Familiencenter von Ann Harbor und die regelmäßigen erfrischenden Mittagessen mit Joan, der einzigen Freundin meines gesellschaftlichen Lebens. Im scharfen Gegensatz dazu waren meine Tage in New York randvoll

mit Verabredungen und Dinnerpartys, Telefonnummern und Bemerkungen darüber, was ich zu den einzelnen Treffs mitzubringen hatte. Das Koma setzte mich genau in der einen höchst ehrgeizig verplanten Woche außer Gefecht.
Larry sagte die Mehrzahl der Verabredungen ab und ließ die Liste bei Gina, um die übrigen Anrufe zu erledigen. Sie kannte die Namen der Redakteurinnen aus meinen Briefen und Anekdoten der letzten drei Jahre. Zwei Frauen auf der Liste kannte sie persönlich, alle anderen waren Fremde für sie. Da sie ihre Pflichten als meine Botschafterin an der Ostküste ernstnahm, überlegte sie, wie sie am taktvollsten zu Werke gehen sollte. Wie weit würde ich meine beruflichen Ansprechpartnerinnen wohl einweihen wollen? Würden diese New Yorkerinnen meinen Zusammenbruch als Zeichen von Schwäche und geringer Belastbarkeit ansehen? Würde es meinem Ansehen in den Redaktionen schaden, wenn ich als »die Journalistin im Koma« bekannt wurde? In Krisensituationen half sich Gina meistens mit einem Witz. Und deshalb probte sie schon: »Mary Kay ist heute leider verhindert. Sie befindet sich in einer intensiven Schreibblockierung.«
Gina fragte sich, ob meine beruflichen Freundinnen wohl anders angesprochen werden sollten als die Familienangehörigen, die ihre Anfälle von schwarzem Humor nicht nur geduldet, sondern sogar begrüßt hatten. Nach den ersten beiden Anrufen waren ihre Befürchtungen, auf kalte Zurückhaltung zu stoßen, ganz verflogen. Sie fand sich in einer Familie mitfühlender Frauen wieder, die trotz ihrer beruflichen Stellung nicht zurückhaltend auf die Nachricht von meinem Koma reagieren konnten.
»O mein Gott!« rief Ellen von der *Ms.*, der ich bereits reichlich Gelegenheit gegeben hatte, mir Mitgefühl zu erweisen. Zuerst durch meine Scheidung (»Ich werde wieder verspätet

liefern, Ellen. Ich bin die ganze Nacht aufgeblieben, aber ich komme mit dem Ding einfach nicht weiter. In meinem Kopf ist nichts als Schweizer Käse, und ich falle ständig in die riesigen Löcher . . .«). Dann während meiner nachfolgenden Armut (»Ach, Ellen! Gerade war jemand von der Elektrizitätsgesellschaft hier. Er soll mir den Strom abdrehen, wenn ich ihm keinen Scheck über vierundsechzig Dollar gebe. Das heißt, daß ich morgen einen ungedeckten Scheck an Kroger abschicken muß. Bitte, sag doch der Buchhaltung, sie soll mir so schnell wie möglich aus der Patsche helfen . . .«). Durch meine ständigen finanziellen Sorgen überzog ich die meisten Termine. Als ich Ellen im November 1981 mit meiner bisher aufreizendsten Entschuldigung anrief, glaubte ich schon, daß Maß ihres Verständnisses sei erschöpft, statt dessen trauerte sie mit mir: »O Mary Kay, mein herzliches Beileid. Mach dir um den Termin keine Sorgen — darum kümmere ich mich schon. Und ruf mich an, wenn du von der Beerdigung zurück bist!« Es war erstaunlich, daß ich nach drei Jahren, in denen ich ihr mit den trübseligen und erhabenen Ereignissen meines Lebens zur Last gefallen war, noch immer nicht das Maß ihrer Barmherzigkeit erschöpft hatte . . .

»Ich komme gleich rüber«, sagte sie an diesem Morgen zu Gina. »In welchem Zimmer liegt sie? Wie geht es Ihnen? Es hört sich so an, als ob Sie schrecklich erkältet sind. Haben Sie schon gegessen? Kann ich Sie zum Mittagessen einladen?«

Gina sollte noch ein dutzendmal zum Mittag- oder Abendessen eingeladen werden. In New York antwortet man auf jede tiefergehende Krise damit, daß man irgendwo einen Tisch reserviert und dort das Problem in aller Ausführlichkeit bespricht — am liebsten bei Wein und Lachs aus Neuschottland. Gina fühlte sich sofort zu Hause in der Manhattan-Familie, die mit ebensolchem Eifer wie unsere nächsten Verwandten aggressive Fürsorge betrieben. Sie konnte auch schon fast wie eine Einheimische sprechen, mit exaltierten Ausrufen und starker Hervorhebung einzelner Worte.

»O nein! Wie schrecklich!« stöhnte Julia und bat Gina, einen Augenblick am Apparat zu bleiben, damit sie eben ihre Zimmertür in der Redaktion *Working Woman* schließen könne. »Wie geht es ihr . . . Wie geht es den Kindern? Wissen sie es schon? Wie werden Sie und Larry denn damit fertig?« Gina erzählte ihr alles, auch daß sie am Morgen ein nervöses Flattern in Larrys Augen beobachtet hatte, wie die Nachwehen eines nächtlichen Alptraums. Julias Fragen zeigten, wie außerordentlich gut sie über alles informiert war, und diese Vertrautheit vermittelte Gina eine Ahnung von den Gründen, die mich so lange von einem Umzug an die Ostküste abgehalten hatten.

Als ich mich für eine journalistische Laufbahn in Manhatten entschied, hatte ich dort zunächst nach Freundschaften gesucht, weil ich aus leidvoller Erfahrung nicht mehr umziehen wollte, ohne vorher ein paar Sicherheitsnetze zu knüpfen. Freundschaften waren für meine Gesundheit ebenso wichtig wie Insulin oder Vitamin C — ohne sie schrumpfte mein Selbstvertrauen, und ich verlor die Orientierung.

Vor dem Umzug nach Manhatten führte ich also eine ausgedehnte Suche nach Seelenfreundinnen durch und fand zu meiner großen Erleichterung drei davon unter den Frauen, für die ich bereits arbeitete.

Beim Verlassen des Princeton Clubs nach unserem ersten Arbeitsessen fragte mich Julia: »Glaubst du, daß man als Frau seinen Geschäftspartnern zuviel von sich preisgibt?« Drei Stunden vorher hatten wir in der Vorhalle unsere Aktentaschen an der Garderobe abgegeben, um dem rätselhaften Gesetz zu genügen, in Männerclubs keine Geschäftsangelegenheiten zu besprechen. Absichtlich waren wir über die Inschrift an der Schwelle des Speisesaals gegangen, die man mit Bedacht aus dem Teppichboden herausgeschnitten hatte: »Wo einem keine Frau auf die Nerven fällt und die Bosheit draußen bleibt.« Ich stand vor diesem Motto bizarrer Feindseligkeit, mit dem man hier die neuen weiblichen Mitglieder begrüßte und trat mir ausführlich die Schuhe daran ab, bevor ich über den üppigen Teppich weiterging. Julia und ich hatten fast sofort damit begonnen, uns gegenseitig das Herz auszuschütten. Noch ehe man die Vorspeisen abräumte, war das Geschäftliche bereits erledigt, und wir hatten uns ergiebigeren Themen zugewandt. Wir tauschten unsere Ansichten über Familie, Ehe, Männer und Mutterschaft aus und sprachen natürlich über Sex und ob man schon bei der ersten Verabredung ... Als wir uns später draußen unter der Markise trennten, die Aktentaschen wieder unter dem Arm und den Lippenstift frisch aufgelegt, fühlten wir uns beide einen Augenblick lang peinlich berührt, als kämen wir gerade von einem intimen nachmittäglichen Rendezvous. Gaben berufstätige Frauen untereinander zuviel von sich preis? Hatten wir die vorgeschriebenen Grenzen für Gesprächsthemen im Princeton Club überschritten?

»Wahrscheinlich«, gab ich zu. »Und Gott sei Dank, oder?« Warum sollten wir der pathologischen, absonderlichen Bosheit des Mottos in der Halle nacheifern? Ich hielt die allgemein verbreitete Gewohnheit, das Geschäftliche vom Privaten, Gefühl von Verstand, Leidenschaft von Vernunft zu trennen, für einen Fehler. Aber in den Jahren, als ich mit Joan und ihrem Stab im Rechnungshof zusammenarbeitete, hatte ich auch erlebt, wie befriedigend es sein kann, das ganze Ich in den Job einzubringen. Als Joans Amtszeit beendet war, hatten alle vierzig Mitarbeiter Schwierigkeiten, sich innerlich von der Arbeit zu lösen.

Meine Freundin Cathryn, eine Psychologieprofessorin, hatte während ihrer letzten Stellungssuche beschlossen, »eine Frau mit einer Vita« zu werden – eine Frau also, die lebenswichtige, komplizierte Teile ihres Ichs nicht verleugnet, wenn sie ihr schaden können. Die Philosophie hatte ich übernommen, obwohl man mich auf meinem Arbeitsgebiet wiederholt darauf hingewiesen hatte, besser keine feministischen Standpunkte zu vertreten, weil das »unsere Leser im mittleren Westen vergraulen könnte.« Ein merkwürdiger Rat, da mein eigener Radikalismus doch erst in Indiana entstanden war. Alle Frauen, die ich kannte, fühlten sich von Küchenschürze und Apfelstrudel schon recht weit entfernt, mit oder ohne Genehmigung der Redaktionen überregionaler Magazine. Wenn ich einen Auftrag unter diesen Bedingungen annahm, kam es mir immer so vor, als könne ich nur mit halbem Herzen arbeiten.

Meine Überzeugung, daß berufstätige Frauen Vernunft und Leidenschaft in ihre Arbeit einbringen sollen und daß Emotionen im Beruf wie im Privatleben ebenso ehrenwert wie notwendig sind, führte dazu, daß Julia mir den Auftrag gegeben hatte, einen Artikel darüber zu schreiben. Das war einer der wenigen Termine, die ich im März 1984 eingehalten hatte, und Julia hatte gerade mit Befriedigung die Schlagzeile mit den zwei Aufreißern im Layout begutachtet:

Bin ich meiner Schwester Hüterin?

Im Büroleben gilt es als ausgemacht, daß man sich nicht in die persönlichen Probleme einer Kollegin einmischt. Aber was soll man tun, wenn man merkt, daß sie in echten Schwierigkeiten steckt?

Die Antwort auf die erste Frage war ein bedingungsloses Ja, auf die zweite »Alles Menschenmögliche!« Der Artikel nannte Beispiele für die unvorstellbaren Veränderungen, die Frauen bewirken können, wenn wir ihnen gestatten, mit Herz und Verstand an ihre Arbeit zu gehen, und als Gina am Montagvormittag anrief, war Julia gerade dabei, meine Kurzbiographie zu dem Artikel zu verfassen: »Mary Kay Blakely ist eine Autorin mit Wohnsitz in Ann Arbor, Michigan; Mutter zweier Söhne im Alter von zehn und acht Jahren. Gegenwärtig ist sie . . .«

». . . im St. Vincent's Hospital im Koma«, wiederholte Julia bedrückt, aber ohne eine Spur von Unglauben, als hätten ihre Insider-Kenntnisse sie gleichsam auf ein Koma vorbereitet. Meine Krise war tatsächlich so vorhersehbar gewesen, daß Julia jetzt die Fahnenabzüge auf ihrem Schreibtisch als eine Art achtseitiger Aufklärungsschrift ansah. Bevor Julia den Hörer auflegte, bot sie Gina an, sich mit ihr im Krankenhaus zu treffen und ein Gästezimmer für etwaige Verwandtenbesuche bereitzustellen. Außerdem lud sie Gina und Larry zum Abendessen ein, zu gebratener Lammkeule. Der starke Zusammenhalt unter den Kollegen war das Schönste am freiberuflichen Leben, und darauf zu verzichten, fiel mir am schwersten. Während meiner andauernden Debatten mit Gina, über eine feste Stellung, sagte ich immer, daß ich auf einen Luxus besonders ungern verzichten würde, auf den nämlich, nie für jemanden arbeiten zu müssen, vor dem ich keine Achtung hatte — jedenfalls nicht öfter als einmal. Gina saß drei Stunden lang am Telefon, rief an, wurde zurückgerufen, schrieb Privatnummern auf und versprach, »sofort zurückzurufen«, bis ihr bewußt wurde, daß ich offenbar in den zurückliegenden Jahren vom Luxus der Unabhängigkeit reichlich Gebrauch gemacht hatte, denn ich arbeitete offenkundig für Menschen, die ich liebte.

Das fürsorglichste Mitglied meiner Berufsfamilie war Phyllis, meine New Yorker Agentin und gute Fee. In den ersten drei Jahren meiner regelmäßigen Flüge nach Manhattan war ihr Gästezimmer in der Park Avenue mein Heim gewesen. Unsere geschäftlichen Sitzungen fanden oft im Nachthemd in ihrer Bibliothek bei einer Flasche besten Rotweins statt, die wir auf jeden Fall zu leeren beabsichtigten, ob es nun am nächsten Morgen ein kräftiges Frühstück gab oder nicht.

Ich weiß nicht mehr, wann zwischen Phyllis und mir die Grenze von Kollegin zu Freundin fiel, falls es überhaupt je eine gegeben hatte. Phyllis' Zuneigung wurde in ihren energischen Ratschlägen deutlich, die sie mir zur Scheidung, zu meinem geographischen Standort und meiner finanziellen Zukunft erteilte. Sie mochte mich, mochte meine Arbeiten, mochte Larry — und haßte dieses Koma. Keinesfalls würde sie mein plötzliches Verschwinden von der Bühne oder große Trauer zur Kenntnis nehmen.

Phyllis war auch die Erste, mit der Larry am Freitag aus der Notaufnahme Verbindung aufgenommen hatte. Er brauchte ihr seine Verzweiflung nicht zu verhehlen, sie kannte bereits den verletzlichen Menschen hinter der Nadelstreifen-Verkleidung. Ihr Gästezimmer war im letzten Jahr auch sein Heim gewesen, als wir die Einzelheiten seiner Versetzung nach New York besprachen. Sie hatte uns nach Larrys nächtlichen Alpträumen seiner plötzlichen Entlassung und nach meinen strapaziösen Nächten oft genug am Frühstückstisch erlebt in jener Woche, als wir in Manhattan unser Debüt als komisches Pärchen gaben.

Phyllis hatte uns auf diese Wohnung zu einer erschwinglichen Miete besorgt, und Larry wußte, daß sie ihm auch bei der Beschaffung bestmöglicher medizinischer Versorgung helfen würde. Tatsächlich nahm sie das unverzüglich in An-

griff, tätigte Anrufe, zog Einkünfte ein und lud ihn natürlich zum Abendessen ein.
Bevor Gina an diesem Vormittag ihre Pflichten als Vermittlerin abschloß, stimmte sie sich noch mit Phyllis ab. Ihr Tagebuch war inzwischen voll von dringenden Notizen und Botschaften, die Überlegungen zu ihrem Leben hatten einer detaillierten Dokumentation meines Daseins Platz gemacht. Wie bei Frank spiegelte auch ihr Tagebuch eine souveräne Verachtung von Form und Ordnung wider. Nachrichten aus verschiedenen Gebieten standen auf engstem Raum beieinander (»Röntgenaufnahmen im Mt. Sinai abgeben. Freitag zu Carrie – roten Chianti mitbringen!«)
Von den Kolleginnen und Freundinnen, zu denen Gina Kontakt aufgenommen hatte, war Phyllis als einzige auf ihren Anruf vorbereitet gewesen. Sie las ihr eine lange Reihe von Fragen vor, die Gina im Krankenhaus stellen sollte, und zwar täglich von neuem. Diesen Tips räumte Gina eine volle Seite in ihrem Tagebuch ein, unter der Überschrift »Phyllis' zwanzig Fragen«. Die hektische Art und Weise, in der meine Schwester das Diktat aufnahm, ähnelte der eines verrückten Dichters bei der Arbeit:

Insulin hält Glukose unter Kontrolle –
Ist es noch ein diabetisches Koma?
Wie erklärt man sich jetzt ihren Zustand?
Kann man medizinisch irgendwas tun, um sie herauszubringen?
Gehirnwellen Typ Alpha – wie eingestuft?
Gehirntätigkeit?
Motorische Bewegung?
Wenn wir die Ergebnisse des CATSCAN-SONOGRAMMS bekommen – wonach suchen wir dann eigentlich?
Wie viele verschiedene Medikamente werden verabreicht?

Welche?
Herztätigkeit?
Greenbaum sagte: »Normalerweise ist jetzt eine Änderung des Zustands zu erwarten.«
Warum doch keine Änderung?
Haben wir deutliche Anzeichen dafür, was normal verläuft?
Beatmungsapparat – ist sie noch angeschlossen?
Langes Angeschlossensein gefährlich. Wie lange noch?
Donnerstagabend – MK bekam keinen Sauerstoff.
Bedeutet das Gehirnschädigung?

Um ihren Schreck über die letzte Eintragung abzureagieren, lenkte Gina unvermittelt auf das Geschäftliche über. Sie hatte in meiner Aktentasche ein dickes Expreß-Paket mit Phyllis' Adresse gefunden. Es war bereits frankiert, offenbar hatte ich also die Absicht gehabt, es vor der Abreise aus Ann Arbor abzuschicken, dann aber aus irgendeinem Grunde darauf verzichtet. Sollte sie es heute abend mitbringen? Phyllis nahm an, daß es sich um das Material für die Konferenzen dieser Woche handelte, die aber inzwischen alle abgesagt waren. Trotzdem bat sie Gina, ihr das Paket unverzüglich durch Boten zuzustellen.
Tempo ist in New York das erste Gebot, Unentschlossenheit die größte Sünde. Die leichtlebigeren Mittelwestler empfinden diese Vorliebe für höchste Eile häufig als einschüchternd oder etwas verrückt, aber Gina paßte sich begeistert an. Sie begrüßte es, daß Phyllis zur Tagesordnung überging und offenbar meine Werke herumgehen lassen wollte, auch wenn die Autorin verhindert war.
Sie nahm das Material aus dem Umschlag, bewahrte die Briefmarken für mich auf und las Phyllis den Begleitbrief vor, ehe sie alles wieder für den Boten zusammenpackte. Angesichts meines kritischen Zustands fühlte sie sich be-

fugt zu dieser Spurensuche, die vielleicht Licht auf meine geistige Verfassung werfen konnte. Wie üblich war mein Geschäftsbrief an Phyllis in Form eines sechsseitigen halb im Stil freier Assoziation gehaltenen Selbstgesprächs abgefaßt. Es begann mit einer Antwort an eine Redakteurin, die einen Vorschlag von mir kritisch zerfetzt hatte. Es handelte sich um einen geplanten Artikel mit dem Titel: »Die Machenschaften hübscher Frauen.« Er sollte die scharfe, manchmal zerstörerische Wirkung behandeln, die ein attraktives Aussehen auf die Beziehung von Frauen untereinander hat. Die Redakteurin war »sehr interessiert« gewesen, hatte aber ein paar erhebliche Einwände gegen meine Sicht des Themas. In der Hauptsache folgenden: »Falls Miß Blakely den Auftrag zum Anlaß nehmen sollte, weitschweifig über Feminismus zu polemisieren oder ihn gar wohlwollend zu betrachten . . .« Meine Antwort war das Ergebnis lang aufgestauter wilder Gefühle.

21 März 1984

Liebe Phyllis,
ich habe den Brief von Miß X mehrere Male gelesen. Sie hat mir also die gelbe Karte gezeigt.
Ich kann verstehen, daß sie an »weitschweifigem Polemisieren« nicht interessiert ist. Mir geht es genauso. Weitschweifigkeit wäre mir ebenso peinlich wie Humorlosigkeit – ihre zweite Sorge. Beim Lesen ihres Briefs taucht ein altes Problem wieder auf: Während sie auf der einen Seite »eine klare Aussage und einen entschiedenen vertretenen Standpunkt« verlangt, fragt sie sich andererseits, ob diese Botschaft und dieser Standpunkt »bei unseren Leserinnen ankommen werden«. Ein paar Sätze später folgt die unvermeidliche Beschreibung der »Durchschnittsleserin« (90 Prozent sind verheiratet, 95 Prozent führen

einen Haushalt, 60 Prozent sind berufstätig). Diese verfluchten Statistiken, die angeblich die Interessen der Frau und die Grenzen ihres Verständnisses ermitteln!

Nein, nein, unter solchen Bedingungen kann ich nicht für Frauenzeitschriften schreiben (für die Leserinnen *allerdings schon, falls man sich nicht an diese engen Statistiken hält und eine rüde Zensur ausübt, die jede ehrliche Diskussion verhindert). Teile bitte Miß X folgendes mit:*

Miß Blakely ist nicht bereit, auf gut Glück zu schreiben. Ebensowenig ist sie bereit, ein bis in Einzelheiten gehendes Exposé vorzulegen — selbst wenn sie es täte, könnte sie nicht garantieren, sich daran zu halten. Bei Miß Blakely durchläuft ein Artikel mehrere Entwürfe, mehrere Ausarbeitungen und mehrmaliges Redigieren. Der fertige Artikel ist schließlich mit der ursprünglichen Idee nur noch entfernt verwandt. Sie ist nicht geneigt, ein Thema gründlich durchzubuchstabieren. Vielmehr springt sie im allgemeinen mit undamenhafter Hingabe auf eine Streitfrage an und setzt sich mit ihr auseinander, wo immer diese auftaucht. Das ist unvermeidlich — trotz aller guten Vorsätze, die Traum-Autorin aller Redakteure zu werden, ohne dabei exzentrisches Verhalten oder zuviel künstlerische Eigenwilligkeit an den Tag zu legen.

Außerdem ist es Miß Blakely völlig piepe, welche besonderen Kriterien ihre Leserinnen für den Konsum ihrer Artikel mitbringen. Für sie ist die Leserin eine Frau wie sie selbst, mit ähnlichen Interessen, Sorgen, Stimmungen, Kümmernissen und Freuden, und aus diesem Grund hört sie sich äußerst ungern an, was Redakteurinnen über sie denken. Ihr einziger Beweggrund, sich der Mühsal des Schreibens zu unterziehen, ist der Wunsch, ein Stück Wahrheit ans Licht zu heben. Diese Wahrheit bleibt sich aber immer gleich, ob man sie für die Hausfrauen der New York Times *oder die Hausfrauen der* Vogue *oder die Hausfrauen dieser Zeitschrift veröffentlicht.*

Miß Blakely ist es besonders schnuppe, ob jemand beim Lesen ihrer Artikel Make-up aufgelegt hat oder eine Strumpfhose trägt. Dagegen ist es in hohem Maße ihr Anliegen, ihr Thema so genau zu durchdenken, daß die zutage gebrachte kleine Wahrheit auch außerhalb der Seiten einer Zeitschrift Bestand hat. Sie möchte durch ihre Fähigkeit, kleine Lebenswahrheiten allgemeinverständlich herauszuarbeiten, möglichst viel Geld, Redakteurinnen und Ruhm für sich gewinnen.
Miß Blakely will sich nicht aufspielen, aber ihr Vorschlag lautet: Falls Miß X ihren Leserinnen eine Streitfrage, eine Krise oder einen Nachruf nahebringen will, möge sie überlegen, ob sich Miß Blakely dafür eignet. Dann möge sie Honorar, Länge und Ablieferungstermin mit deren Agentin besprechen. Darauf wird sich Miß Blakely mit Engagement an die Arbeit begeben, sich die Sache durch den Kopf gehen lassen, in ihrer Bibliothek wühlen, die Schreibmaschine bedrohlich bearbeiten und schließlich ihre persönliche Version des Themas so klar und einleuchtend darstellen, wie sie es vermag. Wenn aber Miß X bereits die Antwort auf Streitfrage/Krise/Nachruf weiß und darüber hinaus auch noch genau absieht, welche Wirkung bestimmte Informationen auf ihre Leserinnen haben werden, dann sollte sie den Artikel doch gleich selber schreiben!
Du kannst das für mich abklären, P., aber ich mußte mich mal ein bißchen »auskotzen«, wie Joan zu sagen pflegt. Vielleicht nehmen wir die »Machenschaften hübscher Frauen« lieber aus unserem Themenangebot. Ich glaube nicht, daß ich das Thema zur Zeit objektiv behandeln kann. Ich weiß ja kaum, warum ich so wütend bin. Seit ich diesmal aus dem Krankenhaus kam, fühle ich mich todelend und kann mich überhaupt nicht mehr auf meinen Körper verlassen.
Vorigen Freitag ist mir beim Mittagessen mit Jane schon wieder ein Backenzahn gesprungen. Der zweite in einer Woche! (Was zwei neue Kronen bedeutet, damit zwei weitere Rech-

nungen zu dem ständig wachsenden Stapel der bereits vorhandenen . . .) Die Ärzte meinten, es liege daran, daß ich beim Erwachen aus der Narkose so stark mit den Zähnen geknirscht hätte. In Zukunft muß ich zusehen, daß ich mit dem Streß auf andere Weise fertig werde als mit Zähneknirschen.
Aber lieber ab und zu mal ein plötzlicher Wutausbruch als dauernde Niedergeschlagenheit. Ich habe diese Woche Norman Cousins gelesen. Er empfiehlt, sich gesund zu lachen. Warum nicht? »Lachen ist genauso ehrenhaft wie Weinen«, sagte Vonnegut in Palm Sunday. *»Lachen und Weinen sind Reaktionen auf Enttäuschung und Erschöpfung, auf fruchtloses Denken und vergebliches Streben . . . Ich selber lache lieber, weil man sich hinterher nicht abzutrocknen braucht.« Aber ich lache im Augenblick nicht. Dazu müßte erst mal jemand etwas Ulkiges sagen.*
Anbei die von dir angeforderten Fotos und Manuskripte. Ich habe mir allerdings überlegt, daß wir »Lieber Papst« besser nicht anbieten sollten. Ein Angestellter in Alberts Kopiercenter hat den Artikel gelesen und mich gefragt: »Haben Sie diesen Brief tatsächlich abgeschickt?« Dabei hat er mich mit einer Mischung aus Ehrfurcht und Bedauern betrachtet, als ob mich gleich die Inquisition als Ketzer verurteilen würde. Vielleicht ist das Manuskript — wie der größte Teil dieses Briefs — aus einem Wutanfall heraus entstanden.
Zusätzlich findest Du Joans letzte Kolumne aus den Ann Arbor News. *Sie schrieb sie, nachdem sie mich im Krankenhaus besucht hatte — sie handelt von dem Schlauch und von sonderbaren Krankheiten, doch hauptsächlich erzählt sie die Geschichte unserer Freundschaft. Als ich sie las, mußte ich weinen. Immer, wenn jemand nett zu mir ist oder etwas Nettes über mich sagt, muß ich jetzt weinen. Sie erwähnt auch, daß Kay und Jerry ihre Florida-Reise aufgeschoben hatten, als ich ins Krankenhaus kam, weil sie erst die endgültige Diagnose*

abwarten wollten. Aber ich habe sie schließlich davon überzeugt, daß sie sich bei warmem Wetter ebensogut Sorgen machen können wie bei Eis und Schnee,
Außerdem: Dein Buchhalter muß auf einen Anruf meiner Bank gefaßt sein. Es wäre eine Probe kreativer Buchführung, wenn es ihm gelänge, mich als kreditwürdig hinzustellen. Und ich muß ein neues Auto kaufen. Was mit dem alten passiert ist? Auf dem Interstate Highway 94 suchte sich ein kleiner sportlicher roter Le Car ausgerechnet meinen Mazda aus, um ihn wie der Teufel anzufahren. Warum, weiß ich nicht. Vielleicht weil es der erste Tag des Jahres 1984 war, an dem mir noch kein anderes Mißgeschick zugestoßen war.
Wie durch ein Wunder blieb ich unverletzt — ich hatte den Gurt angelegt. Ich schaute durch die Windschutzscheibe auf die Leitplanken, auf die mein Wagen unwiderruflich über die eisige Straße zuschlitterte, doch der Film meines Lebens ist dabei nicht vor meinen Augen abgelaufen. »In tödlicher Gefahr«, schrieb Peter Benchley einmal, »fährt die Maschinerie des menschlichen Geistes zuweilen eine Wünschelrute aus.« Die Wünschelrute, die mein Geist ausfuhr, hörte sich so an: »Jetzt ist es so weit. Hoffentlich spritzt du nicht den ganzen Kaffee über dich.« Wenn der Tod an die Tür klopft, meldet sich die Eitelkeit. — Ich muß mir also ein neues Auto kaufen. Das eigentlich Tragische daran ist, daß ich nun wieder von einem geldgierigen Gebrauchtwagenhändler zum anderen pilgern werde. Und die Kinder waren auch traurig über den Verlust unseres kleinen Mazda, den sie »Miß Maz« getauft hatten.
Morgen steige ich, samt Schlauch und allem, ins Flugzeug, um zehn herrliche Tage mit L. zu verbringen und gemeinsam Zukunftspläne zu schmieden. Nur noch drei Monate mit diesem verrückten Hin und Her zwischen meinen beiden lebenswichtigen Orten!
Falls es mir je gelingen sollte, alles was mir Glück bedeutet —

meine Kinder, meine Liebe, meine Arbeit —, an einem Ort zusammenzubringen, werde ich eine unwahrscheinlich zufriedene, gemütliche, fette kleine Artikelschreiberin werden.
Bis morgen, meine Süße.

In Liebe
MK

Die Gespräche mit meinen Redakteurinnen mochten bei Gina den Eindruck erweckt haben, daß meine Zukunft in New York außerordentlich verheißungsvoll aussah, aber der Brief an Phyllis enthüllte ihr, daß meine Schreiberei offenbar auf den nächsten Ärger zusteuerte. Jedesmal, wenn ich einverstanden gewesen war, einen Artikel innerhalb der engen Grenzen schreiben würde, die man als »für unsere Leserinnen annehmbar« ansah, hatte ich mich geschämt, und Gina wußte das. War wieder einmal ein Manuskript auf diese Weise verstümmelt worden, flehte ich sie immer an: »Versprich mir, daß du die Zeitschrift, in der das erscheint, nicht kaufst! Ich mußte meinen Namen verramschen — ich brauchte die Hühnereier.« Im allgemeinen hielt sich Gina an das Versprechen. Dafür verbrachte sie dann jeden Monat eine Stunde bei Kroger, um in den Zeitschriften zu blättern. Obwohl sie wie ich äußerst gewissenhaft nach dem richtigen Wort suchte, teilte sie selten mein hartes Urteil. »Es tut mir leid, daß man den Teil gestrichen hat, den du mir am Telefon vorgelesen hast«, sagte sie etwa, wenn sie mich nach ihrer Lesestunde bei Kroger anrief, »aber trotzdem höre ich dich aus jeder Zeile heraus.«
Ich hatte Gina meine traumatischen Erfahrungen beim Schreiben so ausgiebig geschildert, daß sich selbst ein fanatischer Bibliophiler gelangweilt hätte. Daher vermutete sie nun, daß diese Kümmernisse zu meinem jetzigen Verstummen beigetragen hätten. Das Studium meines Terminkalen-

ders für die letzte Märzwoche, in der ich mit Sicherheit weitere Verträge unterzeichnet hätte, überzeugte sie endgültig, daß meine Beschämung, angesichts meiner schriftstellerischen Verbrechen für mein plötzliches Stillschweigen verantwortlich war.

Sie wußte auch, daß ich bereits eine Erkältung als ein *Mantra* betrachtete, mit dem der Körper dem Geist einen dringenden Wunsch signalisierte, und sie fragte sich, welche gigantische Botschaft nun das Koma wohl darstellte. Schaudernd erkannte sie, daß sich die kleinen Leiden der vergangenen zwei Jahre zu einer gespenstischen Wolke der Depression verdichtet hatten. So kam sie zu Einsichten darüber, wer oder was zu der verhängnisvollen Verzweiflungsstimmung beigetragen hatte, und aus welchem Grund.

Vergangene Woche hatte sie am Telefon heftige Einwände gegen meinen Entschluß erhoben, die freiberufliche Tätigkeit aufzugeben. »In irgendeinem deiner Leben, MK«, hatte sie gesagt, »mußt du das Verlangen gehabt haben, Journalistin zu werden. Vielleicht eine wirklich gute. Nach allem, was ich von dir lese, muß ich annehmen, daß du dieses Verlangen immer noch hast. Ich kann einfach nicht glauben, daß du das jetzt alles aufgibst — du kannst es höchsens auf später verschieben. Aber das würde ja nur bedeuten, daß du deinen jetzigen Entschluß später wieder rückgängig machen mußt.«

Das hatte sie vor einer Woche noch leidenschaftlich verfochten, aber als sie sich an diesem Nachmittag an mein Bett setzte und meine Hand nahm, war ihre Überzeugung beträchtlich ins Wanken geraten. Bei unserer einseitigen Unterhaltung im Krankenhaus bat sie um Nachsicht und riet mir, meinen eigenen Weg zu seelischem Frieden zu suchen.

»Okay«, sagte sie, und ihre Stimme klang heiser, als ob sie

geweint hätte. »Du mußt ja nicht freiberufliche Journalistin bleiben. Ich kann überhaupt nicht beurteilen, welcher Beruf gut für dich ist. Hauptsache, du kommst zurück. Komm erst mal zurück! Dann können wir immer noch herausfinden, wer du eigentlich bist.«

6. KAPITEL

Das Rätsel der Verantwortung

Die ganze Nacht hindurch erfüllten lebhafte Träume meinen Schlaf. Daß es Nacht war, schloß ich aus den gedämpften Stimmen, die von Zeit zu Zeit in meine Zelle drangen, aber sicher war ich mir nicht. In der seltsam trüben Atmosphäre, in der ich schwebte, war die Zeit aus den Fugen geraten und ungewiß geworden. Die Tage kamen und gingen ohne die vertrauten Erkennungsmelodien des Weckers und der Abendnachrichten, ohne jede Aktion von meiner Seite, abgesehen von dem Bemühen zu denken.

Bestimmt war es ein Denken ohne feste Regeln, und es schienen nicht einmal ausschließlich meine Gedanken zu sein. Ich war mir gar nicht sicher, ob ich schlief oder wachte. Mir kam es vor, als machte ich beides zugleich. Die Stimmen und Geräusche von echten Menschen und Tätigkeiten verschmolzen unvermittelt mit den bizarren Handlungen und Personen meiner surrealistischen Träume. Es war, als hätte mein Geist ein Loch und vermischte Tatsachen und Phantasien, bis die Wirklichkeit so unzuverlässig wurde wie die zerrinnenden Uhren von Dali.

Wie gern hätte ich die Handballen an die Schläfen gedrückt, um meinen Schädel fest in den Griff zu bekommen! Aber selbst diese kleine körperliche Erleichterung war mir nicht vergönnt, weil Handschellen aus Stoff mich an die Eisengitter fesselten. Ich bildete mir ein, daß die Fesselung Bestandteil der Strafe war für ein Vergehen an der Frau mit den hellen Lichtern. Was immer ich getan haben mochte, jedenfalls hatte sie daraufhin die Wache gerufen. Vielleicht hatte meine Kerkerhaft auch etwas mit den Kindern zu tun, vielleicht auch mit etwas, das ich geschrieben hatte. Oder mit dem Autounfall, von dem ich träumte ... ich vergaß es immer wieder.

Das Umerziehungsprogramm in diesem merkwürdigen Gefängnis zielte offenbar darauf, die Insassen von ihrer Vergeßlichkeit zu heilen. Wir wurden gezwungen, uns an alles zu erinnern, was wir je gesagt oder getan hatten, immer und immer wieder dieselben Träume zu sehen, bis wir sie auswendig konnten. Dieser erbarmungslose Drill nahm kein Ende bis auf ein oder zwei kurze Erholungspausen in der Nacht, wenn die Leinwandbilder ineinander verschmolzen oder ganz aufhörten. Auch dann mußten allerdings die Gefangenen an ihren Plätzen bleiben und weiter auf die leere Leinwand starren, bis die Wachtposten erschienen und den Film gewissermaßen neu einlegten.

Sie kamen alle paar Stunden und überprüften die Schläuche in meinem Mund und in den Armen. Dann stachen sie mir immer in den Oberschenkel, damit ich wach blieb und sie die Träume wieder anlaufen lassen konnten. Meine Bewacher waren abwechselnd freundlich und strafend. Sie wandten die gleiche Methode an wie Schwester Theresa, als wir noch im zweiten Schuljahr waren und sie uns unauslöschlich das kleine Einmaleins und den Baltimore-Katechismus eintrichtern wollte. Damals erschien es uns brutal, aber dafür kann ich noch heute im Kopf mit sieben multiplizieren und weiß die Antworten zu »Wer ist Gott?« und »Warum liebt er uns?«, ohne lange zu überlegen.

Eine Zeitlang wurden Besucher in meine Zelle gelassen, aber es kam zu keinem richtigen Gespräch, weil man nie die hinderlichen Schläuche und Handfesseln entfernte. Auch in Anwesenheit von Gästen gingen jedoch die Träume in meinem Kopf weiter. Als Gina nur ihre Geschichten und die Musik mitbrachte, konnte ich nur mit halbem Ohr hinhören. Das war zwar unhöflich, aber ich war verzweifelt bemüht, meine Aufträge zu erfüllen, und ich war überzeugt, daß meine Freilassung aus dem lähmenden Gefängnis davon abhing. Ich mußte imstande sein, mich an meine Träume zu erinnern und sie bei der Abschlußprüfung fehlerfrei aufsagen. Wozu sonst sollte dieser Intensivkurs gut sein?

Leider konnte ich mich schlecht konzentrieren. Ich lernte mein Leben auswendig, aber ohne jede Begeisterung für den Stoff. Ich mußte zwar genau wissen, was jede Person gesagt und gefühlt hatte, brauchte aber deren Gefühle immerhin nicht nachzuempfinden. Das war angesichts meiner beschränkten Fähigkeiten ein Glück! Da also meine persönliche Ansicht beim Schlußexamen keine Bedeutung hatte, konzentrierte ich mich allein auf das Auswendiglernen der Fakten meines Lebens.

Aus diesem Abstand sah ich mich vielleicht zum fünften oder sechsten Mal, wie ich mich von meinen Kindern in Ann Arbor verabschiedete – nach den Pizzas im »Brown Jug« und einigen Videospielen im »Crosseyed Moose«.

Meine Nachbarin Marie winkt von der Veranda. Sie hält die Haustür auf, trotz des kräftigen, kalten Windes. Ihre dreijährige Tochter kriecht von hinten an sie heran und steckt die Händchen in die Taschen ihrer Jeans. Das muß kitzeln, denn Marie fängt an zu lachen, und die winzige Angreiferin fällt sofort kichernd ein. Von dem kleinen Mädchen sind nur Unterarme und Kopf sichtbar. Letzterer scheint seitlich aus der mütterlichen Hüfte zu wachsen. Die beiden sehen aus wie ein vierarmiges, zweiköpfiges, blöde kicherndes fremdes Wesen, das einen Schluckauf hat. Hinten im Wagen sitzen Ryan und Darren und lachen laut.

Die beiden Jungen blieben lieber bei Marie, als mit uns zum Flugplatz zu fahren. Sie zogen in diesen Tagen das lebhafte Miteinander im Haus der Nachbarin den schweigenden Erwachsenen im Auto vor, aber sie hüteten sich, das laut zu sagen. Wie die meisten Scheidungskinder reagierten Ryan und Darren höchst feinfühlig auf die Emotionen ihrer Eltern. Sobald einer von uns ohne ersichtlichen Grund in übellauniges Schweigen versank, machten sie sich Gedanken. Bedauerlicherweise konnte es überall geschehen, daß plötzlich Funkstille eintraf — in der Schlange vor der Supermarktkasse, im Wartezimmer des Arztes, selbst am Rand des Fußballplatzes bei einer besonders sehenswerten Torwartparade. Aber mit Sicherheit würden die Eltern auf der Fahrt zum Flugplatz vor sich hin schweigen.
Die Atmosphäre im Wagen wurde noch unangenehmer durch die Abwesenheit der Kinder, aber schließlich war es nicht eigentlich ihre Aufgabe, die Stimmung der Eltern zu heben, sondern vielmehr selbst möglichst glücklich und zufrieden zu sein. Das war unter den damaligen Umständen für sie schwerer geworden, als sie sich vorgestellt hatten.

Als ich an den Bürgersteig trete, kann ich Maries jubelndes Winken nicht erwidern. Ich brauche beide Hände, um die Wagentür aufzuhalten und die leichte Strickjacke bei dem Wind an mich zu drücken. In Michigan ist ein Wetter zum Parka-Tragen, und ich bin angezogen wie zum Golfspiel in Palm Springs.

Mein Wintermantel . . . ja, ich erinnerte mich. Er war in Joans Gästeschrank in Fort Wayne geblieben, hundertvierzig Meilen entfernt. »Wie konntest du nur deinen Mantel vergessen?« hatte sie mich gefragt, als ich ohne ihn in Ann Arbor ankam. »Menschenskind, es ist Februar!« In meiner wachsenden Vergeßlichkeit der letzten Monate war mir nicht mehr bewußt gewesen, daß Winter ziemlich kalt sein können. Außerdem war mein Körper schon so lange erstarrt, daß mir Frostbeulen normal erschienen.

Darren kommt aus den Rücksitzen hervor und umarmt mich zum Abschied. Die Mutter, die ich immer noch spiele, drückt so gern den Mund in das Haar des Jungen, eine Gewohnheit, die in seiner Babyzeit begann. Plötzlich wechselt die Szene, es geht zehn Jahre zurück, und ich fahre mit den Lippen über Ryans flaumbedeckten Kopf, auf der Suche nach der viereckigen weichen Stelle am Scheitel.

Wir kommen aus dem Krankenhaus und sind auf dem Heimweg, im behaglichen kamelfarbenen Inneren unseres rassigen grünen MG, den wir uns im Sommer 1970 in England zur Hochzeit gekauft haben. Hinter dem Lenkrad wirft Howie einen Blick auf uns und lächelt begeistert. Sein Vergnügen ist so gewaltig, daß ich Angst habe, er könne von der Straße abkommen, vielleicht sogar ganz vom Boden abheben. Er ist ein Mann voll Gemüt. Wenn der Säugling nur zwei Finger um den Knöchel seines Vaters legt, muß er lachen, bis ihm vor Rührung die Tränen kommen. Für Howie ist dieser Sohn das fabelhafteste Geschenk, das wir einander gemacht haben. Für mich übrigens auch.

Im weichen Flaum des ersten Babyhaars finde ich mit den Lippen die zarte, weiche Stelle, unter der ich den Beat, den Beat, den Beat spüre. Es erregt mich, die pulsierende Haut mit dem Mund zu berühren. Es ist, als küßte ich sein Herz. Genußvoll schlürfe ich den berauschenden Duft des drei Tage alten Ryan Blakely. Irgend etwas löst sich in mir. Ich hätte nie erwartet, daß Glück — das schlichte Glück eines Sterblichen — so groß sein könnte.

Der Schlauch in meinem Mund verursacht einen gequetschten gurgelnden Laut. Es hörte sich an wie das Räuspern eines rücksichtslosen Kinobesuchers während einer intimen Szene auf der Leinwand. Ich schluckte schwer und versuchte den Schlauch mit schwacher Zunge herauszuschieben, denn ich hatte panische Angst, er würde die letzte Erinnerung an dieses Glücksgefühl aus meiner Brust absaugen. Es war seinerzeit fast unmöglich, noch einmal die wahnsinnige, überwältigende Freude zu spüren wie vor zehn Jahren. 1984 drang das Leben nicht mehr so hautnah aus den Köpfen der Kinder, die zarten Stellen ihrer Scheitel waren zu kalkhaltigen Schädelknochen geworden, und es fiel mir nicht mehr so leicht, mich daran sattzuküssen.
Manchmal im Auto oder vor dem Fernseher streichelte ich über ihre Köpfe und bildete mir ein, ich spürte noch den alten Beat darunter. Aber dieses Vergnügen war nur noch selten erlaubt, ihre Köpfe wurden mehr und mehr zu verbotenem Terrain, zu dem auch Eltern nur begrenzten Zugang hatten. Zu Hause ließen sie es zwar noch zu, daß ich sie unaufhörlich streichelte, aber in der Öffentlichkeit widersetzten sie sich diesen Äußerungen aufdringlicher Mutterliebe.

»Bye, Mom«, sagt Darren und befreit sich aus meiner Umarmung, obwohl ich ihn für die bevorstehende zehntägige Enthaltsamkeit noch gar nicht lange genug in den Armen gehabt habe. »Gute Reise«, sagt er lächelnd, aber irgendwie resigniert, als wüßte er, daß es keine gute Reise wird. Gestern abend war mein Flugzeug in seiner Phantasie in eine Art Zwielichtzone geflogen, »aus der du nie zurückkehrst«. Von dieser gespensti-

schen Vorahnung erwähnt er heute nichts, aber ich merke ihm deutlich an, daß ihm dieser oder ein ähnlicher Gedanke durch den Kopf geht. Einen Augenblick bleibt er noch auf dem Bürgersteig stehen, schaut nach unten, balanciert auf einer Fußspitze und überlegt, was er noch sagen soll. Schließlich entscheidet er sich für sein Allzweckgebet in den kleinen Notfällen seines Lebens. Es ist eine Botschaft von einem kleinen Papierstreifen in einem Glückskeks. Mit sechs Jahren hatte er sie empfangen, und für ihn besitzt sie noch immer große Macht. »Harte Arbeit erhält ihren Lohn«, sagte er.

Ich hatte mit den Kindern eine große Schau aus diesen Glückskeksen gemacht. Es war vor zwei Jahren gewesen, kurz vor dem Umzug nach Ann Arbor, und ich war mit ihnen zum Abendessen ausgegangen. Ich hatte in dieser Woche die Papiere für den Verkauf des Hauses in Fort Wayne unterzeichnet, und wir ließen alle ein wenig den Kopf hängen, weil wir nun das Regenbogen-Zimmer im Stich lassen mußten. Die Kinder bemühten sich tapfer, über den drohenden Umzug hinwegzukommen. Sie freuten sich über den nun wieder täglichen Umgang mit ihrem Vater, waren aber traurig über den Verlust ihrer bisherigen Freunde. Wahrscheinlich fühlte ich mich schuldig, weil ich ihre Entwicklung in den wichtigsten Jahren durch die Scheidung erschwert hatte. Deshalb gab ich großartige Versprechen ab: Wir würden oft mit Dad im Restaurant zu Abend essen, ich würde ihnen für ihre Zimmer farbenprächtige Zirkuszelte nähen und Extrabetten für über Nacht bleibende Gäste bereithalten. So gaukelte ich ihnen ein Leben in vollkommener Harmonie vor, eine Vision, die ich ihnen nur so lange ausmalen konnte, wie ich nicht an die niederdrückenden Berichte in meinem Schnellhefter dachte.
Man wollte das Restaurant schon schließen. Trotz der spä-

ten Stunde und des leisen Dröhnens eines immer näherkommenden Staubsaugers entzündete ich noch einmal den Docht des mit Fliegendraht umfüllten Kerzenstummels auf unserem Tisch an und hob feierlich den Teller mit den Glückskeksen. Mein jüngster Sohn hatte noch keine Erstkommunion oder Konformation erlebt, hatte wohl sein erstes religiöses Erlebnis damals in Fort Wayne unter den forschenden Blicken des Putzfrauengeschwaders in einem chinesischen Restaurant. Er glaubte, die wunderbarerweise in dem knusprigen braunen Backwerk verborgene Botschaft würde bedeuten, daß er immer Glück haben sollte. Also glaubte er an harte Arbeit und an den versprochenen Beruhigungs-*Mantra* vor Mathearbeiten oder vor der bangen Frage, ob er beim Tagesausflug einen Freund finden würde.

Die Botschaft in meinem Keks an diesem Abend hatte gelautet »Du liebst Frieden.« Ich erinnerte mich, daß ich das Datum darauf notierte und den Zettel in mein Tagebuch klebte. Mit gemischten Gefühlen, denn ich liebte zwar Frieden, aber der Glücksstreifen erschien mir sinnlos ohne die Angabe, wo ich den Frieden finden konnte. Auch mich schreckte der Umzug nach Ann Arbor. Ich hatte mich noch kaum von den bitteren Feindseligkeiten erholt, die die Scheidung ausgelöst hatte.

Während ich also den Frieden liebte und seine Abwesenheit beklagte, arbeitet Darren hart dafür. Sogar sein Halloween-Kostüm im letzten Jahr wurde zu einer Art politischer Erklärung gegen Aggression. Er schnitt sich ein großes Dreieck aus Karton zurecht, malte es gelb an und wurde damit ein wandelndes Vorfahrtsschild. Howie und ich hatten keine Ahnung, was ihn auf die Idee gebracht hatte, denn wir hatten seinerzeit viele blinde Flecken im Auge.

»Was ist das für ein Kind, das sich als Vorfahrtsschild kostümiert?« fragte Howie und sah zu, wie Darren sich vorsichtig zu einer ungebärdigen Horde von Minipiraten und buckligen Kobolden gesellte, die lärmend durch die Straßen zog. Vor den beleuchteten Veranden hielt er immer als letzter seinen Beutel hin, und das war ein glücklicher Einfall! Er hatte wohl zufällig bemerkt, daß er auf diese Weise nicht nur seinen Anteil, sondern auch noch die Rationen einsammeln konnte, die Nachbarn zusätzlich zur Tür brachten. Seine temperamentvollen Kumpane hatten es eilig, das Bereitgestellte einzuheimsen, und Darren mußte warten, bis etwa der pensionierte Lehrer aus der Straße mehr heranschleppte, aber seine Geduld wurde durch doppelt so große Portionen belohnt. So war der Letzte der Erste geworden, und als sein älterer Bruder die Ausbeute des Jüngeren betrachtete und listig vorschlug, die Schätze zusammenzuwerfen, gab Darren achselzuckend nach — wie gewonnen, so zerronnen. Diese magische Mischung von Geduld und Großmut erzeugt ein magnetisches Kraftfeld um gewisse Menschen. Für Darren wurde sie zum Fluch, denn sie störte seinen geliebten Frieden. Seine starke Anziehungskraft schuf ihm Freunde mit manischem Besitzerdrang. Es war noch nicht mal fünf, als er schon häufig im Mittelpunkt heißer Streitereien stand, bei denen es um die Sitzordnung im Vorschulbus ging.

Einmal stoppte ich an einer roten Ampel und drehte mich um. Ich wollte die lärmenden Kinder auf dem Rücksitz meines Wagens zur Ordnung rufen. Die Worte blieben mir im Halse stecken, als ich sah, daß zwei rivalisierende Freunde Darren fest gepackt hatten und ihn hin und her zerrten. »Mom!« rief er laut. »Ich kann nichts dafür! Ich will ja gar nichts von ihnen — sie wollen was von mir!« Mit seinen weitaufgerissenen Augen wirkte er trotz aller Beliebtheit sehr verletzlich. Ich kannte das Gefühl.

Der Wind bläst kalt durch meine Strickjacke. Gespannt steht Darren auf dem Bürgersteig und wartet, daß ich ihn gehen lasse. Ich vermute, daß sein Glückskeksgebet eine ernstgemeinte Anstrengung ist, der Zwielichtzone Trotz zu bieten. In dem sehr weltlichen Katechismus dieses Jungen ist Hilflosigkeit die größte Sünde, harte Arbeit das Mittel gegen Verzweiflung und Friede der Lohn. Er überbringt seine Botschaft mit so viel Herz, daß ein Gefühl großer Dankbarkeit in mir aufwallt. Ich nehme an, jede Mutter sieht in den Gesichtern ihrer Kinder etwas Glückverheißendes, und so ist es auch bei mir. Ein angenehmer Kitzel steigt mir in die Kehle, und ich bin so freudig erregt, daß mir schwindlig wird.

Diese erhebliche Dankbarkeit war wohl das mir entsprechende Maß an göttlicher Ekstase. Ich habe nie so heftige Stöße erlitten wie bestimmte auserwählte Angehörige meiner Familie, aber die Ehrfurcht, die mir die Betrachtung meiner Kinder regelmäßig einflößt, genügt mir vollauf. Es war klar, daß Darren den tröstenden Glauben an sein Glück mit mir teilen wollte, und ich gab sofort nach.

»Okay«, verspricht ihm die Mutter, »ich werde sehr hart arbeiten. Du auch, ja?« Darren nickt energisch, umarmt mich noch einmal und steuert dann zufrieden auf die Veranda zu, auf der ihn das kichernde fremde Wesen und fröhlichere Gespräche erwarten. Nun hüpft Ryan auf den Bürgersteig, und es ist sofort klar, daß es nicht zu einem längeren Kuß auf seinen Scheitel kommen wird. Die unvermeidliche blaue Baseballmütze sitzt ihm fest auf dem Schädel.
»Bye, Mom ... Bis nachher, Dad«, sagt er ruhig. Seine wohlabgewogenen, raschen Worte benachteiligen keinen. Das ernste, sorgfältig formulierte Lebewohl zeigt mir wieder einmal, was für eine erstaunliche Veränderung mit ihm vorgegangen ist.

Die Selbstvergessenheit seiner langen Kindheit ist im Feuer der Scheidung zerschmolzen. Auf einmal sind kleine Einzelheiten für ihn von Wichtigkeit. Wenn er nicht vergißt, sein Geschirr abzuräumen, wenn er seine Stimmung der eines eintreffenden Vaters anpaßt und zugleich der abreisenden Mutter ebensoviel Zuneigung bezeugt, verhindert er drohende Wolkenbrüche und tränenreiche Zorntiraden. Er meint, das Familienklima regeln zu können, indem er selbst kühle Ruhe bewahrt. Vor meinen Augen vollzieht sich die Verwandlung eines sorgenlosen kleinen Jungen in einen beherrschten, pflichtbewußten Sohn. Diese Entwicklung ist so verblüffend wie die Entdeckung vor zehn Jahren, als er noch klein war und sich plötzlich an der Leiste des Kaffeetisches hochzog. Schwankend stand er da auf seinen Beinen und hatte die Babyzeit hinter sich gelassen.

Ich hatte ihn lachend aufgefangen, als er mir am Ende seines ersten Alleingangs in die Arme torkelte. Dabei stieg mir ein dicker Kloß in die Kehle, was im kommenden Jahrzehnt noch häufig vorkommen sollte. Eigentlich hätte ich also allmählich gelernt haben können, mit diesen ständig wiederkehrenden Anfällen unbeherrschter Rührung fertig zu werden. Aber selbst wenn ich sie im voraus ahnte, nahmen sie mir auch weiterhin den Atem.
Als Ryan mir so gemessen auf dem Gehsteig von Maries Haus Lebewohl sagte, verlor sich mein Abstand zu dieser Mutter auf der Leinwand, und ein steinharter Kloß preßte sich gegen den Schlauch in meiner Kehle. Ryan hatte erst nach einiger Verzögerung seine Kindheit abgestreift, und der Grund dieses Aufschubs lag weniger in der Ablehnung von Verantwortung als seiner tiefen Verwurzelung mit dem Kindsein. Er war gerne Kind, ein ulkiges, glückliches, neugieriges Kind, das ständig unterwegs war. Man mußte ihn

fünfzigmal erinnern, sein nasses Handtuch aufzuhängen oder die Zahnpastatube wieder zuzuschrauben, weil er gerade hingegeben damit beschäftigt war, seine vom Wasser verschrumpelten Zehen zu betrachten oder festzustellen, wie tief er sich mit dem Spiegel in die Nasenlöcher gucken konnte. Kam es nach Versäumnissen dieser Art zu kleinen häuslichen Szenen, rettete er sich stets mit einer schnellen Entschuldigung und holte seine Pflichten freudig nach.

Der Beat, der in diesem Jungen schlug, geriet leicht in Erregung. Daher brauchte er ständig Aufsicht. Es war eine Katastrophe, als wir ihn im ersten Schuljahr in eine Schule mit offenen Klassenzimmern und von den Schülern bestimmten Stundenplan schickten, denn hier ließ er sich von allen Seiten zugleich ablenken. Kaum hatte er sich aber den neuen Regeln in einer anderen Schule angepaßt, brach seine Familie auseinander, was seine Welt wieder in Unordnung brachte. Die Scheidung machte das Leben für ihn unberechenbar und bizarr. Nasse Handtücher auf dem Boden des Badezimmers wirkten auf ihn wie Drohungen, und seine Seelenleistung sank. Und zweimal in einer Woche vergaß seine Mutter das Abendessen!

Schließlich blieb ihm keine Wahl: Er mußte die Kindheit hinter sich lassen. Also legte er die Scheuklappen seiner Baseballmütze an, um sein Ziel immer im Auge zu behalten. Seine Sichtweite war absichtlich eingeengt, denn von jetzt an hieß es: immer nur einen Schritt auf einmal!

Statt mich wie früher herzlich zu umarmen, greift Ryan ungeschickt nach meinen Armen – seine neue vorsichtige und praktische Art der Umarmung. Das schlimmste ist nämlich für ihn dieser ekelhafte Schlauch, der zwischen den Rippen seiner Mutter steckt. Obwohl ich ihm versichere »Alles klar!«, kann er nicht glauben, daß mir dieses Ding keine Schmerzen

bereitet. Deutlich sehe ich ihm die Angst bei dieser Umarmung an. Sobald er mich anfaßt, werden seine Arme steif, wie von schmerzhaften elektrischen Schlägen.
Um seine Angst zu verdecken, setzt er eine blasierte Miene auf, wie ein zu klein geratener Gary Cooper beim Duell in »High Noon«. Sie mißlingt ihm so total, daß es mir das Herz bricht. Er möchte mich am liebsten gleich wieder loslassen, schämt sich aber, und damit ich nichts merke, zieht er sich den Schirm der Baseballmütze tiefer ins Gesicht, damit seine Augen nicht mehr zu sehen sind.
Das ist nicht der rechte Augenblick für eine Mutter, ihren Gefühlen freien Lauf zu lassen und sich aufzuführen, daß man sich für sie schämen muß. Aber ich kann nicht anders. Meine Augen werden naß, und ein Kloß schnürt mir die Kehle zu. Welche wundervollen Worte würde eine Mrs. Cooper in »High Noon« jetzt zu ihrem Sohn sagen? Ich räuspere mich geräuschvoll und schlage einen leichten Ton an.
»Du wirst mir fehlen, Kumpel«, sage ich kehlig, und meine Stimme klingt wie die einer unerklärlich heiter gestimmten Ertrinkenden.
»Du mir auch«, erwidert er mechanisch. Das muß er sagen, dazu verpflichtet ihn seine strenge Regel, die Liebe gleichmäßig zu verteilen. Ich hebe die Hand, will den blauen Mützenschirm nach oben schieben, aber ich zögere. Ich möchte ihm gern in die Augen schauen, aber alles verschwimmt vor mir.

Als Ryans blauer Mützenschirm vor meinen tränennassen Augen verschwamm, gurgelte wieder einmal der Schlauch. Ich versuchte die Unterbrechung zu überhören und mich wieder auf den Traum zu konzentrieren, denn ich hatte Angst, die nächste wichtige Szene zu versäumen, deren Dialog ich sicherlich für mein Schlußexamen wissen mußte. Ich wußte, daß mein Sohn irgendwie sehr verändert war,

aber ein plötzlicher Schmerz in den Rippen und das unangenehme Gurgelgeräusch in der Kehle lenkten meine Aufmerksamkeit ab.
Die Flüssigkeit, die sich in meiner Brust angesammelt hatte, war bis in Augenhöhe gestiegen, und ich hatte das Gefühl zu ertrinken. Ich wollte husten, kniff aber unwillkürlich nur die Lider zusammen, woraufhin ein kleines Rinnsal warmen Wassers über meine Wangen lief. Der Traum verschwand völlig, offenbar verursacht durch technische Schwierigkeiten im Vorführraum. Meine Schleusen waren geöffnet, innen wie außen, und ich wartete auf Hilfe.
Beim letzten Mal, als ich den Abstand zu den Personen auf einer Leinwand verlor, hatte ich in einem dunklen Kinosaal in Michigan gesessen, und auch da war alles verschwommen vor meinen tränennassen Augen. Ich saß zwischen Ryan und Darren und wollte mir die feuchten Wangen abtrocknen und die Nase putzen, bevor das Licht anging. Die Kinder hatten eigentlich »Der weiße Hai« sehen wollen, aber ich war stattdessen mit ihnen in »Zeit der Zärtlichkeit« gegangen. Wenn man denkt, man wäre so weit gefestigt, daß man wieder ausgehen kann, klopft Hollywood an die Tür . . .
Es war schon vorher ein gefühlsmäßig bewegter Tag gewesen. Mit der Morgenpost war der Laborbericht der Universität von Louisiana gekommen, der die letzte Hoffnung auf Diagnose und Behandlung der Schatten auf meinen Lungen zerstörte. Dagegen war kein Scheck von *Vogue* eingetroffen, obwohl ich dem Buchhalter vor sechs Tagen ein Versprechen abgerungen hatte. Auf meinem Konto waren gerade noch siebenunddreißig Dollar und ein paar Cents. An Wochenenden war der Geldautomat meiner Bank darauf programmiert, nichts an Kunden auszuzahlen, die weniger als fünfzig Dollar auf dem Konto hatten. Daher mußte ich die

Kinokarten an diesem Sonnabend mit einer Handvoll Vierteldollar- und Zehncentstücken bezahlen, die ich noch zusammengerafft hatte. Der Mazda hatte bei dem Unfall im vorigen Monat einen Totalschaden erlitten, also mußte ich mit den Jungen die zwei Meilen in die Stadt zu Fuß gehen, denn das Taxigeld wollte ich für die Rückfahrt aufheben. Es gibt ein ungeschriebenes Gesetz, daß Frauen, die sich scheiden lassen, zu Fuß gehen müssen — das hatte ich zu meiner Freundin Alice gesagt, als ihr Kombiwagen kurz nach der Trennung von ihrem Mann liegenblieb.

Meine Wangen wurden schamrot, als die Frau am Kassenschalter die acht Dollar Kleingeld zählte, während hinter mir die Menschen in der Warteschlange leise mit den Beinen in den Schnee stapften, um ihren Kreislauf in Gang zu halten. Im Foyer kaufte ich eine große Flasche Mineralwasser, die sich die Jungen teilen sollten. Dann wartete ich, bis wir im dunklen Zuschauerraum saßen. Erst hier machte ich den mitgebrachten Rucksack auf und gab den beiden die Beutel mit Popcorn, die ich darin hereingeschmuggelt hatte. Nach dem Marsch durch die Kälte knisterte die Nylonverpackung laut, und das Popcorn war zu harten weißen, mit geronnener Margarine überzogenen Kugeln geworden. Wie ich Armut haßte!

»Armut ist, wenn man seine Cornflakes in Wasser anrührt«, hatte die Komikerin Elaine Boosler einmal gewitzelt. An diesem Nachmittag war mir ihr Spruch wieder eingefallen, als ich im Kühlschrank nachgesehen hatte, wieviel Milch noch da war, nachdem die Post wieder keinen Scheck gebracht hatte. Wenn er auch mit der nächsten Post nicht kam, wurde es wieder mal Zeit, bei Kroger mit einem ungedeckten Scheck zu bezahlen, dachte ich. In meinem Fall stärkte Armut weder den Charakter, noch weckte sie den Kampfgeist. Statt dessen ließ sie mich über anonyme Buch-

halter in New York fluchen und am Abendbrottisch über vergossene Milch jammern.
Schon bei den Anfangsszenen von »Zeit der Zärtlichkeit« merkte ich, daß ich in Schwierigkeiten kommen würde. Am Abend vor der Hochzeit der idealistisch gesinnten jungen Emma mit einem charmanten, aber verantwortungslosen Mann wird sie von ihrer Mutter grob, aber wahrheitsgemäß gewarnt: »Du bist nicht der Mensch, der eine unglückliche Ehe übersteht.« In ihrer leidenschaftlichen Verliebtheit begreift Emma nicht, was ihre Mutter meint. Erst nach zehn Jahren, drei Kindern und eine nicht rechtzeitig gezahlte Hypothek später gehen ihr die Augen auf, als sie der Kassiererin im Supermarkt gegenübersteht. Die Rechnung beträgt vierundvierzig Dollar und ein paar Cent, und Emma hat ungefähr fünf Dollar zu wenig bei sich.
»Hast du etwa nicht genug Geld?« stöhnt ihr ältester Sohn Tommy, der sich zu Tode schämte. Sie muß einen Sechserpack Schokoladenriegel (»Aber die hast du mir versprochen!«) zurücklegen. Ihre Selbstachtung ist auf dem Nullpunkt, und sie schimpft mit dem unglücklichen Jungen. Mißbilligend sehen Kassiererin und Kunden zu.
Hinter ihr in der Schlange steht der freundliche Bankdirektor, der ihren Antrag auf eine zweite Hypothek in dieser Woche abgelehnt hat. Jetzt gibt er ihr einige Dollar, damit sie die Rechnung bezahlen kann. Das ist die netteste Geste, die sie seit Jahren von einem Mitmenschen erfahren hat. Die tiefe Dankbarkeit in ihrem Blick deutet an, daß diese kleine Freundlichkeit und die paar Dollar der Preis für ihre eheliche Treue sein werden.
Emmas Demütigung vor der Kasse ließ meine Augen feucht werden, und als sie am Schluß mit Krebs im Sterben lag, öffneten sich bei mir alle Schleusen. Jedesmal wenn ich ins Taschentuch schnaubte, hörten die Kinder deutlich den

Schlauch in meinen Rippen einen Pfiff ausstoßen. Und jedesmal fragten sie mich, ob alles in Ordnung sei.
»Alles klar!« flüsterte ich heiser und wedelte mit einem frischen Papiertaschentuch wie mit einer weißen Fahne. Aber es wurde noch schlimmer, als nämlich Tommy — der seit langem Schokoladenriegel entbehren muß — ins Krankenhaus kommt, um von seiner Mutter Abschied zu nehmen. Der verhaltene Zorn in seiner Miene verrät, daß er ihr nicht verzeihen kann . . . weil sie immer mit Daddy gezankt und »ihn aus dem Haus getrieben hat«. Weil sie nicht genügend Geld hatte, aber vor allem, weil sie auch noch dieses letzte Verbrechen begeht, vor ihm zu sterben. Emma ist schon so schwach, daß ihr nur wenige Minuten bleiben, um den grollenden Jungen dazu zu bringen, ihr Worte zu sagen, an die er sich später ohne Scham erinnern kann, Worte, die ihn vielleicht vor schwerem Leid bewahren.
»Liebst du mich?« hatte Frank an unserem letzten gemeinsamen Wochenende in Fort Wayne immer wieder gefragt. Wie oft hatte ich mich an sein manisches Grinsen erinnert, das sein Gesicht aufleuchten ließ, während ich ungeduldig schrie: »Jaaa! Das habe ich dir doch schon hundertmal gesagt! Mein Gott, Frank, komm wieder auf den Boden . . . Du mußt wieder auf den Boden der Tatsachen kommen!« Frank muß gewußt haben, wie wichtig für ihn diese Worte werden sollten, denn er ließ sie mich immer wieder sagen. Das ging so weit, daß es mir heute noch unmöglich ist, mir sein Gesicht vorzustellen, ohne mich gleichzeitig schreien zu hören: »Ja, verdammt noch mal, ich liebe dich!«
Aber wie konnte eine Mutter, deren Körper durch eine geheimnisvolle Krankheit rasch dahinsiechte, einem Jungen helfen, die richtigen Worte zu finden — einem Jungen, der nur an Schokoladenriegel dachte? Ich hatte schon den Inhalt einer ganzen Packung Taschentücher durchnäßt und

verknautscht im Schoß liegen und wußte, daß es Zeit war, mich auf die Toilette zu begeben. Aber vorher mußte ich erfahren, was Emma tun würde.
»Tommy, sei so lieb«, schmeichelt sie ihm, »und tu nicht so, als ob du mich hassen würdest!«
»Ich mag dich ja«, sagte der Junge und zuckt lässig mit den Achseln. Er kommt einfach über seinen Groll nicht hinweg. Emma seufzt, sie wird ihn also den ganzen restlichen Weg schleppen müssen. Sie richtet sich mühsam auf einen Ellbogen auf und spricht ihre letzten Worte direkt in seine Augen, als müßte sie ihm an den verschlossenen Ohren und den versiegelten Lippen vorbei eine unauslöschliche Botschaft geradewegs ins Gehirn senden.
»In ein paar Jahren, wenn ich dich schon lange nicht mehr wegen dieser oder jener Sache beschimpfen kann . . . wirst du erkennen, daß du mich geliebt hast. Und vielleicht hast du dann ein schlechtes Gewissen, weil du es mir nie gesagt hast. Aber das brauchst du nicht. Ich weiß ja, daß du mich liebst. Also red' dir nie so was ein, in Ordnung?«
»Okay«, murmelte der Junge fast unhörbar.
»Okay?« fragte Emma wieder. Sie möchte etwas Gefühl aus seiner Stimme heraushören, um sicher zu sein, daß er ihre Botschaft empfangen hat.
»Ich hab' okay gesagt!« wiederholt Tommy so aufgebracht, daß sich ihm ihre Worte für immer ins Gehirn einbrennen, und Emma sinkt lächelnd in die Kissen zurück.
Noch wochenlang später war ich Emma, stellte mir vor, wie ich im Sterben lag und mir nur noch wenige Minuten blieben, um die richtigen Worte zu finden zum Trost für meine Hinterbliebenen. Einem Jungen, der im turbulenten Kielwasser einer Scheidung dahintrieb, ein echtes »Ich liebe dich« zu entlocken, war meiner Ansicht nach fast so schwer, wie Haie von einem gekenterten Schiff zu jagen.

Obwohl ich in meiner Phantasie schon viele wunderbare letzte Worte auf manchen Sterbelagern geprobt hatte, fiel die echte Vorstellung auf dem Bürgersteig vor Maries Haus ziemlich ungeschickt aus.

Plötzlich war ich unsicher über meine Rolle in diesem Drama. Lag ich nun im Sterben oder nicht? Wenn ja, dann spielte ich eine außerordentlich zähe Leiche. Ärzte, die mich vorher nur von Röntgenaufnahmen her kannten, konnten kaum glauben, daß die lebhafte, rosige Person, die sie da vor sich hatten, die Patientin sein sollte. Ich hatte mich zwar den ganzen Tag über leicht grippekrank gefühlt, aber wer starb schon an Grippe? Doch die Vorahnung verließ mich nicht.

Vielleicht war ich wirklich gewissermaßen zur Zwielichtzone verdammt. Lag es denn eigentlich im Interesse meines Sohnes, der sich so angestrengt bemühte, seine Gefühle unter der Baseballmütze zu bergen, daß ich ihn jetzt aus seiner Deckung hervorzerrte? Der Verlust eines geliebten Menschen bereitete, wie ich wußte, höllischen Schmerz. Aber war der Schmerz vielleicht erträglicher, wenn man seine Zuneigung nie bekundet hatte? War Ryans Zurückhaltung ein Beharren auf einer Intimsphäre, die ich zu achten hatte? Oder lag es daran, daß er mit Leid noch nicht umzugehen wußte, war es ein Unvermögen, das nach Hilfe verlangte? Seinem Gesicht, das durch den Mützenschirm halb verborgen blieb, war das nicht mit Sicherheit zu entnehmen.

Bis zum Abflug waren es nur Minuten. Ich riskierte es, nahm die Hand von seiner Mütze – beließ ihm also die Deckung – und faßte ihn unters Kinn. Ich wandte keinen Druck an. Langsam hob sich der Mützenschirm, und ein undurchsichtiges Augenpaar, das entschlossen war, kein Gefühl zu verraten, begegnete meinem. Diese Szene war jetzt in meinem Traum an der Reihe, aber da versagte wieder das

Vorführgerät, das ich doch so dringend zur Auffrischung meiner Erinnerung brauchte.

Ich entsinne mich noch, daß ich sagte: »Ich liebe dich«, und daß ich genau wußte, wie seine Antwort ausfallen würde. Ein Junge, der auf Fairneß bestand und sogar unbeabsichtigte Fouls der Eltern bemerkte, handelte nach seinem Gesetz von Anständigkeit, das ihn verpflichtete, jedem auf halbem Weg entgegenzukommen. »Ich liebe dich auch«, antwortete er selbstverständlich. Dann befreite er sich aus unserer Umarmung und rannte zur Veranda.

Aus dem fahrenden Corolla winkte ich dem Jungen noch zu. Ein Kloß schnürte mir die Kehle zu, und ich konnte nichts mehr sagen. Vielleicht war das mein Verbrechen gegen die Kinder — daß ich es beim Abschied an Gefühl fehlen ließ. Weil ich nicht riskieren wollte, daß ihnen etwas peinlich wurde.

Vielleicht war es auch umgekehrt. Wie Dr. Whiteside bei unserer Sitzung in jeder Woche angedeutet hatte, verlangte ich unglücklicherweise von jedem den ich liebte, meine Gefühle zu erwidern. Indem ich einen Austausch von Emotionen erwartete, hielt ich meine eigenen zwar unter Kontrolle, ließ aber dem anderen wenig Spielraum, und dieses Muster offenbarte sich hier auf dem Gehsteig erneut. Ich hatte versprochen, hart zu arbeiten — »Aber du mußt es auch tun.« — »Wenn du mir fehlst, werde ich dir auch fehlen.« »Ich liebe dich« — »Ich liebe dich auch« . . .

Für eine Artikelschreiberin ist es legitim, jemanden überzeugen zu wollen, ein Einverständnis herbeizuführen. Aber eine Mutter mit ihrer enormen Macht über verletzliche kleine Menschenwesen muß behutsam sein. Vielleicht war das mein Verbrechen gewesen — der unangebrachte Befehl »Folgt mir!« Und was noch schlimmer war — ich hatte den Befehl erteilt, ohne zu ahnen, wohin es gehen sollte.

7. KAPITEL

Die Fünfhundert-Seiten-Scheidung

Der Schlauch in meiner Kehle gurgelte geräuschvoll. Ich ertrank in meinem Inneren. Mit vernebeltem Gesicht trieb ich blindlings dahin, wußte aber, daß ich in ernsten Schwierigkeiten war. Dasselbe merkwürdige fließende Gefühl hatte mich schon einmal vor acht Jahren durchrieselt, kurz darauf hatte ich das Bewußtsein verloren. Es war die Nacht, in der Darren geboren wurde. Damals löste sich mein aufgetriebener Körper in einer Blutlache auf und zwang Darren zwei Monate zu früh auf die Welt.

Schon vorher war bei mir ein Phänomen aufgetreten, das mein Geburtshelfer als »Durchbruchsblutung« bezeichnete. Bei dieser zweiten Schwangerschaft hatte sich die Frucht unten in der Gebärmutter eingenistet — gewissermaßen direkt am Ausgang. Da die Plazenta in den unteren Bereich der Gebärmutter hineinwuchs, wohnte der ungeborene Darren sozusagen im oberen Stockwerk, und von Anfang an war sein Eintritt ins Leben äußerst ungewöhnlich.

Wachstumsschübe oder Bewegungen des Fetus übten Druck auf das zarte Gewebe der Plazenta aus. Schließlich riß sie ein und brach. Das führte zu einer starken Blutung, bei der ich keinerlei Schmerz fühlte. Sie setzte ohne Vorwarnung ein, wie am Ende einer Schwangerschaft, wenn die Fruchtblase kurz vor der Geburt platzt und Fruchtwasser austritt. Zuerst hinterließ ich nur leichte Flecken, die mich überhaupt erst aufmerksam machten. Aber das zweite Mal saß ich gerade in Alices Wohnzimmer auf dem Fußboden und plante Vorlesungen für die Fortbildungsklasse von Frauen, in der wir gemeinsam unterrichteten. Ich tränkte Alices Teppich mit fast einem halben Liter Blut. Glücklicherweise war er tiefrot, und mit Alice verband mich eine Freundschaft, die durch solche biologischen Unfälle nicht beeinträchtigt werden konnte. Es hätte auch nicht zu meinen feministisch eingestellten Freundinnen in Fort Wayne gepaßt, sich durch irgendeinen Aspekt der weiblichen Biologie beirren zu lassen. Wir waren stolz auf unsere Körper. Das bedeutet einen radikalen Wandel für eine Generation von Frauen, die noch in der Auffassung erzogen worden waren, daß ihre Geschlechtsteile zu einem fernen, beschämenden »Da unten« gehörten . . . Dabei hatten wir tiefverwurzelte Vorurteile zu überwinden. Das wurde besonders klar bei einer Vorlesung, zu der die Gastdozentin, eine Hebamme, einen Arztspiegel und eine medizinische Puppe namens »Ginny Vagina« mitbrachte. Eine der Hörerinnen war sechsundfünfzig Jahre alt und achtfache Mutter, aber sie entschloß sich erst nach einer vollen Stunde guten Zuredens, nach vorn zu kommen, das ärztliche Instrument in die Hand zu nehmen und einen Blick auf »Da unten« zu riskieren.

Sie war sicher, daß ihre Religion ihr verbot, einen Gebärmutterhals zu betrachten — auch wenn er nur aus Plastik bestand. Doch es waren revolutionäre Zeiten, und bis zum Sommer 1975 hatte das Bostoner Buchkollektiv für weibliche Gesundheit mehr als eine Million Exemplare von *Mein Körper und ich* verkauft. Väter wurden endlich bei Krankenhausgeburten im Kreißsaal zugelassen, und der Trend zu Hausgeburten war in vollem Schwung.

Der allgemeine Sturm auf alte Tabus führte gelegentlich zu

übereifriger Begeisterung. So entdeckte Alice bei ihren Untersuchungen ein Rezept für »Plazenta-Schmoreintopf«, das jemand während der Feier einer Hausgeburt irgendwo in Monana erfunden hatte. (»Ist das zu glauben?« sagte sie lachend und las mir am Telefon die Zutaten vor. »Es soll einen hohen Proteingehalt haben.«) Als ich an jenem Nachmittag das Rohmaterial auf ihrem Teppich sah, konnte ich mir nur schwer vorstellen, daß jemand dabei auch nur entfernt an etwas Eßbares denken konnte. Aber nachdem wir den Teppich und dann mich gesäubert hatten, konnten wir auch nicht glauben, daß noch etwas für die Ernährung des Babys übriggeblieben war. Trotz wiederholter beruhigender Versicherungen des Geburtshelfers machte ich mir Sorgen wegen eines möglichen Gehirnschadens.

Es waren keine Wehen, die mich zwei Wochen später mitten in der Nacht weckten, es war eine warme, klebrige Flüssigkeit, die meine Bettlaken durchtränkte. Ich sprang aus dem Bett und eilte über den Flur ins Badezimmer. Als das Neonlicht aufflackerte, sah ich den blutigen Beweis eines massiven Durchbruchs. Meine Beine sahen aus wie rote Flüsse, die sich über ein geronnenes Delta an den Füßen ergossen und in den Fugen des weißen Fliesenbodens versickerten. Ich wischte das Blut mit einem Badehandtuch ab, breitete mehrere andere Handtücher auf dem Boden aus, legte mich mit dem Rücken darauf und die Beine auf den Rand der Badewanne, um die Blutung zu stoppen.

Rote Streifen rannen von meinen immer noch tropfenden Füßen, aber die Blutung hörte nicht auf. Im Nu waren die Handtücher unter mir durchweicht, und ich lag ganz in einer warmen Lache. Während diese Blutung nicht aufhören wollte, hatte ich nur einen Gedanken: Würde ich noch genügend Zeit haben, um das Bad sauberzumachen, bevor ich ohnmächtig wurde?

Laßt uns gute Hausfrauen sein oder sterben! . . .
Es war niederschmetternd, welch triviale Gedanken mir in dieser lebensgefährlichen Situation durch den Kopf gingen. Ich schloß die Augen und zwang mich zur Ruhe. Ich atmete tief, um die Muskeln zu entspannen, und ich betete sogar. »Behalt' den Kopf oben!« flüsterte ich, streichelte meinen geschwollenen Bauch und sprach für uns beide. »Bitte, halt den Kopf oben!«
Meine übliche Methode, mit Katastrophen — einschließlich traumatischer Durchbrüche — fertig zu werden, bestand darin, lebenswichtige Körperteile aufzugeben, um unter allen Umständen einen klaren Kopf zu bewahren. Wenn ich den Kopf in beide Hände nahm und rief: »Bei mir ist alles klar!« war es mir eigentlich immer gelungen, mir das so lange einzureden, bis mich die nächste Röntgenaufnahme oder Laboruntersuchung eines anderen belehrte.
Ich rollte mich auf die Seite und kam auf die Beine. Mir war schwindlig. Ich wollte Howie wecken, aber beim ersten Schritt knickten mir die Knie weg. Ich ergriff den Handtuchständer hinter der Toilette, um nicht zu stürzen. Aber meine nasse Hand glitt ab, und ich setzte mich schwer auf die Klobrille. Verwirrt und benommen beobachtete ich, wie sich das Wasser im Becken von rosa zu dunkelrot verfärbte. Das Blut lief in einem beängstigenden Tempo aus mir heraus.
Es war mir völlig unverständlich, daß ich so stark blutete, ohne Schmerzen zu haben. Es kam mir vor, als liefe dieser rote Strom nur durch mich hindurch und stamme aus der Wunde eines anderen Menschen. Ich schauderte und hatte das gespenstische Gefühl, besessen zu sein. Das Zimmer fing an, sich um mich zu drehen, und ich merkte, wie sich mein Bewußtsein trübte.
Ich ließ mich auf die Knie herab und kroch auf den Flur,

aber ich hatte erst den halben Weg bis zum Schlafzimmer geschafft, als meine Arme nachgaben. Ich rief nach Howie. Wind heulte auf, und ich verlor das Bewußtsein.
Eine halbe Stunde später spürte ich vage Geräusche und Bewegung um mich. Helfer hoben meine Trage an und schoben mich in den Krankenwagen. In den wenigen Sekunden, bevor die Türen zuschlugen, sah ich Howie auf der dunklen Straße stehen. Im Schein der roten Rücklichter zuckte sein angespanntes Gesicht. Den achtzehn Monate alten Ryan hatte er fest im Arm.
Der Junge war plötzlich aus dem Schlaf gerissen worden und verzog jetzt schläfrig das Gesicht. Er rieb sich die Augen und blinzelte verständnislos auf die abgehackten Bewegungen im Schein der kreisenden Lichter. Dann warf er einen flüchtigen Blick in das dunkle Innere des Krankenwagens und sah mein Gesicht unter der Sauerstoffmaske. »Mom?« fragte er.
Plötzlich erkannte er mich und verstand, daß ich weggebracht wurde. In qualvollem Begreifen riß er Augen und Mund weit auf und schrie »Mmoooooom!«
Sein Schnuller fiel zu Boden, und er streckte entschlossen die Arme nach mir aus. Bevor ich ihm winken und ihn beruhigen konnte, schlugen die Türen zu. Noch Jahre später sah ich sein angstvoll verzerrtes Gesicht vor mir, wenn ich die durchdringende Sirene eines Krankenwagens hörte. Sie erinnerte mich immer an das Weinen eines verängstigten Kindes: »Mmmoooooom . . . Mmmoooooom . . . . . Mmmmoooooom!«
Zwei Tage, nachdem mich der Krankenwagen in die Notaufnahmestation eingeliefert hatte, erwachte ich durch einen starken, pochenden Schmerz im Unterleib aus meiner Betäubung. Ich schauderte noch in den Nachwehen eines schrecklichen Alptraums und fragte mich, ob der Besuch

von Howie und dem Priester von St. Mary Wirklichkeit gewesen war.

Mir fiel ein, daß es um die eilige Wahl eines Taufnamen gegangen war. Howie hatte meine Hand gehalten und gesagt, wir müßten uns auf der Stelle entscheiden. Pater Tom sollte den Säugling hoch heute im Krankenhaus taufen, für den Fall ... eben für den Notfall. Howie sagte, daß wir später noch die Tauffeier mit allen Angehörigen abhalten könnten, falls das Baby ... falls wir es wünschten. Alle drückten sich absichtlich vage aus, um mich nicht zu beunruhigen, und sie versicherten mir, sich um alles zu kümmern, wenn ich ihnen nur einen Namen sagte.

Das war eigentlich leicht, aber als ich an das Gehirnfach kam, in dem ich solche Informationen aufzubewahren pflegte, entdeckte ich nur ein großes Durcheinander. Nachdem sich mein Verstand vor zwei Tagen verflüssigt hatte, war er jetzt offenbar neu geordnet, als ob jemand für eine neue Mieterin die Schubfächer geleert und die Möbel nach ihrem Geschmack umgruppiert hätte. Selbst die unauslöschlich eingeprägten Wahrheiten waren umgeräumt — ich hatte Mühe beim Einmaleins mit der Sieben und mußte über die Fragen »Wer ist Gott?« und »Warum liebt er uns?« scharf nachdenken. Statt der Antworten stieß ich nur auf andere Fragen: »Warum ›er‹?« und »Wer bin ich?«

Nichts ging von selbst. Howie und Pater Tom mußten lange warten, während ich angestrengt über ihre einfache Frage nachdachte. Sie lächelten verständnisvoll, und als ich schließlich flüsternd Auskunft gab, neigten sie sich mir zu wie einem Menschen mit einem Sprachfehler. Ich erinnerte mich der gewaltigen Mühe, mit der ich jede Silbe durch die schmerzenden Halsmuskeln preßte, aber ich kann mich nicht mehr entsinnen, was ich gesagt hatte. Welchen Namen hatte ihnen mein umgekrempeltes Gehirn geliefert?

Darren Oliver — eigentlich hatte ich ihn Oliver Darren nennen wollen — wurde ohne Pater im Brutkasten getauft und verschlief seinen ersten Kontakt mit der Religion. Ich war gerade aus meinem Medikamentenrausch erwacht, versuchte, mich an das Geschehene zu erinnern und daran, wo ich jetzt war, als plötzlich ein Fremder im weißen Kittel neben meinem Bett auftauchte. In einer Sprache, die ich kaum verstehen konnte, gab er eine längere klinische Beschreibung vom Zustand des Säuglings und fragte dann, durch mein schwerfälliges Reagieren sichtlich verärgert: »Sie interessieren sich wohl überhaupt nicht dafür?«
Mein Sohn war gerade zwei Tage alt, und ich hatte ihn noch nicht einmal gesehen, aber mich doch schon als schlechte Mutter entpuppt. Dieses Etikett bekommt man schnell aufgedrückt, besonders in der menschenverachtenden Atmosphäre eines Krankenhauses oder einer psychiatrischen Klinik. Zuerst war ich erbost über das arrogante Urteil des Kinderarztes, aber der Zorn einer jungen Mutter dauert nicht länger als ihre Selbstachtung, und meiner versiegte nach wenigen Minuten.
Unter den gegebenen Umständen machte ich mir Selbstvorwürfe, eine schreckliche Mutter zu sein. Hatte ich nicht ein Kind mitten in der Nacht weinend alleingelassen? Und war mir nicht der Name des zweiten Kindes entfallen? Noch weit vernichtender war es, daß ich kein fürsorgliches Gefühl empfand, wie man es doch von einer jungen Mutter erwartete. Alle mütterlichen Impulse in mir waren unter einer mächtigen, frei dahintreibenden Angst begraben.
Als ich den Sohn, von dem ich nur gerüchteweise gehört hatte, endlich persönlich sah, war mein Selbstvertrauen schon schwer erschüttert. Die Nachtschwester hatte mich im Rollstuhl in den Saal der Frühgeburten gebracht, und Darren war genauso prachtvoll, wie die Schwester angekün-

digt hatte. Aber er sah auch viel zerbrechlicher aus, als ich gedacht hatte. Wie konnte dieses winzige Geschöpf von gerade zwei Kilo Gewicht einen so schrecklichen Blutsturz verursachen? Ich war von dieser schweren Prüfung völlig ausgelaugt und kraftlos. Wie konnte dann er, der doch sogar in der einfachen Kunst des Atmens ungeübt war, ohne dauernde Schädigung davongekommen sein? Ich berührte ihn, doch er reagierte nicht. Reglos und stumm lag er da und atmete schwer. Ein Kontakt war nicht herzustellen. Daher wußte ich nicht, wie ich meinen Sohn liebgewinnen konnte.

Angestrengt versuchte ich meine Gefühle für dieses winzige Geschöpf zu analysieren, konnte aber nur eine herzliche Sympathie für seinen verzweifelten Kampf um den nächsten Atemzug feststellen. Das war keine Liebe, und die schien mir auch unmöglich, solange ich mir nicht vorstellen konnte, wer er war.

Die ganze Nacht über machte ich mir Sorgen wegen einer Gehirnschädigung. Darrens Gehirn verursachte mir mehr Kummer als sein Herz, seine Augen oder die Hände, weil ich Denken mit Überleben gleichsetzte. Warum hielt ich das Denken für so viel wichtiger als das Fühlen, Sehen oder Handeln? Ich vermutete, daß das Denken das einzige unsterbliche Element der menschlichen Existenz war, und diese Ahnung hatte sich mir vor zwei Tagen bestätigt, als ich jedes Gefühl und alle körperlichen Regungen verlor, aber weiterhin denken konnte. Ich wußte nicht, wohin die Reise ging, als sich das Zimmer um mich zu drehen begann und mein Geist sich verwirrte, aber irgendwohin ging es — und zwar mit erschreckender Geschwindigkeit.

Wenn das Gehirn nicht funktionierte, wenn es nicht gelang, während einer traumatischen Geburt den Kopf oben zu behalten, wie konnte man dann wissen, ob man überhaupt existierte? Wie sollte man erfahren, ob man geliebt wurde? Das Wissen um sich selbst, um die Wahrheit und den Sinn des Daseins — das allein überlebte, wenn der Körper starb. Während ich mit diesen grundsätzlichen Fragen nach dem Sinn des Lebens im Widerstreit lag, war sich Howie über seine Gefühle keineswegs im Ungewissen. Zwei Tage verbrachte er bei seinem Sohn in der Intensivstation und liebte ihn über alle Vernunft.

»Du hast ihn also heute nacht gesehen?« fragte er mich am nächsten Morgen mit einem Strahlen hinter seinem blonden Vollbart. »Ist er nicht großartig?« Er war in Hochstimmung. Die Ärzte hatten ihm versichert, daß ich mich vollständig von der Geburt erholen würde, und im übrigen hatte es heute morgen keine schlimme Nachricht gegeben. Keine schlimme Nachricht war für Howie eine gute Nachricht. Er half mir in den Rollstuhl und schob mich durch die Korridore zu den Frühgeburten, um mit mir die erste gemeinsame Stunde bei unserem neugeborenen Sohn zu verbringen.

Diesmal gab es jedoch keine Augenblicke gerührter Freude wie beim ersten Sohn, der schon als Baby mit den Fingern des Vaters gespielt hatte. Dieser zweite Sohn versagte sich spielerische Gesten, denn er mußte seine ganze Energie für das Atemholen aufwenden. Dennoch war Howies Zuneigung vor dem Brutkasten eindrucksvoll. Er bestaunte den schwarzen Haarschopf auf dem kleinen Schädel, streichelte den weichen Flaum an den Beinen und lachte über die enorm langen Füße. Er liebte Darren sofort und bedingungslos. Er sah sich als Vater des schönsten Säuglings auf der ganzen Station, und war wirklich glücklich.

Ich war erstaunt, daß er keinen Gedanken an eine mögliche Gehirnschädigung verschwendete. Seine Liebe war so groß, daß er nicht einmal daran dachte, was ein behindertes Kind für sein Leben bedeuten konnte. Vom ersten Augenblick an, da er seinen zweiten Traumsohn erblickte, war seine Bindung an ihn vollkommen. Während ich verletzt und bekümmert im Rollstuhl saß, öffnete der Vater einfach sein Herz und hieß den Sohn willkommen. Es kam mir vor, als würde Darren allein durch die reine Kraft dieser Liebe zum Leben erweckt.

Ich bewunderte Howies Gefühl für die Kinder und war glücklich über die große Zuneigung, die er mir entgegenbrachte. In unseren ersten fünf Jahren glaubte ich, nur seine Liebe zu brauchen, denn bis zu jenem Morgen in der Intensivstation für Säuglinge hatte ich den verhängnisvollen Unterschied zwischen uns nicht erkannt: Im Bann seiner Liebe vergaß Howie die damit zusammenhängende Verantwortung — im Bann meines Pflichtgefühls zeigte ich keinerlei sichtbare Zuneigung. Im schmerzlichen Gegensatz zwischen Liebe und Pflicht näherten wir uns von zwei entgegengesetzten Polen der ersten Krise in unserer kleinen Familie, und diese Polarisierung sollte schließlich unsere Ehe zerrütten.

Die magnetische Anziehungskraft zwischen uns war so stark gewesen, daß sie die kleinen Klüfte hier und da weit überschattete. Wir machten unsere Witze über seine schildkrötenhafte Langsamkeit und meine manische Hektik unter Streß und hatten den Druck bis dahin ausgehalten. Nach einer Reihe müheloser Erfolge, da wir beide akademische Diplome errangen, Berufe ergriffen und die fast schmerzlose Geburt eines gesunden Knaben feierten, hatten wir keinen Grund anzunehmen, daß das Leben nicht immer wunderbar sein müsse. Bisher war die Ehe nichts als Liebe gewesen, denn noch hatten wir uns nicht den komplizierten wirtschaftlichen und rechtlichen Folgen des Ja-Worts gegenübergesehen. Liebe war einfach — nur das Geld warf uns aus der Bahn, und zwar in erschreckendem Maß. Als wir unserer Liebe für Sportwagen, Europareisen und persönliche Träume die Liebe zu den Kindern hinzufügten, ahnten wir noch nicht, daß das ein Tauschhandel war. Wir glaubten nicht, daß Liebe Kompromisse kannte.

Die Wahrheit geht uns unweigerlich erst Jahre später auf, als man sie braucht. Eine lebenslange Liebesaffäre mit einem Mann wie Howie — wenn eine Katholikin das überhaupt darf — wäre die gesündeste Beziehung für eine Frau mit meiner Neigung zu Sorgen gewesen. Ich hätte eine »Freundin der Erregung«, eine Partnerin seiner Liebe werden sollen, aber nicht eine Teilhaberin seiner Finanzen und persönlichen Verpflichtungen. Ich hatte mich freiwillig auf Ehe und Mutterschaft eingelassen, ohne die volle Bedeutung der Worte »in guten wie in schlechten Zeiten« zu begreifen. Nach dem Sommer 1975 steuerten wir geradewegs auf schlechte Zeiten zu.

Ich gab meine Stellung als Studentenvorstand am Bischof-Luers-College auf, um zu Hause zu arbeiten. Ich schrieb für die Lokalzeitung und hatte einen Teilzeit-Lehrauftrag an der Universität. Es waren großartige Arbeiten, bei denen man aber fast nichts verdiente. Der Bürgermeister verlor den Kampf um die Wiederwahl, und die meisten städtischen Angestellten hatten gekündigt oder waren entlassen worden. Howie verbrachte ein ganzes Jahr in der Angst, gefeuert zu werden, bis er ebenfalls seine Stellung aufgab. Im Jahre 1978 hatten unsere Kinder Eltern, die ständig für sie da waren, aber keiner besaß das Geld für die fälligen Rechnungen, was aus unserer naiven Sicht kein sehr großer Fehler war.

Wir hatten früher schon Sicherheitsrisiken auf uns genommen, immer mit glänzenden Ergebnissen. Die frühen Erfolge gaukelten uns ein falsches Bild unserer Chancen vor. Wir

hatten nie den Einfluß einer Rezession in Betracht gezogen; keine Zukunft, in der man uns das letzte Arbeitslosengeld bezahlte und wir in Armut versanken, ohne ihr volles Ausmaß abzusehen.
Die paar Monate beschränkter Verhältnisse, auf die wir uns eingestellt hatten, dehnten sich zu anstrengenden Jahren. Stellungslosigkeit erzeugt Armut, die Depressionen erzeugt, die Tatenlosigkeit erzeugt, die Schuldgefühle erzeugt, die Zorn erzeugt — meist Zorn aufeinander. Kämpfen lernen war schwierig in einem so späten Ehestadium, und unsere Kämpfe ohne fachliche Anleitung trugen uns ernste Verletzungen ein. Wir schossen Hunderte von Worten aufeinander ab, um unsere Ehe wieder ins gewohnte Gleis zu bekommen. Wir tauschten beim Kaffeetrinken am Küchentisch unzählige Bitten und Versprechen.
Ein stellungsloser Mann und eine freiberufliche Journalistin haben viel Zeit, und vielleicht war es dieses Gefühl reichlich vorhandener Zeit und die tröstende Garantie des »bis daß der Tod euch scheidet«, die uns für die Gefahren einer Trennung blind machte.
Unter dem wachsenden Schuldenberg wurden die Unterschiede zwischen uns immer krasser. Bei Streß kam Howies langsames Tempo ganz zum Stillstand, während ich mich in hektische Aktion steigerte. Vieles an meiner Nonstop-Bewegung war gegen ihn gerichtet. In *Das Zimmer der Frauen* heißt es: »Nur die Kraftlosen müssen angetrieben werden« — aber meinen Mann zur Aktion anzutreiben war ungefähr so erfolgreich wie der Versuch, einem Manisch-Depressiven den Irrsinn auszureden. Ich konnte noch so oft mahnen: »Kommt auf die Erde zurück!« — es hatte nicht den geringsten Erfolg. Ich verfiel schließlich in Schweigsamkeit.
Durch unseren Eheschwur und die Verpflichtung gegen-

über den Kindern aneinander gebunden, machten wir erbarmungslos die Runde auf der Bahn der Arbeitslosigkeit, der Depression, der Armut und der Wut. Wie zwei Prozessionsraupen, die instinktiv dem ausgelegten Silberfaden folgen, auch wenn er ihnen kein Futter bietet. Der berühmte Insektenforscher J. Henri Fabre hat festgestellt, wie weit Prozessionsraupen bei der Verfolgung traditioneller Instinkthandlungen gehen. Bei einem Experiment richtete er es so ein, daß der Weg des Anführers in einem engen Kreis um den Stamm einer Kiefer führte, um zu sehen, wie lange es dauern würde, bis die hungrige Raupenfamilie sich trennte und zu den Nadeln kroch, die nur einige Zentimeter entfernt lagen. Er beobachtete sieben Tage und Nächte lang, wie sie hundertmal dieselbe sinnlose Runde krochen und in blindem Gehorsam das deutlich sichtbare Futter verfehlten. »Obgleich ich bereits die abgrundtiefe Dummheit von Insekten kannte«, sagte Fabre, »war es doch niederschmetternd, keinen Funken von Intelligenz in den dumpfen Gehirnen zu finden.«

Die Natur zeigt uns zahllose Beispiele zwanghafter Instinkte, die zum Tod führen. Sie scheint mit ihren treuesten Arten besonders grausam zu verfahren — die Lachse schwimmen, von Liebeweh getrieben, stromaufwärts ihrer verhängnisvollen Paarung entgegen. Die Prozessionsraupen fallen dem Befehl »Folgt mir!« zum Opfer und verschmähen Nahrung, um bei den Artgenossen zu bleiben. Die Gesetze der Natur verhindern unabhängiges Denken — falls es nicht Instinkt ist, müssen Lachse und Prozessionsraupen wohl katholisch sein. Vielleicht haben die Fische Schuldgefühle und begrüßen die Bestrafung nach einem ausgelassenen Vergnügen, und vielleicht ist für den Gedanken an Scheidung kein Platz in den dumpfen Hirnen der Prozessionsraupen.

Bei mir war es genauso, bis ich endlich begriff, daß »bis daß der Tod euch scheidet« eine Art von Selbstmord bedeuten kann. Die Vorstellung, meine Schwüre zu brechen, erfüllte mich mit dem Gefühl völligen Versagens, aber Mary McCarthy hatte in *Wie ich groß wurde* erklärt: »Es ist durchaus möglich, daß der, den du liebst, dich mehr leiden läßt, als du ertragen kannst.« Ich wußte, wenn ich nicht die Gefolgschaft verweigerte, war ich zu lebenslanger Abhängigkeit von Valium verurteilt.

Aber immer noch scheute ich vor dem Entschluß zurück, mich scheiden zu lassen, wenn ich in der Zeitung von den gräßlichen Einzelheiten mancher Sorgerechtsstreitigkeiten las oder den Schilderungen von Freunden über deren Leid lauschte. Es waren meist intelligente Paare, verständnisvolle Menschen, und dennoch wurden sie von Zorn und Rachegefühlen heimgesucht. Ich konnte mir nicht vorstellen, daß ausgerechnet ich vor den emotionalen Folgen, denen sie nicht entronnen waren, geschützt sein sollte.

Rechtsanwälte und Richter machen aus der Scheidung eine schwere Prüfung. Ich dachte, es gäbe einen humaneren Weg, das Leiden zu beenden, als sich Boxerhandschuhe anzuziehen und den anderen im Gerichtssaal zu vernichten. Ich wollte, daß wir uns allmählich scheiden ließen, erst ein Jahr getrennt lebten und dann mit der gebotenen Vernunft unsere Scheidungsbedingungen formulierten.

Wir trennten uns in dem Jahr, in dem Howie als Doktorand an der Universität von Michigan zugelassen wurde. Ich fland es zu schmerzlich, jeden Tag schon beim Frühstück an die bevorstehende Trennung denken zu müssen, deshalb verließ ich mit den Kindern Fort Wayne und verbrachte die Sommermonate im Haus von Freunden bei Denver. Ich schrieb Dutzende von Briefen an Howie, denn es war leichter zu schreiben, als miteinander zu telefonieren. Beim

Klang seiner Stimme lief ich immer Gefahr, seine traurigen blauen Augen vor mir zu sehen.

In den Briefen bat ich ihn um Hilfe in meinem Bestreben um eine »gute Scheidung« (»Bitte, Howie, du mußt nicht so tun, als wäre die Scheidung für dich ein Unglück wie ein Verkehrsunfall oder der Verlust deiner Stellung. Bitte, plane sie mit mir, denk' mit mir darüber nach und überlege, wie du dir deine Position als Vater vorstellst!«) Howie wollte nichts zu einer »guten Scheidung« beitragen. Er wollte Aufschub erlangen, mit dem Ziel, die Ehe zu retten, und er meinte, wenn er in die Scheidung einwilligte, wäre das gleichbedeutend mit dem Leeren des Schierlingsbechers.

Da er sich nicht an der Planung beteiligte, kam jeder Schritt überraschend und bereitete ihm Schmerz. Die Scheidung war schon eingeleitet, als er bemerkte, daß ich den Trauring abgezogen hatte. Er war verletzt und zornig. Auch ich fühlte mich nach zehn Jahren ohne den Ring nackt und verletzlich, und wenn ich mit dem Daumen zufällig an den Ringfinger kam und zarte Haut statt des festen Goldreifens berührte, spürte ich den ganzen Verlust aufs Neue.

Den Trauring, der die Institution Ehe symbolisierte, hatte ich abgezogen, aber den Verlobungsring — das Symbol der gegenseitigen Verpflichtung und Liebe — wollte ich weiterhin tragen. Ich bildete mir ein, daß es möglich war, dem Leid zu entgehen und die Liebe zu bewahren, die Trümmer unserer Ehe hinter uns zu lassen, die rechtlichen und wirtschaftlichen Verpflichtungen zu kappen und eine liebevolle Freundschaft zu pflegen. Da ein Verlobungsring an der linken Hand eine bevorstehende Heirat anzeigt, steckte ich meinen an die Rechte als Erinnerung an die Ehe. Nach zehn Jahren, zwei Kindern und unzähligen Versprechungen am Küchentisch kam es mir vor, als wären wir immer noch

miteinander verlobt — und würden es auch durch unsere gemeinsame Liebe zu den Kindern bleiben.
Als Howie auf das Verschwinden meines Traurings ärgerlich reagierte, versuchte ich ihn zu beruhigen, indem ich ihn mit meiner komplizierten Ringe-Theorie bekanntmachte. Aber für einen Mann, der eine »Ehefrau« behalten wollte, war die Aussicht auf eine »Freundin« ein leeres Wort, und so traf dieser Vorschlag nur auf Verachtung.
Während Howies ersten Jahres in Ann Arbor blieb ich in Fort Wayne und schrieb mein ideales Scheidungsdokument nieder. Die Scheidung wurde für mich zu einer Vollzeitbeschäftigung. Ich verfaßte zwanzigseitige Briefe, in denen ich — vom starken Verlangen nach Verständnis getrieben — meinen Standpunkt erläuterte und Vorschläge machte. Ich nannte unsere Scheidung eine »Entheiratung« oder eine »positive Loslösung«, ein Ausdruck, mit dem Kazimierz Dabrowski die Periode schneller Veränderungen vor jeder globalen Entwicklung bezeichnet. »Sie kann die Seele in finstere Nacht stürzen«, erklärt Dabrowski, »doch sind diese schmerzhaften Perioden im Grunde heilend und schöpferisch. Sie erlauben uns neue, ursprünglichere Annäherungen an die Wirklichkeit.« Der Inhalt meiner Briefe an Howie war hochgestochenes Zeug, aber welche Ausdrücke oder Theorien ich auch erfand, um die harte Wirklichkeit der Scheidung zu mildern — er deutete jede Botschaft, wie ein »Ich liebe dich nicht mehr.«
Die Scheidung trennte uns wieder in »Er« und »Ich«. In der Gerichtssprache wurden aus »Mann« und »Frau« der »Kläger« und die »Beklagte«.
Der Kläger hat in der Regel ein, zwei Jahre Vorsprung vor der Beklagten — mehr Zeit also, sich Fehler einzugestehen und zu verzeihen, mehr Zeit, sich von Schuld und Schande freizusprechen und ein neues Leben zu beginnen. Für Ho-

wie kamen die Veränderungen in unserer Beziehung mit atemraubender Geschwindigkeit, während ich nur den weiten Weg sah, den wir noch zurückzulegen hatten, und glaubte, wir würden nie ankommen.

Ich schrieb noch mehr Briefe. Ich erklärte mich auf fünfhundert Seiten, denn ich war überzeugt, daß gegenseitiges Verständnis den großen Zorn, der uns immer wieder überfiel, mildern würde. Im selben Jahr verfaßte ein Psychologe an der Heilanstalt von Fort Wayne ein Manuskript mit dem Titel *Das Bedürfnis, Verständnis zu finden.* Darin wies er nach, daß dieses Bedürfnis dem Menschen noch wichtiger ist als der Geschlechtstrieb oder der Wille zur Macht. Das Buch wurde nie veröffentlicht. Später entdeckte man, daß der Psychologe manisch-depressiv war und seine angeblich wissenschaftlichen Forschungen ein reines Produkt seiner Phantasie waren. Aber die Theorie erschien mir unerhört einleuchtend. Für mich mußte jeder, der Licht auf das überwältigende Bedürfnis nach Verständnis werfen konnte, mehr Abnehmer finden als der Baltimore-Katechismus. Ich fand es bedrückend, daß die einzige psychologische Theorie, die mir einleuchtete, von einem Irren erfunden worden war. Mich jedenfalls trieb ein unersättliches Bedürfnis nach Verständnis, während gleichzeitig mein Geschlechtstrieb und mein Wille zur Macht fast erloschen waren. Bedeutete dies, daß auch ich reif war für eine Zelle in der Heilanstalt von Fort Wayne?

In meinem verzweifelten Bemühen, Howie klarzumachen, daß ich ihn immer noch liebte und weiterhin seine Verbündete bleiben würde, wollte ich freiwillig das Haus verkaufen, unsere Schulden bezahlen, mit den Kindern nach Ann Arbor ziehen und für ihren Unterhalt aufkommen, solange er an der Uni war. Damit erfüllte ich seine Bedürfnisse, und da er mich gar nicht erst zu bitten brauchte, hatte er es auch nicht nötig, sich dafür erkenntlich zu zeigen. Vielleicht hatte ich das Angebot gemacht, weil ich mich nach dem Bruch meiner Schwüre schuldig fühlte — oder war es ein Versuch, die Scheidung durchzusetzen, ohne daß er es merkte?

Ich entdeckte, daß aggressive Fürsorge in ihrer stärksten Ausprägung Eitelkeit ist, denn meine Versprechungen überstiegen wieder einmal meine Fähigkeiten. Daß ich Howies Anteil an unseren finanziellen Verpflichtungen übernahm, hatte nur zur Folge, daß er sie gar nicht erst bemerkte, während ich darunter litt, stark abnahm und der Verlobungsring mir unter der Dusche dauernd vom Finger rutschte. Jedesmal, wenn ich ihn wieder aufsteckte, wurde meine Hoffnung geringer, daß unsere Liebe diese schreckliche Scheidung überleben würde.

Nach dem Umzug nach Ann Arbor meldete ich mich beim lokalen Familiencenter und zahlte Dr. Whiteside pro Stunde sechzig Dollar, damit ich mich bei ihr ausweinen konnte. Das tat ich zweimal in der Woche. Nach sechs Monaten wußte sie von mir, auf wie viele Arten ich mir die Nase schneuzte, aber sonst nichts.

»Wenn du einen verfluchten Schmerz erleidest, dann nutze ihn!« hatte Hemingway einmal zu Fitzgerald gesagt — nutze ihn, um dich selbst zu erkennen und festzustellen, wo du verletzlich bist und was du zu tun hast! Schmerz ist stets ein Marschbefehl. Beileibe nicht der einzige, aber offenbar der, der mich bewegte. Die Qualen einer Scheidung ertragen zu lernen, war schwerer als das Ertragen von Todesqualen. Der Tod, so unwiderruflich er kommt, ist schnell und sauber. Scheidung oder »der kleine Tod«, wie Vonnegut ihn einmal nannte, bedeutet viele Tode zu sterben.

Wäre ich Witwe geworden, hätte ich mich sicherlich mit bleibender Zuneigung der schönen Zeiten erinnert. Als geschiedene Frau aber stritt ich um Geld, um den Wohnort, um den Gang zur Wäscherei oder zum Supermarkt. Den Tod umgab Würde, während diese andauernde Serie von kleinen Toden jede Würde vernichtete. Da ich mir natürlich nicht wünschte, daß Howie starb, versuchte ich offenbar, mich selbst umzubringen. In den drei Jahren nach der Trennung hatte ich zwei Autounfälle, kam dreimal wegen rätselhafter Erkrankungen ins Krankenhaus und hatte einen Fahrradunfall, bei dem ich besinnungslos liegenblieb.

Ich wachte auf und schaute in einen Kreis besorgter Nachbarn, die sich über mich beugten und einen Rettungswagen holen wollten. Die tiefe Wunde über meinem linken Auge machte ihnen Angst. Ich sah das Blut, aber mir tat nichts weh. »Ich bin in Ordnung!« sagte ich und sammelte die Lebensmittel auf, die mich aus dem Gleichgewicht gebracht hatten. Ein Nachbar bot mir an, mich zur Notaufnahme zu fahren, und empfahl mir, meine Wunde nähen zu lassen. Aber ich lehnte ab. Die Wunde wollte dann nicht richtig zuheilen, und gerade eben fühlte ich es wieder naß und warm über meine linke Wange rinnen. Jemand tupfte daran herum.

Ich hörte Geräusche auf dem Flur und war sehr erleichtert, als ich merkte, daß es die Wachen waren, die ihre Patrouille machten. Hilfe war also zur Stelle. Frauenstimmen ertönten auf dem Flur. Sie riefen einander beim Vornamen, als gehörten sie alle zu einer freundlichen, hilfsbereiten Schwesternschaft. Es war ein ungewöhnlich fröhliches Gefängnis. Angesichts ihrer schrecklichen Tätigkeit war es überraschend, wie oft sich diese Frauen gegenseitig zum Lachen brachten. Sie kamen meistens zu mehreren vorbei und unterhielten sich in einer Art Kurzsprache.

»Dieser Blutandrang gefällt mir nicht«, sagte die Frau, die mir die nassen Wangen abtupfte. »Vielleicht kriegt sie nicht genügend Sauerstoff. Ruf lieber Dr. Greenbaum! Sie scheint wieder eine Menge Flüssigkeit angesammelt zu haben.« Rasch ging jemand auf quietschenden Kreppsohlen aus dem Zimmer. Man rieb mir mit einem warmen Tuch über Gesicht und Hals und wischte mir den klebrigen Ausfluß aus den tropfenden Augen. Die Frau band die Stoffhandschellen los und riß die Klebebänder von den Kanülen in meinen Armen ab. Sollte ich entlassen werden? Ich versuchte aufzustehen und ihnen zu zeigen, daß ich es verdiente, auf Bewährung freigelassen zu werden, aber meine Glieder gehorchten mir nicht.

Jemand wischte mir mit einem warmen Seifenlappen über Arme und Beine, danach mit einem trockenen Tuch. Schließlich wurde neues Klebeband um die Kanülen gelegt, und meine Handgelenke wieder an das Bettgitter gebunden. Ich fühlte, wie die Frau mit den kräftigen Händen einen nachgiebigen Muskel in meinem Oberschenkel durchknetete und danach die Stelle mit kalter, nasser Baumwolle abtupfte. Eine Nadel drang durch die kitzlige Haut, und ich wußte schon, was als nächstes kommen würde. Man würde mich freilassen — ich mußte weitere Träume durchleben.

»Wir müssen noch eine Kanüle am Arm einsetzen.« Das war eine neue Stimme. Gleichzeitig waren wieder Bilder auf der Leinwand. »Dr. Greenbaum hat ein neues Antibiotikum verordnet . . . wir sollen heute damit anfangen.« Wieder bohrte sich eine Nadel in meinen Arm, noch mehr Klebeband wurde darum gewickelt, und eine brennende Flüssigkeit tropfte in meine Vene.

Hatte sie Kanüle gesagt? Oder Schierling? Erfüllte sich jetzt Howies tödliche Vision einer Scheidung? Verzweifelt sah ich zu, wie der Denver-Traum wieder anfing, der Alptraum meiner Sommernächte nach dem Umzug aus Fort Wayne. Er war der letzte Traum, an den ich mich erinnern konnte. Danach hatte ich drei Jahre lang überhaupt nicht mehr geträumt.

Ich steuere eine schmale Gasse entlang in unserem Audi, der braunen Rostlaube, die Howie und ich in diesem Sommer bis zum bitteren Ende fuhren. Ohne jede Vorwarnung bricht der Vordersitz zusammen und fällt auf den Gashebel. Ich kann weder Tempo noch Richtung beeinflussen, und nun läuft mir auch noch ein kleiner Junge über den Weg. Er sieht mich, bleibt aber wie erstarrt stehen, als sei es allein meine Aufgabe, einen schrecklichen Unfall zu verhindern.

Ich trete auf die Bremse, aber sie ist durch das verrostete Bodenblech gefallen. Die einzige Möglichkeit, das Kind zu retten, besteht darin, direkt auf eine der Mauern zu beiden Seiten der Gasse abzuschwenken. Mit hämmerndem Herzen sause ich auf die linke Wand zu und habe in der Zehntelsekunde vor dem Aufprall einen schrecklichen Gedanken. Nicht an den drohenden Tod, sondern daran, daß der Wagen nicht versichert ist. Ich frage mich, wie ich den Schaden bezahlen soll.

Plötzlich stehe ich neben dem Wagen. Die Vorderseite ist bis zur Lenksäule eingedrückt. Ich bin blutüberströmt, spüre aber nichts. Ich werfe einen Blick auf die Stelle, wo das Kind gestanden hat, und sehe eine dunkle Gestalt mit dem Kopf nach unten daliegen. Ich renne zu dem reglosen Körper, der aber im gleichen Tempo vor mir zurückweicht. Ich renne immer schneller, bis die scharfen Stiche in meinen Rippen so stark werden, daß ich zu Boden falle.

Als ich die Augen wieder aufschlage, liegt die reglose Gestalt rechts neben mir. Ich drehe sie um. Wie in einer grausigen Szene aus einem Hitchcock-Film wird sie zu einer Puppe mit zerbrochenem, aber immer noch lächelnden Porzellangesicht und zwei eiskalt blauen Augen, die in verschiedene Richtungen starren.

Die Gasse füllt sich immer mehr mit diesen grotesken, zerbrochenen Puppen – bei jedem Schritt trete ich auf sie. Verzweifelt versuche ich aus dieser gespenstischen Puppengasse zu ent-

rinnen. Eine alte Frau in Schwarz, die den Unfall mitangesehen hat, kommt schweigend auf mich zu. Sie sieht, wie mir das Grauen zusetzt, scheint aber selbst keinerlei Angst zu haben, als wäre sie daran gewöhnt, auf einem Friedhof von zerbrochenen Puppen zu leben. Ich frage sie, wie ich hier herauskomme, und sie zeigt auf die Ziegelmauer.
Ich sehe weder die Tür noch Fenster, aber ich taste die Ziegelsteine ab, und plötzlich befinde ich mich in meinem Zimmer. Ich schaue nach einem Telefon, um den Unfall zu melden. Aber wenn ich die Geschichte beschreibe, wird mir die Polizei bestimmt nicht glauben ... Ich bin fast erleichtert, als ich kein Telefon finde. Bis auf eine Schüssel mit zerbrochenen Tongefäßen, die mitten auf dem Fußboden steht, ist das Zimmer leer. Wieder erscheint die Alte und deutet wortlos auf das kaputte Geschirr. Ich weiß, daß ich es wegschaffen soll. Irgendwie steht es in Zusammenhang mit den zerbrochenen Kindern draußen. Mein Herz fängt wieder wild an zu schlagen, denn es bleibt mir fast keine Zeit mehr, sie zu retten.
Ich sehe mich nach einem Ort um, an dem ich die zerbrochenen Splitter verstecken kann. Das Zimmer hat aber weder Papierkorb noch Abfalleimer, und ich habe keine Taschen. Mir bleibt keine Wahl, als die scharfen Stücke in den Mund zu stecken und hinunter zu schlucken.
Es schmerzt nicht, aber ich weiß, daß ich mein Interesse damit kaputtmache. Ich schlucke immer mehr Splitter, bis ich auf den Boden der Schüssel stoße, auf dem lange Glasscherben in einer dünnen Wasserlache schimmern. Wenn ich diese Mischung austrinke, bin ich mit Sicherheit tot, aber für jemanden, der nicht versichert ist, ist das die einzige Möglichkeit, den Schaden zu bezahlen. Ich habe die ganzen Tonscherben hinuntergeschluckt, aber das alles hat keinen Sinn, wenn ich das Glas nicht auch noch verschlucke.
Ich nehme die längsten Scherben und stecke sie mir in den

Mund. Meine Finger fangen an zu bluten, und ich fühle, wie es mir in die Kehle tropft. Dann halte ich die Schüssel mit beiden Händen und trinke den Rest aus. Wieder spüre ich diese seltsame flüssige Empfindung – Vorbote der Geburt oder des Todes? –, und mich schaudert heftig.

Ich erwachte mit einem Ruck aus diesem Alptraum in Denver. Laut pochte mir das Blut in den Ohren und neben meinem Bett stand Ryan und schüttelte mich an der Schulter. Mit sieben Jahren hatte er selbst mit Alpträumen zu kämpfen. Es war der Monat vor der Versetzung in eine neue Schule, und er fürchtete, dort vielleicht keinen Freund zu finden. Außerdem hatten seine Eltern angefangen, sich merkwürdig zu benehmen. Am Tag konnte er sich diese Ängste noch vom Leib halten. Dafür packten sie ihn nachts, wenn er schlief.

»Mom, ich habe einen schlimmen Traum gehabt«, sagte er und weckte mich vollends. »Kann ich bei dir schlafen?« Ich hob die Decke, und er kroch zu mir. Er drückte seinen Rücken an die Wölbung meines Körpers, ich legte die Arme um ihn, wiegte und küßte ihn.

»Tut mir leid, Käferchen«, beruhigte ich ihn. »Wovon handelte der Traum?«

»Ich bin gefallen . . .«, sagte er, und allmählich wurde seine furchtbebende Stimme sicherer. »Ich bin gefallen . . . und konnte nicht anhalten.« Er beschrieb einen Alptraum, der sich bei ihm schon seit einer Woche jede Nacht wiederholte.

»Nun, jetzt bist du okay«, sagte ich und zog ihn eng an mich. Ich hatte mich noch nicht von meinem eigenen Traum erholt und verlangte nach Sicherheit. Ein Gebet kam mir in den Sinn, mit dem man Kinder in den Schlaf einlullte. Aber ich verwarf es, weil es diese Zeile enthielt:

»Wenn ich sterben sollte, bevor ich wieder erwache«. Das erschien mir zu unheilverkündend für uns beide.
Von wem stammt überhaupt die Idee, Kinder jeden Abend an den Tod zu erinnern? Da das Gebet nicht in Frage kam, suchte ich bei Filmen nach einer Eingebung, und mir fiel Ryans Lieblingsstelle aus *Superman* ein, wo der Held durch die Luft rauscht und die erschrockene Lois Jane auffängt, die aus einem Wolkenkratzer gefallen ist. Wir hatten ihren kurzen Dialog schon dutzendfach wiederholt.
»Keine Sorge, Miß, ich halte Sie fest«, flüsterte ich Ryan ins Ohr und imitierte, so gut ich konnte, den Mann aus Stahl. Er erkannte die Stelle, knurrte vergnügt und sagte prompt: »Sie halten mich fest?« Er ahmte Lois Lanes verblüffenden Tonfall nach. »Und wer hält Sie fest?« Ich fühlte seine Rippen von einem zufriedenen Lachen beben, und bald atmete er im tiefen, langsamen Rhythmus des Schlafs. Ich strich ihm leicht über die Haare. Ich war noch nicht so weit, auch schlafen zu können.
Für eine nicht versicherte Frau, die eine Scheidung erwägt, war die Frage: »Und wer hält Sie fest?« von weitaus größerer Bedeutung, als sich Ryan vorstellen konnte. Ich wünschte die Gnade des Glaubens zu haben. Ich wünschte mir, beten zu können, dann hätte ich St. Judas, den Schutzpatron für hoffnungslose Fälle, angerufen. Aber statt mich der Religion zuzuwenden, hatte ich mir Drehbuchzeilen aus Hollywood geborgt und mich auf Superman verlassen, um mich von den Nöten zu erlösen, die mich mitten in der Nacht erschreckten. Für eine Feministin war das eine ziemlich kompromittierende Situation
»Mary Kay«, rief eine Frau und tätschelte mir leicht den Arm. Die Wachen hatten inzwischen begonnen, mich beim Namen zu rufen und mir vorher zu sagen, was sie zu tun gedachten. »Es wird etwas weh tun«, sagte sie und schien

wirklich zu bedauern, daß sie den Befehl hatte, mich wieder zu foltern. »Wir müssen Sie absaugen.« Beruhigend fügte sie hinzu. »Es dauert nur eine Minute.«
Absaugen? Wie vieler Verbrechen war ich noch angeklagt? Bevor ich meinen armen Körper auf den Schmerz vorbereiten konnte, hatte man den Apparat angestellt. Meine Brust hob sich, als ein starker Schlauch die Flüssigkeit aus meinen Lungen holte. Ich spürte die Glassplitter und Tonscherben über das zarte Gewebe meiner Kehle schaben. All die zerbrochenen Stücke, die ich schmerzlos geschluckt hatte, wurden nun unter höllischen Qualen wieder entfernt. Der Schlauch gurgelte laut, bis mein Brustraum trocken war und die Maschine mit einem Klicken stoppte. Die Plastikröhre wurde wieder in meinem Mund befestigt, pumpte ihre heißen Chemikalien in die Lungen und verbrannte das bloßliegende Gewebe meines Inneren. Als der Schmerz schließlich nachließ, merkte ich, daß mein Bett sich bewegte.
Ich wurde durch einen langen Korridor gerollt. In einem gleichmäßigen Lichtmuster wurde es über meinen geschlossenen Lidern abwechselnd hell und dunkel. Das Bett wurde in der Nähe von Maschinen abgestellt, die wie alte Fernschreiber aus einer Zeitungsredaktion tickten, während zwei, drei Leute ausführliche Pläne für mich besprachen. Dann geschah etwas ganz Erstaunliches: Eine Frau verpaßte mir eine Heimdauerwelle!
Das war ein verdammt eigenartiges Gefängnis! Erst saugten sie mir die Lungen ab, dann frisierten sie mich. Ich konnte kaum glauben, daß eine Frau mir die Haare kämmte, sie gleichmäßig teilte und mir dann eine dicke, kalte Paste auf die Kopfhaut schmierte. Mir fiel die scheußlichste Dauerwelle meiner Jugendzeit ein. Damals saß ich zwei Stunden lang dampfend und mit unzähligen Lockenwicklern ange-

tan unter einer stinkenden Kunststoffhaube im Keller einer Nachbarin.

Sie läßt mich zu lange darunter. Wenn sie nicht bald wiederkommt, werde ich aussehen wie ein struppiger Hund. Ich habe Mom gleich gesagt, daß es keine gute Idee ist. Als sie mir das letzte Mal von dieser Toni die Kopfhaut hat versengen lassen, mußte ich meine Haare unter einem Kopftuch verstecken, weil sie nach allen Seiten im rechten Winkel hochstanden. Sie hatte mir versichert, die Nachbarin verstünde ihr Geschäft und hätte früher in einem richtigen Schönheitssalon gearbeitet. Ich höre oben ein Baby weinen. Ich glaube, sie hat mich hier vergessen. Ich zähle jetzt bis zehn, wenn sie dann noch nicht zurück ist, nehme ich mir die Wickler selbst ab.
Endlich kommt sie und löst die Lockenwickler. »Es ist etwas fest geworden«, sagt sie. Etwas fest! Mein Kopf liegt unter einer dicken Brillantineschicht! Ich werde total blöde aussehen. »In ein paar Wochen wird es wieder weicher«, sagt sie nervös und reicht mir einen Spiegel. Als ich ihn zurückgebe, hasse ich sie von ganzem Herzen. Dann gebe ich ihr das Geld von Mom. Ich komme mir vor wie das Opfer einer Verschwörung, die sich zum Ziel gesetzt hat, mir die Frisur zu verschandeln. Sie sagt Danke, ich verschlucke das »Bitte« und marschiere wütend die Treppe hoch.
Auf dem Heimweg probe ich sechs Querstraßen lang, was ich meiner Mutter sagen werde. Ich denke dabei an die schmutzigen Wörter, die ich auf dem Hof in der Schulpause aufschnappte und von denen ich – leider nicht genau weiß, was sie bedeuten. Aber unklar darf ich mich jetzt nicht ausdrücken! Während ich wutentbrannt den Bürgersteig entlanggehe, ruft die Nachbarin bei meiner Mutter an und warnt sie vor dem Häufchen Unglück, das im Anmarsch ist.
»Hoffentlich bist du jetzt zufrieden!« heule ich und werfe die

Tür zu. Etwas Beleidigenderes ist mir nicht eingefallen, aber meine Mutter ist auch so wie vom Donner gerührt. Den Eltern zu widersprechen, ist bei uns streng verboten. Früher hat man uns zur Strafe einen Seifenriegel in den Mund geschoben, aber dafür bin ich heute schon zu groß. Ohne zu überlegen, schlägt mir Mutter ins Gesicht. Gleich darauf schaut sie entsetzt ihre Hand und dann mich an. Seit fünfzehn Jahren hat sie keines ihrer Kinder geschlagen. Diese Heimdauerwelle stürzt uns also in einen tiefen Mutter-Tochter-Konflikt, und wir beide sind erschrocken über die Folgen meiner Eitelkeit.

War es also Eitelkeit, die mich in dieses Gefängnis gebracht hatte? Warum sonst würden sie mich mit einer Heimdauerwelle bestrafen? Es mußte Eitelkeit sein. Ich hatte »den Kopf zu hoch getragen«. Davor hatte mich Kay schon in meiner Jugendzeit immer gewarnt.

»Vielleicht kannst du nichts dafür«, hatte Frank gesagt, als ich ihn in Duning besuchte. »Aber vielleicht sollst du auf dieser Reise lernen, was Eitelkeit und Neid bedeuten.« Meine größte Eitelkeit war die vehemente Fürsorge, mit der ich mich um Menschen kümmerte, die mich nie um meine Hilfe gebeten hatten. In meinem gegenwärtigen Lähmungszustand dämmert mir, daß mich die Eitelkeit verleitet hat, die ich nie erfüllen konnte.

8. KAPITEL

Unregelmäßige Gehirnströme

Dr. Dennis Greenbaum, Chef der Intensivstation am St.-Vincent-Krankenhaus nutzte die Autorität seiner gewichtigen Stellung so wenig, daß ihn ein Fremder leicht für den Hausmeister halten konnte. Er war ein kleingewachsener, leise sprechender Mann, dessen Krankenhaustracht aus einem wollenen Sporthemd und weiten Hosen bestand. Das Stethoskop steckte in der Gesäßtasche, lässig wie der Schraubenzieher eines Handwerkers. Nur bei seltenen Gelegenheiten hielt es Dr. Greenbaum für angebracht, einen weißen Ärztekittel zu tragen. Dann ähnelte er dem Lieutenant Columbo, weil er wie er hinter dem leichten Grinsen und der sorgenvoll gefurchten Stirn einen raschen, aufmerksamen Verstand verbarg. Gelocktes braunes Haar wucherte ungepflegt auf seinem Kopf. Vielleicht aus Absicht und als Ausdruck von Exzentrik, vielleicht hatte es sich aber auch nur zufällig ergeben bei einem Mann, dessen Pflichten ihm kaum Zeit für einen Friseurbesuch ließen. Alles in allem machte er zunächst den Eindruck eines Clowns, der aber auch ein Genie sein konnte.

Larry hatte natürlich Erkundigungen über ihn eingezogen, da er immer noch erwog, mich ins Mount Sinai verlegen zu lassen. Er hatte Dr. Alvon Tierstein angerufen, den berühmten Lungenspezialisten, der mich im vergangenen Monat untersucht hatte, fragte Tierstein: »Sie ist jetzt im St.

Vincent?« Laut überlegte er weiter: »Wenn sie auf die Intensivstation kommt, ist sie bei Greenbaum. In dem Fall hat es wirklich keinen Sinn, sie irgendwo anders hin verlegen zu lassen.« Nach einer Pause setzte er noch einmal mit Nachdruck fort: »Er ist unheimlich gut. Einer der Ärzte, die ich konsultieren würde, wenn wir hier Schwierigkeiten hätten.«

Nach drei Monaten Aufenthalt in New York verstand Larry unter »unheimlich gut« automatisch »äußerst schnell«. Aber nach dem hektischen Betrieb in der Notaufnahme staunte er nicht schlecht über die ruhigere Atmosphäre auf der Intensivstation. Ohne Eile schritt hier der Chef gemächlich von einem Krisenpatienten zum nächsten. Dieser hatte Aids, jener Diabetes, und wenn sich der Zustand eines Patienten besserte, warteten schon andere auf das freie Bett. Greenbaum ging seiner Arbeit mit dem gemessenen Schritt eines Marathonläufers nach, der seine Energien sparsam auf eine Strecke verteilt. Bei Koma-Fällen ging es oft erst nach dem Ziel richtig los, d.h. wenn man den Körper eines Patienten gerettet hatte, stand man vor der mühseligen Aufgabe, seinen Geist zu heilen.

Nach Dr. Greenbaums Überlebensstrategie mußte jemand, der mitten in diesem menschlichen Leid arbeitete, keinesfalls die Schmerzen der Patienten mitempfinden, wenn er überhaupt von Nutzen sein wollte. Seine persönliche Abwehrwaffe bestand in einer Art kauzigen, unpersönlichen Humors — »Lachen ist genauso ehrenswert wie Tränen.« Damit deckte er auch den kleinen Trupp von Ärzten und Assistenten, die mit ihm durch die Intensivstation rotierten, verschwenderisch ein.

Zuweilen hörte ich in meinen Träumen, wie sich über dem leisen Gemurmel einer anrückenden Armee eine Stimme erhob und herzliches Gelächter über den Flur schallte. Der

Chef der Intensivstation war eine Art Wunderheiler, der die anfälligen Mitarbeiter immun machte gegen die Verzweiflung, und dabei verließ er sich in der Hauptsache auf einen Witz. Seine glänzenden Fähigkeiten als Arzt, sein unerschütterlicher Humor und seine große Ausdauer machten Dr. Greenbaum zu einem wertvollen Bundesgenossen der schwerkranken Patienten. In meinem Fall erwies sich noch eine weitere Eigenschaft als unentbehrlich: Er hatte eine hohe Toleranzschwelle für die Gefühlswallungen von Angehörigen. Er duldete nicht nur deren starke Emotionen, er unterstützte sie noch. Ich weiß nicht, ob Greenbaum die glückliche Wirkung ahnte, die das auf meine Träume hatte. Jedenfalls entsprach er sofort Larrys Bitte, die Besuchsstunden für Gina und ihn zu verlängern. Am Montagnachmittag hing deutlich sichtbar im Schwesternzimmer ein Zettel, der ihnen freien Zugang gewährte. So wurden Larry und Gina rasch zusätzliche Mitarbeiter,, die schon um acht Uhr morgens zu ihrer Schicht eintrafen und bis Mitternacht blieben.

Ein Koma-Patient, der ohne Stimme, Gesten und bar jeden mimischen Ausdrucks daliegt, hat so viel Persönlichkeit wie eine Scheibe rohes Fleisch. Von Schläuchen umgeben lag ich da im Krankenhaushemd, nur ein Plastikband ums Handgelenk, das aussah wie die Papiermanschette an einem Lammkotelett, gab Auskunft über meine Identität. Dachte man sich noch den Atemschlauch in meinem Mund ersetzt durch ein Petersiliensträußchen, ergab das eine ungefähre Vorstellung von meiner Ausstrahlung als Person.

Zugegeben, die Angestellten behandelten dieses Fleisch mit Sorgfalt, aber erst Larry und Gina holten die abwesende Seele zurück. Sie stellten Fragen und gaben Auskünfte. Sie lächelten und drückten ihre Dankbarkeit für erwiesene Freundlichkeiten aus. sie brummten oder stöhnten, wenn sie glaubten, ich empfände Schmerzen. Menschliches Mitgefühl hat etwas Ansteckendes, und wenn ein anonymer Patient zum Objekt so großer Liebe wird, hat das Auswirkungen auf das Klinikpersonal.

Den Nachtschwestern war schon Larrys ungewöhnlich starke Verehrung aufgefallen, mit der er während seiner ersten langen Wache aufmerksam mein Gesicht beobachtet hatte. Schwester Jessica war gerührt von der stillen und doch beredten Sehnsucht, mit der er stundenlang meine Hand hielt. Sie erkannte sofort, was das für mein Leben bedeuten mußte. Frauen sind sehr empfänglich für Liebesbeweise, um die sie nicht zu bitten brauchen. »Sie ist eine glückliche Frau«, sagte Jessica zu Gina. »Sie hat einen wunderbaren Mann.«

Die Tagesschicht vermerkte, daß sich seit Ginas Eintreffen mein Teint und mein Aussehen gebessert hatten. Sie las mir vor, hielt Monologe oder kämmte mein Haar zu einer neuen Frisur (»M.K., heut' geh'n wir mal als Punk, was meinste?«) Sie erledigte auch die anderen kleinen Eitelkeiten einer Frau, für die die Schwestern keine Zeit hatten. Gina nahm meinem Zimmer das sterile Aussehen, brachte Musik und Bücher mit und stellte einen Sessel aus dem Flur herein. Sie führte Gespräche, stellte Fragen und beantwortete sie an meiner Stelle, oft mit einem Scherz. Was aber am meisten ins Gewicht fiel, war Ginas Glaube — ihr absoluter Glaube an mein Überleben, der auch nicht wankte, als alle Anzeigen dagegen sprachen.

Am Mittwochmorgen hatte das Insulin den gefährlich hohen Glukosespiegel gesenkt. Durch die intravenösen Kanülen flossen starke Antibiotika in meine Blutbahn und näherten sich den feindlichen Stellungen, die man bei Labortests und Röntgenaufnahmen ausfindig gemacht hate. Dr. Greenbaum erklärte Larry sein »Erstaunen« darüber, daß man mir in Ann Arbor zwar einen Abfluß zwischen die Rippen gesteckt, aber keine Antibiotika zum Schutz gegen unerwünschte Eindringlinge verordnet hatte. Die Röhre sei vom medizinischen Standpunkt aus etwa einem vierspurigen Highway für Bakterien vergleichbar, und nach drei Monaten ungehinderter Immigration hätten sich fünf verschiedene Kolonien — einschließlich eines sich überaus stark vermehrenden, Lungenentzündung erzeugenden Stamms — in meinen Lungen angesiedelt.

»Sie muß eine sehr widerstandsfähige Frau sein«, meinte ein Assistenzarzt nach Besichtigung der Tabellen und erkundigte sich bei Gina, wie ich es fertiggebracht hatte, vor sechs Tagen ein Flugzeug zu besteigen und dabei noch einen Haufen Gepäck mitzuschleppen. Eine Schwester, die mir eine zweite Dosis Valium in den Arm spritzte, nachdem der erste Schuß nicht ausgereicht hatte, um meine zuckenden Gliedmaßen zu beruhigen, sagte: »Sie scheint ein richtiger Kämpfertyp gewesen zu sein.«

»Was soll das heißen: *gewesen?*« fragte Gina beunruhigt. »Sie *ist* es! Meine Schwester *ist* ein Kämpfertyp!«

Die große Bedeutung, die Gina der richtigen Wortwahl beimaß, hatte Auswirkungen auf das Personal, das künftig nicht mehr in der Vergangenheitsform von mir sprach. Außerdem sorgte Gina dafür, daß man mich direkt anredete und nicht in der neutralen dritten Person. »Sagen Sie nicht ›sie‹, wenn Sie in ihrem Zimmer über sie sprechgen! Sie müssen sie in die Unterhaltung einbeziehen — sie kann doch hören. Gebrauchen Sie Ihren Namen, sagen Sie ›Mary Kay‹! Meine Schwester ist eine hochintelligente Person — das richtige Wort ist ausschlaggebend für sie. Sie ist Journalistin.« Gina glaubte, daß mein Schweigen eher auf meinen Beruf als auf die Diabetes und die Lungenentzündung zurückzuführen war. Sie hielt das Personal für fähig, meinen

Körper wieder zum Leben zu erwecken und sah ihre eigene Aufgabe darin, meine Seele zu erreichen.

Obgleich die Laborberichte bis Mitte der Woche keine durchgreifenden Veränderungen ergeben hatten, bemerkten alle eine leichte Besserung meines Zustands. Ich war zweifellos immer noch schwerkrank, galt aber nun als »glücklich« und »lebhaft«, vielleicht sogar als »liebenswert«. Plötzlich war ich ein Mensch mit Vergangenheit geworden, und angesichts der großen Zahl von Telefonanrufen und Briefen, die mich erreichten, war ich wohl auch ein Mensch mit Zukunft.

Die Ferngespräche aus Florida, Indiana, Illinois, Michigan, Colorado, Kansas, Kalifornien und Kanada hielten die stark beanspruchte Telefonistin einigermaßen in Atem. Larry und Gina hatten eine Art Auskunftszentrale eingerichtet, gaben täglich eingehende Bulletins durch und sammelten die Genesungswünsche.

»Wer ist denn das?« fragte ein Krankenhausbote neugierig, als er wieder einmal eine große Ladung Post in meinem Zimmer abgab.

»Meine Schwester«, antwortete Gina zerstreut, aber mit deutlichem Nachdruck auf dem, was sie augenblicklich für die Hauptsache hielt.

Der junge Mann sah sie verwirrt an. »Die Jungs in der Postzentrale glaubten, sie ist so eine Art Berühmtheit«, sagte er. So verbreitete sich im Krankenhaus das Gerücht, ich sei eine Siegernatur. Ein Etikett, das mir die treue Unterstützung von wildfremden Menschen einbrachte. Auf den Schlachtfeldern der Intensivstation lagen gewöhnlich die Verlierer, insofern erhitzte die Aussicht auf eine Siegerin die Gemüter des Personals. Sie sprangen gewissermaßen auf den fahrenden Zug, obwohl er immer noch führerlos auf den Klippenrand loszurasen schien.

»Die heutige Besprechung drehte sich ausschließlich um sie«, sagte Jessica am Mittwoch zu Gina. »Ich weiß, daß Sie sich große Sorgen machen. Aber wenn einer sie retten kann, dann ist es Dr. Greenbaum. Wir glauben alle, daß sie durchkommt.« Der Glaube, diese magische Kraft meiner Familie, hatte auch die vernunftorientierten Mitglieder der Krankenhausgemeinschaft angesteckt, und so flößten mir die Schwestern nicht nur die verordneten Injektionen ein, sondern auch eine ganze Litanei von Gebeten.

»Wir müssen etwas tun für dieses Mädchen«, flüsterte eine Schwester und entfernte behutsam die Klebestreifen um meinen Mund. Dann rief sie über die Schulter einer Kollegin zu: »Ich brauche ein neues Mundstück für den Atemschlauch. Sie hat schon wieder eins durchgebissen.«

Mein Blutbild stabilisierte sich, aber ich wachte nicht auf. Dr. Greenbaum ordnete weitere Labortests, EKGs und Röntgenaufnahmen an, und der ohnehin schon dichte Verkehr von weißen Kitteln um mein Bett verdoppelte sich. Gina mußte häufig draußen warten und erkundigte sich deshalb am Mittwoch telefonisch, wann ich wieder »frei« sei. Sie erfuhr, daß sich leider über Nacht neue Flüssigkeit in meinen Lungen angesammelt hatte und der erste Tagesbefehl damit lautete: Absaugen.

Gina wußte, daß das Absaugen die Sauerstoffaufnahme verbesserte und wichtige Flüssigkeitsproben für das Labor lieferte, aber sie haßte es, dabei zuzusehen. Beim erstenmal hatte sie schon Höllenqualen ausgestanden, als man mir den Saugschlauch in den Hals einführte. Dann hatte das Absaugen begonnen und damit der Sturm unerträglicher Schmerzen. Eben noch regungslos daliegend, schien ich in plötzlicher Pein zu explodieren. Überwältigt von dem Gedanken, nichts für mich tun zu können, hielt Gina meine Hand fest umklammert. Als jüngstes Familienmitglied hatte sie noch nie an der Front gedient und empfand bitter ihre Unerfahrenheit.

»O Gott, um welche Zeit?« fragte sie, als sie erfuhr, daß die Prozedur wieder fällig war. »Ich muß ihr beistehen . . .«

»Es ist schon vorbei«, sagte die Schwester, »und es geht ihr gut.« Da ich noch immer unter dem Einfluß starker Beruhigungsmittel stand, hatte man die Messung meiner Gehirnströme auf den späten Vormittag verschoben, eine Untersuchung, die mehrere Stunden in Anspruch nahm. Dr. Greenbaum hielt es für günstig, eine genaue Landkarte des Organs zu bekommen, zu dem er den Kontakt herstellen wollte. Er zog also Dr. Mary McLarnen, die Chefin der Neurologie, zu Rate. Den größten Teil des Vormittags sollte ich unter deren Obhut sein, da man mehrere Computerausdrucke brauchte.

»Gehirnströme messen — tut das weh?« fragte Gina. Es war ihr peinlich, keine Ahnung von den Fachausdrücken und Vorgängen im Krankenhaus zu haben.

»Aber nein«, versicherte die Schwester, »dabei spürt sie kaum etwas.« Man würde mehrere Elektroden an bestimmten Stellen meiner Kopfhaut anbringen. »Das ist, als ob ihr vierundzwanzig kleine Finger den Puls fühlen«, erklärte die Schwester. »Sie wird in sehr kompetenten Händen sein. Dr. McLarnen ist eine tolle Neurologin. Sie werden sie auch mögen.«

Diese Versicherung tröstete meine Schwester, und die weichen Konsonanten in Mary McLarnens Namen taten ein übriges. Wenn die geheimen Gebiete meines Hirns schon offengelegt und erforscht werden mußten, war es wenigstens erfreulich, daß die Expeditionsleiterin selbst eine Irin war. Da ich also den ganzen Vormittag über für Besucher nicht zu sprechen war, beschloß Gina diese Zeit zur eigenen Erholung zu verwenden, denn auch ihre Batterien waren unterdessen ziemlich leer. Frisch aufgeladen, betrat sie am späten Nachmittag meine Zelle und rief fröhlich: »Hallo, Süße, ich bin wieder da! Was für ein Tag!« Sie hatte mit Ellen zusammen gefrühstückt, und nach einem sehr befriedigenden Gespräch zwischen verwandten Seelen waren beide zu Fuß durch den Eismatsch dieses Märztages zur Redaktion von *Ms.* am Times Square gegangen. Ellen hatte bemerkt, daß Ginas Mokassins durchgeweicht waren, und schlug vor, gemeinsam ein paar Stiefel zu kaufen. Einkaufen war für Gina keine ernsthafte Beschäftigung, bei der man eine Liste der dringenden Besorgungen abhakte, sondern eine Art Reise durch die amerikanische Kultur, bei der man Kleidungsstücke anziehen und Geräte ausprobieren konnte. Und je seltsamer und verrückter die Dinge waren, umso mehr Spaß hatte sie daran.

»Wir haben einen fabelhaften Laden gefunden!« sprudelte sie jetzt heraus. »Da bringe ich dich auch hin, sobald wir dich hier losgeeist haben. Großartige Schuhe! Ich habe ein Paar Stiefel gekauft — hellgelb!« Ich vernahm ein kurzes, aufgeregtes Rascheln von Karton und Seidenpapier, dann plumpsten ein Paar Stiefel zu Boden. Gleich darauf ertönte das Quietschen von Kreppsohlen.

Ich stellte mir vor, wie Gina jetzt lächelnd auf ihre hellgelb strahlenden Füße hinunterschaute. »Ich wünschte, du könntest sie jetzt sehen«, sagte sie seufzend, voll Bedauern über das Unvermögen ihres Publikums. Aber ich konnte mir ihre Stiefel ziemlich genau vorstellen.

»Der Hang zu ungewöhnlichem Schuhwerk liegt bei euch wirklich in der Familie«, hatte meine Freundin Carolen einmal gesagt. Sie hatte gerade Gina in ihren importierten japanischen Sandalen gesehen, die sie noch größer machten. Breite Plateausohlen ruhten auf parallelen Holzleisten unter Ferse und Zehen — in diese Schuhe konnte man nicht schlüpfen, man mußte sie mehr oder weniger besteigen, und ein Mensch wie ich hätte in diesen Stelzen schwere Unfälle riskiert. Aber Gina, die eine ausgezeichnete Tae-kwondo-Lehrerin war, konnte sich mit großer Anmut darin bewegen. Sie hatte das Gefühl, auf einem Luftkissen zu laufen, und das gefiel ihr. Lachend sagte sie: »So kann man sich wenigstens nie den Absatz abbrechen.«

Auch meine Neigung für verrückte Fußbekleidung war in Fort Wayne berühmt. Joan pflegte mich bei den lokalen »Konferenzen der Hennen« gern vorzustellen mit einer Beschreibung meines Aussehens bei unserem Kennenlernen. »Wir standen mitten in einer ernsthaften Revolution der Frauen, und was schickte uns da Chicago zur Unterstützung? Eine Sahnetorte in pulverblauem Hosenanzug und weißen Schuhen mit roten Äpfeln auf den Zehen. Angebissenen Äpfeln!«

Als ich dann selbst auf politischen Versammlungen sprach, hatte ich die Apfelschuhe längst ausrangiert, aber sie waren eine Zeitlang meine Lieblingsschuhe gewesen. Wahrscheinlich hätte ich sie trotzdem nie gekauft, wenn mich Gina nicht vor meiner Abreise aus Chicago auf Abwege geführt hätte. Sie blieb vor einer bizarren kleinen Boutique stehen, die sie entdeckt hatte, und ihre Begeisterung für die ungewöhnlichen, ausgesprochen exzentrischen Auslagen war ansteckend.

»Sie dir mal die an, M.K.«, hatte sie gesagt und auf ein Paar hellgelb und schwarz karierte Schuhe gezeigt, die vorn mit vier kleinen, seitlich festgenähten Lederreifen ausgestattet waren. »Sind sie nicht großarrig?« Es hatte wenig Sinn, sie darauf aufmerksam zu machen, daß sich einer erwachsenen Frau selten ein Anlaß bietet, mit zwei Taxis an den Füßen auszugehen. Gina probierte die Schuhe an, schaute in den Spiegel und legte spontan einen Tanz aufs Parkett, mit

Schiebe- und Gleitschritten, eine feurige Vorstellung irgendwo zwischen den Andrew- und den Pointer-Sisters. Sie brachte den ganzen Verkaufsraum zum Lachen, sie war blendend in Form.

Einmal waren wir mit Kay verabredet, verspäteten uns aber, weil wir uns zu lange im Kaufhaus aufgehalten hatten. Dort fanden sie uns dann. »Ich weiß immer, wo ich euch aufspüre«, sagte sie. »Erst probiere ich es in der Schuhabteilung, dann bei den Hüten, und schließlich folge ich einfach dem Gelächter.«

Mit Hüten gab Gina prachtvolle Solovorstellungen. Sie zog sich ein Barett schief in die Stirn, ließ die Lider träge hängen und imitierte mit deutschem Akzent und laszivem Schmollmund Marlene Dietrich. Oder sie setzte einen weichen Filzhut auf, klappte die Krempe nach oben und verwandelte sich in den einfältigen, schlaksigen Norton von den »Honeymooners«. Mit Paul hatte sie schon sehr überzeugende Darstellungen von Art Carney und Jackie Gleason einstudiert. Dabei führte einer beim anderen Regie (»Nein, halt mal, so mußt du's machen!«), und danach bogen sie sich vor Lachen. Bisher hatte sie jedoch ihre Privatvorstellungen auf den Familienkreis und einige Modegeschäfte in Chicago beschränkt, jetzt aber eroberte sie den Times Square.

»Diese New Yorker . . . sind sie nicht unglaublich?« fragte sie zärtlich wie eine verliebte Frau und schilderte, wie sie Ellen zu *Ms.* begleitet hatte und dann den Broadway entlang gewandert war. Die Menschen auf der Straße und ihre Gespräche hatten sie fasziniert. »Hier hat man nie das Gefühl aufzufallen«, sagte sie und dachte dabei wohl an die Taxischuhe, »weil immer irgendein anderer noch auffallender aussieht.« Sie hatte den Geruch der Fußgängerzonen geatmet und die unterschwelligen Begierden und Sehnsüchte gespürt. Wer rasch seine Unschuld loswerden wollte, brauchte nur nach New York City zu kommen.

»Manhattan wimmelt von Leuten, die irgendwo anders auf alles verzichtet haben und gekommen sind, um eine Freistatt, eine Erfüllung, einen großen oder kleinen Gral zu finden«, hatte E.B. White geschrieben und die City, »das Konzentrat von Kunst und Geschäft, Sport und Religion, Unterhaltung und Handel genannt.« Die Neuankömmlinge hatte er gewarnt: »Die Stadt kann einen Menschen vernichten, oder sie kann ihn aufsteigen lassen. Das hängt zum großen Teil vom Glück ab. Niemand sollte seinen Wohnsitz in New York nehmen, der nicht fest entschlossen ist, hier sein Glück zu machen.« Normalerweise hätte ich diese mahnenden Worte an Gina weitergegeben, aber mein eigenes Glück in New York hatte mich ja sprachlos gemacht.

Nach diesen ersten reizvollen Eindrücken war die Stimmung meiner Schwester noch weiter gestiegen, während des ausgedehnten Mittagessens mit Susan und Carrie, die seit der Kinderzeit zur Familie gehört hatten.

»Ich liebe diese beiden GAMs«, sagte Gina in herzlichem Ton. In unserem Privatlexikon stand GAM für »großartiges altes Mädchen«. Diesen Ehrentitel erhielten die Freundinnen auf Lebenszeit, und Carrie und Susan zählten entschieden dazu. Wir waren von der zweiten Klasse der Highschool an eng befreundet gewesen und hatten uns mehr als zwanzig Jahre lang — in Algebrastunden, bei Schülerbällen, bei bierfeuchten Partys und nach ehrenvollen Auszeichnungen — alle Geheimnisse anvertraut. Wir hatten einander nach aufgelösten Verlobungen, nach Hochzeiten, nach zwei Trennungen und einer endgültigen Scheidung wieder Mut gemacht. Wir hatten bei tragischen Ereignissen wie Wahnsinn und Tod das Leid gemeinsam getragen und die Wunder der Schwangerschaft und Geburt gefeiert. Und wir hatten

uns all die Jahre ohne formelle Schwüre oder Zeremonie die Treue gehalten.
Jetzt trennten uns viertausend Meilen, eine Anzahl kleiner Kinder und drei voll erblühte Karrieren, und die Wiedersehen ergaben sich nicht mehr so spontan wie früher. Wir mußten sie lange vorher planen, Geld und Urlaubszeit dafür aufsparen, von unseren Familien Abschied nehmen und auf Reisen gehen, manchmal bis nach Juneau in Alaska. Gelegentlich mußten wir ein Treffen verschieben oder an einen anderen Ort verlegen, aber es war undenkbar, es ganz abzusagen. Wir brauchten diese eine Woche ungeschmälerter Freundschaft als festen Bezugspunkt.
Ich hatte diese entspannenden Tage besonders nötig, als ich mit meinem sperrigen Gepäck die Maschine nach La Guardia bestieg, mit einem scheußlichen Schlauch, den rätselhaften Röntgenaufnahmen und der Liste von Terminen. Mein Leben schien sich aufzuribbeln wie ein handgestrickter Pullover, der mit einem Faden in Ann Arbor hängen geblieben war und auf dem Weg nach New York City immer weiter auseinanderfiel. Mir standen entscheidende Gespräche und Konferenzen bevor, bei denen meine bloß liegenden Nerven eine schwere Belastungsprobe zu bestehen hatten, und da war es eine Erleichterung zu wissen, mich wenigstens in Gegenwart von Susan und Carrie nicht verstellen zu müssen.
Wir kannten uns von Grund auf — über alle peinlichen und lächerlichen Stadien unseres Werdens in den letzten beiden Jahrzehnten hinweg. Wie berühmt oder bedeutend wir inzwischen auch geworden sein mochten, jede von uns hatte sich um irgendwelche Mitarbeiter, um einen Etat oder eine weitverzweigte Familie zu kümmern, und wenn wir unseren jeweiligen Werdegang Revue passieren ließen, fiel uns beispielsweise ein, daß eine von uns einmal splitternackt im

im offenen Kabrio von San Francisco nach Süden gefahren war und ernsthaft überlegt hatte, sich Rebecca Wildflower zu nennen.

Die wilde Blume war inzwischen bedächtiger geworden und blühte nur einmal im Jahr in New York, Fort Wayne oder Juneau, aber ihre damalige Tat konnte sich immer noch sehen lassen. Ich liebte diese Freundinnen für ihre unglaublichen Leiden und ihre unerschütterliche Zuneigung. Aber am meisten deshalb, weil ich mit ihnen so herzlich lachen konnte.

Larry hatte Carrie in New York angerufen und ihr von meinem Koma berichtet. Zu diesem Zeitpunkt war Susan noch unterwegs von Juneau und hatte gerade in Chicago Zwischenstation gemacht, um ihre Eltern zu besuchen.

»Mein Gott, wie soll ich das Susan beibringen?« klagte Carrie. »Sie wird am Boden zerstört sein, wenn sie das erfährt.« Seit mehr als zwanzig Jahren brachten wir es nicht übers Herz, Susan durch schlechte Nachrichten am Boden zu zerstören. Ihre Begabung lag auf dem Gebiet der Freude und des Vergnügens, und sie war der gute Geist unserer gemeinsamen Tage. Vor Jahren hatte Gina einmal gesagt: »Wenn du von einem Essen mit Susan zurückkommst, siehst du immer aus, als hättest du eine Woche Urlaub hinter dir.« Aber wenn Susan eine Tragödie zustieß, verfiel ihr großflächiges, ausdrucksvolles Gesicht, das nicht mitanzusehen war.

Nun waren also alle Pläne für die Cocktailstunden im 'Rainbow Room' und den Besuch von »Ein Käfig voller Narren« geplatzt. Susan mußte sich erst einen vollen Tag bei Carrie von dem Schock erholen, ehe sie an der Krankenwache im St. Vincent teilnehmen konnte.

»Sie kommen morgen her«, versicherte mir Gina, strich mir über den Kopf und fuhr leise fort: »Es hat sie sehr hart getroffen. Sie lieben dich — und ich soll dich herzlich umarmen.« Sie beugte sich über mich, um das in die Tat umzusetzen, wurde aber wie üblich durch das Beatmungsgerät behindert.

Mit gespielter Ungeduld fragte sie: »Wann hast du diese Sache endlich hinter dir?« Sie hörte sich an wie unsere Mutter, wenn sie sah, daß sich bei einem ihrer Sprößlinge etwas Unheilvolles anbahnte. Einmal, nachdem sie einen übervollen Aschenbecher vom Bridgetisch ausgeleert hatte, hatte sie zu mir gesagt: »Ohne dieses Zeug wärst du viel besser dran.« Ihre eigene Willenskraft war in der Familie legendär. Sie trank zwar gern Kaffee, aber nur eine Tasse pro Tag, im Gegensatz zu meinen fünf oder sechs. Sie rauchte nicht und begnügte sich bei Tauffeiern, Erstkommunionen und irischen Festen mit einem einzigen Whisky sauer. Ihre einzige Schwäche galt Schokoladenriegeln, die sie stets im Sechserpack kaufte und in einer dunklen Ecke der Speisekammer aufbewahrte. Niemand von uns Kindern durfte davon naschen. Das machte uns verrückt, weil sie immer nur einen oder zwei Bissen davon nahm, so daß der Vorrat monatelang reichte. Als sie im mittleren Alter eine Allergie gegen Schokolade bekam, gelang es ihr auch, ohne diese Riegel auszukommen, und wenn sie doch einmal rückfällig wurde, merkten wir es sofort, weil sie einen Tag lang Halsentzündung hatte. Unterdessen hatte sie seit Jahren keine Schokolade mehr angerührt.

Mit meiner Willenskraft war es hingegen schlecht bestellt, wahrscheinlich aufgrund rezessiver Gene. Jede irische Familie, die ich kenne, hat mindestens einen zur Sucht neigenden Angehörigen, der den Sirenen des Genusses nicht widersteht und ihnen für immer verfällt. Ich lebte unter dem Zwang, ständig Kaffee und Zigaretten zu brauchen, dazu Freunde, Gelächter, Umarmungen, Hennen-Konferenzen, Babys, Kinder, Liebe und Sex. Mein Bedarf an diesen Le-

benshilfen war enorm, und da mich erst vor einigen Tagen eine Morphiumspritze in unvorhergesehene Höhen versetzt hatte, sehnte ich mich bereits nach mehr.
Sie hatte mich mit starker Liebe und wundervollem Frieden erfüllt. In dieser magischen Stratosphäre spürte ich keinen Schmerz mehr, und wenn ich überhaupt noch einen Körper besaß, so hatte er keine Grenzen. Das blendend weiße Licht verwischte alle Unterschiede zwischen dem Beginn meines Komas und der wohltuenden Gegenwart. Mir war, als hätte man meinen Körper aus einem beschädigten Postpaket geborgen, ihn vor zerfetzter Haut und überdehnten Nerven befreit, durch sanftes Schütteln von den Resten der Verpackung gelöst und dann in ein warmes, freundliches Licht gehoben.
Von den Klammern des Körpers befreit, war ich selbst zu einem Lichtwesen geworden, und wer in meinen Träumen auftauchte, war auch eine Art glühender Lichtfaden. Als Lichtwesen fühlte ich keins der vertrauten Körpergefühle mehr, abgesehen von einigen kitzelnden Stellen, wo die Schläuche an meiner Haut hafteten. Ich war zweifellos ein glückliches, geliebtes, ein strahlendes Wesen, und das überstieg bei weitem den Glanz früherer gelegentlicher Hochstimmungen.
Das Licht brachte Erkenntnis ohne eigene Anstrengung. Ich brauchte nicht mehr nach neuen Gedanken zu fahnden, sie durch den Filter des Zweifels zu pressen, mich um Widersprüche und Schwächen zu kümmern. Ein Augenblick — und alle Weisheit war in mir. Noch nie hatte ich etwas so Friedvolles erlebt, und deshalb sehnte ich mich danach, das sobald wie möglich wieder zu finden.
Als vor Tagen die grünen Wesen auf meine Brust eingeschlagen hatten, war das Licht verschwunden. Seitdem schwebte ich in einer trüben grauen Wolke über meinem Körper,

durch Drähte und Schläuche an ihn gefesselt, ohne Aussicht, dem Zwang unaufhörlicher Träume zu entfliehen. In meiner getrübten Vorstellungskraft glaubte ich, das wunderbare Licht wiederzusehen, wenn ich den toten Ballast unter mir abstreifen würde.

Nacheinander hatte ich alle körperlichen Funktionen eingestellt. Ich verlangte nicht nach Essen und nicht nach Wasser, hatte nicht mehr den Drang zu pinkeln und nicht einmal das Bedürfnis zu atmen. Nur die schwachen Stricke an meinen Armen hielten mich noch. Aber sie waren leicht zu zerreißen, wenn ich nur diesen dicken, widerwärtigen Schlauch im Mund loswurde. Er war der Anker, der mich nach unten zog.

Immer wieder versuchte ich, die Zähne zusammenzupressen und die harte Kunststoffmasse durchzubeißen. Statt dessen zappelte aber nur mein Knie, oder die Wange zuckte. Oder es geschah gar nichts. Der widerholte Befehl »Beiß zu!« hatte nur unbeabsichtigte Körperzuckungen zur Folge, denn die Schaltzentrale im Gehirn war gestört, die Nachrichtenstränge waren durcheinander geraten. Es erforderte riesige Anstrengungen, auch nur ein kleines Loch in den Schlauch zu beißen. Kopf und Kiefer taten weh, völlig erschöpft mußte ich mich ausruhen und schwebte wieder stumpf in der grauen Dämmerung. Wenn ich dann die Arbeit wieder aufnahm, merkte ich, daß die kleine Rille, die meine Zähne gegraben hatten, verschwunden war. Ich mußte wieder von vorn anfangen.

Nicht nur die Kommunikationsprobleme zwischen den einzelnen Körperteilen war erschreckend, auch meine Konzentrationsfähigkeit war völlig dahin. Jede Stimme, jede Berührung schickte meinen Geist auf Reisen, machte klare Überlegungen unmöglich, und die unaufhörlichen, fesselnden Träume lenkten mich ständig davon ab, den letzten Anker zu kappen. Meine Willenskraft versagte bei jeder Unterbrechung, und Ginas Monologe nahmen mich voll und ganz in Anspruch.

Ihre Erregung an diesem Nachmittag erweckte alte Sehnsüchte in mir. Sie las die Absender der Briefe vor, aber ich wollte alles lesen. Ich wollte von Carrie und Susan umarmt werden. Ich wollte in New York mein Glück machen. Ich wollte Gina in ihren fabelhaften gelben Stiefeln sehen. Ich wollte meine Kinder für mich haben, die weiche Stelle auf ihren Köpfen küssen und ihnen übers Haar streichen. Ich wollte verstanden werden . . . Mit dem Gewicht all dieser Wünsche sank ich zurück in die brennenden Begierden des Körpers und stellte die Arbeit an dem Schlauch wieder ein.

»Nun, hat Dr. McLarnen schon etwas Neues herausgefunden?« fragte Gina, ging ans Fußende des Bettes und nahm die Krankenpapiere zur Hand. Sie blätterte flüchtig die Seiten um und las sie schnell wie ein unbefugter Eindringling, der fürchtet, beim Studium von Gebeimdokumenten ertappt zu werden. Sie wußte, daß die Krankenpapiere allgemein als Klinikeigentum angesehen wurden und nicht von neugierigen Besuchern eingesehen werden durften. Selbst den Patienten gab man selten Erklärungen für die Fachausdrücke, und wer nicht gerade ein medizinisches Lexikon zur Hand hatte, verstand sie auch nicht. Larry war der einzige Laie, der Krankenpapiere so selbstbewußt las, als wäre er berechtigt, sich alle Informationen zu beschaffen.

Als er mich im vergangenen Oktober nach meiner Operation in Ann Arbor besuchte, hatte er sogar laut daraus vorgelesen und die Ärzte gefragt, was bestimmte Ausdrücke bedeuteten. Einmal brachte er nach einer mündlichen Erläuterung sogar Korrekturen an, weil »das Geschriebene nicht klar genug« war. Fünfzehn Jahre lang hatte er als Redakteur ungeschickte Ausdrücke und unnötige Unklarheiten mit dem Rotstift ausgemerzt, deshalb war er eher ungehalten als eingeschüchtert, wenn meine Krankenpapiere für ihn keinen Sinn ergaben.

Gina dagegen reagierte niedergeschlagen. Sie war versucht, auf den freien Rand neben der stark unterstrichenen Anweisung »Kein Morphium!« ihre eigenen unorthodoxen Forderungen für die Wiederbelebung von Koma-Patienten zu schreiben: »Nicht in der Vergangenheitsform sprechen! Keine unpersönlichen Anreden!« Aber als sie die Papiere jetzt in der Hand hielt, sank ihr Vertrauen in diese Theorie auf den Nullpunkt.

»Ich wünschte, ich verstünde etwas von Neurologie«, murmelte sie beim Blättern. Auf dem Weg in mein Zimmer war sie Dr. Watski begegnet, den sie von allen Assistenten Dr. Greenbaums am meisten schätzte, und hatte ihn gefragt, ob er die Ergebnisse der Gehirnuntersuchung schon erfahren hatte. Er hatte Ausflüchte gemacht. Sie seien ungewöhnlich, hatte er vage erklärt, »ganz anders, als wir erwartet haben.« Die Hirnströme seien höchst unregelmäßig, außerordentlich lange Alpha-, aber kurze Beta-Wellen. Vielleicht auch umgekehrt, Gina konnte ihm nicht folgen, zog aber instuitiv den Schluß, daß Dr. Watski stark beunruhigt war. Immer noch blätternd, berichtete Gina weiter: »Ich sagte ihm, unregelmäßige Gehirnströme seien für dich vielleicht normal, M.K., du warst ein Leben lang ›unregelmäßig‹. ›Um ihr Gehirn brauchen Sie sich keine Gedanken zu machen‹, habe ich zu ihm gesagt, ›das ist das Beste an ihr‹.«

Vielleicht hatte sie das wirklich ernst gemeint gegenüber Dr. Watski, aber als sie ihre Worte jetzt für mich wiederholte, schien ihr die rechte Überzeugung zu fehlen. Sie war offensichtlich von anderen Gedanken in Anspruch genommen und legte lange Gesprächspausen ein, während sie weiterblätterte.

»Nodus-Nekrose . . . rheumatischer Faktor positiv . . . erhöhte Blutsenkung . . . infektiöse Empyema«, sagte sie geistesabwesend, als läse sie aus einem spannenden Roman und sei sich ihres Publikums kaum bewußt. »Lungenentzündung . . . Fungi (Pilz) möglich.« Schließlich legte sie die Papiere an ihren Platz und seufzte: »Mein Gott, Mary Kay . . .« Dann fuhr sie flüsternd fort: »Kein Wunder, daß deine Gehirnströme etwas unregelmäßig sind.« Noch einmal seufzte sie tief, und alle Energie schien sie zu verlassen. Sie trat vom Bett zurück, und ich hörte sie mehrmals schnüffeln, während sie in ihrer Handtasche kramte und mit Schlüsseln und Kleingeld klimperte. Schließlich putzte sie sich ausgiebig die Nase, mindestens mit drei Papiertaschentüchern.

Unwillkürlich und ohne an die Gefahr zu denken, die ich damit für meinen Fluchtplan heraufbeschwor, stellte ich mir ihr Gesicht vor. Es zeigte den erschrockenen Ausdruck, den ich schon auf den Gesichtern anderer lieber Menschen wahrgenommen hatte, wenn eine unerwartete Enthüllung sie mit traumatischem Schmerz erfüllte. So hatte Frank ausgesehen während der Behandlung mit den Elektroschocks in Loreto. Oder der Blick des achtzehn Monate alten Ryan, als er in das düstere Innere des Rettungswagens starrte. Larrys Ausdruck vor meinem Dienstzimmer an dem Tag, als er gefeuert wurde. Susans Gesicht, als sie von der Beerdigung ihrer liebsten Freundin in Chicago kam. Howies Miene an dem Abend, als er auf der Treppe stand und erkannte, daß die Scheidung unvermeidlich war . . .

Ich habe nie verstanden, warum sich asketische Mönche mit künstlichen Foltergeräten geißeln oder über glühende Kohlen marschieren, um erleuchtet zu werden, denn das wirkliche Leben bietet doch genügend Möglichkeiten, echten Schmerz zu empfinden. Man sollte die Mönche einmal auf eine Intensivstation schicken — sie wären für minde-

stens ein Jahr bedient! Wozu sich künstlich Schmerzen bereiten, wenn sie uns im Leben ständig begegnen?
Nur wenige Menschen überstehen diese Verzweiflung ohne sichtbare Gemütsdefizite, ohne daß ein Zittern, ein Nervenzucken, ein Ausdruck in ihren Augen zurückbleibt, der sie verrät. Ich hatte mir immer gewünscht, diesen vernichtenden Schmerz nie auf Ginas Gesicht erblicken zu müssen. Ihre Unschuld war so lieblich, so schön, schenkte uns so viel Freude, daß die Familie alles tat, um deprimierende Erfahrungen von ihr fernzuhalten. Und nun kam die Verzweiflung trotz allem, mit besonderer Grausamkeit.
Es war herzzerreißend, sie in die Taschentücher schnauben zu hören, doch allmählich ließen die Geräusche nach, und im Zimmer wurde es geisterhaft still. Ich hatte aufgehört, auf den Schlauch zu beißen, und lauschte angestrengt, um festzustellen, wo in der grauen Dämmerung sie sich aufhielt. War sie in Ordnung? Da ich nichts mehr von ihr hörte, konnte ich sie mir schlecht vorstellen, vielleicht hatte sie aber auch Angst an ihr Gesicht zu denken, jetzt, da sie ihre Unschuld verloren hatte.
Nach einer Weile vernahm ich das leise Tapsen der quietschenden Kreppsohlen auf dem Linoleum. Es klang wie der Schritt einer müden Tänzerin nach der Vorstellung. Am Kopfende des Bettes blieb Gina stehen. Schweigend strich sie mir übers Haar. Dann nahm sie meine Hand hoch und drückte sie an ihre feuchte Wange.
»Aber hat sich Drumpety dadurch beirren lassen?« fragte sie schließlich heiser, in Anspielung an einen Comic-Helden aus unserer Kindheit. »O neiiin«, stöhnte sie, und es hörte sich an, als entwiche mit dem Atem ihre letzte Hoffnung aus der Festung ihres Glaubens in ein Vakuum des Elends, vor dem niemand sie gewarnt hatte.

9. KAPITEL

Bericht über Alph

Ich wäre im höchsten Maße geschmeichelt, wenn Sie einmal einen Exklusivartikel für mich schrieben«, sagte sie. »In möglichst düsteren Farben und sehr, sehr rührend. Kennen Sie sich ein wenig in Leid und Elend aus?«
Ich sagte, nicht besonders, aber ich würde so oder so ständig mehr Leid und Elend kennenlernen und mein Bestes tun, um ihren Wünschen gerecht zu werden. Wir schüttelten uns die Hände.
»Schade, daß wir uns nicht unter günstigeren Umständen kennengelernt haben, meinen Sie nicht?«
Ich bestätigte es. Ich bestätigte es ausdrücklich.
»Leben Sie wohl!« sagte Esme. »Hoffentlich kehren Sie aus dem Krieg unversehrt zurück!«

Am Donnerstagmorgen suchte Gina nach einer Lektüre, die eine bestimmte Aufgabe erfüllen sollte. In einer Krise griffen meine Geschwister alle nach einem Buch, das sie schon einmal getröstet hatte, und blätterten darin, bis sie eine freie Stelle fanden, die ihr Leid milderte oder erklärte. Bei Frank war es *Der Fremde* von Camus. Bei Gina waren es Salingers *Neun Geschichten.*
Im allgemeinen las Gina laut. Sie konnte durch ihre Begabung für regionale Akzente und Sprechweisen ein ganzes Ensemble von Personen imitieren. Aber an diesem Morgen

gelang ihr das nicht. Ihre Erkältung war offenbar schlimmer geworden, und beim Lesen der Kurzgeschichte »Für Esme — in Liebe und Not« klang ihre Stimme wie gebrochen.

Die Geschichte handelt von einem jungen Mädchen, das einem Soldaten Grüße schickt. Der Mann hat an der Front einen schweren Nervenschock erlitten und befindet sich in verzweifelter Stimmung in einer Kaserne. Auch der dreizehn Jahre alten Esme hat der Krieg übel mitgespielt, aber sie will ihren leicht verletzlichen fünfjährigen Bruder vor den grausigen Einzelheiten bewahren. In einem Tearoom im englischen Devon, freundet sie sich mit dem amerikanischen Soldaten an, stellt ihm den kleinen Jungen vor und entschuldigt sich für sein merkwürdiges Verhalten. »Er kann nicht über das Schicksal unseres Vaters hinwegkommen«, erklärt sie und fährt rätselhaft fort: »Er ist in Nordafrika g-e-f-a-l-l-e-n.«

Einige Wochen nach der alliierten Landung in der Normandie versinkt der Soldat in lähmende Depressionen. Er ist Zeuge barbarischer Gewalttätigkeiten geworden, die kein Mensch je vergessen kann, und weiß nicht, wie er sich in der Heimat zurechtfinden soll.

Er bringt es nicht fertig, den Brief seines älteren Bruders zu Ende zu lesen, nachdem er auf den Satz gestoßen ist: »Jetzt ist der verfluchte Krieg ja zu Ende, und du hast da drüben wahrschbeinlich massenweise Zeit — wie wäre es, wenn du den Kindern zwei Bajonette oder Hakenkreuze schickst . . .« Mit erschreckender Klarheit erkennt der Verwundete, daß der Tod von Millionen Menschen letztlich auf ein Schauspiel mit Souveniers hinausläuft.

Dann kam die Stelle, die Gina immer wieder las: Der seelisch gestörte Exsoldat erhält Esmes Brief, der fast verlorengegangen war, weil er ihm über viele inzwischen nicht mehr zutreffende Adressen nachgesandt werden mußte. Er liest ihn und fühlt sich durch Esmes Unschuld erlöst. Überwältigende Dankbarkeit erfüllt sein Herz, als er erkennt, daß wenigstens ein Mensch, der im Krieg einen unersetzlichen Verlust erlitten hat, nicht zynisch geworden ist. Esmes einfache, aufrichtige Zuneigung befreit ihn von seiner psychischen Lähmung und dem »Leiden daran, unfähig zu sein zur Liebe!« Er kann plötzlich wieder schlafen, die Schrecken des Krieges suchen ihn nicht mehr heim, und er schreibt zurück:

»Du bekommst einen ziemlich schläfrigen Mann, Esme. Aber es besteht Hoffnung, daß er eines Tages wieder ganz intakt sein wird, im Vollbesitz seiner Sin. . ., seiner S-i-n-n-e!«

Dieser Wunsch beherrschte auch Gina, als sie meinem regungslosen Körper vorlas. Sie wollte mich unversehrt, intakt, aber beim Anblick meines leeren Gesichts und meiner Willenlosigkeit war ihr klar, daß mir nicht mehr unbegrenzt Zeit blieb, um dieses Ziel zu erreichen. Für den Soldaten aus der Geschichte bedeutete der lange Schlaf die Genesung, mein Tiefschlaf hingegen schien mich immer mehr zu schwächen.

Wenn meine Träume mehr und mehr zu einer düsteren Rückschau auf die bedrückenden Einzelheiten meines Lebens wurden, würde es mir immer schwerer fallen, aufzustehen und weiterzuleben.

»Mary Kay, wach auf!« rief sie, wie jeden Morgen nach dem Lesen. »Los, mach schon, Schwesterchen! Wir haben nicht den ganzen Tag Zeit!« Es war wie vor zwanzig Jahren, als wir noch ein Zimmer teilten und sie jeden Morgen vor der schwierigen Aufgabe stand, mich zu wecken. Sie rüttelte mich wie damals fest an den Schultern, als hätte ich nur ver-

gessen, den Wecker zu stellen und dadurch sieben Tage verschlafen.
Zu Anfang der Woche hatte sie geglaubt, wenigstens eine minimale Reaktion auf ihren Weckruf zu bemerken. Meine zuckende Wange oder eine zur Faust geballte Hand hatte sie als Zeichen dafür gehalten, daß ich sie gehört hatte. An diesem Morgen aber sah sie nur das stetige Pumpen meiner Brust, Ausdruck der Kapitulation vor der Folter des Beatmungsgeräts. Mehr und mehr erschien es ihr, als käme ich nie mehr aus dem Krieg zurück.
»Mary Kay«, sagte sie leise, ohne jeden Anflug von Scherz. »Jetzt sind es schon sieben Tage! Was ist nur mit dir los, Süße? Was denkst du dir dabei?«
Bis gestern hatte sie sich nur zwei mögliche Folgen des Komas vorstellen können: Leben oder Tod, und es war ihr nicht schwergefallen, fest an das erste zu glauben. Aber mit dem neurologischen Bericht hatte sich eine dritte Möglichkeit abgezeichnet, eine vernichtende Alternative, an die sie noch gar nicht gedacht hatte: Daß ich geistig tot war, während mein Körper weitervegetierte. Dieser Gedanke ließ sich nicht mehr verdrängen. Angesichts meiner ausdruckslosen Miene, meiner sinnlos knirschenden Zähne, meiner unbeherrscht zuckenden Knie mußte Gina die Möglichkeit ins Auge fassen, daß von ihrer Schwester nur dieser im Koma liegende Körper übrigbleiben würde.
Die Tatsache meiner unregelmäßigen Hirnströme hielt sie fast die ganze Nacht wach. Wenn mein Gehirn unwiderruflich geschädigt war, würde sie für mich sorgen, mich füttern, mich trockenlegen und mich sanft berühren, wie es ihre Liebe zu mir gebot. Aber die Pflege meiner leeren Hülle würde sie auch ständig erinnern an den Geist, den sie vermißte. Die vergebliche Sehnsucht nach dem Teil an mir, den sie am meisten liebte, würde schmerzlicher sein als

mein vollständiger Verlust. Ihr wurde klar, daß es keine verrückten Einkaufsbummel, keine Umarmungen, kein gemeinsames Lachen und keine Schmerzen mehr geben würde. Wenn mein Gehirn geschädigt war und sie mich wie eine Pflanze hegen mußte, würde sie dann nicht auch selbst auf all diese Erinnerungen verzichten müssen, und war es dann nicht wirklich einfacher, alles zu vergessen ... auch die Sehnsucht?

An diesem Morgen ging noch ein Stück ihrer Unschuld verloren. Sie war gerade vier Jahre alt gewesen, als Frank seinen ersten Zusammenbruch erlitt, und erst jetzt verstand sie, daß sie ihn hauptsächlich als einen »Manisch-Depressiven« gekannt hatte. Aber was für ein Mensch war er gewesen, bevor ihn diese Krankheit verändert hatte? Sie schämte sich plötzlich, eigentlich nichts darüber zu wissen, sich nicht einmal Gedanken darüber gemacht zu haben. Sie sah, daß ich mich in den Augen des Krankenhauspersonals auf den »Koma-Fall« reduzierte, den anderen fiel es schwer, mich zu sehen, wie Gina mich schilderte — als eine lebhafte, gewinnende Frau. Nach diesen sieben Tagen auf der Intensivstation fiel es Gina selbst schon schwer, und das betrübte sie. Die täglichen Pflichten waren für sie willkommen. Ablenkung von diesen quälenden Vorstellungen, und sie widmete sich ihnen voll Energie. Sie hatte es zwar mit ihrem Vorlesen und den Monologen wieder nicht geschafft, mich aufzuwecken, aber nun nahm sie ihr Tagebuch zur Hand, das eine neue Folge von »Phyllis' zwanzig Fragen« enthielt und suchte Dr. Greenbaum auf, um sich wie an jedem Tag informieren zu lassen. An diesem Morgen machte sie sich folgende Notizen:

Kein Morphium — *Sehr hohe Dosen Valium. Greenbaum sagt, sie müsse unter dem Einfluß von Beruhigungsmitteln*

bleiben. Wenn sie erregt ist und um sich schlägt, bekommt sie nicht genügend Sauerstoff.
Sauerstoffdruck — *Wird langsam reduziert. Probleme, die sarkomähnliche Tumore und Hohlräume aufwerfen. G. fürchtet, die Lungenwände könnten durch den Druck vergrößert werden. Druckreduzierung nötig, »wenn wir sie in einer lebenswerten Form wiederherstellen wollen«. Weitere Probleme, falls die Lungenwände zu weich werden. Nicht genug Druck bedeutet nicht genug Sauerstoff.*
Fortgeschrittenes Atemnot-Syndrom — *Zeigt noch immer die Symptome, reagiert aber sehr gut auf die Behandlung der Lungenentzündung und der anderen Infektionen.*
Diabetes — *War ernst, ist jetzt aber durch Insulin unter Kontrolle.*
In den nächsten vierundzwanzig Stunden keine neuen Testergebnisse aus der Neurologie. Selbst später werden sie uns nicht viel über ihren Geisteszustand sagen können. G. sagt, ständige Beobachtung sei wichtiger für die Beurteilung. Er sieht eine Verschärfung, sagt aber: »Kann sein, daß ihr Zustand noch eine Weile unverändert anhält.«

Oberflächlich zeigte der Donnerstag-Bericht eine Verbesserung gegenüber dem Mittwoch. Aber Gina war alles andere als erfreut, als sie hören mußte, daß mein »Zustand noch eine Weile unverändert« anhalten könne. Je ruhiger ich in meinem Valiumnebel lag, umso beunruhigter war sie. In Kenntnis meiner Lebensumstände war »Erregung« für sie eine völlig normale Reaktion. Insofern glaubte sie, daß für mich Zorn nötiger war als Sauerstoff, vielleicht war es sogar am besten, wenn ich mich nur noch einmal gründlich erregte . . . Natürlich teilte sie Dr. Greenbaum diese Ansichten nicht mit. Dem Chef der Intensivabteilung eine so ungewöhnliche, emotionale Theorie über das Koma zu unter-

breiten, ohne sich dabei lächerlich vorzukommen, hätte viel Selbstbewußtsein erfordert, und Ginas Batterien waren ziemlich leer.
Ihr nächster Punkt auf dem Terminkalender war die unangenehme Pflicht, täglich die Familie über meinen Zustand zu unterrichten. Gina begann immer mit der sogenannten »guten Nachricht«, was ihr heute schwerfiel. Denn die »Möglichkeit einer Gehirnschädigung« vor meinen Eltern und Geschwistern zu erwähnen, würde etwa die gleiche Wirkung haben wie den Sicherungsstift aus einer Handgranate zu ziehen.
Die nahen Angehörigen hatten ihre Ängste vor ihr nicht verbergen können und waren ihr noch nie so verletzlich erschienen. Dadurch war sie ihnen viel nähergekommen, was ihr aber auch Schmerz bereitet hatte. Das Nesthäkchen der Familie hatte die Verantwortung für alle übernommen – und ihre Berichte aus dem Krankenhaus erregten mehr Sorgen, als sie zerstreuen konnte.
Im allgemeinen meldete sie sich zuerst bei Paul, ihrem Seelengefährten und dem Mentor der Familie. Er war die verläßlichste, wenn auch nicht stabilste Stütze, ein Seher und Ratgeber in allem, was die Verwandtschaft betraf. Schon als sie die Nachricht von meinem Koma weitergeben mußte, hatte sie ihn zuerst angerufen.
»Hallo, Gene!« rief er überrascht. Private Ferngespräche waren etwas, mit dem sich meine Familie nur schwer anfreunden konnte. Das Telefon war bei uns zu Hause für Geschäfte da, und man hatte sich mit Rücksicht auf etwaige Anrufe kurz zu fassen. Wenn sich einer von uns unter dem Wandtelefon häuslich niederließ, erschien unweigerlich Jerry in der Tür und zeigte auf die Uhr, um anzudeuten, daß Zeit Geld war.
Wir lernten schnell zu telefonieren, nachdem mein Vater

einmal stundenlang erfolglos versucht hatte, bei uns anzurufen. Immer war besetzt, weil wir Kinder telefonierten. Schließlich mußte er einem Nachbarn die wichtige Nachricht für unsere Mutter durchsagen, und seitdem hatte er die Fünf-Minuten-Regel eingeführt. Niemals wich er ab von seinem Standpunkt, daß langatmige Gespräche überflüssig waren. Wenn also meine Angehörigen den Drang verspürten, sich jemandem mitzuteilen, geschah es im allgemeinen auf dem weniger kostspieligen und gemächlicheren postalischen Weg. Aus diesen Gründen wußte Paul sofort, daß etwas passiert sein mußte.

»Was ist los, Gene?« fragte er.

»Es ist Mary Kay, Paul.« Sie erzählte ihm alles über das Koma und erkannte an seiner bedrückten Stimme, daß er jetzt wieder seinen K.O.-Blick hatte. Paul war immer um Distanz, um geistiges Abheben bemüht gewesen, hatte dabei aber gegen einen reichen Schatz menschlicher Gefühle zu kämpfen. Beim Pokerspiel wußten sogar seine jüngsten Neffen immer genau, ob er Asse oder Zweien auf der Hand hatte. Paul war nur zwei Jahre älter als ich und daher der engste Vertraute meiner Kindheit. Er war klug und witzig und hatte die unglaublich blauen, intensiven und freundlichen Augen meiner Mutter. In unseren College-Jahren beschlagnahmten wir den Pingpongtisch im Keller, stellten unsere Schreibmaschinen darauf und reichten uns die halbfertigen oder abgeschlossenen Semesterarbeiten über das Netz.

Paul inspirierte mich bei meiner Suche nach der Wahrheit, zuerst im Katholizismus, dann im Zen und anderen fernöstlichen Philosophien. Er war mein ständiger Begleiter während unserer strengsten Lektionen in Liebe – als wir im neunten Stockwerk des ISPI dem Wahnsinn ins Auge blickten und uns gelobten, diese Prüfung durchzustehen, auch wenn die Teufelsaustreibung noch so schrecklich sein mochte. Dieser liebevolle Bruder war so wichtig für mich, daß ich süchtig wurde nach seinem Beifall, und nachdem ich fünfundzwanzig Jahre lang seine Gunst genossen hatte, war es besonders schmerzlich, als er sich in den letzten Jahren zurückzog.

Mit den gesellschaftlichen Umwälzungen der Siebziger Jahre begann der anscheinend nicht wieder rückgängig zu machende Bruch. Damals schloß ich mich der Frauenbewegung an, die Paul nicht schätzte. Als Feministin entfernte ich mich von allem, was ich einmal gelernt hatte, auch von den Auffassungen meiner Familie. Mein Erscheinen an Feiertagen und bei Familientreffen, bei denen ich geräuschvoll gegen die ehrwürdigen Traditionen stritt, hatte immer einen Hauch von Umsturz. Einmal setzte ich mich beispielsweise nach dem Essen am Thanksgiving Day zu den Männern vor das Fernsehgerät — obwohl ich Football haßte — und schlug vor, sie sollten das Geschirr abwaschen. Ich nahm an jedem Scherz Anstoß, der meine neuen Empfindlichkeiten berührte. Der kürzeste Witz konnte mich zu einem dreiviertelstündigen Vortrag über die Übel des Rassismus und Sexismus herausfordern. In meinem Feldzug für den gesellschaftlichen Wandel war ich weder intelligent noch geschickt und beleidigte die Ohren meiner Familie. In diesen Jahren war das Wort »Feministin« selten ohne den Zusatz »hysterisch kreischend« zu hören. Auch wenn Feministinnen leise sprachen, wurden sie als kreischende Hysterikerinnen angesehen, obwohl das eher die Reaktion kennzeichnete, mit der die meisten Leute den Vorschlag aufnahmen, die Männer sollten ihre Hosen selber bügeln. Auf die ernsthaftesten Themen wurde am hitzigsten reagiert. Als Susan Brownmiller in »Gegen unseren Willen« unangenehme Wahrheiten über Vergewaltigung enthüllte, warf man ihr vor, eine »Männerhasserin« zu sein und ein unfaires Buch gegen Männer geschrieben zu haben. Offensichtlich verlangte man von der Frauenbewegung, daß sie als erste Revolution in der Geschichte ihre Ziele erreichte, ohne jemandem zu nahe zu treten. Einem friedliebenden Menschen wie mir war das Etikett »Männerhasserin« äußerst zuwider, doch ich sah keinen Ausweg. Wer keinem zu nahe treten wollte, konnte nur den Mund halten, und Schweigen war für eine Journalistin tödlich.

Das war meine erste Erfahrung mit der unangenehmen Wahl zwischen Wahrheit und Geliebtwerden. Ich fand es viel leichter, die Zeitung aufzuschlagen und einen bitterbösen Leserbrief von einem Adler-Forum-Mitglied in Fort Wayne zu lesen, als in der höflichen Stille Platz zu nehmen, die mich bei jedem Abendessen im Familienkreis umgab. Friede war nur zu erreichen, wenn wir das Gespräch auf Themen beschränkten, bei denen wir uns einig waren. Wie bei der Uhrzeit oder dem Wetter – aber sogar das Wetter konnte zu einem Streit führen über die Frage, warum Stürme immer Frauennamen hatten.

Paul entging den Störungen, indem er sich auf seine Zen-Haltung zurückzog und nicht mitdiskutierte. Seine unzerstörbare Heiterkeit versetzte mich in Wut und enttäuschte mein starkes Bedürfnis nach Verständnis. Pauls Verhalten schien zu sagen: ›Du kommst mir zwar bescheuert vor, aber du bist eben, wie du bist, und du hast die Verpflichtung, zu tun, was du tust. Ich akzeptiere, daß du bescheuert bist, aber ich lasse mich nicht darauf ein.‹

Ich fühlte mich durch sein Schweigen gestraft, und das störte unsere bisherige Harmonie. Dieselben Ideen, die ich im gesamten Mittelwesten dem Publikum verständlich und manchmal sogar beredt vortrug, waren für Paul lausige und ärgerliche Monologe. Okay, ich war vielleicht wirklich bescheuert — aber nur deshalb, weil ich so dringend nach seinem Beifall verlangte. Statt dessen hielt ich von nun an selbst auf kühlen Abstand, um meine Wünsche zu wahren.

Es war jetzt fast fünf Jahre her, daß wir zum letzten Mal ein inniges Gespräch geführt hatten oder einer gegenseitigen Liebeserklärung nahegekommen waren. Trotzdem erreichte Paul nicht die vollständige geistige Loslösung. Einmal besuchte mich Gina in Fort Wayne und verbreitete danach im Familienkreis ihre Ahnungen über den trüben Stand meiner Finanzen. Eine Woche später kam ein Päckchen aus Kanada mit sechsundzwanzig Schecks und einer kurzen Begleitkarte, auf der mir Paul Glück wünschte zu meiner journalistischen Karriere. Es waren Hundert-Dollar-US-Fonds, datiert auf jeden Freitag des nächsten Halbjahrs. Sie hielten mich damals bei Kroger über Wasser, und ich bedankte mich bei Paul für seine spontane Großzügigkeit. Aber sein feingesponnenes Bewußtsein konnte mit meiner Dankbarkeit nichts anfangen. Er wußte, daß ich gegen die angebliche Überlegenheit des Mannes zu Felde zog, und ihn verstimmte das Hin und Her in unserer Beziehung. Daher meinte er, daß Dankbarkeit für Geldsendungen meine Gleichung nur noch erschweren würde. Das nächste Scheckpaket kam mit einer Karte, auf der er mich bat, das Ganze gewissermaßen als anonyme Spende anzusehen und mich nicht zu bedanken. Es könne seine Abkehr vom Irdischen stören und ihn erneut in das Behagen an Dankbarkeit verwickeln. Fortan erwiesen wir uns also gegenseitig Gefälligkeiten ohne den Ausdruck von Zuneigung.

Es war ein unbehaglicher Waffenstillstand, der bei beiden Wünsche offenließ. Und Pauls Loslösung wurde vollständig erschüttert, als ihn die Nachricht von meinem Koma traf.

»Geez . . .« sagte Paul tonlos, als Gina ihm berichtet hatte. »Geez«, wiederholte er immer wieder. Diese Kurzform des

Namen Jesus bedeutete im Sprachgebrauch der Familie »Ich habe eine Vier im Zeugnis« oder »Sieh mal, was sie mit meiner Frisur angerichtet hat!«, und es war auch das einzige Wort, das allen sieben über die Lippen kam, als wir dicht aneinandergedrängt im bläulichen Schimmer des Fernsehers die Nachrichten zum Mord an Kennedy verfolgten ...
Gina hatte damit gerechnet, daß Paul die weiteren Telefonate mit den Angehörigen übernehmen würde, sah aber bald ein, daß er es noch schlechter konnte als sie. Sie bat ihn also nur, sie später ein wenig zu entlasten und sie anzurufen, wenn sie den Eltern die Nachricht übermittelt hatte. Dann wählte sie die Nummer in Florida und betete, daß Kay an den Apparat kommen möge. Sie mochte sich Jerrys Gesicht nicht vorstellen, wenn sie das Wort Koma aussprach.
Aber in Punta Gorda meldete sich niemand. Da Gina alsbald nach New York fliegen mußte, fiel Paul nun doch die Verantwortung ein. Er rief zuerst die Nachbarn unserer Eltern an, und da auch die nichts wußten, den Sheriff von Punta Gorda. Der klebte einen Zettel an unsere Tür, auf dem sie aufgefordert wurden, sein Büro in einer dringenden Angelegenheit anzurufen. So kam es, daß der örtliche Sheriff meinen Eltern die Nachricht überbrachte. Gina erreichte sie erst nach ihrem Besuch im St. Vincent am späten Sonntagabend. Zu diesem Zeitpunkt hatte sie sich noch kaum von ihrem Schreck erholt.
»Hallo, Süße!« schrie Jerry, wie er es immer bei Ferngesprächen tat. »Weißt du was Neues über Mary Kay? Wie geht es dir?!!!« Gewisse Sätze, die mein Vater mit zahlreichen Ausrufungszeichen in die Leitung brüllte, verlangten eine freundliche Antwort.
»Mir geht's gut!!!« schrie Gina zurück. Dann fiel ihr ein, daß es ihr gar nicht gut ging. Mehrere Oktaven tiefer fuhr sie fort: »Ja, Dad, ich weiß was Neues.«

»Okay, ich hole deine Mutter«, sagte er mechanisch. Die Arbeitsteilung unter unseren Eltern sah vor, daß Jerry die Begrüßung erledigte, während Kay die Neuigkeiten entgegennahm. Für die leicht entflammbaren irischen Gemüter unserer Familie war Kay gewissermaßen eine Lage Asbest, die das Feuer eindämmte und das Gleichgewicht wiederherstellte. Gina kannte die mannigfaltigen Ausdrucksmöglichkeiten der blauen Augen unserer Mutter zur Genüge, aber den Blick, den ihre hellsichtige Phantasie an diesem späten Sonntagabend zu sehen meinte, hatte es noch nie zuvor gegeben. Zunächst seufzte Kay vernehmlich, dann sagte sie: »Wir können dabei wohl nichts tun.« Es klang nach einer vernichtenden Niederlage. Das war nicht die Mutter, die Gina kannte.

Zu ihrer Verblüffung wollte Kay nicht mit der nächsten Maschine nach New York kommen. Sie wäre vielleicht weniger überrascht gewesen, wenn sie sich klargemacht hätte, daß eine Mutter nach zwei Jahrzehnten mit einem wahnsinnigen Sohn zu müde war, um den Führungsanspruch in der Familie zu behaupten. Fast zweieinhalb Jahre nach dem Selbstmord ihres erstgeborenen Sohns war Kay nicht mehr so unbedingt davon überzeugt, alles in Ordnung bringen zu können. Sie versprach, für mich zu beten, ohne sofort nach New York zu stürzen und diesem Koma persönlich ein Ende zu setzen.

Der letzte, den Gina benachrichtigte, war Kevin, der ihr im Alter am nächsten und ihr natürlicher Rivale war. Als viertes unter fünf Kindern hatte Kevin wohl die schwierigste Stellung in der Familie. Der Altersunterschied zwischen ihm und dem ältesten Bruder — dem Paul und ich eng verbunden waren — betrug sieben Jahre, und der zwischen ihm und der jüngsten Schwester acht. Die drei älteren Geschwister erdrückten ihn mit ihren Leistungen, das Baby nach ihm bezauberte alle Leute. Also mußte sich Kevin mit der Rolle des Familien-Deppen abfinden. Einer mußte es sein.

Er war ein Nörgler und Plagegeist, besonders gegenüber seinen Schwestern, und in meinen Jugendjahren verlangte ich ständig, daß Kay etwas gegen »dieses scheußliche Kind« unternahm. Schon damals hatte ich einen Hang zum Theatralischen.

»Hab Geduld«, pflegte Kay dann zu sagen, »eines Tages wird er erwachsen.« Aber seine ausgemacht blöden Einfälle brachten sogar Kays Gleichmut manchmal ins Wanken. Eines Nachmittags hörte sie beim Kartoffelschälen in der Küche, wie Kevin Gina so aufzog, daß sie schließlich den Tränen nahe war. Im allgemeinen befolgte sie bei allen Auseinandersetzungen den philosophischen Grundsatz, die streitenden Parteien sollten »es unter sich abmachen«, aber dieses Feuer schien nicht von selbst erlöschen zu wollen.

»Kevin!« rief Kay, und die Kartoffelschalen flogen durch die Luft, als sie mit der Hand auf die Anrichte schlug, um ihn aufmerksam zu machen. »Jahrelang hast du dich mit Mary Kay rumgestritten — jetzt hast du's dauernd mit Gina. Weißt du, was das bedeutet?« Mit stählernem Blick schaute sie in seine Richtung und wartete auf die beschämte Reaktion, die sie sonst immer hervorrief.

»Ich weiß es nicht«, sagte Kevin, ehrlich verblüfft. »Vielleicht hat Gina das von Mary Kay.«

Durch seine einfallsreichen Ausreden wurde er zum meistzitierten Familienmitglied. Bei den Elternabenden in der Grundschule und später in der Highschool erklärten die Lehrer, daß Kevins Leistungen nicht den im Test festgestellten Fähigkeiten entsprachen. Kay und Jerry bemühten sich darauf energisch, das zu ändern. Kevin bekam Ausgangssperren und wurde häufiger zu Einzelhaft verdonnert als wir anderen zusammen. Aber diese Strategie führte zu keiner Verbesserung in den Zeugnisnoten. Eines Abends kam er in den Keller herunter, wo Paul und ich eifrig lernten, ließ sich auf die Couch neben dem Pingpongtisch fallen und verkündete, was er über sein Schicksal dachte. »Ihr habt Glück«, sagte er seufzend. »Ihr seid mit dem Willen zum Lernen geboren.«

Gleich nach dem College erwachte plötzlich sein Wille. Bei einer Prüfung für den öffentlichen Dienst schnitt er hervorragend ab und wurde Revisor bei der Bundesbank. Er arbeitete hart und wurde laufend befördert. Als er sich schließlich verliebte, wurde er so erwachsen, daß man ihn kaum wiedererkannte. Inzwischen war er Ehemann und Vater, stand vor dem Magistergrad in Betriebswirtschaft und vor einer strahlenden Zukunft im Bankgeschäft. Der Familien-Depp hatte sich zum finanziellen Berater seiner älteren Schwester und zum wohlwollenden Kreditgeber für die jüngere gemausert.

Paul hielt Kevin für eine Wiedergeburt von Jerry, diesem ernsthaften Familienmenschen von unerschütterlicher Treue, dessen alberne Bankwitze nach seiner Pensionierung uns bei Familienessen zum Aufstöhnen brachten. Für Gina war Kevins Veränderung jedoch keine reine Freude. Er war weggegangen und ohne sie erwachsen geworden, während sie allein bei der Familie blieb. Sie haßte es, wenn Kevin ihr gegenüber den Älteren herauskehrte — ob er es nun wirklich tat oder ob sie es nur so empfand —, jedenfalls war sie empfindlich, was den Reifegrad betraf, den ein festes Einkommen und eine wachsende Familie verleihen. Außerdem drückten ihr die Geldanleihen bei ihm aufs Gemüt.

»Hallo, Kev, hier ist Gina«, sagte sie in ihrer besten Erwachsenenstimme. »Wie geht es dir?«

»Hallo, Gene, mir geht's wunderbar!« antwortete er.

»Schön, daß du mal von dir hören läßt! Was gibt's?« Erschöpft von den vorangegangenen Anrufen, kam es Gina in den Sinn, daß Glück in unserer Familie wohl schon pathologisch war. Auch bei Kevin mußte sie erst einmal die Ausrufezeichen überwinden, ehe sie ihre Botschaft loswurde. Das Resultat war, daß auch Kevin nur noch tonlose einsilbige Wörter von sich gab.
»Mist«, sagte er. »So'n Mist! Ich kann's nicht glauben.« Da hatten Kay und Jerry nun Zehntausende für unsere höhere Bildung ausgegeben — und die intelligentesten Äußerungen dieser Akademiker lauteten »Geez« und »Mist«. Jedenfalls war keinem der älteren Familienangehörigen auch nur der Hauch eines Ratschlags eingefallen, und Kevins Reaktion war schon gar keine Hilfe. Sein Kummer machte ihn nur zornig.
»Ich habe ihr immer gesagt, daß so was passieren wird«, sagte er. »Erst vorigen Monat habe ich sie gewarnt! Ich könnte sie umbringen, daß sie so eine Schau abzieht!« Es traf zu, daß er im vergangenen Oktober schwere Befürchtungen geäußert hatte, als er von meiner Diabetes hörte. Nach zwanzig Jahren unbeschwerter Jugend war er ein Schwarzseher ersten Ranges geworden, und die Nachricht von meiner Diabetes war das Schlimmste, was seinem leicht reizbaren Nervensystem passieren konnte. Das kam daher, weil im vorigen Jahr seine zuckerkranke Schwägerin während eines Besuchs bei ihm einen Insulinschock erlitten hatte. Das hatte ihm einen Heidenschrecken eingejagt.
»Nachdem ihr diese Hornochsen in Ann Arbor den Schlauch eingesetzt haben, hab ich ihr gesagt, sie soll sich einen anderen Arzt nehmen — ich könnte diese Schweinehunde umbringen!« schäumte er. »Wenn sie durchkommt, werden wir die Kerle verklagen, bis ihnen die Augen tränen.« Im Jahre 1969 noch der glühendste Pazifist an der

Universität von Süd-Illinois, drohte Kevin inzwischen jede Woche einmal damit, jemanden umzulegen oder zu verklagen. Nichts als heiße Luft, in Wahrheit konnte Kevin ebensowenig jemanden umbringen, wie der heilige Franz von Assisi ohne Vögel leben konnte.

Am Donnerstag war Ginas Tagebuch voller frischer, noch unverdauter Beobachtungen über die ungewöhnlichen Methoden, mit denen die Familie ihrer Hilflosigkeit Herr zu werden versuchte. Kevin erweiterte nach jedem Zwischenbericht die Liste seiner Opfer. Sie schloß jetzt jeden ein, der mich während meiner Krankheit in Ann Arbor und in New York behandelt hatte, dazu noch alle, die zwischendurch zufällig eine Diagnose gestellt hatten. Kay und Jerry verbrachten jeden Morgen in der Kirche, knieten noch lange nach der Messe in ihrer Sitzreihe und sprachen zusätzliche Rosenkränze. Paul suchte Trost bei seinem Kollegen, Freund und Guru Dr. Ramesh Waghmore, einem Professor für Volkswirtschaft. Bei Waghi, wie er ihn nannte, fand er die gleiche Fähigkeit zu ungehemmter Freude, die er an Jerry liebte. Waghi war ein kleiner, schlanker Mann mit dunkler Haut und glänzenden Augen. Sein Lächeln war strahlend und ansteckend wie das meines Vaters. Im Sommer vor einigen Jahren hatte Paul beide Familien in Ottawa zu Gast gehabt und einen Grillabend veranstaltet. Als er vom Grill aufblickte, sah er die beiden »hohen Wesen«, die auf ihn den größten Einfluß ausgeübt hatten, in lebhafter Unterhaltung beisammensitzen. Jerry, der schwerhörig war, hatte ebenso wie ich gelegentlich Schwierigkeiten, Waghis musikalischen indischen Akzent zu verstehen. Er verstand nur jedes zweite Wort, aber das ausdrucksvolle Gesicht des Gurus ergänzte die Lücken mit Leichtigkeit. Wortlos nickte Jerry und grinste in voller Zustimmung. Das führte wiederum zu erfreutem Nicken und Grinsen auf der anderen Seite. Das helle Geisteslicht, das so von den Liegestühlen auf der Terrasse herüberstrahlte, versetzte Paul in Trance, und die Hamburger brutzelten ohne Aufsicht. Schnell reichte ich ihm meine Sonnenbrille, denn wenn er sich weiter so blenden ließ, war es mit unserem Abendessen vorbei.

»Der Mann ist so bescheiden«, sagte Paul. Bescheidene Menschen beeindruckten ihn stark, was wohl einer der stärksten Hemmschuhe in meiner Beziehung zu ihm war. Kay und Jerry waren zuerst über Pauls tiefes Interesse an Hinduismus und Zen bekümmert gewesen, fühlten sich aber erleichtert, als sie den herzlichen und mitfühlenden Waghi persönlich kennenlernten. Wie fremd und geheimnisvoll ihnen Pauls geistiger Weg auch von ihrem katholischen Standpunkt aus erschien, ihm tat es offenbar gut.

Wir alle liebten Waghi. Ich liebte ihn, weil er ein hohes Wesen war, auf das man sich verlassen konnte. Seine geistige Loslösung war so vollkommen, daß er einmal an einem Umzugstag vergessen hatte zu packen. Paul und seine Frau Debbie wollten ihm beim Beladen des gemieteten Umzugswagens helfen, und als Paul den Laster in die Auffahrt lenkte, stand Waghi vor der Haustür und winkte ihnen mit strahlendem Lächeln.

Paul lächelte zurück und fragte: »Fertig?«

»Fertig!« rief Waghi. Er meinte es offenbar im rein geistigen Sinn, denn beim Betreten des Wohnzimmers fand Paul zu seiner Bestürzung, daß alles noch an demselben Platz stand wie in den letzten fünf Jahren.

»Waghi, hast du denn nichts zusammengepackt?« Sprachlos schaute sich Paul in der Küche um. »Du hast ja nicht mal Kisten!« Der Wagen mußte noch einen zusätzlichen Tag gemietet werden und stand leer in der Auffahrt, während Paul, Deb, Waghi und »Mama« — wie seine Frau Mangal von allen gerufen wurde — den ganzen Haushalt verpackten, Tassen und Untertassen, die Hockeystöcke und Computer aus dem Zimmer der Zwillinge und unzählige Bücher. Paul glaubte fest an vernünftige Zeitpläne, und es ärgerte ihn manchmal, daß sein Freund die notwendigen Alltagsdinge so wenig im Griff hatte. Aber die geistige Energie, die Waghi bei dem lästigen Alltagskram einsparte, ermöglichte ihm einen größeren Überblick über das Leben und die Art und Weise, wie man es führen sollte.

Der unerwartete Schicksalsschlag meines Komas ließ Paul aufs neue bedauern, daß unsere Beziehungen in den letzten Jahren so gespannt gewesen waren. Hochgradig erregt, trug er seinen Kummer Waghi vor. Die musikalische Stimme seines Gurus, im Verein mit den Zitaten inspirierter Yogis, verhalf Paul zu einer anderen Anschauung über das Koma. Wenn es richtig war, daß niedrige und mittlere Wesen ebenfalls — wenn auch nur mühevoll — zum Licht voranschritten, dann konnte ihnen ein lebensgefährliches Koma dabei nur behilflich sein, denn außerhalb des Körpers zu schweben, war schließlich kein unbedingt schreckliches Erlebnis. Waghi meinte, Paul müsse die Möglichkeit bedenken, daß ein Koma mein besonderer Weg zum Zen-Stadium des »großen Geistes« sein könne.

In *Zen-Geist, Anfängergeist* erklärt Dr. Shunryu Suzuki: »Nicht, was außer dir besteht, kann dir Schwierigkeiten machen. Du selber erzeugst die Strömungen in deinem Geist. Laß deinen Geist, wie er ist, und er wird ruhig werden! Ein solcher Geist wird großer Geist genannt . . . Wir brauchen nicht zu fürchten, daß wir diesen Geist einbüßen können. Man kommt aus dem Nichts und geht ins Nichts. Es gibt keine Todesfurcht, kein Leiden durch Alter oder Krankheit. Da wir alle Seiten des Lebens als Offenbarungen des großen Geistes ansehen, streben wir nicht nach übermäßigen Freuden. Das schenkt uns eine unzerstörbare Gemütsruhe.« Als Dr. Suzuki die Behauptung aufstellte, es gebe »keine Todesfurcht«, hatte er Krebs und lag im Sterben. Er überzeugte seine Anhänger davon, sein bevorstehendes Ableben als eine willkommene Umwandlung anzusehen. »Wenn ich sterbe und im Augenblick des Sterbens leide, so ist das in Ordnung, müßt ihr wissen. Es ist der leidende Buddha . . . und daher kein Problem. Wir sollten sehr dankbar dafür sein, nur einen sterblichen Körper zu besitzen . . . wie meiner, wie eurer. Nur wenn ihr ein grenzenloses Leben hättet, würdet ihr echte Probleme bekommen.«

Paul hielt es also für möglich, daß ein Koma eine zeitweilige außerkörperliche Reise in die geheimnisvollen Strömungen des großen Geistes darstellte. Er sah diese Theorie auch nicht durch Ginas Bericht von ungewöhnlichen Hirnströmen erschüttert. Zwar sprach Dr. McLarnen nicht genau von »unzerstörbarer Gemütsruhe«, aber das Ergebnis war im Grunde gleich. Paul meinte, daß ich während einer schwierigen geistigen Reise keine tröstlichere Gefährtin haben könne als das hohe Wesen, das er in Gina sah. Er drückte sein vollkommenes Vertrauen in Ginas intuitive Urteile aus, bot ihr aber an, sofort nach New York zu fliegen, wenn sie seine Hilfe benötigte.

Gina bedankte sich und bat ihn, noch etwas zu warten. Sie hatte schon selbst Schwierigkeiten, dem Krankenhauspersonal ihre unorthodoxen Standpunkte klarzumachen und konnte sich nicht vorstellen, daß Pauls mystische Erscheinung — und die unglaubliche Glückseligkeit, die sie am Telefon herauszuhören meinte — ihrer schwindenden Glaubwürdigkeit auf der Intensivstation zuträglich war. Bei Menschen, die fest an Glukosefaktoren und Antibiotika glaubten, würde Pauls Konzept des Komas als satori ein allgemeines höfliches Augenverdrehen hervorrufen.

Sie selbst begrüßte diese Theorie. Paul und Gina hatten beide ein großes Glaubenspotential, und daher erfaßte sie ohne Mühe seine Diagnose. In der Verzweiflung konnte selbst ein Vernunftmensch wie ich, den Drang nach etwas jenseits jeder Vernunft verspüren. Es war mir äußerst schwer gefallen, Franks Erklärung für seinen Wahnsinn anzuerkennen, die er mir zwei Monate vor seinem Selbstmord brieflich mitgeteilt hatte. Aber als ich das Schreiben auf dem Weg zu seiner Beerdigung noch einmal las, erschien es mir plausibel.

In diesen drei Stunden zwischen Fort Wayne und Gary sah ich wie betäubt aus dem Fenster und weinte. Erinnerungen stürzten auf mich ein. An die Berge von Quetschkartoffeln, die Frank an meinem Küchentisch verzehrt hatte. Wie er nicht aufhören konnte, immer neue Laubmassen zusammenzuharken. An den letzten Haarschnitt, den besten, den ich ihm je gemacht hatte. An sein manisch aufleuchtendes Grinsen, als ich rief: »Ja, verdammt noch mal, ich liebe dich!«

Warum? Warum aß er, warum harkte er, warum ließ er sich die Haar schneiden, warum liebte er — wenn er doch wußte, daß er bald sterben würde? Warum hatte er für mich so wunderbar ausgesehen, als er mir aus der Tür des Greyhound-Busses zuwinkte, obwohl ich da doch klarer denn je wußte, daß er kein geistig gesunder Mensch war? Mir war ganz elend vor Kummer, und ich dachte, daß ich nichts mehr zu verlieren hatte. Deshalb nahm ich seinen Brief aus der Handtasche und las ihn noch einmal. Eine halbe Stunde später erwiderte ich Jerrys »Hallo, Süße!« mit einem wirren Grinsen, an dem diese sechs handgeschriebenen Seiten schuld waren.

4. September 1981

Liebe Mary Kay,
ich komme mir vor wie ein Mann in der Arktis, der soeben sein letztes Stück Holz ins Feuer geworfen hat, oder wie ein Mann in der Wüste, der gerade den letzten Schluck Wasser getrunken hat. Und dabei denkt: Wenn ich mich hier noch eine Weile herumtreibe, finde ich vielleicht mehr Holz oder Wasser – zumindest habe ich eine Chance eins zu einer Million. Jedenfalls möchte ich die letzten Augenblicke meines Lebens genießen und die Hoffnung nicht aufgeben, sondern beten, daß ein Wunder geschehen möge!

In den letzten beiden Monaten habe ich Hunderte von Stellengesuchen abgeschickt und wurde Dutzende von Malen zu einem Einstellungsgespräch eingeladen. Es ging immer um Stellungen, denen ich durchaus gewachsen war. Aber allgemein herrscht die Ansicht vor, ich wäre überqualifiziert oder unterqualifiziert ... und dazwischen scheint es nichts zu geben. Der Arbeitsmarkt liegt so schlimm darnieder, wie ich es noch nicht erlebt habe. Arbeitgeber erzählen mir, daß sie vor zwei Jahren bei der gleichen Anzeige nur drei, vier Bewerbungen erhalten haben, jetzt bekommen sie vierzig oder fünfzig. Die offizielle Arbeitslosenziffer lautet sieben Prozent (vor zwei Jahren waren es sechs), aber das erklärt natürlich nicht, warum so viele Leute ein leeres Taxi fahren oder die 'Tribune' an der Haustür verkaufen wollen.

Gestern habe ich fast zwanzig Stunden geschlafen (oder wenigstens im Bett gelegen), von ein Uhr nachmittags bis neun Uhr früh. Es war absurd, aber ich hatte keinen Grund zum Aufstehen. Und da dachte ich, dann könnte ich schließlich das tun, was ich in meinen letzten Lebenswochen sowieso am liebsten tue, bevor das Geld alle ist und ich Selbstmord begehen muß, damit ich nicht nach Elgin zurückgebracht werde ... und dem ist Selbstmord vorzuziehen.

Heute morgen fragte ich mich, ob ich überhaupt noch einmal aufstehen sollte. Aber dann tat ich es, und seitdem fühle ich mich schon halbtot. Es kam einer Wiederauferstehung gleich, als ich entdeckte, daß ich immer noch den freien Willen besaß, eine andere Stellung einzunehmen als die flach auf dem Rücken.
Ich habe ein Gefühl der Leere, der Nichtigkeit, der Schwäche, des Treibens (vielleicht auf dem Wasserfall der drohenden Verdammnis entgegen), des Gleitens, ganz verschieden von »dem Gefühl der absoluten Kraft«, wie Du es einmal genannt hast. Aber es ist nicht unangenehm. Mir gefällt der Gedanke, daß der Strom, der mich trägt, mir im Grunde Gutes will, auch wenn er mich schließlich über den Wasserfall des Todes mitreißen wird.
Heute morgen habe ich Deinen neuesten Artikel gelesen. Manchmal habe ich bei Deinen Arbeiten das Gefühl, daß Du versuchst, ein Gespinst um das zu weben, was Du sagen willst, statt es direkt auszusprechen. Bestimmt würde es mir schwerfallen, Deine Gedankengänge unter I, II, III und so weiter zu skizzieren. Vielleicht fiele es mir aber auch schwer, meine eigenen Gedanken klar zu definieren. Dafür sind sie viel zu flüchtig. Doch unterirdisch triffst Du auf einen Strom voller Bedeutung und gibst uns mit beschränkten Mitteln einen Bericht von Alph, dem heiligen Fluß ... oder vielleicht ist nur meine Fähigkeit, die Botschaft zu entschlüsseln, beschränkt.
Auf jeden Fall empfinde ich Achtung davor, daß Du tief in Dein Inneres horchst, auf den Beat, der Dich durchpulst. Und wenn ich auch deinen Tanz und Gesang nicht zu würdigen weiß, erkenne ich doch zumindest, daß dort etwas ist, was Dich bewegt. Was du schreibst, ergibt einen Sinn, auch wenn mir der Zusammenhang erst später klar werden wird. Die Verbindungslinien knüpfen sich, lösen sich auf, werden vereint, wieder gelöst, wie die kleinen Knoten bei Deinen Näharbei-

ten, die das Gewebe Stück für Stück in die vorbestimmte Form bringen.
Ich denke gern, daß jedes Ding Wahrheit enthält, aber nur zu einem Teil. Im dialektischen Sinn mehr Wahrheit als das, was ihm voranging, und weniger als das, was ihm folgen wird. Wenn ich daran glaube, muß ich auch glauben, daß Gott gut ist. Der Grund für unser Leiden ist, daß jeder Fortschritt seinen Preis hat, daß wir Böses in Gutes zu verwandeln haben, daß der Rohstoff im Feuer gehärtet und mit anderen Metallen legiert werden muß, damit er stark wird. Jedenfalls glaube ich gern daran. Die Alternative wäre der Gedanke, daß wir von rein zufälligen Invasionen des absurden Chaos geformt würden.
Deshalb denke ich auch gern, daß aus meinem Wahnsinn etwas Gutes wird, daß ein göttliches Wesen hier etwas Großes entstehen läßt, selbst wenn es meiner Umgebung und im Rückblick auch mir ungeheuerlich schrecklich erscheinen mag.
Jetzt rede ich ziemlich verrückt, und das erschreckt mich. Denn ich möchte immer genau wissen, was ich tue. Aber leider (oder Gott sei Dank!) ist Alph weiser als wir. Daher können wir nur auf die Musik horchen, unser ganzes Ich gegen sein/ihr ganzes Sein setzen und es wiederum versuchen. Hoffentlich ergibt dies hier einen Sinn für Dich, denn ich schreibe jetzt wie Du, mehr aus Intuition als aus Logik. Verstehst du mich?
Ich werde jetzt wohl wieder loswandern, einfach dorthin gehen, wohin mich der Strom treibt, weil in diesem Strom alles verborgen ist – Sieg, Leistung und Wahrheit. Doch jetzt ist nicht die Zeit zum Schreiben, zum Lesen, zur Stellensuche oder zum Schlafen. Jetzt ist die Zeit zum Wandern.
»Es ist schwer, gegen das Gute anzukämpfen.«
»Ohne mich kannst du nichts tun.«
»Ich habe keine Lust zu lernen.«

Liebe Grüße
Frank

10. KAPITEL

Das Hotel Cedar

Am Donnerstagabend befand sich Gina in dem überwachen Zustand aggressiver Fürsorge, den ich vor zweieinhalb Jahren bei der Ankunft in Chicago hatte, auf dem Weg zu Franks Beerdigung. Als der Zug in die Union Station einrollte, faltete ich seinen Brief zusammen und legte ihn in die Handtasche. Dann nahm ich die Puderdose, und überdeckte die hellen Hautstellen auf Wangen und Stirn mit einer dicken Puderschicht.

Ich erzielte ungefähr das pfannkuchenähnliche Aussehen der tätowierten Dame, die an ihrem freien Tag ihre Abnormität verbergen möchte. Es war letztlich auch ein vergebliches Unterfangen, weil sich meine Haut sofort erhitzte und durch die Puderschicht brach, als ich auf meine gleichermaßen erhitzten Angehörigen zutrat. Jerry machte mich als erster unter den Aussteigenden aus und entbot mir seine überschwengliche Begrüßung.

»Wir sind hier drüben!« rief er überflüssigerweise, denn niemand hätte sein strahlendes Grinsen übersehen können. Meine Mutter und meine Schwester standen neben ihm. Sie lächelten und winkten nur wenig gesitteter. Insgesamt machten sie den Eindruck eines sichtbar erregten Begrüßungskomitees, das einen Fremden in höchste Verlegenheit gebracht hätte. Aber meine Gefühle schwappten mindestens ebenso über wie ihre. Zwei Koffer und eine Schultertasche zogen mir die Arme nach unten. Dennoch winkte ich ihnen zu, indem ich die Ellbogen vor und zurück schwenkte. Wahrscheinlich sah ich wie eine übergewichtige Pute aus, die in einem vergeblichen Flugversuch mit den Flügeln schlägt, aber das war mir gleichgültig. Dies war meine Familie. Dies war unsere Art.

Jerry, der mit Ende Siebzig immer noch ein gutaussehender und lebhafter Mann war, drängte sich durch die Menge, um mir beim Koffertragen zu helfen. Als hätte ihn eine stumme Wahl einstimmig zum besten Begrüßer des Tages ernannt, machten die Fremden ihm Platz und überließen ihm den Vortritt. Er nahm mir das Gepäck ab, ließ es gleich darauf zu Boden fallen und umarmte mich, daß mir die Rippen krachten. Seit der Therapeut am ISPI einen förmlichen Händedruck als ungenügende Liebesbezeugung angeprangert hatte, hatte Jerry mit unermeßlicher Erleichterung zu seiner Gewohnheit zurückgefunden, anderen die Knochen zu zerquetschen.

Kay und Gina folgten ihm mit Sekundenabstand. Bald bildeten wir einen eng zusammengedrängten Haufen um meine Koffer. Meine Angehörigen pflegen sich ungezwungen zu umarmen und versperren dabei häufig abgegrenzte Durchgänge auf Bahnhöfen oder Flugplätzen. Diesmal wurde es ein ungewöhnlich langes und gieriges Umarmen. Dunkel und bedrückend hing über uns der Anlaß für dieses nicht geplante Treffen. Wir strahlten uns wie vier Verrückte an, während uns die Tränen aus den rotgeränderten Augen liefen. Ihre blanken Gesichter erschienen mir wunderbar menschlich. Sie waren wie Regen und Sonne in einem, und ich stellte mir vor, daß sich über uns ein kleiner Regenbogen wölbte.

Wahrscheinlich faßte sich Kay als erste und erinnerte uns daran, daß wir weitergehen mußten. Es war noch einiges zu erledigen. Jerry lud mein Gepäck in den Kofferraum des Wagens, und dann begann die wilde Raserei über die Schnellstraße zum Flugplatz O'Hare, wo Pauls Maschine aus Ottawa landen sollte. In der internationalen Ankunftshalle gab es dann den zweiten Regenbogen, bevor wir nach Hause fuhren, um auf Kevins Ankunft zu warten. Er kam mit dem Auto aus Süd-Illinois. Sobald die Truppen aufmarschiert waren, begannen wir mit den Vorbereitungen für Franks Bestattung.

Wenn wir uns des seltsam fragmentarischen Lebens erinnerten, das er hinter sich gelassen hatte, stellte sich heraus, daß jeder von uns eine andere Seite seines Wesens geschätzt hatte. Am späten Abend fand ich Kay im Keller. Sie saß auf dem Feldbett, auf dem Frank manchmal geschlafen hatte, und schaute ein Paar schwarzer Schuhe an, das er zurückgelassen hatte. Sie dachte an die Hornhaut unter seinen Fußsohlen.

Ich setzte mich neben sie und sah ihr zu. Sie sagte, sie könne es kaum glauben, daß es erst fünf Tage her sei, daß er von seinem Zimmer in Uptown quer durch die ganze Stadt zum Abendessen zu ihnen gewandert sei. Ein Marsch, der über drei Stunden gedauert hatte, aber Frank ging lieber zu Fuß, als schnelle Verkehrsmittel zu benutzen, besonders wenn er ernsthaft nachzudenken hatte.

Nach dem Essen hatte er Schuhe und Socken ausgezogen, um sich vor dem Rückweg die Füße zu massieren. Dabei hatte Kay die dicke Hornhaut bemerkt und ihm zugeredet, noch ein wenig zu bleiben, damit sie die Stellen behandeln könne. Jetzt mußte sie daran denken, wie sie sich plaudernd am Küchentisch gegenübergesessen hatten. Er hatte die Hosenbeine hochgerollt und ließ die Füße in der warmen Seifenlauge weichen, die sie für ihn bereitet hatte. Nachdem er sie auf diese Art etwa eine Stunde quellen ließ, legte sie sich ein Handtuch auf den Schoß, nahm erst den einen, dann den anderen Fuß, bearbeitete die Hornhautstellen mit einem Hobel und massierte Hautcreme auf die rissigen Stellen.

»Er war an diesem Abend sehr lieb«, sagte sie, den Blick auf die Schuhe gerichtet. die schmerzlindernde Pediküre hatte offenbar erreicht, was unzählige Dosen von Thorazin und Lithium nie vermocht hatten. »Danach war er so entspannt«, sagte sie, »daß er sich von Dad nach Hause fahren ließ.«

Lächelnd betrachtete sie die faltigen schwarzen Halbschuhe, die ihren Sohn über Tausende von Meilen Straßenpflaster getragen hatten. »Ist doch komisch«, sagte sie, »auf wie viele Arten man die letzten Stunden miteinander verbringen kann . . . Ich bin sehr froh, daß ich es so gemacht habe.«

Auch ich war froh, denn Kays Gesichtsausdruck in dieser Nacht zerstreute meine Sorge, daß sie nicht über Franks Tod hinwegkommen würde. Wenn man an die wild wogenden Gemütsbewegungen in unserer Familie einen Maßstab anlegen wollte, dann mußte ihr Kummer am tiefsten gehen. Sie kannte ihn am besten, sie hatte sich am intensivsten bemüht, ihn zu retten, sie hatte am meisten von ihm gehalten. Mir war klar, daß ihre intelligenten blauen Augen durch diesen Selbstmord nicht ungetrübt bleiben konnten. Es gab so viele Erinnerungen zu bewältigen, die Spuren des Zorns und des Leids hinterlassen würden. In den langen Jahren seiner Krankheit hatte Kay bereits ihre Naivität eingebüßt. Jetzt trat an deren Stelle tiefes Mitleid. Auf schreckliche Art hatte Frank in Kay die zarten Seiten ihres Wesens aufgedeckt. Franks Wahnsinn hatte uns alle in geheime Winkel unseres Ichs schauen lassen. Die empörenden Handlungen, der herausfordernde Hohn des manisch-depressiven Irreseins hatten Jerry zu Wutanfällen getrieben, die er vorher und nachher nie gezeigt hatte. Auch Gina hatte Abgründe von Zorn in sich entdeckt, aber in der veränderten Umwelt dieses Leidens war die Wirkung auf Kay doch die größte Überraschung.

Der Umschwung war nicht sofort eingetreten. Im ersten Jahrzehnt seiner Krankheit blieb sie die vertraute, zuverlässige Führerin, die Spezialisten heranholte, wankende Hoffnungen wieder aufrichtete, zuhörte, las und sich selbst gründlich prüfte. Aber sobald sie erfaßt hatte, daß Medizin und Psychologie nicht weit genug fortgeschritten waren, um Frank heilen zu können, und daß auch ihr herkulischer, disziplinierter Wille ihm nicht half, verwandelte sich ihr Perfektionismus in einen unermeßlichen Schatz an Barmherzigkeit.

Als ich zum ersten Mal bemerkte, wie sie diesen Strom von Liebe quer durch den Konferenzraum des ISPI auf Frank lenkte, beneidete ich ihn.

Doch das Gefühl der Eifersucht ließ nach, als ich begriff, daß mir diese Liebe ebenso zuteil werden würde, wenn Kay glauben mußte, daß mir anders nicht zu helfen war. Noch wurde ihre Zuneigung zu mir von hohen Erwartungen begleitet, aber ich sah bereits, daß jede Kritik nichts anderes war als ein zeremonieller Trompetenstoß, den sie abgeben mußte, bevor sie die harmonischen, schönen Töne der Liebe erklingen lassen durfte.

Als Gina sie seufzen hörte: »Wir können wohl nichts tun«, mißverstand sie es als Resignation und überhörte, daß jetzt das Element der Barmherzigkeit mitschwang. Diese Seufzer waren eine Art mütterlicher Generalamnestie für alle begangenen Untaten. Auch Gina, die seit langem schwer an ihren Unzulänglichkeiten trug, hätte Eifersucht empfinden müssen, wenn sie geahnt hätte, welches Maß an Verzeihen mir gewährt wurde.

Darum hatte Kay Franks Füße gepflegt. Daß sie sich noch um seine Hornhaut kümmerte, kurz vor seinem Selbstmord, war ganz im Sinne des Zen, eine Szene, die der Dichter Basho vielleicht als Lehrstunde reiner geistiger Loslösung gefeiert hätte. Bestimmt war Frank der religiöse Aspekt des Rituals nicht entgangen — einer Fußwaschung an einem ganz gewöhnlichen Tag.
Was Frank an Konkretem hinterließ, war in der Tat wenig. Kay bekam die faltigen schwarzen Schuhe, ich erbte seine Strickmütze. So zufällig diese Verteilung erschien, sie war im Grunde angemessen. Die Strickmütze, diese Kopfbedeckung, mit der er seine Stimmen zu dämpfen pflegte, war wahrscheinlich das nützlichste Erbstück für mich, denn ich hatte immer lähmende Angst, selbst geisteskrank zu werden. Daß ich den Spuren seines wahnumnebelten Geistes folgen konnte bis zu den verschlungenen Wegen durch psychiatrische Kliniken, bereitete mir größte Sorgen. Auch ich pendelte ja wild zwischen den Polen der Freude und der Verzweiflung, nicht ganz so extrem wie er, aber doch niemals sicher vor dieser Möglichkeit.
»Du bist nie ärgerlich mit mir«, hatte er bei einem meiner Besuche in der Heilanstalt Reed gesagt. »Alle anderen in der Familie werden ärgerlich auf mich, aber du nicht.« Und im Bewußtsein meiner Ängste neckte er mich dann: »Was stimmt nicht bei dir, M.K.?« Er hatte es gern, wenn es ihm gelang, jemanden in Harnisch zu bringen. Dann fühlte er sich mächtig, am Drücker, im Mittelpunkt des Universums. Lachend verspottete er mich mit dem Vorschlag, ich könne mich ja für eine eigene Zelle qualifizieren, gleich neben seiner.
Wie konnte ich böse sein? Wie konnte ich wünschen, er solle von den Höhen der Freude »auf die Erde herunterkommen«, wenn ich doch wußte, wohin ihn das alles führte?

Mir erschienen sogar seine manischen Mätzchen sinnvoll, wie an einem Abend in einem Restaurant von Fort Wayne, wo ich mich um ein vernünftiges Gespräch mit ihm bemühte und ihm vorhielt, daß er wieder in einer Klinik landen würde, wenn er seine verrückten Streiche fortsetzte. Aber er sprang nur vom Tisch auf und fing an zu tanzen. Er tanzte einen irischen Jig und sang dazu: »Ich heiße McNamara, ich leite diese Band, ich spiel' bei Tod und Hochzeit, der beste, den man kennt.«

Als er merkte, daß ihm die anderen Gäste verblüfft zusahen, beschloß er, sie einfach einzubeziehen. Er hörte auf zu tanzen, breitete die Arme aus und eroberte das Publikum mit seinem ansteckenden, strahlenden Lachen. Nach einer eleganten Verbeugung wandte er sich mit vornehmem britischen Akzent, den er einer seiner inneren Persönlichkeiten entliehen hatte, an mich und sagte: »Das, Darling, ist alles, was ich heute an Argumenten vorzubringen wünsche.« Dann nahm er wieder Platz wie ein Mann von Welt, der gerade erfolgreich eine kleine Auseinandersetzung zu einem befriedigenden Abschluß gebracht hat. Er lachte fröhlich über meinen peinlich berührten Gesichtsausdruck, und alle anderen im Speisesaal lachten mit ihm. Was wieder ein Beweis dafür war, daß die Masse den fröhlichen Irren lieber hat als den vernünftigen Schwarzseher.

Nur wenige konnten Franks Lachen und seinen manischen Reden widerstehen. Es war das Lachen eines Mannes, der überall nur Freude sah, sobald er seinem Geist keine Zügel mehr anlegte. Hemmungslos ins Leben verliebt, verstand er es, die Rückkehr in die Wirklichkeit als albernes Ziel erscheinen zu lassen. Wie konnte man von einem Menschen Wirklichkeitssinn verlangen, der glückstrahlend vor einem saß?

Es war unerhört schwer, seine öffentlichen Auftritte mitzuerleben, ohne für Augenblicke die Übersicht zu verlieren, wer denn nun eigentlich verrückt war und wer nicht. Seine bizarren Handlungen bewiesen keinesfalls zwingend, daß er wahnsinnig war. Auch Gina hatte in der Öffentlichkeit getanzt, sogar in Taxischuhen, und Gina war nicht verrückt. Und Franks Publikum im Restaurant hatte nicht über, sondern mit ihm gelacht. Konnte man daraus schließen, daß er ein Psychopath war?

Selbst die Ärzte, denen er anvertraut wurde, und die Polizisten, die ihn wegen »Erregung öffentlichen Ärgernisses« verhaftet hatten, bewunderten ihn widerwillig wegen seiner kühnen Unbußfertigkeit. Es war, als litten sie in all ihrer Autorität selbst an einem Mangel von Freude. An Franks Seite erlebte ich, daß sogar völlig ausgeglichene, angepaßte Menschen ihn um seine Ausgelassenheit beneideten, als hätten sie die reinigenden Kräfte des Wahnsinns entdeckt.

Nach seinem letzten Zusammenbruch war Frank klüger geworden und verbarg die verräterischen Symptome, die ihn in gefängnisgleiche Anstalten bringen konnten. Er versuchte, das zwanghafte Hin- und Herrennen, die ständige Schlaflosigkeit und das Sprechen in Versen zu unterdrücken. Als er an unserem letzten Abend die Quetschkartoffeln angrinste, wollte er nicht damit ausdrücken, was er daran so komisch fand.

Ich bat ihn, mir zu sagen, was los sei. »Ich kann es dir nicht sagen«, antwortete er, aber es war bestimmt etwas im Busch. »Ich kann es dir nicht sagen«, wiederholte er energisch, »weil du dann versuchen würdest, mich davon abzubringen.« In den letzten zehn Jahren hatte ich versucht, Frank eine ganze Menge verrückter Pläne auszureden. Ich hatte ihn davon abgebracht, seinen Namen in Jesus Christus umändern zu lassen. Ich riet ihm, sich nicht als Kandidat einer planetarischen Partei für die Gouverneurswahl anzumelden. Ich drohte, die Polizei zu rufen, wenn er seinen Plan ausführen sollte, die ewige Flamme an Kennedys Grab auf dem Nationalfriedhof von Arlington zu löschen. Er hielt es für keine gute Idee, auf Erden irgend etwas »ewig« zu nennen. Er meinte, daß die Wahrheit ihr Bild viel zu schnell ändere, als daß man sich auf dauernde Symbole verlassen könne. Doch keine meiner Drohungen konnten eine von ihm geplante Aktion aufhalten — so wenig wie Kays Hornhautpflege ihn von seinem Bewegungsdrang befreite.

Während er beim Abendessen ohne Erfolg gegen sein Grinsen ankämpfte, unterdrückte ich den Impuls, ihn weiter auszuhorchen. Ich sah seine Knie wild zittern unter dem Tisch, sie hielten Takt mit dem Beat, dem Beat, dem Beat . . .

Am Tisch zu bleiben, sorgfältig die Worte zu wählen und über den Geheimplan zu schweigen, erforderte seine ganze Willenskraft. Er sprach nur in Rätseln. »Es ist wieder mal die Zeit gekommen, wo der irrationale Wille das Vernünftige tut. Ich befinde mich in ›jenem magischen Augenblick, da ist zum falls wird . . .‹« Er fing sich und sprach das Gedicht nicht zu Ende, zeigte nur sein stilles, wahnsinniges Lächeln. Dieses Lächeln war mein ganz persönliches Erbe von Frank, und schließlich glaubte ich selbst, daß seine letzte Tat vernünftig gewesen war.

Auf seinen Tod reagierte Kay mit Zärtlichkeit, ich mit für mich untypischem Glauben. Kevins Reaktion war ebenso ungewöhnlich. Das attraktivste und fröhlichste Familienmitglied packte eine ungeheure, noch nie erlebte Wut. Er wollte jeden umbringen. Der Gemeindepriester hatte die Frage aufgeworfen, ob Frank überhaupt auf einem katholischen Friedhof bestattet werden dürfe, da das kanonische Recht Selbstmord als Todsünde ansehe, und als Kevin davon erfuhr, raste er vor Wut, daß unseren Eltern eine so schwere Prüfung auferlegt wurde. Während Kay und Jerry geduldig

die Entscheidung der erzbischöflichen Diözese abwarteten, schmiedete er Mordpläne.
»Nach allem, was Mom und Dad für diese Kirche getan haben, kann ich es einfach nicht glauben«, sagte er wutschäumend. »Wenn uns diese Kerle keinen Platz auf ihrem lausigen Friedhof einräumen, bringe ich sie um. Kanonisches Recht — so weit kommt es noch!«
Wie Frank war Kevin ein ehemaliger Schüler des Priesterseminars, traditionell die skeptischste Gruppe unter den Katholiken. In ihren entscheidenden Bildungsjahren hatten sie also das Verhalten zukünftiger Priester miterlebt. Danach fiel es ihnen schwer, an die übermenschlichen Eigenschaften zu glauben, die frühere Klassenkameraden angeblich durch die Priesterweihe erwarben.
Kopfschüttelnd sagte Kevin: »Was hat es für einen Sinn, einen Menschen noch nach seinem Tode zu bestrafen? Außerdem findet die Bestattung ja nicht für Frank statt — sondern für Mom und Dad. Wenn diese Idioten sie verhindern, bringe ich sie um!«
Nach kurzen Ermittlungen über Franks Geisteszustand erging Gnade vor kanonischem Recht, und Frank wurde ein Platz auf dem St. Mary's Friedhof zuerkannt. Diese Entscheidung milderte jedoch Kevins Zorn kaum, denn er traf allerorten auf weitere Idioten. Er bezweifelte, ob der Bestattungsunternehmer überhaupt berechtigt war, die Garantie für einen offenen Sarg bei der Totenwache zu verweigern. Er wütete über den Zeitungsmenschen, der meine hastige, handgeschriebene Anzeige nicht richtig las und »Frances Jude Blakeley«, dem falschen Geschlecht zuordnete. Er regte sich im Blumenladen auf, weil der Verkäufer nicht genügend weiße Gardenien für einen Kranz vorrätig hatte.
Die kleinen Enttäuschungen und Beleidigungen hielten Kevin auf Trab. Seine Erbschaft von Frank war ein unstillbarer

Durst nach Gerechtigkeit. Nach dem ersten Tag der Bestattungsvorbereitungen war er so fertig, daß er eine Pause einlegen und einige Biere mit seinen alten College-Kumpels trinken mußte. Das brachte ihn wieder auf die Beine. Die Wut hatte ihn aus der Verzweiflung erlöst, und eine genügende Menge Bier stellte seinen Sinn für Humor wieder her.

Pauls Reaktion machte mir die größte Sorge. Er war weder wütend noch erleichtert. Ihm war kein letzter denkwürdiger Besuch zuteil geworden, er hatte keinen Brief, keine schwarzen Schuhe und keine Strickmütze erhalten. Nichts, worüber er meditieren konnte. In den letzten Jahren von Franks Krankheit hatte Paul nicht mit dem gleichen wilden Eifer wie ich versucht, ihn zur Rückkehr in die Wirklichkeit zu bewegen. In seiner sublimen Reife hatte er den Wahnsinn als Franks unvermeidliches Schicksal akzeptiert, als das unglückliche Karma eines früheren Lebens. Als eine Kur nach der anderen fehlschlug, hatte sich Paul damit abgefunden, daß Frank zeit seines Lebens mit Wahnsinnsanfällen zu kämpfen haben würde.

Für einen nach geistiger Erleuchtung strebenden Menschen befand sich Paul in einer schlechten Lage. Franks wichtigste Nebenbeschäftigung hatte darin bestanden, einem peinlich berührten Angehörigen ständig das Geständnis »Ich liebe dich!« zu entlocken. Pauls unerschütterliche Gelassenheit angesichts seiner zügellosen Auftritte ärgerte Frank. Er brauchte ein hingerissenes Publikum, um seine Säfte am Kochen zu halten. Daher war es vielleicht eine Art Strafe, daß er Paul am Ende nichts hinterließ. Vielleicht glaubte er aber auch, daß Paul ihm auf seinem eigenen geistigen Weg so weit voraus war, daß er keine Erklärung für den Tod benötigte. Was immer der Grund war, ihm kein Lebewohl zu hinterlassen, es schmerzte Paul.

Vor der Abreise aus Ottawa hatte Paul den größten Teil der Nacht im Gespräch mit Waghi verbracht, doch als er am nächsten Nachmittag auf dem Flughafen O'Hare landete, verrieten seine blaßblauen Augen noch immer den Schock, den er erlitten hatte. Er hatte irgendein Buch von Sri Krishna Prem unter dem Arm, aber man konnte sich kaum vorstellen, daß er im Flugzeug viel darin gelesen hatte. Seine Kinnmuskeln hatten ihren Dienst eingestellt. Sein Mund war schlaff wie in höchster Überraschung. Dagegen waren die Augenbrauen hoch in die Stirn gerutscht. Das Weiße in seinen Augen lag frei. An der rechten Schläfe zuckte ein Nerv, und der sonst scharfe, leuchtende Blick seiner hellblauen Augen wirkte rauchig verschwommen. Er hatte etwa die Gelassenheit eines Mannes, der vor einem Erschießungskommando zu strammerer Haltung aufgefordert wird.

Irgend etwas für seine innere Harmonie entscheidend Wichtiges war zerschmettert worden, nicht einmal so sehr durch den Tod, als durch den Freitod. Zwar hatte Waghi ihm versichert, daß Franks Entscheidung nicht bedeutete, daß er vom Pfad abgewichen war – im Gegenteil, ein Selbstmord konnte durchaus auf seinem vorgeschriebenen Weg liegen. Doch Paul zog wenig Trost daraus. Selbst wenn er zugab, daß Selbstmord im Grunde nicht schmerzlicher war als ein natürlicher Tod, würde ihm das nur einen Teil seines Kummers nehmen. Es blieb das ungesagte Lebewohl, es blieb das für immer unmöglich gewordene bedeutungsvolle Gespräch.

Ich litt mit ihm, obwohl wir damals nicht mehr viel miteinander gemein hatten. Ich war ein hartgesottener Widerspruchsgeist und hatte nicht nur den Feminismus, sondern auch die erste Scheidung nach drei Generationen lebenslanger Ehen über die Familie gebracht. Dennoch kannte ich

die Qual ungesagter Worte. Pauls geistige Erhabenheit hatte ihn im Stich gelassen.
Wir sprachen miteinander. Zuerst fühlten wir uns unbehaglich, aber schließlich verfielen wir in den vertrauten Ton aus Jugendtagen. Wie in alten Zeiten machten wir gemeinsam Kummerpatrouillen, spähten nach streunenden Schmerzen und nach fesselnden Themen, mit denen wir Kay und Jerry, Kevin und Gina beschäftigen konnten. Als die notwendigen Arbeiten für die Bestattung verteilt wurden, meldeten wir uns freiwillig für die schwerste Aufgabe. Jerry und Gina übernahmen die Auswahl eines Fotos von Frank für die Totenwache, da es immer noch möglich war, daß der Sarg geschlossen bleiben mußte. Frank war nie leicht zu fotografieren gewesen. Das gerahmte Porträt vom Collegeabschluß, das im Eßzimmer hing und vor dem wir abwechselnd in Erinnerungen versunken stehenblieben, war nicht recht geeignet. Der unwissende Einundzwanzigjährige, der unter der quadratischen Mütze mit den Quasten hervorlächelte, erinnerte nur recht entfernt an den komplizierten Menschen, der später aus ihm geworden war.
Man beschloß, einen neueren Schnappschuß vergrößern zu lassen. Franks Freundin Marlene hatte ihn bei ihrer Reise durch Deutschland aufgenommen. Außer Marlene hätte sich wohl kaum jemand auf eine Reise mit Frank gewagt, weil er einen unterwegs verrückt machen konnte. Er schaute sich nie eine Landkarte an, vermied jede empfohlene Route und hinterließ nirgends, wann er zurückzukommen gedachte.
Es muß ein kühler Abend gewesen sein, als die Aufnahme gemacht wurde, denn er hatte den Biberpelzkragen des Mantels hochgeklappt. Ich kannte den Geruch dieses Biberkragens genau. Er hatte mich in diesem Mantel hundertmal in den Arm genommen.

Es war kurz vor dem Dunkelwerden an einem Abend in Bayern. Trübes, undurchsichtiges Licht ließ alle Umrisse verschwommen erscheinen bis auf sein schmales Profil. Er selbst schien in den dunklen Rändern des Fotos zu verschwinden, als hätte er die Entscheidung getroffen, die Rückkehr durch das sausende Zeitloch nicht zu nutzen und für immer in Brigadoon zu bleiben. Die Locken des tiefschwarzen Haares fielen ihm, von der Abendbrise bewegt, in die Stirn. Mit abwesender Miene schaute er auf eine Vision außerhalb des Kamerawinkels. Sein Gedankenreichtum warf eine unbestimmte Schönheit über sein Gesicht, in die ruhige Entschlossenheit der Augen und die süße Traurigkeit des vagen Lächelns. Er wirkte ernst und mutwillig, rätselvoll und glasklar zugleich.

Jerry und Gina brauchten fast den ganzen Nachmittag, um die Vergrößerung im Do-it-yourself-Laden zu rahmen. Die meiste Zeit benötigten sie, um die passende Farbe für den Wechselrahmen zu finden. Lange debattierten sie über die Frage, ob sie zu dem ungewöhnlichen Licht oder dem armen dunklen Pelz des Kragens passen wollte. Wir beschäftigten uns alle in dieser Woche mit solchen Nebenfragen und waren dankbar für die Ablenkung von den gewichtigeren Dingen, auf die es keine einfachen Antworten gab.

Nach langer Beratung wählten mein Vater und meine Schwester eine matte goldbraune Farbe, die den Blick genau auf die richtige Stelle lenkte: auf die durchscheinenden haselnußbraunen Augen, von denen unaussprechliche Wahrheiten über sein Leben und sein Wesen auszugehen schienen. Ein scharfsichtiger Beobachter konnte noch darin sehen: die Umstände seines Todes. Wer genau in diese gefühlsbetonten Augen blickte, mußte erkennen, daß Franks Tod unvermeidlich war. Dieser wenige Monate vor seinem Tod aufgenommene Schnappschuß befreite mich von allen ver-

bliebenen Illusionen, daß ich ihn hätte retten können. Kein Mensch mit dieser geringen Schwerkraft, die ihm die Liebe verleiht, ist zu retten, sobald er in den Strahl einer göttlichen Erleuchtung tritt.
In Marlenes Foto sah ich mehr von Frank als in dem für die Totenwache aufgebahrten Leichnam, den man mit völlig falschen Farben geschminkt hatte. Aber Bestattungen werden nicht für den Verstorbenen, sondern für die Leidtragenden abgehalten, und Frank hätte uns diesen letzten Erinnerungsblick nicht übelgenommen.
Für die letzte Audienz, die er seinen Freunden und Verwandten gab, wählten wir ein gutgeschnittenes schwarzes Sportsakko und eine gestreifte rote Seidenkrawatte. Meiner Bitte, ihn in seinen abgetragenen Hosen zu begraben, stimmte man zu, da sie in dem geschlossenen Teil des Sarges ohnehin nicht zu sehen waren.
Als Kay ihren Sohn zum letzten Mal fein machte, geschah es mit der gleichen Sorgfalt und Hingabe wie in seiner Jugend, als sie ihm die Stirnlocke mit Zuckerwasser befeuchtet hatte. Für diese Frau, die viele Jahre ihres Lebens der Erziehung ihrer Kinder gewidmet hatte, trug Frank seine nagelneue Krawatte und das makellose Sportsakko mit einer kleinen weißen Nelke im Revers. Mein letzter Eindruck von ihm war der eines blassen jungen Mannes auf dem Weg zu einer Tanzveranstaltung seines Colleges. Das hätte ihm sicher ausnehmend gut gefallen.
Die große Verantwortung, die Paul und ich freiwillig übernommen hatten, war die Aufgabe, »seine persönlichen Sachen sicherzustellen«, wie es der Coroner gewohnheitsmäßig ausdrückte. Wir fuhren in die Innenstadt und verbrachten einen ganzen Tag im Rathaus. Dort hatten wir unsere nahe Verwandtschaft mit dem Verstorbenen durch Geburtsurkunden und notariell beglaubigte Dokumente nachzu-

weisen. Danach mußten wir eine eindrucksvolle Zahl von Formularen ausfüllen. Endlich wurde ein offizielles Papier gestempelt, das uns berechtigte, das Siegel des Coroners an Franks Zimmertür im Hotel Cedar aufzubrechen. Wir wurden verpflichtet, sobald wir dort ankamen, die Polizei zu benachrichtigen. Wenige Minuten nach unserem Anruf fuhr ein Streifenwagen vor.

Paul, ich und zwei Chicagoer Polizeibeamte betraten das sogenannte Foyer. Einstmals war das Hotel Cedar ein erstklassiges Etablissement der Rush Street gewesen, wo die Musikliebhaber aus der ganzen Stadt zu den Klängen von Jazz- und Blues-Quartetts bis vier Uhr morgens getanzt hatten. Seitdem hatten das Gebäude und seine Gäste schlechte Zeiten durchgemacht. Das verwahrloste, nie renovierte Foyer war trübe erleuchtet. Es roch nach altem Holz und Alkohol. Als unsere Vierergruppe durch die Eingangstür kam, ernteten wir stumme, mißtrauische Blicke von Franks früheren Nachbarn – glücklosen Musikern, Männern mit Flecken auf den Hosen und Frauen, die zuviel Lippenstift aufgetragen hatten.

Paul schüttelte verwundert den Kopf. »Frank ist in mehr Subkulturen dieser Stadt untergetaucht als irgend jemand sonst«, sagte er. Es war nur zu wahr. Er hatte mit Prostituierten getafelt, sich Freunde in der psychiatrischen Klinik gemacht, hatte im Gefängnis Verbrecher kennengelernt und in der Unitarierkirche in Norwood Park mit Familien aus den Vorstädten gebetet. Zu seiner Beerdigung kamen dann auch Vertreter all dieser Schichten. Wie sie davon erfahren hatten, blieb uns ein Rätsel, weil die Todesanzeige nie erschien.

Auf einer der hinteren Bänke saß eine kleine Gruppe in zerlumpter Kleidung, die niemand aus unserer Familie kannte. Aber ihre Taschentücher und Jackenärmel wurden vor

Kummer so nass wie unsere. Franks Ausstrahlung war unglaublich. Die Menschen hatten ihn geliebt, weil er sie liebte — offen, überzeugend, ohne Erwartung einer Gegenleistung. In gewisser Hinsicht war diese ungepflegte Gruppe im rückwärtigen Teil der Kirche ein Erbe, das Frank allen Überlebenden hinterließ. Bis zum heutigen Tag kann ich an keinem Obdachlosen in New York City vorbeigehen, ohne das Gefühl, daß ich sein Leben besser kenne, als mir lieb ist.

Unsere Begleiter, die Polizisten, näherten sich einem Glaskäfig in einer Ecke des Foyers, einem schmucklosen, kugelsicheren Empfangspult, hinter dem ein Angestellter die Tagesmieten kassierte. Mit einer gemurmelten Entschuldigung händigte er dem Polizeibeamten den Schlüssel aus. Ich dachte, er entschuldigte sich für Franks Tod, aber er entschuldigte sich für den Zustand des Zimmers. Denn noch am selben Tag, als der Coroner es versiegelt hatte, hatte jemand dort eingebrochen.

Schubläden waren herausgerissen und auf den Boden geworfen worden. Auf einem altertümlichen Spiegelschrank lag eine aufgeklappte Brieftasche. Die Tür des Wandschränkchens über dem Waschbecken hing lose in den Angeln. Der Einbrecher war herb enttäuscht worden, denn Frank hatte sein letztes Geld verschenkt — möglicherweise an die Menschen auf den hinteren Kirchenbänken —, und außer den paar Aspirintabletten neben den beiden leeren Flaschen auf dem Nachttisch waren keine Drogen zu finden.

Die Polizisten füllten ein weiteres Formular aus, einen Bericht über den Einbruch. Die Checkliste, die wir zu beantworten hatten, bestand nur aus »Nein«. Kein Fernseher, keine Stereoanlage, keine Schreibmaschine, kein Radio, kein Schmuck, keine nennenswerten Wertsachen. Paul unterzeichnete die Anzeige — oder Nichtanzeige —, und die Beamten überließen uns unserer privaten Arbeit. Die »persönlichen Sachen«, die wir zusammentrugen, gingen leicht in die zwei Kleidersäcke, die wir mitgebracht hatten. Frank reiste mit dem leichtesten Gepäck, das ich je gesehen hatte. Paul hatte nur Blicke für die Arbeit. Er konzentrierte sich auf den Inhalt der Schubläden. Rasch packte er bunte Socken und eine leichte Windjacke ein. Er zögerte. »Soll ich seine Wäsche einpacken?« fragte er mit kummervollem Blick. Geistige Loslösung war unmöglich, wenn man die Unterwäsche eines geliebten Menschen in der Hand hielt. »Wozu?« fragte ich. »Wir müßten sie dann nur noch einmal für die Heilsarmee zusammenpacken. Wir nehmen nur die Schriftstücke. Und vielleicht persönliche Gegenstände, die die Familie aufbewahren möchte.«

»Gut«, sagte er erleichtert, stand auf, ging zu dem Spiegelschrank und nahm ein paar Sachen heraus, darunter eine alte Taschenuhr, die der Einbrecher verschmäht hatte. Während Paul mit auffallender Entschlossenheit arbeitete und Franks persönliche Gegenstände einsammelte, ging ich, mit anderen Gedanken beschäftigt, durchs Zimmer und barg die geistigen Dinge. Ich glaubte nicht an Geister — vielleicht der einzige Vorteil des Agnostikers — aber in dem Augenblick, als ich das Zimmer betrat, empfand ich ein sonderbares Gefühl. Nicht anders war es mir beim Besuch der Lincoln-Gedenkstätte und des Vietnam-Monuments ergangen. Nur daß ich jetzt nicht trauerte, jedenfalls nicht ausschließlich. Zu meiner eigenen Verwunderung empfand ich eine überwältigende Erregung. Sie war nicht verstandesmäßig zu begründen — aber ich war außer mir. Der erste Anblick der leeren Pillenflaschen auf dem Nachttisch und des Plastikwäschebeutels auf dem Bett hatte mich in Todesangst versetzt. Aber gleich darauf war mir, als habe jemand meinen Schädel geöffnet und ein neues Gehirn hineingestopft. Ich fühlte mich unglaublich glücklich. Ich sah die Aspirintabletten und dachte: Keine Schmerzen. Und mit einem Blick auf den Plastikbeutel: Keine Unordnung.

Hier stand ich in dem Zimmer, wo Frank seinen letzten Atemzug getan hatte, und war nicht nur glücklich, sondern auch dankbar. Ich wußte, seine Aufenthalte in Krankenhäusern, Gefängnissen und geschlossenen Anstalten waren jetzt Vergangenheit. Er hatte seine Schuldigkeit im Fegefeuer schon hier auf Erden entrichtet. Er hatte gesagt, daß er nicht mehr hierher gehörte, und ich war geneigt, ihm zu glauben.

Aus dem einzigen Fenster sah man direkt auf eine Ziegelsteinmauer jenseits eines leeren Lichtschachts. Wohin mein Blick auch fiel, ich sah mich bestätigt, durchschaute die Zusammenhänge und fühlte mich im Einklang mit seiner Flucht. Selbst die trübsinnigsten Symbole des Todes erzeugten bei meinem überschwenglichen, irrationalen Zustand keine Schrecken.

Dann bemerkte ich einen Stuhl, der zwischen Bett und Heizkörper gezwängt strategisch günstig unter dem Fenster stand. Ich ging hin, um ihn zu untersuchen. An einem Stuhlbein war mit sauberem Knoten ein Strick befestigt, der am anderen Ende in eine Schlinge auslief. Die perfekte Symmetrie der beiden komplizierten Knoten konnte nur eine sehr ruhige und sichere Hand hergestellt haben. Ich dachte: Ohne Angst. Wahrscheinlich hatte Frank eine Bibliothek aufgesucht, um sich über die Knotentechnik zu informieren. Ich war froh, daß er sich nach sorgfältiger Vorbereitung doch gegen den Strick entschieden hatte.

»Paul, sieh dir das an!« sagte ich aufgeregt. Ich wollte ihn darauf hinweisen, daß Frank deutlich sinnloses Leiden für sich und seine Angehörigen abgelehnt hatte. »Das muß seine ursprüngliche Absicht gewesen sein, die er dann aufgege-

ben hat.« Paul sah vom Spiegelschrank herüber, aber das Bett versperrte ihm den Blick auf den Strick. Doch er sah den unter das Fenster geschobenenen Stuhl und wollte nicht mehr wissen. Wieder hatte er diesen Ausdruck des Mannes vor dem Erschießungskommando.
»Bitte«, sagte er erblassend, »ich will hier keine Rekonstruktion des Geschehenen.« Er sah aus, als hätte er einen furchtbaren Schlag bekommen, und machte sich erschöpft wieder ans Packen. Als ich seine ganze irdische Trauer sah, tat er mir leid.
Paul wollte vor allem nicht ans Sterben denken, denn er wußte nicht — und Gott weiß, woher ich es wußte —, daß sowieso kein Lebender wirklich den Tod erblickt. »Du kannst den Tod nicht spielen«, erklärt Rosenkrantz in *Rosenkrantz und Güldenstern sind tot.* »Die Tatsache des Todes hat nichts mit seinem äußeren Bild zu tun. Es ist nicht das Stöhnen und das Blut und das Hinstürzen — das ist es nicht, was den Tod ausmacht. Sondern daß ein Mensch nicht mehr auftritt, das ist alles . . . eben noch hier und im nächsten Moment weg, und nie kommt er zurück . . . ein Abgang, unauffällig und unangekündigt, ein Verschwinden, das bei längerer Dauer an Gewicht gewinnt, bis es ganz und gar zum Tod wird.«
Ich hatte große Angst, daß Paul, der immer noch die im Zimmer verbliebenen Gegenstände einsammelte, von der gewaltigen, unvorhergesehenen Leere des Todes erdrückt werden würde. Der Tod sprach stumm aus so vielen Dingen in diesem Zimmer — zu mir, zu Frank —, daß meine Erregung verflog. Ich war ernüchtert.
»Okay«, sagte ich. »Laß uns hier fertig werden und verschwinden!«
Als ich bei der Beerdigung am nächsten Tag auf die Kanzel trat, richtete ich den Blick auf Paul. Die von der Familie be-

schlossene Arbeitsteilung hatte mir die Aufgabe zugeteilt, den Nachruf auf Frank zu sprechen. Immer noch in der eigentümlichen, fast euphorischen Stimmung, die mich im Hotel Cedar umfangen hatte, war mir die Niederschrift der Rede so leichtgefallen wie kein Aufsatz zuvor. Ich setzte mich einfach hin und schrieb alle Erinnerungen auf, die mir einfielen. Schwer war es nur, dies in der Kirche vor meinen Angehörigen zu verlesen, die beieinander in der ersten Bankreihe saßen, die Augen voll Trauer. Eins wußte ich: wenn einer zu weinen anfing — und diese Möglichkeit war nahezu sicher —, würde mir ein Kloß in die Kehle steigen, und ich könnte nicht mehr weitersprechen. Bisher hatte nur Paul keine Tränen vergossen. Deshalb konzentrierte ich mich auf die dunkelblaue, tunnelartige Tiefe seiner Augen, um durchzuhalten.

Den ganzen Donnerstagnachmittag hatte Gina an Gehirnschäden denken müssen. Als sie abends ins Krankenhaus kam und ihren Monolog an meinem Bett wieder aufnahm, wählte sie dafür meine damalige Ansprache. Bei ihrem Abflug aus Chicago hatte sie aus den Familienalben Kays Briefumschlag mit der einfachen Aufschrift »M.K.« mitgenommen. Er war dick ausgebeult und enthielt eine Sammlung von Nachrichtenausschnitten, Artikeln und Briefen und eine maschinengeschriebene Abschrift der Rede, die Kay und Jerry nach meiner Rückkehr von mir erbeten hatten. Sie hatte sie nachmittags noch einmal gelesen und war zu dem Schluß gekommen, daß meine unregelmäßigen Hirnströme möglicherweise durch anhaltende Trauer über Franks Tod hervorgerufen worden waren.
Ich hatte keine Schmerzen. Nicht einmal der ärgerliche Schlauch im Hals störte mich an diesem Abend, nachdem die Wachen nachmittags wieder die angenehmen, spannen-

den Träume in Gang gesetzt hatten. Die Verzweiflung, die sie bei mir vermutete, war eigentlich in Ginas Kopf entstanden. Aber nach einer Woche vergeblicher Versuche, in meinen Geist vorzudringen, konnte sie kaum noch zwischen beidem unterscheiden. Das kam in unserer Familie oft vor. Predigen fiel mir leicht. Etwas anderes war es, sich die eigene Predigt anzuhören. Hätte ich mich nicht in einem Zustand träumerischer Gelassenheit befunden, wäre es wahrscheinlich beschämend gewesen, zu hören, wie ich vor zwei Jahren mit unverhohlener Leidenschaft von der Kanzel gesprochen hatte. Doch ich mußte mich dazu bekennen. Ich hatte den Text ja selbst geschrieben.

Ginas Stimme hatte ihre volle dramatische Kraft wiedererlangt. Sie stolperte auch nicht über die Stellen, in denen Gott angerufen wurde, weil sich das mit ihrer Anschauung viel besser vereinbarte als mit meiner. Ich war selbst überrascht gewesen, diese Stellen im Text zu finden, und hatte mich gefragt, wie sie dorthingekommen waren. Doch ich war fest davon überzeugt, daß man Nachrufe nicht mehr redigieren sollte, wenn sie einmal geschrieben sind. Während Gina mir die Rede vorlas, in der Hoffnung, ich würde vielleicht dadurch die Augen aufschlagen, erinnerte ich mich wieder daran, wie ich Paul angesehen hatte. Es war mir gelungen, ihn zu Tränen zu rühren.

Ich habe meine Eltern gebeten, die Grabrede halten zu dürfen. Am vorigen Wochenende hat mir Frank nämlich einiges anvertraut, und daß wir uns in den letzten Jahren in Gesprächen immer nähergekommen sind, half mir, mich mit der Endgültigkeit des heutigen Tages abzufinden. Er brachte mir seine Aufzeichnungen und fragte mich, ob ich »seine Übersetzerin« sein wolle. Er sagte, es könne ja sein, daß ich seine Schriften verstünde, und dann könne ich sie auch anderen Menschen verständlich machen. Frank hat — so glaube ich — damit von mir verlangt, daß ich die große Trauer, die wir, wie er vorausahnte, heute empfinden, so bedeutungsvoll übersetzen soll, daß es unseren Schmerz lindert und seine Liebe zu uns bewahrt. Es erscheint uns so, als wäre Franks Leben einsam und traurig verlaufen. Aber das liegt nur daran, daß er anders lebte als die Mehrzahl von uns. Zwei Dinge unterschieden ihn von anderen und machten ihn zum Einzelgänger: sein glänzender Geist, der ihm Wissen und Einsichten vermittelte, die die meisten von uns sich nicht vorstellen können, und seine Krankheit, das zerstörerische Fieber seines Geistes, das den Glanz verdunkelte, ihn verwirrte und ihn auf einen dunklen und furchtbaren Weg trieb. Bis zum letzten Tag seines Lebens hat er versucht, diese beiden Elemente seines Daseins ins Gleichgewicht zu bringen. »Ich komme mir wie ein Missionar in meinem eigenen Geist vor, der die Engel von den Dämonen scheidet«, hat er einmal gesagt.

Vieles in seinem Leben erscheint uns unverständlich, weil wir weder seinen glänzenden Geist besitzen noch seinen Wahnsinn teilen. Aber es ist wichtig zu wissen — und das besonders heute —, daß Frank sein Leben nicht als verpfuscht ansah. Er hatte immer das Gefühl, daß ihm der Wahnsinn nicht ohne Grund widerfuhr. In einem Brief schrieb er: »Gern möchte ich glauben, daß wir wie die Bakterien in der Banane sind, daß jeder von uns sein bißchen dazu tut, die Frucht reifen zu lassen, damit Gott sie verzehren kann.«

Ich glaube — nein, ich weiß es —, daß Frank seinen Wahnsinn besser verstand als jeder andere. Besser als die behandelnden Ärzte, besser als seine Berater, besser als alle, die ihn liebten und ihm zu helfen versuchten. »Mein Wahnsinn«, sagte er einmal, »ist eine Form des Gebets.« Frank hielt sein ganzes Leben für ein langes Gebet.

Wir nannten es unter uns Wahnsinn. Wir gebrauchten nicht

den medizinischen Ausdruck »manisch-depressiv« oder gar die wissenschaftliche Terminologie, die seine Ärzte benutzten. Frank nannte es »eine so starke Liebe zu Gott, daß sie manchmal bei mir zum Kurzschluß führt«. Der Wahnsinn, sagte er, liege an der »falschen Schaltung im Gerät«. Aber deshalb verzweifelte er nicht wie wir. Er zweifelte nie daran, daß Gott ihn liebte.

In unserem heutigen Leid sind wir versucht, in Frank einen unglücklichen Menschen zu sehen. Das war er nicht. Gestern fielen mir während der Bahnfahrt nach Chicago viele Beispiele seines Humors ein. Er hatte ja ein großes Talent, Witze zu erzählen. Flüchtig dachte ich daran, wie er mir wohl geantwortet hätte auf die Frage, was ich zu seiner Beerdigung sagen soll. Vielleicht hätte er lächelnd geantwortet: »Frag sie doch mal, warum Bürgermeisterin Jane Byrne nicht hier ist!«

Bei einem meiner Besuche in Reed sagte ich ihm, daß ich ihm eigentlich Dank schulde, weil ich durch ihn das Innere psychiatrischer Kliniken in ganz Chicago kennenlernte. »Das stimmt«, sagte er und fragte dann: »Aber bist du nicht auch froh, dadurch einige Marsbewohner kennengelernt zu haben? Braucht nicht jeder ernsthafte Schriftsteller einige Marsbewohner in seinem Leben?« Er war an diesem Tag in einem Zustand sehr starker Erregung – ich nannte sie die Excelsior-Phase. »Immer wenn du diesen Excelsior-Blick in den Augen hast, weiß ich, daß wir wieder in Schwierigkeiten sind.«

»Und das mit Recht«, stimmte er mir zu. Er hatte eine schöne Beziehung zum Absurden. Als ich ihn zum erstenmal in Elgin besuchte, fragte ich, ob wir lieber einen Spaziergang über das Klinikgelände machen sollten, statt uns in der Abteilung niederzulassen. Er holte einige Plättchen aus der Tasche – es waren die weißen Marken, die Patienten sich verdienen und gegen gewisse Vorrechte eintauschen können – und reichte sie dem Sozialhelfer, den er »den Kerkermeister« nannte. Als der

Sozialhelfer die Tür öffnete, lächelte mich Frank von der Seite an und sagte: »Hoffentlich bist du mir auch dankbar. Wir dürfen jetzt spazierengehen, weil ich mir heute morgen die Haare gekämmt habe.« Ihm war die Ironie seiner Umstände nicht entgangen.

Wir sprachen an dem Tag über alles. Er erschien mir wunderbar gesund, obgleich mir klar war, daß er draußen mit dem Leben nicht fertig werden würde. Wie immer fragte er mich auch an diesem Tag, ob ich ihn liebte.

»Ja«, sagte ich, denn ich liebte ihn sehr.

»Warum?« fragte er, wie er es immer tat.

»Weil du ein Narr bist«, sagte ich, »und ich liebe Narren.«

»Aber Jesus hat doch gesagt: 'Es gibt keine Narren'«, zitierte er aus dem Markus-Evangelium, um mich herauszufordern.

»Ich weiß, aber ich glaube, in Wirklichkeit meinte Jesus, daß wir alle Narren sind«, antwortete ich, Seymour Glass zitierend. »Und ich glaube, du bist der König der Narren.« Und dann fragte ich ihn, ob er mich liebe.

»Ja«, sagte er lächelnd, und ich fragte ihn, warum.

»Weil ich glaube, daß du die Königin der Narren bist.«

Am letzten Wochenende sprachen wir wieder über die Liebe, und Frank sagte, er könne der Familie gar nicht zeigen, wie sehr er sie liebe. In dieser Woche schrieb er an Kay und Jerry und dankte ihnen dafür, daß sie seine Eltern sind. Es war ein Liebesbrief in dem gleichen Geist, in dem vielleicht Jesus der Mutter Maria und Joseph dafür gedankt hätte, daß sie seine Eltern waren, ihn liebten und wußten, daß wir erst erfahren könnten, was Liebe wirklich ist, wenn wir bei Gott sind und nicht mehr im Gefängnis unseres Körpers und unseres Gehirns. Das ist die Art Liebe, nach der Frank sein ganzes Leben lang verlangte.

Oft hatte ich wie die meisten von uns, die ihn liebten, das Gefühl, daß ich nicht genug für ihn tat und ihn nicht vor den

Verheerungen bewahrte, die seine Krankheit bei ihm anrichtete. Ich sagte ihm, daß ich manchmal, wenn ich an ihn dachte, Schuldgefühle hätte.
»Die Schuldgefühle rühren von deiner Arroganz her, Mary Kay«, verwies er mich. »Du begreifst meinen Wahnsinn eben nicht. Auch ich begreife meinen Wahnsinn nicht. Nur Gott begreift diesen Wahnsinn und weiß, warum ich damit geschlagen bin. Es ist Arroganz, wenn du dir einbildest, etwas zu wissen, was nur Gott weiß. Du darfst keine Schuldgefühle haben.«
Das war seine Art von Verrücktheit.
Ich weiß, was Frank vor allem wünschen würde: daß ich euch das Schuldgefühl übersetze, das uns heute alle beschleicht. Daß ich es in ein Gebet übersetze, denn das war sein Wahnsinn wirklich: ein göttliches, unerforschliches Gebet. Betet also zu Gott, den er liebte, oder zu Frank selber, denn ich weiß, er wird euch hören!
Und ich glaube, daß er jetzt bei dem Gott ist, den er liebte. Als er wußte, daß seine Zeit gekommen ist, als er sicher war, alles erfahren zu haben, was er hier erfahren konnte, und als er beschloß, zu Gott zu gehen, muß er alle Gefühle durchlebt haben, die ein Menschenwesen vor dem Tode hat. Aber ich weiß auch, daß er Gewißheit hatte. Sein Tod war keine Tat der Verzweiflung. Es war eine Tat der Liebe. Er starb, weil ihn sein Denken, Streben und Lieben erschöpft hatte. Und es war die große Sehnsucht, bei Gott zu sein.
Dieser Kummer, diese alles umfassende Traurigkeit, die wir heute empfinden, kommt daher, daß wir ihn so sehr vermissen, daß wir uns ohne ihn grenzenlos einsam fühlen. Auch ich werde ihn schrecklich vermissen. Aber an seinem Grab darf es keine Schuldgefühle und keine Verzweiflung geben. Er würde das nicht wünschen. Er würde es als menschlich bezeichnen und uns auffordern weiterzugehen – geradewegs zu Gott. Ich weiß, daß Frank uns noch immer liebt.

11. KAPITEL

Der Energiekreis

30.3.84

Heute morgen habe ich in MKs Tagebuch gelesen. Ich saß so da und konnte nicht anders. Übrigens dürfte MK nicht der Typ sein, der sich schämen müßte, wenn jemand darin liest. Es ist deutlich zu sehen, daß ihre Aufrichtigkeit sie auch in der Intimsphäre ihres Tagebuchs nicht verläßt. Und es besteht kaum ein Unterschied zwischen der Mary Kay, die ich kenne, und der, die diese Eintragungen gemacht hat . . .
Das einzige, was sie nur hier und nicht in der Öffentlichkeit tut – jedenfalls nicht, bevor sie die richtigen Worte gefunden hat, die keinen erschrecken –, ist, daß sie einen Katalog einiger ihrer Erschöpfungsanfälle aufstellt, daß sie dem Papier mit großer Ehrlichkeit anvertraut, wie sie unter ihren erschwerten Lebensumständen in den letzten Jahren gelitten hat. Gott sei Dank wird ihr das nach allem disziplinierten Mut, den sie bewies, eine gewisse Erleichterung verschafft haben.
Wenn ich an meine Tagebücher denke, kommt es mir immer noch so vor, als beginge ich ein Verbrechen, wenn ich in ihrem lese. Doch ich bin froh, daß ich es getan habe. Ich wünschte nur, noch mehr Anhaltspunkte dafür zu haben, wie tapfer und stark sie ihr Leben gemeistert hat, und vielleicht einen Wink zu bekommen, wie ich ihr helfen könnte.
Mein Gott, wie ich sie liebe! Ich habe sie nicht genug geliebt.

Im vergangenen Monat bin ich nicht nach Fort Wayne gefahren, um bei ihrem Auftritt mit Joan dabei zu sein. Doch ich liebe sie. Wenn sie aufwacht, will ich ihr in Zukunft enger verbunden sein, will Schwierigkeiten an ihrer Seite bekämpfen, ihre Einladungen annehmen und ihr eine gute Schwester sein. Ich wünschte, ich könnte aufhören. Denn in den paar Stunden, die ich bei ihr verbringe, bin ich so verdammt befangen. Da ist ein ständiger Mahner in meinem Kopf: Jetzt schreibe ich einen Leidensbrief an Barbara, jetzt gehe ich mit der erstaunlichen Phyllis Wender aus, jetzt spreche ich mit Schwestern und Ärzten und bemühe mich, die reife Angehörige zu sein, die alles meistert. Doch bei alledem kommt mir nie so recht zu Bewußtsein, wie ich von ganzem Herzen und mit all meinem Willen wünsche, daß Mary Kay alles gut übersteht. Wenn ich heute ihre Hand halte, werde ich so liebevoll mit ihr sprechen, wie ich es empfinde. Auch wenn ich Angst bekomme und weinen muß.

»Sie sieht schon besser aus, meinst du nicht?« fragte Larry, als er am Freitagabend im Krankenhaus zu Gina stieß. Sie sah in mein ausdrucksloses Gesicht, auf das passive Heben und Senken der Brust und die vielen Kanülen in den lila verfärbten Armen. Besser als wann? fragte sie sich. Sieht er etwas, was ich nicht sehe? Sie kannte ihn als einen überaus vernünftigen Mann — als Liebhaber von Fakten und eher vorsichtigen Spieler bei Außenseiterchancen —, und daher überraschte es sie, daß er plötzlich von der nüchternen Wirklichkeit auf blinden Glauben umschaltete. Er blickte sie an und lächelte sogar, als wäre ihm noch nie die Möglichkeit eines Gehirnschadens in den Sinn gekommen.
Er war soeben aus Connecticut zurückgekommen, wo er unsere Verabredung mit dem Immobilienmakler eingehalten und einen Mitvertrag auf zwei Jahre für das Haus unter-

schrieben hatte, das wir dort im vergangenen Monat gefunden hatten. Wir hatten eigentlich beide unterschreiben wollen. Deshalb war der Makler erstaunt, als Larry allein kam, und fragte, ob ich noch mit von der Partie sei. Ja, versicherte ihm Larry und erklärte ihm nach einigem Zögern den Grund meines Fortbleibens. Er wußte, daß er eine Menge Fragen zu beantworten haben würde, wenn er das Wort »Koma« aussprach. Deshalb sagte er kurz, ich sei von »einer schweren Grippe« befallen, und versprach, daß ich ihn im Büro aufsuchen würde, sobald es mir besser ging.
Die Fahrt zu der angenehmen Küstenstadt, die wir zu unserer künftigen Heimat ausersehen hatten, schien ihn belebt zu haben. Bevor er zurückfuhr, machte er einen Spaziergang nach Todd's Point. Dabei erinnerte er sich an den Sonnenuntergang, den wir dort im vergangenen Monat erlebt hatten.
Danach waren wir ins Auto gestiegen und in loser Umarmung unter dem Mantel sitzengeblieben, den er über uns gelegt hatte. Wir waren froh, daß wir endlich einmal nicht über finanzielle und gesundheitliche Probleme und Larrys zukünftige Stellung als Stiefvater nachzudenken brauchten. Zum erstenmal seit zwei Jahren empfanden wir, wie schön es sein konnte, einmal richtig Zeit füreinander zu haben. Es war schön, meinen Kopf an seine Schulter zu legen, ohne die übliche hektische Gier, die Zeit mit ihm bis zur letzten Sekunde auszunutzen, weil wir danach wieder einen ganzen Monat nur telefonieren konnten.
Auch er sehnte sich danach, mit mir zusammenzuleben, selbst wenn das unweigerlich manch verbranntes Essen und verräucherte Küche mit sich bringen würde. Er sehnte sich danach, meine Strümpfe im Bad trocknen zu sehen, oder an der Hintertür über die Schlittschuhe der Kinder zu stolpern. Er wollte erleben, wie es war, mit mir belastet zu sein.

Wie lange würden wir es aushalten? Nun, darauf kam es nicht an.

Diese zwei Jahre vor Augen, unterschrieb er eilig den Mietvertrag, um alle trüben Gedanken zu verscheuchen. Er fand sogar Gefallen an der Grippe-Ausrede, denn an diesem Nachmittag paßte ein möglicher Gehirnschaden nicht in seine Vorstellungen von der Zukunft. Die Wellen krachten über die gezackten Felsen bei Todd's Point und Larry glaubte fest, daß wir ganz sicher Fortschritte machen würden, vielleicht schon heute abend, vielleicht erst morgen früh. Für einen ernsthaften Mann ist die Unterzeichnung eines Mietvertrags so etwas wie ein Gelübde, und Larry fuhr im Gefühl inbrünstiger Verpflichtung nach Manhattan zurück. Es war zweifellos die Liebe und nicht der Verstand, die ihn zu der Bemerkung veranlaßte, ich sähe schon viel besser aus. Gina betrachtete ihn ebenso ungläubig wie dankbar, wie ich Howie betrachtet hatte, als er vor Darrens Brutkasten stand.

Seinen Optimismus konnte ich nicht teilen, wollte ihn aber auch nicht zerstören. Deshalb sagte sie: »Vielleicht sieht sie besser aus, weil ich sie gekämmt habe.« Sie selbst befand sich gerade in gelinder Panik, die eine Bemerkung von Dr. Greenbaum wenige Augenblicke zuvor ausgelöst hatte. Der Chefarzt hatte am Fuß des Bettes gestanden und mit gerunzelter Stirn die Krankenakte gelesen.

»Sie müßte jetzt eigentlich aufwachen«, sagte er, die Stirn in Falten. »Manchmal dauert es zwar noch ein oder zwei Tage, nachdem die Glukosetests wieder normal sind, aber . . .«

Gina wußte, daß sie schon seit drei Tagen wieder normal waren. Sie hatte es unbefugt gelesen. Nervös wartete sie auf die Anordnungen, die nach so ausgiebigem Stirnrunzeln getroffen werden mußten. Er hatte das Kinn kantig vorgeschoben, und Gina erwartete irgend etwas Ungeheuerliches

— vielleicht einen Test oder eine Behandlung aus der »Nuklearmedizin«. Nach einem zufällig an diesem Tag aufgefangenen Satz vermutete sie, daß sie das letzte Aufgebot darstellte. Doch statt einer Anordnung ließ Dr. Greenbaum gegen alle Gewohnheit nur einen Seufzer hören.
»Sie müßte eigentlich aufwachen«, sagte er und seufzte noch einmal. »Geben wir ihr noch einen Tag!«
Und was dann? dachte Gina. Unbewußt glitt ihr Blick zu dem Stecker des Beatmungsgeräts, meine zerbrechliche Verbindung mit dem Leben. Doch sie wollte weder an die mit dem Stecker verbundenen Fragen noch an das Dilemma denken, über das gestern abend bei Julias essen diskutiert worden war.
Julia war der Ansicht, daß das Gehirn bei hungrigem Magen ungern arbeitet, und hatte, wie schon Anfang der Woche versprochen, eine Lammkeule gebraten. Besonders wichtige Probleme verlangen in New York City auch besondere kulinarische Anstrengungen, und Julia hatte mit sicherem Blick erkannt, daß diese Krise ein Sieben-Gänge-Menü erforderlich machte.
Der Nachtisch war längst verzehrt. Die Gäste hatten die Schuhe, Krawatten und die bis dahin noch vorhandene Befangenheit abgelegt und es sich auf den Couchkissen in Julias Wohnzimmer bequem gemacht. In dieser gelösten Atmosphäre besprachen sie die drängende Frage, die Kay am Nachmittag am Telefon aufgeworfen hatte. Sie hatte Gina aufgetragen, sich mit dem Krankenhauskaplan wegen des Sakraments der Letzten Ölung ins Benehmen zu setzen.
Das Problem dieser letzten Zeremonie belastete Gina aus zwei Gründen. Zunächst wegen des Zeitfaktors. Gestern war der siebente Tag des Komas gewesen. Sollte man sagen, nur sieben — im Vergleich zu Elaine Espositos Rekord — oder schon sieben — im Vergleich zu fast allen anderen Le-

benden? Der Hauptzweck der letzten Riten ist die Vorbereitung des Sterbenden auf den Tod, und Gina mußte eine geistige Kehrtwendung vollziehen, bevor sie eine solche Zeremonie in Gang setzte. Nach vierundzwanzig Stunden qualvoller Überlegungen war sie noch nicht imstande, den Tod zu akzeptieren.

Das zweite Problem bestand darin, was ich wohl empfinden würde, wenn ein Priester — noch dazu ein unbekannter — dieses Sakrament vollzog. Sie wußte, daß ich durchaus nicht freundlich über Priester dachte. Hatte sie überhaupt das Recht, einen Priester zu mir zu bitten, nachdem ich mich in den letzten Jahren nach Kräften bemüht hatte, sie mir so weit wie möglich vom Leibe zu halten?

Mein Austritt aus der Kirche war alles andere als leichtfertig gewesen. In der Jugend war ich nicht nur eine fromme Katholikin, ich verehrte zudem die Heilige Maria Goretti. Der tragische Tod der Jungfrau, wie er im *Leben der Heiligen* dargestellt wird, machte einen unauslöschlichen Eindruck auf mein vorpubertäres Gemüt. Sie verkörperte genau die Rolle, die ein märtyrerbesessenes Mädchen als Vorbild verehren konnte. Maria wurde das Opfer einer ruchlosen sexuellen Gewalttat. Sie zog den Tod der möglichen Sünde vor. Es war eine Todesszene, die man vielleicht nur Ingmar Bergmann zur symbolischen Ausdeutung im Film anvertrauen könnte. Während alle Bauern, die sie hätte befreien können, auf dem Feld niederknien und das Angelus beten, wird sie im Heuschober durch siebzehn Stiche mit der Erntegabel getötet . . .

Ich erinnerte mich noch einer eintägigen Klausur, bei der die Mädchen meiner achten Schulklasse einen geschlechtsspezifischen Sexualunterricht erhielten. Ein gutaussehender junger Priester nannte unsere Körper zukünftige »Gefäße der Sünde« — diese Brüste und Kurven, die sich noch in der

Entwicklung befanden, und diese just bei seiner Ansprache kitzelnden Brustspitzen — und empfahl uns die schöne Maria als Schutzpatronin der Reinheit, die ihre Jungfräulichkeit über ihr Leben stellte. In unseren dreizehnjährigen Gemütern war ihr Tod eher der Triumph der Keuschheit als eine Tragödie mit Mord und Vergewaltigung. Letztere wurde übrigens im *Leben der Heiligen* nicht erwähnt. Es wurde auch später keine Obduktion durchgeführt, um zu ermitteln, ob sich der Mörder gegen ihren Willen an Maria vergangen hatte. Die Sünde der Vergewaltigung fand keine Beachtung.

Die Klausur der Jungen des achten Schuljahrs hatte bei Frank zur Folge, daß er sich zutiefst selbst verachtete, wenn er die normale sexuelle Erregung eines Heranwachsenden spürte. Ich dagegen setzte meine knospende Sexualität mit gewaltsamem Tod gleich. Als ich 1962 das Leben der Heiligen Maria Goretti studierte, wollte ich einmal so werden wie sie. Damals fiel es mir nicht ein, mich darüber zu empören, daß die falsche Sünde angeprangert worden war.

Nach zehn Jahren in der beengenden Anschauung, daß Frauen »Gefäße der Sünde« seien, folgte auf meine verspätete Befreiung aus dieser Lehrmeinung eine Periode reiner Feindseligkeit. Ich entrüstete mich, daß sich eine nur aus Männern im Zölibat bestehende Hierarchie Entscheidungen über Geburtenkontrolle, Abtreibung und Mutterschaft anmaßte, ohne auch nur im geringsten an den Erfahrungen der Frauen interessiert zu sein, die diese Dinge selbst erlebt hatten. Glaubten sie etwa, durch reines Meditieren alles über Sexualität, Fortpflanzung oder Kinderaufzucht zu erfahren?

Meine Wut über die menschenfeindliche Haltung des Klerus war der Teil meines Feminismus, der in meinem Elternhaus auf größte Ablehnung stieß. Für meine gläubigen ka-

tholischen Eltern war das eine höchst schmerzliche Beleidigung. Es war, als gehörten wir zwei verschiedenen Religionen an. Die ihre war eine Religion der Hoffnung und Würde, einer Kirche, die Söhnen und Töchtern irischer Einwanderer vor fünfzig Jahren die Türen geöffnet und ihnen während der großen Depressionen und im Zweiten Weltkrieg materielle Hilfe geleistet hatte.
Gina war unsicher, ob ich bereit war, meinen Körper einem katholischen Ritual zur Verfügung zu stellen, das nicht mir, sondern meiner Familie ein Trost sein würde. Nach den Ansichten über Gott, die ich in meiner Rede festgehalten hatte, und nach ihren eigenen emotionalen Gesprächen mit der Familie, war sie jedoch geneigt, die Frage zu bejahen. Larry entschied sich für ein bedingtes Nein. Von seinem durch und durch weltlichen Gesichtspunkt aus hielt er die letzten Rituale nur dann für sinnvoll, wenn die Möglichkeit bestand, daß sie als Schocktherapie wirken konnten. »Wenn es überhaupt etwas gibt, das sie ruckartig hochfahren läßt, dann ist es ein Priester, der ihr Weihwasser auf den Kopf träufelt.«
Schließlich einigten sie sich auf einen von Joan vorgeschlagenen Kompromiß. Ihre Ansichten über Priester waren den meinen sehr ähnlich, aber als Gina sie fragte, ob sie Kays Bitte entsprechen solle, lautete ihre Antwort: »Ja und nein.« Das Ja hieß: Ehre deine Mutter und versprich ihr, daß Mary Kay die letzte Weihe erhält! Nein bedeutete: Tu es nicht, ruf keinen Priester! Das war keine richtige Lüge, weil an diesem Freitag wohl ohnehin in verschiedenen Teilen des Landes Andachten für mich abgehalten wurden.
Mehr als fünfzig Frauen versammelten sich am Freitagabend zum Energiekreis, einem Ritual, das wir manchmal am Halloween-Tag und beim alljährlichen Kaffeehaus-Treffen der Hexen und Amazonen abhielten. Im allgemeinen

war das ein Spaß gewesen, bei dem wir grausame Gesetzgeber verhexten und Zaubergesänge gegen sie anstimmten. Aber diesmal ging es um etwas Ernstes.
Sie hielten sich an den Händen, sangen Lieder und meditierten über ihre Großmütter, die ihr Leben dem langen Marsch gewidmet hatten, so niederdrückend und hoffnungslos der Kampf auch allmählich aussah. Abwechselnd erzählten sie sich Geschichten und erinnerten sich stolzer wie lächerlicher Zeiten, die wir gemeinsam erlebt hatten. Natürlich lachten sie auch, weinten und umarmten sich. Ein solcher Abend im Sisterspace brachte mit seinen inbrünstigen Fürbitten sicherlich ebensoviel leidenschaftliche Kraft hervor wie ein Baptisten-Gottesdienst. Denn sie hielten sich an den Händen und sandten unter gemeinsamem Gesang machtvolle Segenswünsche für meine Genesung über siebenhundert Meilen hinweg an mein Krankenhausbett.

12. KAPITEL

Die Frau mit dem weißen Licht

Acht Ehemalige aus Fort Wayne hörten von dem Plan eines Energiekreises am Freitagabend, und da sie nicht selbst an der Sisterspace-Veranstaltung teilnehmen konnten, hielten sie eine eigene in Kalifornien ab. Kleinere Kreise bildeten sich in anderen Landesteilen. In Kansas City umarmten sich Carolen und Ann zur Abwehr von Leiden. In Ottawa verbrachten Paul und Debbie den Abend mit Waghi und Mama. Phyllis rief Kay und Jerry per Ferngespräch in Punta Gorda an und sprach ihnen Mut zu. Und Kevin telefonierte an diesem Abend mit Gina. »Es reicht«, sagte er, am Ende seiner Geduld. »Jetzt müssen wir etwas unternehmen!«

Gina fand nie heraus, was Kevin unternommen hatte. Sie wußte nicht, daß es Rechtsanwaltspraxen gibt, die auch noch am Freitagabend Prozeßklagen annehmen. Sie selbst kaufte eine Flasche roten Chianti und traf sich mit Larry, Susan, Carrie und deren Ehemann, zu einer New Yorker Version des Energiezirkels. Bevor sich alle in das italienische Restaurant im Greenwich Village begaben, wo Carrie einen Tisch reserviert hatte, trafen sie sich im St. Vincent. Susan wollte sich verabschieden, sie flog am nächsten Tag nach Juneau zurück.

Am Nachmittag hatte sie Carrie gefragt: »Soll ich das Flugticket zurückgeben?« Sie war niedergeschlagen, weil sie mir

nicht einmal in die Augen sehen konnte, nachdem sie fünftausend Meilen hergeflogen war.
»Nein«, sagte Carrie, »wir wissen ja nicht, wie lange das noch dauern kann. Und ich bin doch hier. Ich werde jeden Tag nach ihr sehen. Du kannst mich immer abends anrufen.« Susan nahm den Rat an, was ihr den Abschied jedoch nicht leichter machte. Wenn sie mich so liegen sah, konnte sie kaum noch glauben, was für Partys wir vor einem halben Jahr in Juneau gefeiert hatten. Ich hatte einen Auftrag gehabt, der mich an die Westküste führte, und hatte Susan versprochen, auf dem Rückweg bei ihr »Station zu machen«. Geografie war noch nie meine Stärke gewesen, aber der Umweg erwies sich als eine der glücklichsten Fehlkalkulationen, die mir je unterlaufen waren.
Ich landete am Tag vor der großen Schweinebratenfeier, die in der Hütte ihres Freundes Pete außerhalb der Stadt stattfinden sollte. Straßennamen und Richtungen stellten kein Problem dar in Alaska, denn es führte nur eine Straße aus der Stadt. Wir waren ungefähr dreißig Personen, spielten Volleyball, tranken Bier, tanzten, tranken Wein, machten Musik, lachten, sangen und benahmen uns so albern, wie es nur ging. Als Pete kurz vor Mitternacht endlich bekanntgab, daß das Schwein fertig war, konnte jeder zweite Gast kaum noch Messer und Gabel halten.
Ich amüsierte mich köstlich. Susan, die mir oft vorgeworfen hatte, daß ich zu hart arbeitete, war erfreut zu sehen, daß ich auch Sinn für ausgelassene Feiern hatte. »M.K., zehn Leute haben mir gesagt, daß sie sich heute abend in dich verliebt haben«, neckte sie mich. »Und wie steht es mit dir? Hast du dich heute abend auch in jemanden verliebt?« Ich sagte, ich hätte mich in alle verliebt. Da ich als Susans Freundin vorgestellt worden war, wurden die Gefühle, die man ihr entgegenbrachte, auf mich übertragen. Mir war die

Stellung als »Susans Freundin« recht, und ich hätte sie am liebsten zu einer Dauerbeschäftigung gemacht.
Wie Carrie vorausgesehen hatte, war Susan durch mein Koma tief erschüttert. Die ganze Woche über streichelte sie meinen Arm und versuchte mich durch kleine Scherze aufzumuntern. »M.K., ich habe zwei Pfund Räucherlachs aus Alaska mitgebracht . . . und auch etwas von Pete, das noch besser schmeckt als alles, was du je gegessen hast. Du verstehst, was ich meine?« Aber am Freitagabend war ihr nicht mehr nach Scherzen zumute. Unter langen tiefen Seufzern sagte sie mir Lebewohl.
»Mein Gott, noch im Koma ist sie schön«, meinte sie zum Abschied. »Findest du sie nicht auch schön, Carrie?«
Carrie war von Jugend an mit mir befreundet gewesen und machte sich selten Gedanken über mein Aussehen. Carrie war mehr an dem interessiert, was ich im Kopf hatte. Vor allem aber daran, was ich ihr über die Mutterschaft erzählen konnte. Ich hatte ja darin zehnjährige Erfahrung, während sie gerade erst anfing. Vor drei Monaten hatte sie einen ausgedehnten Schwangerschaftsurlaub und damit zunächst Abschied von ihrer erfolgreichen Laufbahn bei *Time, Inc.* genommen. Es war für sie ein kaum vorstellbares Glück, daß der Beruf mich, ihre alte Freundin, in diesem besonderen Abschnitt ihres Lebens in ihre Stadt geführt hatte.
Ich verließ mich immer stark auf Carries Insider-Kenntnisse der Sitten und Gebräuche Manhattans und des Illustriertengeschäfts und rief sie jedes Mal an, wenn ich etwas wissen mußte. »Hör mal, was ich gerade erlebt habe . . . ist das normal?« Dafür revanchierte ich mich mit ähnlicher Beratung, wenn sie von einem Besuch beim Kinderarzt zurückkam. »Er hat gesagt, um sie beim Trinken wachzuhalten, sollte ich ihr Eiswürfel an die Füßchen legen! Ist das nicht grausam?« Abwechselnd wiesen wir uns gegenseitig auf Ge-

fahren hin, die uns bei den unerwarteten Kursänderungen von Redakteurinnen oder Kindern drohten. Carrie erwartete von mir Intelligenz, Witz, Vertrauenswürdigkeit, Komik, Empörung, Zorn und Inspiration. Schönheit stand ganz unten auf der Liste.

»Ja«, gab sie zu. »Sie ist schön.«

Carrie und Susan traten beiseite. Jemand anderes kam heran, nahm meine Hand und drückte sie hart. Ich erkannte Gina. Sie hatte schon den ganzen Tag meine Hand gedrückt, was kleine elektrische Impulse in meinem Arm auslöste.

»Auf Wiedersehen, M.K.«, sagte sie und küßte mich auf die Stirn. »Wir müssen jetzt zum Essen gehen. Bis morgen, Schwesterchen.«

Dann spürte ich, daß Larrys warme, volle Lippen meine Wange küßten. Jemand streichelte meinen Arm, und dann küßte mich noch jemand. Im Hintergrund hörte ich Schritte, Mäntel wurden angezogen und Reißverschlüsse zugezogen.

»Auf Wiedersehen . . . Adieu . . . Ciao.« Sie waren weg.

Carrie hatte einen großen Tisch in einer Ecke des Restaurants reserviert. Als die Gruppe daran Platz genommen hatte, sahen alle schweigend zu, wie ihr Mann T.C. die erste Flasche Wein öffnete und fünf Gläser vollgoß. die Meditationen dieses besonderen Energiezirkels waren keine vereinte mächtige Welle, die siebenhundert Meilen weit wirken sollte. Es waren fünf einzelne Kurzstreckenfunken, die in verschiedenen Richtungen zündeten und gelegentlich aneinanderstießen.

Larry erzählte von dem Haus in Connecticut, begeisterte sich an der Aussicht an Todd's Point und dem Blick, den man dort im Frühling haben würde. Er sprach, als würde es immer noch zu dem für den nächsten Monat geplanten Umzug kommen, und er sagte immer »wir«. »Wir müssen einen Umzugswagen mieten«, und »wir müssen den ersten Stock für die Kinder neu anstreichen.« Er sprach ganz so, als wäre dieses »wir« nicht im entferntesten durch so etwas wie einen Hirnschaden gefährdet, und Carrie fragte sich schon, ob bei ihm noch alles stimmte.

Sie war beinahe ärgerlich auf ihn, weil er nicht wahrnehmen wollte, daß das Koma mein Leben auf Dauer verändern konnte. Sie jedenfalls mußte an diese Möglichkeit denken. Die Schwangerschaft in den vergangenen neun Monaten hatte oft Gedanken an mögliche Hirnschäden in ihr aufkommen lassen. Es war von Anfang bis Ende eine gesunde Schwangerschaft gewesen. Dennoch konnte man nie wissen, was dem Embryo zustoßen mochte, und das Warten auf die Bestätigung, daß alles normal war, verursachte immer Ängste. Bei der Frage nach einem möglichen Hirnschaden konnte man nicht die Antwort fallen lassen und zur Tagesordnung übergehen. Ein Ja oder Nein veränderte das ganze Leben.

Währenddessen hielt sich Gina treu an ihren Vorsatz, sich mit ganzer Seele in mich hineinzuversetzen. Schon beim Essen hielten die anderen häufig in der Bewegung inne, wie gebannt von Ginas unheimlicher körperlicher Ähnlichkeit mit mir. Ihr Tonfall, ihre Gesten, die leicht nasale, durch die Erkältung verursachte Stimme — sie bewegte sich wie ich, sie hörte sich an wie ich. Sie erzählte sogar dieselben Geschichten wie ich. »Das ist ja fast gespenstisch«, sagte Joan zu Larry. »Ich muß mir immer wieder sagen, daß es nicht Mary Kay ist.«

Neben Gina saß Susan. Immer wieder fielen ihr Gründe ein, warum sie eigentlich nicht abreisen wollte. Sie brauchte etwas, das sie mit heimnehmen konnte, einen Augenkontakt, ein Lebenszeichen.

Sie überlegte wieder, ob sie den Flug nach Juneau verschieben sollte. Auf das Geld, das sie dabei verlieren würde, kam es ihr nicht an, aber wie lange konnte sie noch bleiben? Mitunter konnte ein Koma sehr lange dauern. Alles, was medizinisch möglich war, war laut Bericht getan worden. Die Testergebnisse deuteten daraufhin, daß mein Körper »normal« reagierte, also war vielleicht zu befürchten, daß mein heutiger Zustand ein ganzes Leben lang anhalten würde. Es gab nichts Verheißungsvolles, das eine Verschiebung des Flugs gerechtfertigt hätte.
Es oblag T.C., mit dem ich erst seit kurzem befreundet war, die Unterhaltung mit den vier Menschen aufrechtzuerhalten, deren Gedanken dauernd um eine Person kreisten. Hier kam ihm der Chianti zupaß. T.C. goß ein, und alle redeten. Es wurde ein dreistündiges Gebet, ein für New York typischer Gottesdienst in der Kapelle eines italienischen Restaurants.

»Auf Wiedersehen . . . Adieu . . . Ciao.« Wieder und wieder klingt es mir im Ohr nach. Immer dasselbe wie bei einer kaputten Schallplatte. Es macht mich verrückt. Ich bin so erregt . . . bin außer mir über meine Freunde. Ich kann gar nicht glauben, daß sie sich die Mäntel angezogen und mich allein gelassen haben! Sie gehen essen, und laden mich nicht ein!
Okay, ich kann nicht gehen, aber es gibt hier doch Rollstühle. Man hat mich den ganzen Tag auf einer Liege herumgefahren — hätten sie mich nicht auf einer fahrbaren Liege zum Esen mitnehmen können? Wenn sie mich wirklich liebten, hätten sie eine Möglichkeit gefunden, mich mitzunehmen.

Je länger ich darüber nachdachte, um so mehr geriet ich aus der Fassung. Ich fühlte mich einsam. Die Menschen, die ich liebte, ließen mich im Stich, und außerdem stand mir noch

eine einjährige Trennung von den Kindern bevor. Wahnsinn, Scheidung, Ruhm, Entfernung — die Ereignisse meines Lebens hatten sich gegen mich verschworen. Fünf meiner engsten Freunde gingen einfach ohne mich zum Essen. Unglaublich!
Ich hatte großen Hunger. Mir war, als hätte ich seit Tagen nichts gegessen. Und ich hatte Schmerzen. Mein Hals tat weh, meine Arme taten weh, alles tat mir weh. Ich hatte dröhnende Kopfschmerzen. Meine Wimpern waren verklebt, von vielen Schlaftabletten verkleistert. Chemische Hitze füllte meine Brust, hob und senkte sie. Mir war elend. Der Schmerz raste durch jede Zone meines Körpers. Und ich war wütend. Ich hatte diesen verdammten Schlauch und diese ganzen Kanülen satt. Ich wollte weg von diesem verrückten Ort mit seinen hirnverwirrenden Träumen. Ich wollte nicht länger die gute Gefangene sein. Ich hob die Beine über den Bettrand.
Sie gehorchten mir! Ich stieß um mich, tat es immer wieder. Ich wußte nicht, wohin mich das bringen würde, außer in Wut, aber es war ein wunderbares Gefühl, mich zu bewegen. Ich klopfte mit den Handgelenken an die Eisengitter und versuchte mich aus den lose geschlungenen baumwollenen Fesseln zu befreien. Der Schlauch wackelte, und ich hörte über meinem Kopf Glas gegen Stahl klirren. Ich machte Lärm!
»Mary Kay, hast du Schmerzen?« rief eine Frauenstimme, und Schritte kamen eilig ins Zimmer.

Was denkt sie denn? Natürlich habe ich Schmerzen! Was würde sie denn empfinden, wenn man ihr einen dicken Schlauch durch die Kehle rammte? Ich höre, daß sich meinen Lungen ein Geräusch entringt, ein gewaltiger Wutschrei. Der Schrei rast durch meine Kehle, bis er auf den Schlauch trifft. Dann versickert der riesige Schrei zu einem schwachen, gedämpften Weinen.

»Oh, Mary Kay!« sagte die Frau aufgeregt und durch mein schwaches Jammern beunruhigt. »Ich hole dir etwas gegen die Schmerzen. Aber es ist ein gutes Zeichen. Halt aus! Es ist gut!«

Es ist gut? Was für Sadisten haben denn hier das Sagen? O, diese Schmerzen! Überall durchzucken mich unsagbare Schmerzen. Die Frau hält ihr Wort und kommt fast augenblicklich zurück. Sie massiert die angespannten Muskeln im rechten Bein und stößt mir dann eine Nadel in den Oberschenkel. Ein warmes, angenehmes Gefühl kribbelt in dem Bein hoch. Sie fährt fort, mich leicht zu streicheln. Die zuckenden Muskeln entkrampfen sich. Sie massiert und streichelt mich weiter. Sie besänftigt die Verkrampfungen, bis ihre Hände den Schmerz vertreiben. Durch meine geschlossenen Lider dringt ein weiches weißes Licht.
Vielleicht sit sie gar nicht so böse, diese Frau.
Ich frage mich, ob sie mit mir in die Cafeteria gehen würde. Sicherlich gibt es hier irgendwo eine Cafeteria. Man hat mich durch viele Korridore geschoben. Gebäude mit langen Korridoren haben immer eine Cafeteria. Wir könnten ein Sandwich holen. Mein Gott, habe ich Hunger! Vielleicht eine Tasse Tee. Ich hätte sehr gern eine Tasse Tee.
Wie sie wohl aussehen mag? Ich reiße die Augen auf und schaue durch die verklebten Wimpern. Schatten. Hell und dunkel. Nahe bei mir steht eine Frau in Weiß mit langen dunklen Haaren und olivfarbener Haut. Sie schwankt im Licht, als wäre sie nicht aus festem Stoff. Mein Körper schwebt in der Luft. Ihre Zauberhände erfüllen ihn mit Licht und Behagen. O, süße Freundin!

»Okay?« fragte die Frau. »Bist du jetzt okay?« Sie strich mir über den Oberschenkel. »Du bist okay«, versicherte sie mir, ihre eigene Frage beantwortend. »Ich komme gleich wieder. Ich denke, wir müssen Dr. Greenbaum von diesem kleinen Ereignis benachrichtigen.«

Sie wollte mich verraten? Ich konnte es nicht glauben. Wieder eine Freundin, die mich verließ — und immer noch nichts zu essen! Zornig, betrogen protestierte ich, indem ich wieder mit den Beinen zu strampeln versuchte. Schwache Tritte mit Puddingbeinen.

»Immer noch Schmerzen?« fragte sie beunruhigt, nahm meinen Arm hoch und drückte mit zwei Fingern gegen das Handgelenk. Ich versuchte es ihr zu entreißen, aber der Arm war genauso schwach wie die Beine. Sie mußte ihn durch ihre asiatische Akupressurtechnik am Puls gelähmt haben.

»Ich bin gleich wieder da«, versprach sie und eilte aus dem Zimmer.

Es war mir gleichgültig, ob sie je zurückkommen würde, ob überhaupt jemand kam. Es war Torheit, sich um irgend etwas Kummer zu machen, und es war einfach zu kostspielig, Menschen zu lieben, die dann aus meinem Leben verschwanden. Im Streben nach Liebe lag kein Sinn. Sie war so schrecklich zerbrechlich, so tödlich menschlich. Hungrig und einsam schwebte ich in meiner Zelle und fühlte mich in dunkle Geistesschichten versinken.

Die Unfähigkeit zur Liebe konnte nicht schlimmer sein als der ständige Wunsch nach Liebe. Ich dachte, wenn ich alle Sehnsucht aufgäbe, wenn ich auf jedes Verlangen als Tochter, Schwester, Ehefrau, Mutter, Partnerin, Freundin verzichtete, würde es keine Enttäuschung, keinen verzweifelten Drang nach Verständnis mehr geben. Wenn die Einsamkeit unerträglich würde, würde es wenigstens die Qual des peinigenden Zwiespalts von Wahrheit und Liebe nicht mehr geben. Wenn es den Wunsch nach Liebe nicht mehr gab, konnte die Wahrheit nicht mehr aus der Bahn geworfen werden.

Eine Frau ruft mich leise aus großer Entfernung an. »Mary Kay, hast du Schmerzen? Ich habe etwas für dich.«
Ja, ja, sehr große Schmerzen.
Sanft verreibt sie eine kühle Flüssigkeit auf einer Hautstelle. Ein angenehmes Gefühl. Alles, was sie tut, verbreitet ein angenehmes Gefühl, sogar als sie mich als nächstes ein wenig kneift. Ich mag sie.
Ich liebe sie . . . Nein, nicht! Laß dich nicht zu solchen Gefühlen verführen! Sie wird dich ja auch verlassen. Jeder verläßt dich früher oder später.
Die Frau nähert sich dem Bett mit einem dicken Stapel Papier, gelbem Papier aus einem Schreibblock, das mit einer winzigen Handschrift bedeckt ist. Vielleicht hat sie es in meiner Aktentasche gefunden — oder vielleicht im Hotel Cedar. Es sieht mehr nach Franks Handschrift aus als nach meiner. Wortlos gibt sie mir durch eine Art von Gedankenübertragung zu verstehen, daß in dem Manuskript eine wichtige Botschaft verborgen ist. Sie will, daß ich die Seiten »übersetze«. Lieber Gott! Schon wieder!
Ich bewege den Kopf langsam von einer zur anderen Seite, um ihr mitzuteilen, daß ich nicht kann. Ich will auch nichts übersetzen. Ich will nicht mehr die Gedanken anderer Menschen lesen. Sie nickt verständnisvoll.
Plötzlich erhebt sich ein nackter Holzrahmen um mein Bett, ähnlich dem Rahmen der leinwandlosen Zirkuszelte in den Kinderzimmern. Sie befestigt die Blätter an der Innenseite, so daß ich sie lesen kann. Ich bin unter einem Markisendach linierter gelber Blätter, und sie klebt immer weitere an. Dann

lächelt sie, winkt mir großmütig zu und lädt mich ein, sie zu lesen. Ich sehe Reihe um Reihe unentzifferbarer Symbole und Buchstaben. Die Worte ergeben keinen Sinn für mich. Um die Botschaft zu übersetzen, muß ich eine völlig neue Sprache lernen. Ich hebe die Augenbrauen, um ihr anzuzeigen, daß ich nichts verstehe.

Aber sie weiß es schon. Sie hat die Gabe des Sehens. Nun beginnt sie, Bilder an die Blätter zu heften, Fotos ungefähr vom gleichen Format wie die Karten von Heiligen, die ich in meiner Jugend gesammelt habe. Die Gesichter kann ich zwar nicht erkennen, aber ich bin sicher, daß ich sie kenne. In dem Augenblick, da ich sie ansehe, leuchten die Bilder auf und bewegen sich. Anders als bei den Karten der Heiligen strömt das Licht nicht aus den gezackten Heiligenscheinen oder den offenen Märtyrerwunden, das Licht läßt nur diese Gesichter hervortreten. Dennoch habe ich den starken Eindruck, daß sie heilig sind. Trotz meines Unwillens, die Sprache zu erlernen, möchte ich wissen, wer sie sind und wie wir alle unter dieses Dach aus gelben Blättern geraten sind.

»Benutze die Kraft, die du hast!« denkt die Frau, und ich höre sie. Aber welche Kraft? Von welcher Kraft spricht sie?

Sie schaltete die Lampen im Zimmer an, und ich gewinne diese Menschen immer lieber. Das strahlende weiße Licht dringt in meinen Kopf und in den ganzen Körper. Ich spüre einen Ausbruch von Ekstase. die Worte verstehe ich noch immer nicht. Dafür lese ich in ihren Gesichtern. In diesem durchdringenden Glanz komme ich ihren Wahrheiten näher. Durch das seltsame feinstrahlige Licht dringt ein besonderes Wissen in meinen Kopf. Es ist das erste Mal, daß ich etwas übersetzt habe, ohne von Worten abhängig zu sein – und ohne Sprache.

Eine Sorge steigt auf: Sind das Tote? Wozu soll ich mir die Mühe machen zu erfahren, wer sie sind, nur um danach zu entdecken, daß sie tot sind?

»Das macht nichts«, denkt die Frau mir zu. Wir können nie mehr getrennt werden. Wenn ich die Lichter in mir aufnehme, wenn ich die Botschaften übersetze und weitergebe, kann uns nicht einmal der Tod scheiden. So einladend ist das Licht, daß ich spüre, wie mein Geist auf ihren und auf die Menschen auf den Bildern übergreift — alles zugleich. Welch eine Kraft ist in diesem gemeinsamen Geist — und welch eine Wohltat bedeutet das!
Ich fühle, wie Liebe mich von allen Seiten durchdringt. Ungeheure Liebe senkt sich auf mich herab, Entzücken durchströmt mich wellenartig wie die elektrische Energie, die ich fühlte, wenn wir uns beim Sisterpace an den Händen hielten und Lieder sangen. Zum Schlußgesang im Sisterspace-Kaffeehaus stand ich im Kreis der Freundinnen, sang und schunkelte mit ihnen und kam dabei einer religiösen Erleuchtung so nahe, wie ich es nie erwartet hatte. Jetzt steigt der gleiche Schmerz der Leidenschaft in meiner Kehle auf, und mir fallen die Verse zu dem Lied ein: »Jagt nur den Fluß nicht, er fließt ja von allein ... Sein kühles Wasser tröstet mich, warum sollt' ich woanders sein? Warum sollt' ich woanders sein?«
Das Gefühl in meiner Kehle schwillt an. Meine Freundinnen singen für mich, ich singe für sie, unsere Stimmen fügen sich harmonisch zusammen. Die Frau mit dem hellen Licht lächelt mir zu. Die Gesichter auf den Bildern strahlen. Sie lieben mich. Es ist eine Ironie des Schicksals, daß ich gerade jetzt, da ich jedem Anspruch auf Liebe entsagt habe, weit über alle Erwartungen hinaus geliebt werde.
Ich dachte, die Liebe aufzugeben, als ich die Wahrheit wählte. Aber obwohl ich keinem mehr gefallen wollte, errege ich plötzlich Gefallen. Im strahlenden Glanz der weißen Lichter stehen Liebe und Wahrheit nicht mehr auf den beiden verschiedenen Seiten der Gleichung. Ich erkenne: Wenn Wahrheit unbeschämt und unbelastet ist, wird sie so stark, daß sie wie ein

Magnet die Liebe anzieht. Wenn die Wahrheit sich strahlend erhebt, kann sich die Liebe nicht länger entziehen. Sie verbeugt sich und folgt ihr nach.

Ich fühlte, wie jemand meine Hand drückte, und erkannte das Zeichen zum Liedschluß. Als Antwort auf dieses Zeichen der Zuneigung erwiderte ich den Händedruck. Es war dieser kleine elektrische Strom, den wir uns immer gegenseitig versetzten, bevor wir die Hände beim Sisterspace lösten — ähnlich dem geheimen Händedruck, mit dem die Logenbrüder im Orden der Elks (Elche) ihren Treueschwur besiegeln. Er besagt: Ich bin für dich da.

»Ich glaube, sie lächelt!« sagte die Frau, die mir die Hand drückte, aufgeregt. Ich erkannte Ginas Stimme. Hatte Gina endlich zum Sisterspace gefunden? Ich hatte sie so oft eingeladen — ich wußte, daß es ihr dort gefallen würde —, aber sie hatte immer zuviel zu tun.

»Sieht es nicht so aus, als ob sie lächeln will?« fragte sie so glücklich, wie ich sie noch nie gehört hatte. Ich wußte ja, daß ihr die Gesellschaft im Sisterspace gefallen würde. Zwei warme Hände umfaßten sanft meine Wangen.

»Mary Kay?« fragte eine Männerstimme. Es war Larry. Larry? Ahmte Gina Larry nach? Oder war auch Larry den Feministinnen von Fort Wayne beigetreten?

»Bist du wach?« fragte er drängend. Wach? Hatte ich denn geträumt? Ich öffnete die Augen einen Spalt weit und sah ihn schwankend im Licht. Unsere Gesichter waren sich so nahe, daß sich unsere Nasen fast berührten. Wo war ich? War die Frau mit dem hellen Licht nur ein Traum? Warum drangen mir dann noch immer Musik und Licht in den Kopf? Meine Glieder waren stille Krisen, und noch immer schwebte mein Körper. Ich konnte die Augen kaum offenhalten. Schwer lastete Schlaf auf den Lidern.

Er nahm meinen Kopf in seine Hände und rief leise: »Mary Kay!« Mit den Daumen strich er mir hin und her über die Wangen, als wollte er sich vergewissern, daß ich wirklich hier war. Er lächelte liebevoll, so fordernd und hungrig wie nie in den beiden Jahren unseres Kommens und Gehens. Und jetzt küßte er mich. Ergriffen von der großen Sehnsucht in seinem Blick, bemühte ich mich, meine Schläfrigkeit abzuschütteln, um ihm zu versichern: Ja, ich bin hier. Ich konnte nicht sprechen. Noch immer hatte ich den Knebel im Mund. Obwohl Larry ihn deutlich sehen mußte, machte er aus irgendeinem Grund keine Anstalten, ihn herauszunehmen. Also mußte ich mit den Augen reden. Ich ließ die Lider einige Male flattern, um ihm das Telegramm zu übermitteln: »Bin hier. Keine Sorge.« Er schien alles zu verstehen. Denn immer, wenn ich blinzelte, grinste er breiter.

»Du weißt gar nicht, wie glücklich ich bin, dich zu sehen!« sagte er und ließ mich zögernd los. Statt zu mir ins Bett zu kriechen, trat er zurück. Ich sah, daß Gina direkt hinter ihm stand, wunderte mich, was Gina in unserem Schlafzimmer zu suchen hatte, und fragte mich, wie sie so gut mit Larry bekannt geworden war. Sie strich ihm freundlich vertraut über den Rücken, als hätten sie in der Nacht ein Geheimnis miteinander geteilt. Phyllis war auch da. Sie sah so glücklich aus wie noch nie. Da diese drei Personen nicht zusammenpaßten, konnte ich nicht herauskriegen, ob ich in Washington, Chicago oder New York war.

Die geografische Frage wurde noch komplizierter durch meine Freundin Alice aus Fort Wayne, die an der anderen Seite des Bettes stand und ruhig lächelte, während ihr Tränen über das Gesicht flossen. Am Fußende standen Carrie und Susan zusammen. Sie sahen glücklich, aber auch stark erschöpft aus. Vielleicht waren wir alle in Alaska und näherten uns dem Ende eines Grillabends mit Schweinebraten. Alle sahen leicht berauscht aus, lächelten in unsinniger Freude, waren aber auch sichtlich mitgenommen. Es mußte eine wilde Party gewesen sein. Aber ich fühlte mich ja auch nicht gerade besonders frisch.

Phyllis trug eine Halskette, und ich lag flach auf dem Rücken und konnte mich nicht rühren. Wir mußten auf dem Heimweg einen schrecklichen Unfall gehabt haben, denn ich sah jetzt, daß wir uns alle in einem Krankenzimmer befanden. Jeder leckte wohl seine eigenen Wunden, und die Gesichter zeigten Spuren nachlassender Schmerzen. Aber als ich die Augen aufschlug, lachten alle wie über die Pointe eines unerhört komischen Witzes. Offenbar war der Unfall gut ausgegangen, denn die Stimmung im Zimmer war wie bei einer Freudenfeier.

Meine Freundinnen lachten weiter vor sich hin und schüttelten stumm die Köpfe, als wäre das alles zuviel für sie. Da sie mich so wohlwollend anstarrten, nahm ich an, daß ich die Ursache des Witzes gewesen war, hatte aber keine Ahnung, was ich getan hatte. Eine Bemerkung von mir konnte es nicht gewesen sein, weil ich gar nicht sprechen konnte. Jedenfalls hatte ich noch nie ein beifälligeres Publikum vor mir gehabt. Ich brauchte nur mit den Augen zu blinzeln, und sie waren bereit zu jubeln.

Sie lächelten, ich lächelte mit den Augen zurück, und sie lächelten noch mehr. Wir waren wie Schimpansen, die sich gegenseitig nachäffen. Ich fand an diesem Strom von Zuneigung ein ganz einfältiges Vergnügen. Ich brauchte nicht zu sprechen, zu denken oder zu arbeiten. Ich brauchte nicht einmal zu atmen, denn das erledigte ja der Apparat für mich. Ich brauchte sie nur anzusehen, und sie wurden sofort vergnügt. Mühelos floß der Strom der Liebe zwischen uns hin und her.

»Du bist im Koma gewesen«, sagte Larry. Er wiederholte das Wort »Koma«. Er wollte, daß ich es verstand. Es schien ihm viel zu bedeuten. Er verlangte irgendeine Anerkennung. Um ihm zu zeigen, daß ich ihn gehört hatte, nickte ich. Er nahm meine Hand und küßte sie voll Leidenschaft, als bedeutete das hinter uns gebrachte »Koma« ein Gelöbnis. Der Kuß barg das Versprechen, daß wir von nun an immer glücklich zusammenleben würden, im Kreise wunderbarer Freundinnen und in einer Atmosphäre von Liebe und Zuneigung.
Eine angenehme Schläfrigkeit überfiel mich, und ich schloß wieder die Augen. In der Verwirrung zwischen Wachen und Schlafen, zwischen den Botschaften des Traums und dem überraschenden Erscheinen meiner Freundinnen schien eins klar zu sein: Um das Glück für ewig zu halten, brauchte ich nur der Wahrheit treu zu bleiben. Es war ganz einfach.

13. KAPITEL

Das Erwachen

»Mary Kay!« rief eine aufgeregte Männerstimme. »Mach die Augen auf!«

»Mary Kay!« schlossen sich zwei weitere Stimmen an. Dann zu dritt: »Mary Kay!«

Durch die Augenschlitze sah ich die verschwommenen Umrisse von drei Männern, die sich über mich beugten. Die Schattenbilder schwankten ungewiß im hellen Licht des Hintergrunds. Der Glanz verstärkte noch den scharfen Schmerz in meinen Schläfen. Ich war an diesem Morgen mit dem schlimmsten Kater meines Lebens aufgewacht.

Den ganzen Vormittag über war es hier wie im Tollhaus zugegangen. Unaufhörlich klingelten Telefone. Alle fünf Sekunden schrillte es in meinem Ohr. Auf dem Korridor hörte ich die Wachen aufgebracht sprechen. Sie tauschten Gerüchte über einen nächtlichen Einbruch aus, nur daß sie ihn merkwürdigerweise als »Durchbruch« bezeichneten. Sie waren mit dem schweren Diebstahl so beschäftigt, daß sie die Telefone glatt überhörten. Der einzige Weg, den Frieden wiederherzustellen, war, selbst die Hörer abzunehmen — und sie nicht wieder aufzulegen.

Ich wußte, daß ich nicht gehen konnte, glaubte aber, über den Korridor kriechen zu können. Ich warf die Beine über die Bettkante und versuchte hinauszugleiten. Mit dem rechten Oberschenkel stieß ich an ein Metallgitter. Ich war gerade dabei, mich von dem Schmerz zu erholen, der mir durchs Rückgrat fuhr, als eine der Wachen mich entdeckte, meine Beine wieder mitten auf die Matratze beförderte und dann plötzlich einen Überraschungsschrei ausstieß.

Aufgeregt rief sie nach Verstärkung. Schritte kamen polternd über den Flur. Stimmen schrien sich dringlich zu:

»Sie hat die Augen aufgeschlagen? Bist du sicher?«

»Ruf Greenbaum an!«

»Heute ist Samstag.«

»Na und?«

»Du hast recht — er wird begeistert sein!«

Meine Zelle füllte sich mit einer Menschenmenge, die meinen Namen schrie. Der Krach verschärfte meine hämmernden Kopfschmerzen. Verwirrt blinzelte ich in das blendende Licht. Wo war ich? Ich erinnerte mich meiner Ankunft in New York. Ich hatte Grippe gehabt. Dann hatte ich Larry Gute Nacht gesagt . . . war er hier, in meiner Zelle? Jemand befestigte meine Fußknöchel an beiden Seiten des Bettes, so daß ich die Beine in einem Winkel von fünfundvierzig Grad spreizen mußte. Drei Wahnsinnige beugten sich über mich und brüllten meinen Namen. Noch halb im Traum befangen, verwirrt und in einer hilflosen Stellung festgebunden, hatte ich nicht das leiseste Interesse, ihre dummen Fragen zu beantworten.

»Mary Kay, kannst du meine Hand sehen?« fragte der Anführer und hielt mir die Hand dicht vors Gesicht. »Wie viele Finger halte ich hoch?« fragte er und streckte drei aus.

Wer ist denn dieses Arschloch? Gar nicht beachten, die Augen wieder zumachen.

»Mary Kay . . . nicht doch . . .«

Ich erkannte Ginas Stimme. Gina? War Gina hier in New York? Wußte sie, daß diese Kerle . . . wollte sie wirklich, daß ich auf diese dumme Befragung einging? Ich bemühte mich, die Augen aufzureißen. Ich sah Gina neben Larry stehen. Beide sahen angstvoll und bleich aus. Offenbar hatten auch sie einen Kater.

»Es ist wichtig, Süße«, sagte sie. »Kannst du die Finger zählen? Kannst du uns sagen, wie viele es sind?« Mein Gott, es war nicht zu glauben, daß Gina mich fragte, ob ich bis drei zählen konnte. Ich verdrehte die Augen, um ihr meinen Ärger zu zeigen, versuchte aber auch drei Finger zu heben. Leider konnte ich sie kaum bewegen.

»Eins ... zwei ... drei!« brüllte der Anführer. »Sie hat reagiert!« Sie johlten und klatschten, Gina und Larry lächelten. Ich hatte einen entscheidenden Test bestanden. Die Prüfer verließen das Zimmer. Sie sprachen wild durcheinander und planten weitere Tests. Gina und Larry folgten ihnen. Sie fragten, ob ich schon für den Test mit dem Beatmungsgerät bereit sei. Als es im Zimmer endlich still geworden war, war ich zu aufgeregt, um mich ausruhen zu können. Von meinem Standpunkt aus war der Test eine Katastrophe gewesen.

Wenn ich nur drei Finger hob, schoß mir ein brüllender Schmerz durch den Arm. Die beiden spindeldürren Knochen, die sich vom Rumpf nach unten erstreckten, erkannte ich kaum als meine Beine wieder. Ungläubig starrte ich auf die Mittelhandknochen, die vom Handgelenk ausgingen. Ich hatte keine Mühe, erst bis fünf, dann bis zehn zu zählen. Die Haut an meinen Armen war lila bis gelb. Ich konnte den Kopf nicht von den Kissen heben. Der Ausdruck »Mittelhandknochen« war mir noch geläufig, aber ich hatte keine Vorstellung, was ein »Koma« war. Larry hatte das Wort in meinem Traum wiederholt erwähnt. Ich hatte am ganzen Körper Schmerzen. Was war mir nur zugestoßen?

»Wir nehmen Sie jetzt von dem Beatmungsgerät ab, Mary Kay«, sagte ein ernster Mann im wollenen Sporthemd. Er

war mit Larry, Gina und einem Team von Technikern in der Kleidung von Krankenpflegern in mein Zimmer gekommen. Ich erkannte die grünen Wesen wieder. Im hellen Tageslicht sahen sie ganz menschlich aus. Ihre Gesichter waren gramzerfurcht.
»Sobald ich den Schlauch herausgezogen habe, möchte ich, daß Sie tief einatmen«, unterwies mich der Anführer. Schimpansenartig erriet ich, warum mich lauter zweifelnde Gesichter ansahen. Was war, wenn ich nicht atmen konnte? Würde ich dann sterben? Plötzlich hatte ich Angst, daß ich nicht mehr allein atmen könnte. Bisher hatte ich über Atmen so wenig nachgedacht wie über Schwitzen. Das kam einfach von selbst. Welche Muskeln und Reflexe wurden dazu gebraucht? Meine Finger hatten sich zwar ohne übergroße Anstrengung bewegen lassen, aber wie stand es mit den Lungenflügeln? Bevor ich mir die Antwort geben konnte, war der Schlauch heraus.
Gina, Larry und die grünen Wesen schrien alle laut: »Einatmen, einatmen, einatmen!«
Ich schluckte schwer. Ein starker Schmerz stieg in meiner Kehle auf. Die Zunge war dick geschwollen. An der Innenseite der Zähne klebten noch viele Überbleibsel aus Plastik, und meine Kiefer taten vom Herumbeißen auf dem Schlauch weh. Die Lippen waren trocken und aufgeplatzt. Frische Luft drang an die rohe Haut unter den abgerissenen Klebebändern an Mund und Wangen, was scheußlich brannte. Während diese seltsamen, beunruhigenden Gefühle auf mich einstürmten, fühlte ich mich plötzlich wie von einem Deus ex machina hochgehoben. Kühle Luft strömte in die Lungen. Dann fiel ich wieder zusammen. Danach kam wieder Luft herein. Ich atmete!
Larry und Gina strahlten. Die grünen Wesen klatschten Beifall, und sogar der ernste Mann im Wollhemd gestattete sich

ein breites Grinsen. Als Belohnung für den bestandenen Atemtest wurden mir Handgelenke und Beine losgebunden. O Freude! Ich wurde freigelassen!

Vom Knebel erlöst, wollte ich meinen Befreiern danken. Aber ich hatte noch immer keine Stimme. Ein kleines schwaches Knurren war alles, was ich hervorbrachte.

»Was ist, Mary Kay?« fragte Gina mit nachsichtigem Lächeln. »Brauchst du etwas?« Ich nickte. Ich brauchte einen Rollstuhl, um von diesem Ort hier wegzukommen.

»Was, Süße, was ist los?« Ich wollte mit dem Arm den Umriß eines Rades in der Luft beschreiben, aber der Arm fiel matt auf meinen Bauch herab. Ich bewegte ihn im Kreis, um die Transportmethode anzudeuten, die mich nach Haus befördern sollte.

Gina deutete mein Zeichen falsch. »Du hast Hunger!« erklärte sie. »Willst du etwas zu essen haben?«

Nachdem sie es ausgesprochen hatte, erschien mir Essen eine wunderbare Idee. Ich hatte furchtbaren Hunger. Deshalb nickte ich, bereit, meine Abfahrt so lange hinauszuzögern, bis ich einen Bissen gegessen hatte.

»Können wir ihr etwas zu essen besorgen?« fragte Gina. Eine tüchtig aussehende Frau in weißer Uniform schaute auf ihre Armbanduhr.

»Der Wagen mit dem Essen kommt erst in einer Stunde. Ich gehe in die Küche und hole etwas. Was ißt sie gern?«

»Französisch, italienisch, japanisch«, scherzte Gina im Hinblick auf die normale Krankenhausküche. »Sie ißt alles gern.« Ich hatte sie noch nie in einer solchen Hochstimmung gesehen.

Larry zog eine Grimasse, als er das Essen auf das Tischtablett stellte. Ich schaute auf einen Teller mit graugrünen Erbsen, irgend etwas klumpig Braunem, das in einer Pfütze aus dicker Soße schwamm, auf Kartoffelbrei, ein Viereck

roter Geleespeise, eine Tüte Milch und einen Plastikbehälter mit Eiswasser. Nach dem beleidigenden Zähl- und dem angsterregenden Atemtest machte ich mich begeistert an den Eßtest. Ich mochte Kartoffelbrei sehr. Langsam, mit voller Konzentration, nahm ich die Gabel zur Hand. Im nächsten Augenblick fiel sie mir in den Schoß. Ich sah voller Angst auf. Hatte ich den Test nicht bestanden und meine Heimkehr damit in Frage gestellt?
»Soll ich dir helfen?« fragte Larry. Ich schüttelte schmollend den Kopf. Ich wollte es unbedingt selbst probieren. Larry und Gina zeigten sich amüsiert, hielten sich aber zurück. Ich unternahm einen zweiten Versuch, nahm wieder die Gabel und schob sie durch Erbsen und Soße in Richtung Kartoffelbrei. Die Gabel stieß in die feste weiße Masse und blieb darin stecken. Durch den Widerstand fiel mein Handgelenk in die Soße. Larry und Gina wurden beinahe hysterisch. Sie waren wie zwei Kinder, die bei jeder Gelegenheit kichern müssen. Alles, was ich tat, erregte ihre stürmische Heiterkeit.
Schließlich gewann der Hunger Oberhand über den Stolz. Ich ließ mich von Larry füttern, hatte aber Mühe beim Schlucken. Intuitiv erfaßte Larry meine Schwierigkeiten, steckte einen Strohhalm ins Eiswasser und hielt den Wasserbehälter fest. Langsam nahm ich einen langen Schluck. Das kalte Wasser tat meinem Hals gut. Er schob mir mit dem Löffel einen Eiswürfel in den Mund. Ich lutschte ihn, bis er geschmolzen war, und bat mit den Augen um noch einen. Er gab mir einen Eiswürfel nach dem anderen und lächelte dabei, als hätte er selber Halsschmerzen gehabt, die nun mit den meinen verschwanden. Nach einer angenehmen Mahlzeit aus Eiswürfeln und Geleespeise war ich zur Heimfahrt bereit.
Doch nun stellten sich mir sofort mehrere Probleme in den

Weg. Ich konnte nicht gehen, ich hing mit vier Schläuchen im Arm am Tropf und hatte nur ein dünnes Krankenhausnachthemd an. Mein Geist arbeitete fieberhaft, um diese Hindernisse zu überwinden. Bestimmt gab es hier einen Rollstuhl. Vielleicht einen mit verlängerten Rohren, an die wir die Flaschen hängen konnten. Und ich konnte mich in eine der Decken einwickeln.
Im Geist war ich schon zur Tür hinausgerollt und saß jetzt, in die Decke eingehüllt, auf dem Bürgersteig, während Larry ein Taxi heranwinkte. Von hier aus faßte ich mein nächstes Problem ins Auge. Zwischen Rollstuhl und Taxi mußte ich zwei, drei Schritte durch den Schneematsch waten. Diese drei Schritte waren der Abgrund zwischen mir und der Freiheit. Ich brauchte also etwas für meine nackten Füße. Ich versuchte mich zu entsinnen, was ich mit meinen Schuhen gemacht hatte – ob ich überhaupt welche angehabt hatte, als ich hergekommen war. Ich mußte verstört aussehen, denn Gina wurde unruhig. »Was ist los, Süße?« fragte sie. »Hast du Schmerzen?« Ich schüttelte den Kopf. Ich hatte zwar Schmerzen, aber mein augenblickliches Problem lag woanders. Ich wackelte mit den nackten Füßen, aber man verstand mich nicht.
»Juckt es dich irgendwo?« fragte Larry. Traurig schüttelte ich den Kopf, und meine Augen füllten sich mit Tränen der Enttäuschung. Ich war auf vertrautem Gebiet, wieder einmal besessen von dem Drang, verstanden zu werden.
»Ach, Schwesterchen, wein' doch nicht!« stöhnte Gina. »Was sollen wir tun?«
»Kannst du schreiben?« fragte Larry.
Ich nickte erfreut: Ja. Sicher konnte ich schreiben. Er brachte einen Federhalter und einen kleinen Notizblock und legte beides auf mein Tablett. Mit äußerster Sorgfalt wandte ich meine Kenntnisse der Palmer-Methode an. Larry und

Gina warteten gespannt. Doch meine Künste mit der Feder erwiesen sich als nicht besser als mein Geschick mit der Gabel. Die Botschaft, die ich aufschrieb, war eine Art kompliziert verschlungener Liniengraphik, die nirgendwo hinführte. Hätte ich ein zufriedenes Gesicht gemacht, wären sie wohl in Angst geraten, daß ich tatsächlich einen Hirnschaden davongetragen hatte. Aber ich übergab ihnen meine schriftliche Examensarbeit mit düsterer Miene. Auch mir kam es so vor, als hätte ich in beunruhigender Weise versagt.

Unfähig zu sprechen, unkundig des Schreibens, nur imstande, zu nicken oder den Kopf zu schütteln — trotz dieser schwer zu überwindenden Behinderungen verloren meine nachsichtigen Begleiter nicht den Mut. Ein wichtiger Gedanke steckte in meinem Geist, und sie wünschten verzweifelt, ihn zu erfahren. Larry kam wieder auf eine glänzende Idee. Er machte eine Tabelle des Alphabets und zeigte auf einen Buchstaben nach dem anderen. Nach jedem Ja notierte Gina den betreffenden Buchstaben. Sparsam mit Worten und ohne Rechtschreibfehler übermittelte ich ihnen meinen ersten geschriebenen Gedanken. Das einzige Problem war, daß die Tabelle keinen Zwischenraum vorgesehen hatte. Deshalb mußten die beiden Worte meiner Botschaft zu einem zusammengezogen werden.

KEINESCHUHE

Während Larry und Gina die elf Buchstaben notierten, waren sie freudig erregt gewesen. Doch als sie das fremdartig aussehende Wort entziffern wollten, wurden sie rasch ernst. Gina versuchte, es auszusprechen. »Kei-nesch-uhe?« Sie fragte, ob das ein japanisches Gericht war, irgend etwas mit Tofu oder Bambussprossen. Ich schüttelte den Kopf. Ohne einen Ton hervorzubringen, sprach ich langsam die beiden Worte und machte dazwischen eine lange Pause. Sie sahen mich gespannt an und bewegten die Lippen schweigend wie ich. In Ginas Augen blitzte ein Licht auf.

»Keine Schuhe!« schrie Gina, als hätte sie den Hauptpreis beim Glücksrad gewonnen. Ich nickte begeistert. »Keine Schuhe!« wiederholte sie mit breitem Grinsen. Sie war froh, daß sie sich Wort für Wort, von Herz zu Herz mit mir verständigt hatte. Die Freude büßte nicht von ihrem Glanz ein durch die Tatsache, daß die Botschaft für sie keinen Sinn ergab.

»Was soll das heißen?« fragte Larry sie.

Ihr Lachen verschwand. »Ich weiß nicht«, sagte sie und zuckte mit den Achseln, als wären wir beide bei einer großen Torheit ertappt worden. »Was soll es heißen, Schwesterchen?«

Über die Möglichkeit erfreut, mich deutlicher erklären zu können, bewegte ich die nackten Zehen und nickte in Richtung der Füße. Dann sah ich auf und durch die offene Tür. Damit wollte ich ihnen begreiflich machen, daß ich nicht ohne jede Fußbekleidung hier raus konnte.

Larry begriff als erster. »Du willst nach Hause?« fragte er. Ich nickte glücklich. Mehr als alles andere wollte ich nach Hause.

»Ach, Süße«, sagte Gina seufzend. Sie enttäuschte mich ungern. »Du kannst noch nicht nach Hause. Dr. Greenbaum sagt, wenn alles gut geht, kannst du vielleicht in drei Wochgen entlassen werden.«

Drei Wochen? Ich weinte, worauf auch Gina gleich zu weinen anfing. Sogar Larry, der Felsen, bekam deutlich sichtbar feuchte Augen. Noch drei Wochen unaufhörlicher Träume . . . ich wußte, daß ich wahnsinnig würde.

In den nächsten beiden Tagen erlebte ich wilde Stimmungsschwünge zwischen Wut und Freude. Das hing hauptsächlich vom jeweiligen Besuch und der Dosis schmerzstillender Drogen ab. Gina und Larry machten jeden Stimmungsumschwung mit. Sie waren glücklich, wenn ich lächelte, und traurig, wenn ich weinte. Sogar das Personal und die grünen Wesen wurden von meinen Stimmungen angesteckt. Nur der Mann im Wollhemd, der am nächsten Tag in einem zerknitterten weißen Kittel erschien, blieb zurückhaltend. Am Sonntagnachmittag zog er während einer meiner manischen Stimmungen die Brauen zusammen. Er stand neben Larry am Fußende des Bettes.

»Was meinen Sie, wie es ihr geht, Dr. Greenbaum?« fragte Larry, wobei er mir mit unvermischter Anerkennung zulächelte. Ich ließ die Augenlider flattern. Dabei kam ich mir zwar albern vor, aber mir war eingefallen, wie glücklich ich ihn damit am Vortag gemacht hatte. Dr. Greenbaum war nicht dabei gewesen.

»Ehrlich gesagt, erscheint sie mir ein bißchen kindisch«, sagte er offen angesichts meines Babygehabes. »Aber ich weiß natürlich nicht, wie sie normalerweise ist. Kommt Sie Ihnen normal vor?« fragte er Gina.

In den zwei Tagen, nachdem ich zum erstenmal die Augen aufgeschlagen hatte, hatte Gina gern mit mir Baby gespielt. Aber für sie war die Vorstellung jetzt vorbei. Morgen würde sie abreisen. Kay war auf dem Weg hierher, denn jetzt endlich gab es viel für sie zu tun. Deshalb war Gina beträchtlich ernüchtert. Die Frage eines möglichen Hirnschadens war immer noch offen. Ich hatte noch nicht gesprochen, geriet ohne erkennbare Ursache aus der Fassung, lächelte ebenso unmotiviert und schien keinen Appetit zu haben. Greenbaums unverblümte Frage, ob ihr mein Benehmen normal vorkomme, verärgerte Gina.

»Vielleicht hätte ich sie für normal angesehen«, schrieb Gina einige Stunden später in ihr Tagebuch, bevor sie es einpackte, »wenn sie mir nicht plötzlich kindisch und ganz unähnlich der wahren Mary Kay vorgekommen wäre. Ich sagte ihm, im Augenblick sei sie weder wirklich kindisch noch wirklich normal. Ich fühlte mich bemüßigt, ihm zu sagen, daß sie Journalistin und eine 'sehr intelligente Frau' ist.«

Wäre Gina einen Tag früher, auf dem Höhepunkt meiner postkomatischen Fröhlichkeit, abgereist, so hätte sie das unbelastet getan. Doch nun mußte sie es unter dem seelischen Druck tun, daß ich einen möglichen Hirnschaden erlitten hatte. Als sie sich am Sonntagabend verabschiedete, mußte sie erleben, daß ich keinerlei Ähnlichkeit mit einer »sehr intelligenten Frau« aufwies. Ich war ein siebenunddreißig Jahre altes, fünfundvierzig Kilo schweres labbrig sentimentales Kleinkind. Als sie ging, weinte ich. Ich wußte, daß mich mit ihr die Musik, das Lesen und die Freude verließen.

Larry war ähnlich betrübt durch ihre Abreise. In den neun Tagen, die sie zusammen verbracht hatten, hatte er jemanden gehabt, der seine Sorgen teilte, der sich ebenso leidenschaftlich kümmerte, liebte und ängstigte wie er. Nach einer so herzlichen Gemeinschaft wieder allein zu sein, war sehr schmerzlich. Er verzehrte sich nach einem Familienleben, und als Gina in der Grand Cental Station in den Zug zum Flughafen stieg, spürte er einen stechenden Abschiedsschmerz. In unserer Familie schmerzte es jeden, wenn er Gina abreisen sah.

Als ich die vielen körperlichen Schäden erkannte, die ich erlitten hatte, wurde mir bewußt, was »Koma« für mich bedeutete. Ich entdeckte meine Wunden, meine stammelnde Untüchtigkeit, und auf einmal kam mir die zunächst erscheinende Genesungszeit viel zu kurz vor. Ich hatte zehn

Jahre gebraucht, um in Fort Wayne, Indiana, aus einer Baby-Feministin zu einer Großmutter heranzuwachsen, und nun hatte ich nur drei Wochen Zeit, die kindische, untüchtige Jugendliche, die in New York aufgewacht war, zu formen. Es war deprimierend, mich als Erwachsene wieder auf dem Nullpunkt zu finden. »Neugeboren« zu sein, ist trotz euphorischer Berichte der Fundamentalisten ein zwiespältiger Segen.

Sicherlich gab es auch herrliche Momente der Wiedergeburt. Es war ein außergewöhnliches Erlebnis für einen Erwachsenen, bedingungslos geliebt zu werden. Nicht mit der absoluten Liebe, mit der man ein Neugeborenes auf der Welt willkommen heißt, sondern stärker und elektrisierender, mit einer Liebe, die Vergebung einschloß und bereit war, tiefe Brüche und herzzerreißende Worte zu überwinden. Kay besaß einen reichen Vorrat davon. Sie liebte mich am längsten und hatte mir am meisten zu vergeben. Vielleicht gibt es keine größere Freude auf Erden, als mit uneingeschränkter Liebe von der Frau aufgenommen zu werden, deren Gunst man sein ganzes Leben lang gewinnen wollte.

Als Kay in die Intensivstation kam, hatte ich zwar die Stimme wiedergewonnen, aber noch keinen wichtigen Teil des Gehirns. Durch die schmerzstillenden Mittel immer noch benommen, erzählte ich ihr von der phantastischen Entdeckung, die ich in der Nacht zuvor gemacht hatte, als ich durchs Fenster Zeugin eines verschwiegenen Rauschgifthandels im Nebengebäude geworden war. Zufällig waren die Vorhänge im Zimmer nicht zugezogen worden, und so konnte ich eine höchst bizarre Flüsterkneipenszene beobachten.

Zigarettenverkäuferinnen mit kleinen weißen Hüten gingen umher. Zwei Pianisten spielten vierhändig an einem mehr als drei Meter langen rosafarbenen Flügel. Auf den

Verdacht, daß es sich um eine Rauschgiftoperation handelte, kam ich, weil alle, die sich dort aufhielten, nur miteinander flüsterten und weil zwei Männer Geheimpapiere austauschten. Daraufhin blickte Kay durch das einzige Außenfenster des Zimmers und sah nur eine Ziegelsteinwand.

»Vielleicht hast du es dir nur eingebildet«, sagte sie leise, ohne viel Hoffnung, mich damit zu überzeugen. Dazu stieß sie einen langen Seufzer aus, der aus tiefster Seele kam. Es war nicht das erste Mal, daß ihr einer ihrer Sprößlinge eine wilde Sinnestäuschung schilderte. Ja, mein über drei Meter langer, rosafarbener Flügel war im Vergleich zu den Geschichten, die sie im ISPI gehört hatte, harmloses Blabla. Ich forderte sie auf, um Mitternacht wiederzukommen, damit sie es selbst sehen konnte.

In dieser Nacht schaute ich auf die Ziegelsteinwand und sah die gleiche Szene wieder. Sie verschwand jedoch, als eine Schwester ins Zimmer kam und die Vorhänge zuzog. Damit verhinderte sie, daß die hellen Lichter, die aus dem Schwesternzimmer auf der anderen Seite des Flurs kamen, von der Fensterscheibe reflektiert wurden. Sobald sich die Vorhänge schlossen, sah ich zwei Frauen hinter der langen rosafarbenen Anrichte bei der Arbeit, während eine Dritte in Schwesternhaube mit einem Tablett voll Medikamenten vorbeiging.

Am nächsten Tag lachten Kay und ich gemeinsam, als ich ihr das Geheimnis des verschwiegenen Rauschgiftrings enthüllte. Es war wunderbar, mit ihr zu lachen und ihre Erleichterung darüber zu sehen, daß ich doch nicht verrückt war. Es war ein dankbares Lachen, das mich deshalb tief berührte, weil ich am Vortag in ihren Augen gelesen hatte, daß sie mich auch lieben würde, wenn ich verrückt geworden wäre.

In der wohlwollenden Atmosphäre der Intensivstation lern-

te Kay auch Larry kennen, mit dem ich bald »in Sünde leben« würde. Ich hatte meinen Eltern noch nicht offenbart, daß ich mit ihm zusammenziehen wollte, aber das Koma erledigte dieses kleine Dilemma. Was Kay in dieser Woche in New York beobachtete, machte Worte unnötig. Sie sah, wie er mich fütterte, tröstete und mir jeden Wunsch von den Augen ablas.
Mitte der Woche fuhren sie nach Connecticut, sahen sich das Haus an und begutachteten die Schulen, die wir für die Kinder ausgewählt hatten. Kay stimmte meiner Wahl von Herzen zu. Eine Heirat wurde nur pflichtgemäß und nebenbei zart angedeutet. Sie hatte kein Interesse mehr, nur aus Gewohnheit Kritik zu üben. Ihre Gebete während meines neuntägigen Komas hatten mich von allen Vorwürfen gereinigt. Im Vergleich zum Tod erschien ihr ein Leben in Sünde als das kleinere Übel.
Die erste Genesungswoche brachte weitere gute Neuigkeiten. Dr. Greenbaum sagte, ich hätte das Glück gehabt, alles ohne einen Herz- oder Hirnschaden zu überstehen. Meine Lunge war sogar gesünder geworden. Die Schatten wurden ständig kleiner. Die fünf Antibiotika, die mir drei Wochen lang intravenös eingetröpfelt worden waren, hatten bereits die verschiedenen Festungen der Erreger umzingelt, darunter auch die wütende Empyes-Infektion. Und schließlich hatte mich der Schock des Komas von dem abscheulichen Schlauch in den Rippen befreit.
Im Unterschied zu den wiedergeborenen Fundamentalisten empfand ich nur eine eingeschränkte Freude. Vielleicht war deren Glück deshalb ohne jede Trübung, weil sie von einer Wiedergeburt zur anderen voranschritten, ohne daß scheußliche kleine Tode dazwischenlagen. Nach den Verheerungen des Komas blieb es ein furchteinflößendes, gefährliches Geschäft, ein neues Leben zu beginnen. Ich war

den einfachsten Aufgaben nicht gewachsen und mußte das Leben erst wieder neu erlernen, beginnend mit dem grundlegenden Auftrag, bei Bewußtsein zu bleiben.

Wie war es geschehen, daß neun Tage meines Lebens verschwanden — und konnte es ohne Vorwarnung noch einmal passieren? Wie war ich ins Koma gefallen? Als Diabetikerin, als Diabetikerin mit einem Lungenschlauch, als Diabetikerin mit Schlauch und einem schweren Fall von Grippe oder als Diabetikerin mit Schlauch, Grippe und einem geliebten, unwiderruflich dahingegangenen Wahnsinnigen? War die Ursache des Komas ein heftiger chemischer Unfall im Körper oder die psychische Reaktion einer leidenden Seele? Als ich die Herrschaft über meine Stimme zurückgewann, hatte ich Dr. Greenbaum einen langen Fragenkatalog vorzulegen.

Er hatte mich erst im Koma kennengelernt und war daher angenehm überrascht, einen gutarbeitenden Geist hinter dem kindlichen Aussehen zu finden. Ich wiederum war erleichtert, in ihm einen warmen, witzigen Freund zu entdecken, einen Arzt, der seine Patienten als Menschen und nicht als demütige Untertanen betrachtete.

»Na, was haben wir denn heute auf der Liste?« fragte er jeden Morgen, nahm Platz und machte sich auf ein Sperrfeuer von Fragen gefaßt. Da ich jetzt die medizinische Terminologie fließend beherrschte, führten wir ausgedehnte Unterhaltungen über »Sarkoiden«, »Nodus-Nekrose« und »rheumatoide Faktoren«. Er stellte die Hypothese auf, mein chemischer Körperhaushalt sei so durcheinander gewesen, daß mich eine gewöhnliche Grippe durchaus aus dem Gleichgewicht bringen konnte, und meine Diabetes sei unter Kontrolle zu halten, um eine neue Katastrophe zu verhindern. Meine Sorgen wegen der dauernden Stimmungsumschwünge und der ständig wiederkehrenden Träume zerstreute er mit den Worten: »Sie haben so viele Drogen geschluckt, daß ein Süchtiger davon ein ganzes Jahr high sein könnte.«

Er war einverstanden, wenn ich vom üblichen Krankenhausablauf abwich — zum Beispiel: »Wenn Sie möchten, daß Larry Ihnen heute abend chinesisches Essen bringt, nur zu! Ich weiß ja, daß Sie es sowieso täten, auch wenn ich dagegen wäre.« Er war ein Fan von »leicht reizbaren« Menschen und amüsierte sich, als ich mich weigerte, ein Krankenhaushemd zu tragen und für meine selbstverordneten Körperübungen einen Trainingsanzug anlegte. Ich schlurfte durch die Station, die Plasmaflaschen an einer Stange über mir, wie eine arthritische Joggerin mit Krückstock.

Ich hatte das Gefühl, eine schwere Niederlage erlitten zu haben und betrachtete das Koma als Zeichen von Schwäche und Unwissenheit. Ich schämte mich, daß ich gekentert war, als die See rauh wurde.

»Kann sein, daß Sie sich für schwach und leicht verletzlich halten«, räumte Dr. Greenbaum ein. Er war mit den Bänden meiner Krankengeschichte vertraut und selbst Autor von mindestens fünfhundert Seiten darin. »Sie können sich ebensogut als stark und widerstandsfähig ansehen. Immerhin haben Sie außergewöhnliche Katastrophen überstanden, die einen Football-Verteidiger der Giants umgeworfen hätten.«

Mehrere Male am Tag kam Dr. Greenbaum zu mir, um mich aufzuheitern oder zu beruhigen. Wenn er meine Fragen nicht selbst beantworten konnte, sorgte er für einen Termin mit dem zuständigen Facharzt. Eines Nachmittags stattete mir der Krankenhausdirektor einen Besuch ab, gratulierte mir zu meiner dramatischen Heilung und fragte mich, ob ich bereit sei, ihm einige Fragen zu den bizarren Daten im Bericht der Intensivstation zu beantworten. Er wollte, wie er es vorsichtig ausdrückte, einen Nachweis darüber haben, daß »wir diese Probleme nur übernommen haben«. Die Daten im Bericht der Intensivstation waren nämlich derart alarmierend, daß daraus leicht ein Prozeß entstehen konnte. Er brauchte sich aber keine Sorgen zu machen. Menschen, die Beschämung fühlen, weil sie gekentert sind, strengen keinen Prozeß an — sie nehmen ihr Koma mit heim und denken darüber nach.

Grippe wurde für mich ein anderes Wort für Tod. So kam es, daß ich eine unvernünftige Angst vor Bazillen entwickelte. Früher hatte ich nie an Schlaflosigkeit gelitten, jetzt hatte ich eine unwiderstehliche Angst vor dem Schlaf. Als ich zum letztenmal freiwillig die Augen zugemacht hatte, hatte ich neun Tage meines Lebens verloren. Keine normalen Arbeitstage. Nein, ich hatte die ehrgeizigste Woche, die ich je geplant hatte, versäumt. Ich hatte acht Arbeitsessen, vier Treffen mit Kollegen, eine Woche Wiedersehen mit Susan und Carry, eine Vorflitterwoche mit Larry und zwei Einstellungsgespräche verschlafen — und ein Publikum von dreihundert Menschen auf eine leere Bühne starren lassen!

Es war mir peinlich, daß man allen hatte sagen müssen: »Sie liegt im Koma.« Ich hatte das Gefühl, daß meine Glaubwürdigkeit für immer angekratzt war, daß es keinen Sinn mehr hatte, mich würdevoll zu verhalten und Seelenruhe vorzuspielen. Wer würde meiner ständigen Behauptung: »Mir geht es gut!« noch glauben, nachdem ich ins Koma verfallen war? Niemand. Die Heuchlerin war öffentlich entlarvt.

Ich dachte an meine Entlassung und fragte mich, wie ich mich nahtlos und unauffällig wieder in die wirkliche Welt einfügen konnte. Ich hatte nun Verständnis für Franks Gefühl des »Andersseins«, wenn er aus seiner manischen Periode zurückkam und sich bei den Menschen, die er liebte,

dafür entschuldigen mußte, daß er sich in schädlichen Trugbildern bewegt hatte. Mit den Schwestern und Ärzten zu sprechen, war einfach, weil für sie ein Koma etwas Alltägliches war. Aber die Welt da draußen würde mir entweder mit höflicher Skepsis oder mit deutlichem Schock begegnen, wie einer Fremden, die auf einer Cocktailparty behauptet, die Königin von Saba gewesen zu sein.
Nur wenige Menschen, die ungewöhnliche Erlebnisse hatten, können sie für sich behalten. Ich gehörte bestimmt nicht dazu.
Schon von Jugend an war ich mit dem starken Bedürfnis nach Beichte behaftet, und wenn mir jemand für ein selbstgeschneidertes Kleid Komplimente machte, pflegte ich ihn unweigerlich auf die Mängel hinzuweisen.
»Mein Liebes«, riet mir Kay, »du brauchst nicht jedem auf die Nase zu binden, daß du eine Stecknadel darin versteckt hast. Bedank dich einfach für das Kompliment.«
Ich dachte, wenn die Bewunderer von der Stecknadel wüßten, die alles zusammenhielt, mußten sie ihre Meinung ändern, es erschien mir irgendwie unehrlich, ihnen das vorzuenthalten. Das erlittene »Koma« war jetzt so untrennbar mit meinem Leben verbunden wie ein roter Reißverschluß mit einem weißen Kleid, so auffallend und unpassend, daß es keinem entging. Nach meiner Meinung hatten alle zukünftigen Zuhörer, Leser, Kollegen und Redakteurinnen ein Recht darauf, davon zu erfahren. Ich dachte, daß jeder, der einen Vertrag mit mir schloß, erfahren sollte, daß ich neun Tage im Weltraum verbracht hatte. Es war ohnehin unmöglich zu verschleiern, daß mich das Koma verändert hatte. Immer noch spürte ich, wie die Lichter mich durchglühten, wie Signallampen angingen bei jedem Thema und jeder Aufgabe, die ich anpackte. Mein Geist, der vor neun Tagen den Halluzinationen noch völlig ausgeliefert war,

brauchte laufend Rückblenden, wenn bestimmte Gesichter oder Unterhaltungen etwas auslösten.
Während ich einerseits hart daran arbeitete, mein Leben wieder zurechtzuflicken, saß ich andererseits mit gekreuzten Armen da und fragte mich, warum ich eigentlich Anspruch auf jede Scherbe der zerbrochenen Keramik hatte. Aber dieses zweite Ich war keineswegs willens, gewissermaßen versteckt zu bleiben, bis ich den Moment für geeignet hielt, es vorzuzeigen. Es war überall dabei und sprach seine Ansichten über mein Leben alle zehn Minuten offen aus. Die beiden bildeten ein unzertrennliches Zwillingspaar.

In der letzten Genesungswoche wurde ich in die allgemeinmedizinische Station verlegt, und Larry gestattete sich den Luxus eines ersten sorgenfreien Sonntags. Statt auf seinem Weg zum Krankenhaus einen schnellen Imbiß bei Poppy hinunterzuschlingen, kaufte er sich die *Times* und bereitete sich daheim ein Omelette. Er schlug die Zeitung auf und las die Geschichte eines Ehepaares, dessen Baby beim Abendessen zu ersticken drohte. Während er Kaffee trank, fühlte er plötzlich, daß er sich ganz in die Empfindungen des Paares hineinversetzen konnte. Er spürte ihre Angst, als sie sahen, wie das Baby blau anlief, erlebte mit, wie sie hektisch den Notruf wählten und auf die Frage »Atmet sie denn überhaupt noch?« zu antworten versuchten.
Drei lange Wochen war es ihm gelungen, seine eigene Angst zu beherrschen. Aber als er den Artikel über dieses Ehepaar las, das er nicht einmal kannte, flossen ihm die Tränen über die Wangen. Und er weinte erneut, als er mir, auf der Bettkante sitzend, die Geschichte erzählte. War ich vielleicht eine Sadistin, weil ich ihn am meisten liebte, wenn er litt? Leiden ist nicht der einzige Weg zum Mitleid, aber sicher einer der direktesten. Beim Anblick von Larrys Tränen wuß-

te ich, daß ich ihm künftig nicht mehr viel zu erklären brauchte, wenn er mich mal beim Lesen weinend antraf. Machte erst eigenes Leid zu stärkeren Gefühlen und damit zur Liebe reif? Genügte das Einfühlungsvermögen nicht — brauchte man eigene Erfahrung?

Der Unterschied zwischen Einfühlungsvermögen und Mitleid gleicht dem zwischen dem Zuschauer beim Klippenspringen und dem Klippenspringer selbst. Es mag aufregend sein, diese Sprünge ins Meer zu beobachten, aber es gibt kaum das mulmige Gefühl im Magen, das der Springer verspürt. Wenn es Larry ernst war mit dem Wunsch, das ganze Leben mit mir zu verbringen, dann konnte er sich kaum besser darauf vorbereiten, als mit einem Sprung über den Klippenrand.

Die meisten Telefonanrufe am Morgen meines Erwachens kamen aus Fort Wayne. Die ungefähr fünfzig Freundinnen riefen an, die an dem Energiekreis teilgenommen hatten, um sich zu erkundigen, ob er gewirkt hatte. Sie glaubten fest, daß ihr geistiges Streben zu mir gedrungen war. Ich selbst glaubte, daß Eitelkeit im Spiel gewesen war, denn ein weiterer Tag im Koma hätte bedeutet, daß ich ausgerechnet am närrischen 1. April wiedergeboren worden wäre.

Da mich nicht alle aus Fort Wayne telefonisch erreichten, wurde ich mit Post überschüttet. Bis zur dritten Woche waren mehr als vierhundert Briefe eingegangen. Für eine Frau, die sich verpflichtet fühlt, jeden Brief persönlich zu beantworten, kam das einer Katastrophe gleich. Meine Freundinnen bedrängten mich, »auf mich aufzupassen«, und schickten mir einen großen Scheck vom Fonds der »Frauen in Not«, um mir eine lange Genesungszeit zu ermöglichen. Mit dieser Welle der Hilfsbereitschaft war es entschieden leichter, aus dem Koma herauszukommen. Joan schilderte mir, wie die Frauen diese Tage erlebt hatten.

2. April 1984

Meine liebste Mary Kay,

was für eine wundervolle Nachricht gestern von Larry – Du bist erwacht! Hellwach! Wenn Dir der Schmerz, das Unbehagen und die volle Erkenntnis dessen, was Dir zugestoßen ist, erst richtig bewußt werden, wirst Du wahrscheinlich wünschen, auch einen großen Teil der Genesung verschlafen zu können. Aber für uns, die wir gleichsam während Deines Komas Wache hielten, ist jeder Bericht von neuen Fortschritten ein erregendes Gefühl. Und glaube mir, kleine Schwester, was Du jetzt durchmachst, sind Fortschritte!

Ich hatte am Sonntag, dem 25. März, den Flurschrank aufgemacht, und da hing noch Dein Wintermantel! Jim hatte mir gesagt, er würde ihn Dir mit der Post nachsenden – aber er hatte statt dessen Lauries Mantel abgeschickt. Ich rief an, um einen Umtausch in die Wege zu leiten. Howard war am Telefon. Er berichtete mir, daß Du im Koma liegst . . .

Damit begann eine Telefoniererei durchs ganze Land . . . Ich sprach mit Cathryn in Maine, Carolen in Kansas City, Ann, Jeannette, Marge, Claudia und Norma, Harriet . . ., und dann verbreitete sich die Nachricht natürlich. Deine Studentinnen riefen wieder andere an, die nach Kalifornien gezogen waren. Von denen erfuhren es Marge und Carol, die sich meldeten, bevor ich dazu gekommen war, sie anzurufen. Die alte Bande blieb ständig untereinander in Kontakt. Sue und Ro übernahmen den Telefondienst . . .

Ich mußte Colette und Sarah zurückhalten – sie wollten eine Gruppe bilden und in den ersten Tagen Deines Komas das Krankenhaus stürmen . . . Mary hat mir jeden Tag hart zugesetzt. Sie habe bereits eine Gruppe versammelt, sagte sie. Mary ist bei jedem Anruf böse auf mich, weil ich Gina oder Larry nicht alle Fragen gestellt habe, die sie beantwortet haben will. Sie ist wütend, weil Du krank bist.

Mir ist es ähnlich gegangen. Ich war die ganze Woche voller Zorn, ohne recht zu wissen, wer oder was meinen Zorn erregt hat. Ich hatte nicht mal Zeit zum Weinen, weil ich mich so elend fühlte. Das geschah erst, als ich am Freitagabend hörte, daß Du die Augen einen Sechstelzentimeter aufgemacht hattest. (»Was meinst du damit, einen Sechstelzentimeter?« fragte Mary. – »Ich sage es nur weiter, Mary – Gina hat von einem Sechstelzentimeter gesprochen!«) Als sich die Spannung schließlich lockerte, war ich fix und fertig. Ich nahm mir den Tag sogar frei, um auszuruhen. Doch dazu kam ich nicht. Alle drei Minuten klingelte das Telefon. »Ich habe gehört, daß du krank bist. Geht es Mary Kay etwa wieder schlechter?«

Freitagabend im Kaffeehaus ... die Gruppe hielt für Dich eine Zeremonie ab. Du weißt, was ich von Zeremonien halte, wenn sie auch nur entfernt religiöse Untertöne haben. Ich sagte zu Larry, falls mit Dir am Freitagabend ein Wunder geschähe, möchte ich das nicht wissen. Am Samstagmorgen war die Besserung da, die Du wahrscheinlich allein Deiner inneren Kraft verdankst.

Vielleicht entstand dieser Zorn daraus, daß ich nicht imstande war, Dir zu helfen. Ich habe mich noch nie so hilflos gefühlt. Keine Zusammenkunft und kein Sonderkommando hätten dem abhelfen können. Keine Demo und keine lauten Forderungen. Warum, zum Teufel, mußte das geschehen? Warum, zum Teufel, habe ich es zugelassen, daß es so weit mit Dir kam, daß Du erst völlig abtreten mußtest, um wieder zu genesen? Ich bin so wütend auf mich selbst! Ich bin wütend auf alles, was Deinen schönen Körper angreift und Dir einen solchen Schlag versetzt.

Jetzt fängst Du also an, Dich wieder aufzurappeln ... Mary bietet Dir ihr Haus als Zuflucht bis zur endgültigen Heilung an. Deine Söhne können wir notfalls auch irgendwo unterbringen. Was immer du brauchst, wir sind für Dich da.

Was soll ich Dir noch sagen, Mary Kay? Daß Du mich zu Tode erschreckt hast? Daß ich jetzt weiß, wie zerbrechlich und wie wertvoll Dein Leben deshalb ist? Ja, das auch. Und wie sehr ich Dich brauche. Bitte, paß auf Dich auf, BITTE! Bitte, kümmere Dich ungefähr ein Jahr lang um nichts und um niemanden! Bitte, hör' ein Jahr lang nicht auf den Schrei der Menge nach Dir! Verhalt' Dich still, horche in Deinen Körper hinein, liebe ihn und laß ihn gesund werden!
Ich schreibe Dir natürlich bald wieder. Mit Larry telefoniere ich täglich. Wenn Du es möchtest, komme ich.

Mit vielen lieben Grüßen Joan

»Ich bringe dich um, wenn du noch mal so eine Schau abziehst!« Das war Kevins Reaktion am Telefon, Paul rief täglich an, um mit mir zu reden. Ich rief Jerry an und bekam eine erlesene Sammlung seiner Ausrufezeichen zu hören, und Gina rief mich an, um die Sorgen wegen einer möglichen Hirnschädigung zu zerstreuen. Bei jedem Telefonat mit Freunden und Angehörigen mußte ich solche Sorgen zerstreuen. Ich erklärte die Grippetheorie, die verschiedenen Infektionen und die fünf Antibiotika, die mir drei Wochen lang intravenös zugeführt werden mußten. »Mein Gott«, rief mein Freund George, »da bist du ja verseucht!«
Allmählich mußte wieder vieles erledigt werden. Ich bat Larry, mir die Aktenmappe zu bringen, und richtete im Krankenzimmer ein zeitweiliges Büro ein. Eines Nachmittags, als ich beim Arbeiten war, brachte ein Florist einen Baum, der über und über mit lavendelfarbenen exotischen Blüten bedeckt war. Blaßrosa und hellgrüne Seidenbänder flossen von einer am Stamm befestigten goldenen Karte herab. Ein kleiner Trupp von Schwestern und Pflegern folgte

dem Floristen, um den Baum näher in Augenschein zu nehmen.

»Meine Güte«, sagte ich, »Kardinal O'Connor muß auch erfahren haben, daß ich hier bin. Vielleicht sogar der Papst!« Der Baum war ein Geschenk von Dona und Nancy, meinen Redakteurinnen bei der *Times.* Er erhob sich über die Blumenarrangements, die jetzt das Fensterbrett, den Toilettentisch und den Nachttisch bedeckten. Mein Krankenzimmer-Büro hatte die stille, leicht duftende Aura eines Bestattungsinstituts.

Die meisten Blumen kamen von Redakteurinnen. Sie erinnerten mich an einen der Gründe, aus denen ich wieder ins Leben zurückgeholt worden war: Ich hatte mich fortgestohlen, ohne die Termine einzuhalten. »Sie ist im Koma« war die beste Entschuldigung, die man bisher von mir gehört hatte, wenn ich zu spät dran war. Jeden Vormittag schrieb ich zwischen Glukosetests und den Visiten der Fachärzte ein paar Zeilen über das Rätsel der Verantwortung für die *Cosmo*-Leserinnen. Aber ich war weit davon entfernt, mich meiner früheren Arbeit wieder verpflichtet zu fühlen. Das Problem beim Schreiben war, daß man alle seine Freunde dabei einbüßte.

Vogue schickte einen zweiten Blumenstrauß, als die drei, die sie für die National Magazine Awards eingereicht hatten, für die Endrunde ausgewählt wurden.

Ich rief Julia in der Redaktion an und fragte: »Was sind denn diese National Magazine Awards?«

»Sie sind die Oscars im Illustriertengeschäft«, erklärte sie. »Es gibt jedes Jahr ein großes Bankett im Waldorf Astoria.« Mir fiel das Essen der Schlagzeilenmacher ein. Es ging wieder los!

»Es ist nächste Woche.« Aufgeregt erkundigte sich Julia: »Meinst du, daß du hinkommen kannst?«

»Vielleicht«, sagte ich. »Aber zum Anziehen habe ich nur mein lila Gewand.« Das Waldorf Astoria schien genau der richtige Ort, dieses Relikt aus den sechziger Jahren zum letztenmal zu tragen. Vielleicht mit einigen der lavendelfarbenen Blüten im Haar.

Obwohl ich in diesem Leben keine Kinder mehr wollte, bekam ich meine Periode und bat Kay, mir die Tampons zu bringen, die ich im Koffer verwahrte. Sie erschien mit äußerst mißbilligendem Blick, wußte aber nicht, was sie mir sagen sollte. Erst nach mehreren Stunden fand sie die richtigen Worte, um ihr Mißbehagen auszudrücken. Beim Suchen im Koffer nach den persönlichen Gegenständen, die ich ihr aufgeschrieben hatte, war sie auf einen kleinen Lederbehälter gestoßen, der zwei Joints enthielt — das Geschenk eines Freundes zum Valentinstag.
Es war klar, daß das eine lange Diskussion zur Folge hatte. Unbegreiflich, daß Gina vor Kays Ankunft nicht in meinen Sachen klar Schiff gemacht hatte. Sie hatte aber nur das Tagebuch gelesen, die Aktenmappe und Handtasche durchstöbert und den Koffer nie geöffnet. Das Koma legte mein ganzes Leben offen, ich fühlte mich wie das Opfer einer Hausdurchsuchung. Von allen Sünden, die während meiner Abwesenheit an den Tag kommen konnten, hatte Kay nur die häßlichste gefunden, zwei Joints. Ich hielt das für einen Grund zum Feiern.
In Kays Augen handelte es sich jedoch um ein Kapitalverbrechen. Es bedeutete, daß ich nicht vollkommen war, und sie war unglücklich, wieder in die alte Rolle der Perfektionistin schlüpfen zu müssen. Mit der Entdeckung in meinem Koffer war die kurze Zeit bedingungsloser Liebe zu Ende. Vergeblich setzte ich ihr auseinander, daß die Wirkung von zwei Joints etwa der eines doppelten Martini entsprach. Es

war kein Trost für eine Frau, die selten mehr als einen Whisky sauer trank. In der Absicht, wieder Frieden zu schließen, bot ich ihr eine der beiden Tafeln Schokolade an, die Carrie vormittags gebracht hatte. (»O Gott«, hatte sie gestöhnt, »wie konnte ich nur vergessen, daß du zuckerkrank bist!«)

Kay beäugte die Schokolade begierig, sagte dann aber: »Ich kann nicht, ich bin dagegen allergisch.«

»Ich weiß«, sagte ich lächelnd, »aber ich finde, jetzt ist mal eine Halsentzündung fällig.« Sie lachte. Mit Hilfe der Schokolade kehrten wir auf das vertraute Gebiet bedingter Liebe zurück. Doch nach unserer Erfahrung mit der göttlich inspirierten, vollkommenen Fürsorge wußte ich, daß wir auch wieder die Höhen uneingeschränkter Liebe erklimmen würden. Es fiel mir nicht schwer, trotz der vorwurfsvollen Blicke in ihren Augen zu lesen, daß sie mich liebte. Ich kam mir fast wie eine Hellseherin vor.

Nach einem Monat im Krankenhaus, wo man mir die Mahlzeiten ins Zimmer brachte, die Bettwäsche täglich wechselte und sich fast stündlich nach meinem Wohlergehen erkundigte, überfiel mich am Abend vor der Entlassung Trennungsangst. Zu atmen und bei Bewußtsein zu bleiben — das waren vier Wochen lang meine wichtigsten Pflichten gewesen. Von morgen an mußte ich wieder Hunderte von Dingen tun, für die ich persönlich verantwortlich war.

Aufs höchste angespannt, überlegte ich, was vor mir lag. Warum war ich zurückgeholt worden? Was sollte ich mit meinem Leben beginnen? Ich war mit siebenunddreißig Jahren gewissermaßen geboren worden und hatte nur noch die Lebensmitte, das Alter und den Tod zu erwarten. Es war nicht mehr viel Zeit zu vergeuden, wenn mir die letzten

Glieder der Kette Frieden bringen sollten. Ich mußte mir schnell darüber klar werden, wer ich war und was ich eigentlich in der Welt zu suchen hatte.
Wiedergeborene haben nicht nur solche Fragen zu berücksichtigen, sondern auch zahllose körperliche Probleme. Durch meine Zimmergenossin in der Allgemeinmedizin erhielt ich einen Eindruck davon, wie mein Körper nach weiteren vierzig, fünfzig Jahren intensiver Benutzung aussehen würde. Mrs. C. war eine bemerkenswerte sechsundachtzig Jahre alte Frau, die sich gerade von ihrer dritten Lungenentzündung erholte. Wir waren ungefähr im gleichen körperlichen Zustand, als ich vor einer Woche im Rollstuhl in ihr Zimmer gebracht worden war. Wir fingen beide bei einem Gewicht von fünfundvierzig Kilo an und sollten vor der Entlassung fünfzig Kilo erreicht haben.
Mrs. C. war eine energische Konkurrentin. Eines Nachmittags sagte sie stolz zu ihrem Sohn: »Ich habe heute ein halbes Pfund zugenommen« und mit einem Blick auf mich fuhr sie fort: »Und das Mädchen da nicht!« Larry hörte es mit an und lächelte. Er schlug vor, große Anzeigetafeln mit den Aufschriften »Mrs. C.« und »Das Mädchen da« zu Füßen unserer Betten aufzustellen. Mrs. C. erholte sich langsam und stetig, aber mein um fast fünfzig Jahre jüngerer Körper war ihr bald voraus. Nach drei Wochen, in denen ich schwach und hilflos gewesen war und nur unter Schmerzen steif umhergehen konnte, gewann ich endlich wieder an Geschmeidigkeit und Stärke. Meiner Zimmergenossin waren solche Fortschritte für immer verwehrt. Nichts konnte sie von dieser letzten grausamen Benachteiligung des Alters erlösen.
Zusätzlich zu ihren unwürdigen körperlichen Grenzen hatte sie die feinen Unterschiede in unserer Behandlung zu ertragen. Mich bestärkte man ständig in dem Glauben, wie-

der gesund zu werden. Mrs. C. mußte sich oft mit der weniger ermutigenden Ansicht abfinden, sie sei praktisch am Ende. Wenn ich mich über Schmerzen beklagte, waren meine Ärzte in Sorge. Wenn sie es tat, warf ihr der Arzt vor, sie sei wehleidig.

Außerdem gab er seine Anordnungen nicht gewissenhaft genug. Zweimal hörte ich, daß er ihre Diät, die Milchprodukte verbot, änderte und ihr gestattete, über die Frühstücksflocken Milch zu gießen. Zweimal hintereinander mußte sie morgens nach einer Schwester klingeln, weil auf ihrem Tablett keine Milch stand. Sie erklärte, daß ihre Diät geändert worden sei, aber niemand glaubte ihr. Als sie den Löffel in die zweite Schale mit trockenen Cornflakes schob, sah ich sie weinen. Das ging mir ans Herz. Es war der Grund zu meinem ersten Alleingang über den Flur, wobei ich die an einer Stange angebrachten Infusionsflaschen vor mir herschob. Ich weigerte mich, wieder ins Bett zu gehen, bis man ihr Milch gab.

»Wie haben Sie das gemacht?« fragte sie, als ich zurückkam.

»Ich habe gesagt, daß ich gehört hätte, was Ihr Arzt angeordnet hat«, sagte ich.

»Das habe ich doch auch getan«, sagte sie. »Aber die denken, ich bin verrückt.«

Diese eine Woche mit Mrs. C. war eines der letzten Geschenke, die das Koma mir bescherte. Ich begriff, daß der Schmerz wiederkehren würde, wenn ich lange genug lebte. Daß man auch mich eines Tages für verrückt halten würde und ich keinen davon würde überzeugen können, daß ich Milch vertrug. Aber ich erkannte auch, daß es möglich war, diese Demütigungen mit Würde zu ertragen. Jeden Tag stieg Mrs. C. mutig auf die Waage. Sie war entschlossen, gesund zu werden, und voller Erwartung auf die nächste Lebensrunde außerhalb des Krankenhauses. Am letzten ge-

meinsamen Vormittag gab sie mir eine kurze Lektion über den Wert eines entschlossenen Lebenswillens.
Eine junge Schwesternhelferin war an ihrem freien Tag gekommen, um meiner Zimmergenossin eine Dauerwelle zu legen. Es war ein hübsches Mädchen von ungefähr neunzehn Jahren, das gut verstand, was eine sechsundachtzigjährige Frau empfinden mußte, wenn sie Besuch erhielt und ihre Haare »ganz durcheinander« waren. Nach der Haarwäsche saß Mrs. C. in bester Stimmung auf dem Stuhl, den wir ihr aus dem Flur geholt hatten. Ich saß auf meinem Koffer, wartete auf Larry und machte mich nützlich, indem ich dem Mädchen das Lockenpapier reichte. Mrs. C. war groß in Form und erzählte Geschichten aus ihren ruhmreichen Tagen. Wir kicherten alle drei wie die Backfische. Diese Dauerwelle vollbrachte mehr als alle Schmerzmittel, die Mrs. C. während der Woche erhalten hatte — auf einmal fühlte sie sich großartig.
Die Dauerwelle stank scheußlich, das ganze Zimmer war in Unordnung, und doch wünschte ich mich nirgendwo hin als in diesen improvisierten Schönheitssalon, in dem ich an einem typisch weiblichen Ritual teilnahm. Ich merkte, daß die alte Frau Mitgefühl in diesem Mädchen erweckte, und ich sah, daß dieses Mädchen Freude in der alten Frau auslöste. Das bestätigte meine Theorie der Unsterblichkeit: Ein Leben beeinflußt und prägt das andere, immer weiter, bis der Kern menschlicher Erfahrung auch noch in Generationen wirkt, denen wir nie begegnen werden.
»Wir wandern von einer kleinen Stelle heiligen Bodens zur nächsten — das ist alles, was wir tun«, hat Salinger einmal geschrieben. Wer jemals das Leben von den Krankenstationen irgendeines St. Vincent aus gesehen hat, der weiß, wie wahr das ist.

14. KAPITEL

Mein anderes Ich

Die Rückkehr in den Alltag ist selbst für einen Urlauber keine rundum vergnügliche Angelegenheit. Ich erinnere mich, daß ich am Abend vor der Entlassung aus dem St. Vincent auf schwachen Beinen dastand, die Ellenbogen auf das Fenstersims gelegt, und nach draußen sah. Starker Regen ging auf Manhattan nieder, und die Fußgänger kämpften gegen den starken Wind, der ihre Regenschirme umklappte.

Das Leben außerhalb des Krankenhauses war hart zu den Menschen. Draußen würde ich wieder den Elementen ausgesetzt sein, ich würde von Leidenschaften und Ehrgeiz verzehrt werden und wieder mit den sieben Millionen Bananenfischen schwimmen.

Es zog mich in die tolle Menge. Dennoch hatte ich das Gefühl, daß es nie wieder so sein würde wie früher. Mir war, als würde ich eigentlich gar nicht erwartet. Ich hatte eine Verabredung mit dem Tod gehabt, sie aber — wie so viele andere Termine — nicht eingehalten. Die vor mir liegenden Jahre erschienen mir als Geschenk, als unverdienter Bonus, mit dem ich umgehen konnte, wie es mir gefiel. Ich fühlte mich durch meinen neuntägigen Schlaf von Grund auf verändert. Auf dieser gefühlsdurchtobten seelischen Reise waren alte, schon halb erloschene Sehnsüchte wieder aufgeflammt. Nach dem Erwachen am 31. März entdeckte ich

allmählich, daß das Leben, das ich geplant hatte, nicht mehr zu der Frau paßte, die ich geworden war.
Es war mir peinlich, im Koma gekentert zu sein, als die See hochging. Aber es war auch keine Tragödie. Während ich schlief, hatten Familie und Freunde so etwas wie eine Totenwache gehalten und an die Dinge gedacht, für die sie mich liebten. Sie hatten sich an die Gefühle erinnert, die unausgesprochen geblieben waren, weil alle glaubten, noch so viel Zeit zu haben, und als ich erwachte, vernahm ich ihre so lange zurückgehaltenen Worte. Es war ein wunderbares Erlebnis, in einer Atmosphäre bedingungsloser Liebe zu erwachen. Auf Hunderten von Seiten, mit Tausenden von Worten hatte ich um Verständnis geworben. Jetzt hatte ich — Ironie des Schicksals — das Ziel durch ein langes Schweigen erreicht.
Mein Koma war viel schwerer zu ertragen für die Menschen, die mich neun Tage lang ins Leben zurückwünschten. Es zwang jeden zur Besinnung, zum Nachdenken, zum Verlassen des sinnlosen Wegs, den die Prozessionsraupen entlangwandern.
Ich hatte nicht die Absicht, das Erlebnis des Komas noch einmal nachzuvollziehen, aber ich mußte ein schwindelerregendes Glücksgefühl unterdrücken, daß ich es überlebt hatte. Ich habe jetzt mehr Verständnis für das Verhalten der »wiedergeborenen« Christen. Obgleich ich ihre Visionen nicht teile, kann ich ihren peinlichen Drang zur »Zeugenschaft« jetzt eher nachempfinden. Das ist eigentlich kompromittierend für einen Agnostiker, aber die Augenblicke heller Erleuchtung während des Komas ließen mich schwindlig werden vor Glück und Liebe.
Meine Freunde haben mir gesagt, es sei die heilige Gnade, das Geschenk des Glaubens zu empfangen. Ich fürchte, es ist eher wie das Gefühl eines Schmerzgeplagten, wenn er

eine Dosis Morphium bekommt. Ob nun aber Göttliches oder Drogen für die Euphorie und den Frieden verantwortlich waren, die ich im Koma empfand, in den folgenden Monaten erlebte ich sie wieder und wieder. Ich kann zwar das Koma nicht als Kur gegen Depressionen empfehlen, aber es steht fest, daß es mir den Seelenfrieden verschafft hat, den ich immer vergebens angestrebt hatte.

Unweigerlich führt uns erlittener Schmerz auf den Weg zu bedeutenden Veränderungen. »Er schafft die schützende seelische Härte nach empfangenen Schicksalsschlägen«, wie F.D. Roosevelts Biograph Ted Morgan über dessen Kampf gegen die Kinderlähmung schreibt. »Es war dieser geistige Kampf, dieser Schritt von Verzweiflung zu Hoffnung, die Weigerung, sich geschlagen zu geben, die Fähigkeit, aus dem Unglück zu lernen, die aus einem seichten, unerprobten, selbstsüchtig ehrgeizigen und manchmal skrupellosen jungen Mann den gereiften Mann formten.«

Ich fand andere Versionen dieses geistigen Kampfes bei geliebten Menschen wieder. Bei Ryan, wie er auf dem Bürgersteig vor Maries Grundstück den blauen Mützenschirm tiefer zog. Bei Howie, wie er mir auf dem Flugplatz Lebewohl sagte. Bei Larry, wie er durch das fremde Leid in Brooklyn eigene Qualen durchlebte. Bei Kay, wie sie im Keller Franks Schuhe anschaute. Und bei Frank, der keinem Schmerz aus dem Wege ging.

Jeder Mensch, den ich bewunderte, hatte sich mit etwas Schrecklichem herumschlagen müssen und war zwar verwundet, aber stärker als zuvor aus dem Kampf hervorgegangen. Und so wartete ich — auferstanden aus dem dramatischsten körperlichen Zusammenbruch — dankbar auf die nächste Lebensrunde.

Den nächsten Monat verbrachte ich bei Larry in New York und sammelte Kraft, bevor ich zu meinen Mutterpflichten im Mittelwesten zurückkehrte. Wenn sich Larry über meine langsamen Fortschritte Sorgen machte, so behielt er das für sich. Mit mir teilte er nur die Zuversicht auf völlige Genesung. Ich erinnere mich nur an einen Ausrutscher. Ich stand vor dem offenen Kühlschrank und schaute hinein, als überlegte ich, wonach ich eigentlich suchte. Larry wartete mit dem leeren Weinglas in der Hand an der Küchentür, und seine Augenbrauen wanderten allmählich zum Haaransatz. Ich wußte, was ihm in den Sinn gekommen war. »Hirnschäden?« fragte ich. Er fühlte sich ertappt und lächelte.

Bei jedem Wiedersehen mit meinen Freundinnen war ich der gleichen genauen Musterung, dem gleichen geheimen Verdacht ausgesetzt. Es machte mir nichts aus. Ich war immer noch von dem Erlebnis einer anderen Welt wie benommen. Ich hatte mich verändert, und sah es deutlich, wenn ich in den Badezimmerspiegel schaute. Das Gesicht, das mich jeden Morgen daraus anblickte, war kaum als meines zu erkennen. Eine feine, aber auffällige Veränderung war darin vorgegangen.

Vor dem Badezimmerspiegel, wenn ich kein Gespräch führte und über nichts nachdachte, sah ich eine Frau mit unzerstörbarer Gemütsruhe. Ich hatte die Stationen Erschöpfung, Angst und Armut mit ihrem Verschleiß hinter mir gelassen, und meine letzte Station hieß Frieden. Das Koma, die unerwartete lange Ruhezeit oder die außergewöhnliche Zuneigung, die mir in den vergangenen Monaten widerfahren war, hatte den sorgenvollen Ausdruck der Augen verschwinden lassen.

»Du liebst den Frieden«, stand auf dem Zettel aus dem Glückskeks, den ich in mein Tagebuch geklebt hatte. So war es. Ich mochte die Frau, die mir morgens im Badezimmer ins Auge sah. Sie war dabei gewesen, als ich im Krankenhaus erwachte, mein unzertrennlicher Zwilling, der mich nie allein lassen würde. Wenn ich meine Existenz durch ihre ruhigen, optimistischen Augen betrachtete, erschienen mir die Anforderungen meines schwierigen Lebens nicht mehr unüberwindlich. Wenn mich wieder Termine und vielfältiger Druck bedrängen würden, würde sie jeden Morgen gleichmütig denken: Solange der Tod nicht eintritt, liegt kein Notfall vor.

Mit wiederkehrender Kraft stellten sich auch alte Denkgewohnheiten ein. Als ich mich von Dennis Greenbaum verabschiedete, hatte ich beim Händeschütteln ein Gefühl von Verlust. Ich glaube, ihm ging es ebenso, denn dem ständig witzigen Chef der Intensivstation fiel kein einziges Scherzwort ein.

»Grüßen Sie Larry und Gina von mir!« sagte er versonnen. Drei Wochen lang war er ein wichtiger Bestandteil meiner Krankenhausfamilie gewesen, ein engagierter Partner von Larry und Gina bei meinem Heilungsprozeß. Die Behandlung von Schwerkranken ist voller Risiken, denn immer kommt es vor, daß Patienten sterben. Aber genauso wichtig ist es, einen gefühlsmäßigen Abstand zu den Überlebenden zu bewahren. Denn sobald die Patienten wieder auf dem Posten sind, sobald sie wieder Gespräche führen und Gäste unterhalten, ziehen sie aus, und in den meisten Fällen bemühen sie sich, die Tage auf der Intensivstation und die Menschen dort aus ihrem Gedächtnis zu streichen.

Der Arzt heilte uns von den lebensbedrohenden Krankheiten, aber an unserer Freude nahm er nicht mehr teil. Wenn er in seinem Beruf erfolgreich war — und in meinem Fall war er aufsehenerregend erfolgreich gewesen —, konnten die Patienten es kaum abwarten, ihn zu verlassen. Ich versprach Greenbaum, mit ihm in Verbindung zu bleiben, aber wir beide wußten, es würde nie wieder so sein wie während meines Krankenhausaufenthalts. Er schüttelte mir die Hand, glückwünschend und bedauernd zugleich — wie ein Vater, der zusieht, daß sich sein erwachsenes Kind auf eigene Füße stellt. Diese Szene würde ich in anderer Rolle, aber ähnlicher Form wiedererleben, wenn ich zum Ende des Sommers meine Söhne in Ann Arbor zurückließ.

Das überstandene Koma war entscheidend dafür, wo die Kinder im nächsten Jahr leben sollten. Ich brauchte ein ganzes Jahr, um wieder zu Kräften zu kommen. Ich verlangte nach Ruhe, und Howie wollte gern die Verantwortung übernehmen. Bei unserem langen, gefühlsbetonten Gespräch nach dem Koma sagte er: »Mach dir keine Sorgen! Du brauchst nur auf dich aufzupassen.« Und dann fügte er die Worte hinzu, die im vergangenen Monat vor dem Flugplatz-Terminal vom Winde verweht worden waren: »Ich liebe dich.« Er wollte immer vermeiden, daß diese Worte in seinem Kopf widerhallten.

Diese neun Tage im März hatten ihm ebenso die Augen geöffnet wie mir. Er hätte den Verlust einer »Freundin« so tief betrauert wie den einer »Ehefrau«. Der bittere Kummer über die Scheidung verblaßte neben der Gefahr, daß ich die Erde auf immer verlassen könnte. In meiner dreimonatigen Abwesenheit von Ann Arbor hatte er lästige Pflichten zu erfüllen, um die er sich früher nie gekümmert hatte. Jetzt nahm er die Anrufe von Trainern entgegen, die nicht bezahlte Fußballbeiträge anmahnten, er schrieb Schecks für Kroger aus, er mußte sich mit dem Problem auseinandersetzen, mit dem allen allein fertigzuwerden. Fast drei Jahre hatte ich ihn verzweifelt um Mithilfe gebeten, jetzt lernte er alles in kürzester Zeit.

Auch für mich hatte unsere Beziehung einen anderen Nennwert bekommen. Irgendwo zwischen Studiowohnung, Rettungswagen, Notaufnahme und Intensivstation hatte ich meinen Verlobungsring mit dem Smaragd verloren. Er befand sich nicht unter den persönlichen Gegenständen, die mir nach meinem Erwachen ausgehändigt wurden. Ein Sicherheitsbeamter des Krankenhauses besuchte mich, nahm eine Verlustanzeige auf und begann sogar mit Ermittlungen wegen Diebstahls.

Ich vermutete, daß ich den Ring verloren hatte, ohne daß eine fremde Hand im Spiel war. Er hatte mir nicht mehr gepaßt, da ich in den letzten zwei Jahren ständig abgenommen hatte. Er war mir oft unter der Dusche oder beim Abwasch vom Finger geglitten, einmal sogar im Bett bei einem wüsten Traum. Ich meldete den Verlust zwar dem Krankenhausdetektiv, aber in Wirklichkeit hatte ich meinen Verlobungsring schon seit Jahren verloren.

Obwohl ich den Trauring schon vor drei Jahren abgezogen hatte, versuchte ich doch, die Liebe zu bewahren, die Howie und ich uns geschworen hatten. Ich dachte, daß unsere Lebensgeschichte zusammen mit unseren starken Bindungen an Eltern, Schwiegereltern und Kinder uns für immer zusammenhalten mußten. Von meinem jetzigen Standpunkt aus erkannte ich, daß jede Bemühung, Liebe zu »bewahren«, zum Scheitern verurteilt war. Es ist unmöglich, Liebe in Besitz zu nehmen — man muß sie dauernd erobern, indem man sich wieder und wieder neu offenbart. Aus unserer Lebensgeschichte können wir Lehren ziehen, aber keinen ewigen Anspruch auf flüchtige Gefühle ableiten.

Während mich der Verlust des Verlobungsrings bedrückte, nahm meine unsichtbare Zwillingsschwester ihn gelassen hin. Kummer und Schuldgefühle aus meiner Beziehung zu Howie waren lose Fäden meiner Existenz, an denen die

wiedergeborene Frau nicht interessiert war. Ob sie meine Vergangenheit liebte oder nicht, hing von den gegenwärtigen Umständen ab. Sie schuldete ihr jedenfalls nichts.
Am schwierigsten war es für mich, meine Liebe zu Howie richtig einzuordnen. In den nachdenklichen Wochen, die auf das Koma folgten, machte ich Fortschritte und löste mich von meinem Kummer über die Scheidung. Schuldgefühle sind eine unvollkommene Form der Liebe, und ich wollte wissen, wie wir ohne dieses schreckliche Band zueinander standen. Das bedeutete, mich nicht mehr für Schmerzen verantwortlich zu fühlen, die allein Howies Sache waren, aber auch keinen Dank mehr für Gefälligkeiten zu erwarten, um die er mich gar nicht gebeten hatte.

Joan hatte mir empfohlen, während der Genesungszeit »in meinen Körper hineinzuhorchen«. In meinem Fall war es so, daß ich ihn gar nicht überhören konnte. An einem Junimorgen kurz nach meiner Rückkehr nach Ann Arbor stand ich unter der Dusche und spülte mir das Shampoo aus den Haaren. Plötzlich fühlte ich, daß mir irgend etwas Weiches mit dem Wasserfluß über den Rücken glitt. Ich schaute zum Ausguß hinunter und erblickte einen großen Klumpen silberner Fäden, die wie ein Päckchen aus weichem Gewebe aussahen. Ich hob die Kugel auf, um sie zu untersuchen. Zu meinem Schreck sah ich, daß es Haare waren.
Ich rief Dr. Greenbaum an, berichtete ihm von dem Unglück und fragte, ob es normal sei, daß nach dem Koma die Haare ausgehen. Er hatte so etwas noch nie gehört, versprach aber, sich zu erkundigen. Auch Dr. Whiteside wußte keine Erklärung. Schließlich war es meine Freundin Carolen in Kansas City, die sogar eine Bezeichnung dafür kannte: Nachträgliches Haarausfall-Syndrom. Im allgemeinen

tritt es zwei bis drei Monate nach einem traumatischen Erlebnis auf.
Von der Inhaberin des Schönheitssalons in Ann Arbor erfuhr ich, daß das bei Kundinnen nach einem Krankenhausaufenthalt nicht ungewöhnlich war. Sie hatte in der Ausbildung gelernt, daß in den intravenös eingeführten Lösungen keine der Nährsubstanzen und Proteine enthalten sind, die das Haar zum Wachstum braucht. Sie hob eine Strähne hoch, und wir sahen einen dünnen, durchscheinenden Strich etwa zwei, drei Zentimeter über meiner Kopfhaut. Dieser bizarre Heiligenschein zog sich rund um den Kopf. Es war das Andenken an die neun nicht gelebten Tage.
Ich ließ das Haar kurzschneiden, um das Wachstum anzuregen. Aber die Haare fielen weiter aus. Wenn ich sie morgens bürstete, mußte ich ganze Büschel aus der Bürste entfernen. Das wurde zu einer schrecklichen täglichen Probe. Nach zwei Wochen schweren Haarausfalls konnte ich unter den dünner werdenden silbernen Strähnen deutlich die Kopfhaut schimmern sehen. Verzweifelt ging ich wieder in den Schönheitssalon und ließ mir — im Bestreben, die Quelle meiner Eitelkeit zu retten — noch einige Zentimeter Haar abschneiden.
Aber mein Haar war so schwach und dünn geworden, daß ich es zum Schluß ganz kurz schneiden lassen mußte. Beim dritten Mal kam ich mit einem asymmetrischen Igelschnitt aus dem Salon. (»Meine Güte, du machst auf Punker!« sagte Phyllis, als ich in ihr Büro kam. »Nein«, erklärte ich, »das ist ein total verunglückter Haarschnitt.«) Ich war also ein Punker wider Willen.
Seit langem war ich gewöhnt, körperliche Symptome auf Anzeichen von seelischem Streß zu untersuchen. Daher machte ich mir Gedanken, warum ich meine Haare, die für Larry das Anziehendste an mir waren, gerade in dem Mo-

nat verlor, in dem ich mit ihm zusammengezogen war. Ich durfte die Botschaften meines Körpers keinesfalls außer acht lassen. Hatte mein Unterbewußtsein einen Test durchgeführt? Larry hatte mich geliebt, als der Schlauch aus meinen Rippen ragte. Er hatte mich geliebt, als ich im Koma lag. Er hatte mich sogar geliebt, als die Möglichkeit eines Hirnschadens bestand. Aber würde er mich mit einer Glatze lieben?

Der Haarausfall war eine schwere Prüfung für meine Eitelkeit. Die durchsichtige Igelfrisur war noch schlimmer als die verunglückten Locken auf meinem Foto vom zweiten Schuljahr. Jeden Morgen, wenn ich im Badezimmer das Licht einschaltete, packte mich die Verzweiflung. Doch mein zweites Ich zuckte nur mit den Achseln und dachte: Kein Notfall.

Im Juni kamen Kay und Jerry, um mir beim Einpacken in Ann Arbor zu helfen. Aus Fort Wayne kamen vier Frauen zum Verladen der Sachen auf den Lastwagen. Mit Leichtigkeit hievten Sheryl und Sue die dreisitzige Couch. »Die sind aber stark«, sagte Kay bewundernd. Ich hätte ihr gern erzählt, daß diese drei Freundinnen auch Organisatorinnen des »Kaffeehauses der stämmigen Frauen« waren, mit dem alljährlich bei Sisterspace der Parteitag der Lesben gefeiert wurde. Ausnahmsweise gelang es mir, diesen interessanten Tatbestand für mich zu behalten. Sollte Kay selbst ihre Schlüsse ziehen! »Du weißt gar nicht, was für ein Glück du hast, so wunderbare Freundinnen zu besitzen«, sagte sie, als das Wochenende vorbei war.

George kam am Sonnabend. Er wollte den Wagen fahren. Zwei Tage lang fuhren Kay, Jerry und die Kinder auf dem Interstate-Highway 80 hinter uns her. Als unsere kleine Karawane vor unserem viktorianischen Haus in Connecticut hielt, fand sich Larry plötzlich von Familie umgeben. Drei Monate lang hatte er hier allein gehaust, nun rückten ihm gleich sechs von uns auf den Pelz. Ich kam mit Kahlkopf und Gefolge. Wer mich liebte, mußte uns alle lieben.

Bevor die Kinder im September zum Schulbeginn nach Ann Arbor zurückkehrten, verbrachten sie den Sommer bei uns. Zuerst begegneten sie Larry mit Vorsicht. Um mit diesem peinlich sauberen, ordentlichen und tüchtigen Mann gut auszukommen, hatten sie eine Menge neue Regeln zu lernen.

Ryan erwies sich als schärfster Beobachter. Er staunte über die gewissenhafte Art, mit der Larry eine Schüssel Eiscreme auftischte. Er gab drei Portionen aus und deckte den Rest dann mit einer frischen Plastikfolie ab, um ihn vor Brand im Tiefkühlfach zu bewahren. Danach spülte er noch den klebrigen Deckel, bevor er ihn auflegte. Ryan hatte noch nie gesehen, daß jemand einen Pappdeckel säuberte. Er stand vor einem Rätsel und bat mich um Aufklärung.

Eines Nachmittags im August sah ich vom Fenster meines Arbeitszimmers, wie Darren auf dem Fahrrad die Straße hinunterraste, als wären vierzig Teufel hinter ihm her. Ich sah ihn gern so unbekümmert. Er trug die roten Rennhosen und ein weißes Baumwollhemd und sah so herrlich darin aus, daß ich weinen mußte. Meine Tränendrüsen arbeiteten völlig unabhängig von mir. Sie machten mir am Küchentisch, in dunklen Zuschauerräumen und beim Anblick bestimmter Jacken auf dem Fußballplatz die Augen feucht.

Vor zwei Jahren hatte Darren im Kostüm eines Kaninchens bei einer Aufführung der zweiten Klasse in »Bambi« den Thumper gespielt, was eine solche Tränenflut bei mir hervorrief, daß ich zwei Packungen Papiertaschentücher brauchte. Ich sah ihn gern in diesen leichten Nylonhosen auf dem Rad, und mir fiel ein, daß wir schon die Hälfte der Zeit hinter uns hatten, in der Mutter und Söhne zusammenleben, und daß die verbleibende Zeit zwischen Howie und mir aufgeteilt sein würde. Wie schnell vergingen die Jahre! Man durfte nichts für gegeben nehmen.

Gina blieb ihrem Tagebuchschwur treu, mir eine »bessere« Schwester zu sein. Zwischen ihren Besuchen schickte sie lange, gefühlsbetonte Briefe von Chicago nach Connecticut. Bei ihren Krankenwachen im St. Vincent hatten wir unsere stärksten Gefühlserlebnisse gehabt, aber jetzt reagierten wir darauf völlig verschieden. Vielleicht lag es daran, daß Gina in den neun Tagen immer an mich gedacht hatte, während ich in meinen Träumen darüber sann, ob es sich lohnen würde, in die Welt zurückzukehren. Jedenfalls führte diese besonders widrige Erfahrung zu einem Rollentausch: Sie wollte auf einmal analysieren, und ich wollte spielen.
Einen Monat nach meiner Heimkehr kam ein elfseitiger, monologisierender Brief von ihr. Darin nannte sie meine Krankheit eine Erfahrung, die sie »radikal gewandelt« habe. (»Mein Gott, jetzt spreche ich auch schon wie Du«.) Von leidenschaftlichen Gefühlsausbrüchen aufgewühlt, hatte sie zwei Monate gebraucht zur Abfassung des Briefes.

20. April 1984

Mein lieber alter (bei jedem Besuch) schlafender Tiger, als ich nach New York kam, warst Du schrecklich krank ... Ich sah, wie Du Dich mit dem Beatmungsgerät herumquältest, und das hat mich ganz fertig gemacht. Ich kann nur staunen, daß ein Mädchen – auch wenn es so willensstark und entschlossen ist wie Du – das alles ausgehalten hat. Deshalb hatte ich auch

nie das Gefühl, Du würdest aufgeben (und dafür möchte ich mich hier und jetzt bei Dir bedanken). Aber ich schäme mich, daß es so lange dauerte, bis ich dahinterkam, daß ich Dir noch etwas sagen muß.
Ich meine, daß ich Dich liebe — was Du sicherlich weißt. Und ich weiß, daß Du mich liebst. Also, das ist kein Problem. Was ich möchte, ist folgendes: Wir sollten endlich aufhören, so viel Geduld miteinander zu haben. Wir sind so verdammt vorsichtig, M.K. Wir fürchten, daß wir uns dem anderen mit unserer lästigen Liebe aufdrängen. Wir gehen so höflich miteinander um.
Eines Morgens habe ich, bevor ich ins Krankenhaus ging, Dein Tagebuch gelesen. Bitte, erschrick nicht! Du bist eine Frau, der es nichts ausmachen kann, wenn man zu ihren Lebzeiten ihr Tagebuch liest. Neu war mir darin nur die Offenheit, mit der Du von Deiner schweren Ermüdung geschrieben hast. Du hattest sie auch gelegentlich erwähnt, aber irgendwie ist das bei mir nicht angekommen.
Es hat mich verrückt gemacht, daß ich nicht herauskriegen konnte, welche Tragödie Du am Abend des 15. Januar erlebt hast. Was hast Du an diesem Abend durchs Telefon erfahren? Wie kommt es, daß ich nichts davon weiß? Wie kommt es, daß ich keine Notiz von Deinen Tätigkeiten in Fort Wayne genommen habe? Wie kommt es, daß ich allen anderen erzählt habe, wie ich eines Morgens vor dem Gang ins Krankenhaus Dein Tagebuch las, nur Dir nicht?
Ich habe mit Dir den ganzen Nachmittag über Dein Tagebuch gesprochen . . . es war ein wundervolles Gespräch. Schade, daß Du da noch im Koma lagst. Ehrlich, Du verbirgst in den Seiten Deines persönlichen Tagebuchs kein häßliches zweites Ich. Das habe ich auch zu Susan gesagt (sie war entsetzt, daß ich Dir so was antun konnte, in Deinem Tagebuch zu lesen, während du wehrlos warst).

Als ich es las, war es, als hörte ich Dich zu mir sprechen . . . und dann fiel mir ein, daß ich eigentlich ein Selbstgespräch mit Dir belauschte. Nur eins hat mich betrübt: Daß ich vielleicht nie in Wirklichkeit mit Dir so sprechen konnte . . . daß Du vielleicht nie erfährst, welche Ruhekur ich Dir in meiner liebenden Umarmung bieten könnte.

20. Juni 1984

Mein Gott, was für eine Abhandlung! Da habe ich nun im April damit begonnen, eine »neue Schwester« für Dich zu sein, und jetzt beende ich diesen Brief erst im Juni, so daß die nackten Tatsachen gegen mich zu zeugen scheinen. Und doch sehe ich verschiedene Dinge jetzt ganz anders. Ich bin entschlossen, mich Dir endlich in meinem ganzen überheblichen Glanz zu präsentieren. Ich weiß gar nicht, warum mir das so schwerfällt, aber es ist so. Vielleicht kommt es daher, daß mein neues Erwachsensein uns einiges im verschiedenen Licht sehen lassen könnte.

Ich fürchte den Zeitpunkt, an dem wir zum erstenmal am Schluß einer Diskussion entgegengesetzter Meinung sind, M.K. Und das nicht etwa, weil ich mich der Debatte nicht gewachsen fühle, sondern weil ich weiß, daß ich mich dann schrecklich einsam fühlen werde. Erinnerst Du Dich an die Zeit, in der Dir nur die wachsende Bedeutung Deiner Ansichten Angst gemacht hat?

In der meisten Zeit meiner entscheidenden Bildungsjahre war ich stolz darauf, daß ich anders als andere Leute war. Das lag an den Ideen, die ich von meinen Angehörigen aufsog. Wenn ich mich jemals von diesen Eigentümlichkeiten unserer Familie abnable, werde ich mir ganz blöd und witzlos vorkommen. Ich weiß, über das alles hat Salinger schon geschrieben. Aber im Gegensatz zu Buddy Glass gefällt mir die Vorstellung, daß die Membran zwischen uns so dünn ist.

Es ist spät geworden, und ich schweife immer mehr ab. Dieses ganze Geschreibsel soll Dir nur eine Botschaft übermitteln: Ich liebe Dich. Laß Dich nicht dadurch beirren, daß ich Briefe nicht zur Post bringe, nicht telefoniere, keine Pläne für ein Wiedersehen schmiede und sogar zwei, drei Jahre lang mit Erwachsenwerden beschäftigt bin! Das eine sollst Du wissen: Ich liebe dich. Und werde Dich immer lieben.

Zum Schluß kam eine Aufstellung der Veränderungen, die Gina für unsere Beziehung zu vollziehen wünschte. Sie schrieb: »Ich möchte nur einmal auf Deiner Türschwelle stehen und nicht das Gefühl haben, daß ich gekommen bin, um Hilfe von Dir zu erbitten.« Das war ein Verzicht auf die Stellung der »kleinen« Schwester. Zwar klagte sie sich an, meine seltenen Bemerkungen über Ermüdung überhaupt nicht beachtet zu haben. Doch sie warf mir auch vor, daß ich ihr wichtige Tatsachen vorenthalten hätte. »Ich wünschte, Du würdest lernen, es einzugestehen, wenn du nicht mehr weiter weißt, M.K. Denn ich muß auch einmal das Gefühl haben, daß ich Dir helfen kann.«
Die Stärke ihrer Sehnsucht überwältigte mich, ihr Bedürfnis danach schüchterte mich ein und begeisterte mich. Im Antwortbrief schrieb ich ihr, daß ich nicht im geringsten von ihrer Art, mich zu lieben, enttäuscht sei. Es bekümmere mich nur, daß sie es so schrecklich eilig habe, alles zurückzuzahlen, was sie mir an Liebe schuldig zu sein meine. Ich bat sie, sich mit ihrem Charisma zufriedenzugeben.

Möglich, daß Du niemals alles an Liebe zurückgeben wirst, was Du von anderen Menschen empfängst. Ich wüßte überhaupt nicht, wie Du das je fertigbringen könntest, nicht einmal innerhalb der Familie. Aber laß Dich nicht dadurch irritieren, daß das Gefühlskonto unausgeglichen bleibt! Es hat kei-

nen Sinn, Dich schuldig zu fühlen oder Dich dafür zu entschuldigen, daß Du uns nicht genügend liebst. Indem wir Dich formten, bildeten und über Dich nachdachten, sind wir vielleicht bessere und wertvollere Menschen geworden als durch irgend etwas anderes.
Habe ich Dir wirklich erspart, mich in meiner ganzen Hilflosigkeit zu sehen? Ich könnte doch kaum leichter zu durchschauen sein. Ich gerate in ein Koma, die Haare fallen mir aus. Meine körperliche Schwäche bringt mich ständig in Verlegenheit. Meine Anfälligkeit nimmt groteske Ausmaße an. Ist es nicht geradezu unglaublich, wie mein Körper die Aufmerksamkeit auf sich zieht? Und ich lebe damit, als gehörte es unabdingbar zum Menschsein. Ich stelle mir vor, daß man es mir so deutlich ansieht, als wäre ich auch am Tage mit Leuchtfarbe bemalt.
Ich glaube nicht, daß Liebe die Übereinstimmung in allen Ansichten erfordert. Vielleicht brauchst Du sogar die Meinungsverschiedenheiten zwischen uns, um Deinen Geist von meinem abzugrenzen. Diese allzu dünne Membran zwischen uns kann verdammt lästig sein. Wir haben dich geformt und gebildet – wirf alles ab! Ich meine, Du hast nur dann eine Chance, wenn Du uns widersprichst.

Leicht würde es nicht werden für unser liebenswürdigstes Familienmitglied, abweichende Meinungen zu vertreten. Bisher hatte sich Gina damit begnügt, bei Disputen schweigend dazusitzen und es mir oder meinen Brüdern zu überlassen, strittige oder unwillkommene Ideen vorzutragen. Da haben wir's, dachte ich, als ich ihre Briefe las. Weiß Gott, ich beneidete sie nicht.
Die Kluft, die die Wahrheit aufreißt, ist nur schwer durch Liebe zu kitten. Gina fürchtete die Einsamkeit, doch das würde vorübergehen. Wenn sie bei ihrer Wahrheit blieb, konnte die Liebe bald stärker und verläßlicher werden als

zuvor. Wenn sie ihre wahre Natur hervorkehrte, würde sie vielleicht sogar eine geistige Verwandtschaft zu Menschen entdecken, bei denen sie das nie vermutet hatte.

Bevor ich Ende Mai New York verließ, ging ich die Sixth Avenue entlang, um in Poppy's Imbiß zum letztenmal ein Pastrami-Sandwich zu essen. Die alte Frau stand nun wieder an ihrem Platz. Ich freute mich, sie zu sehen. Trotz der warmen Frühlingssonne trug sie ihre alte marineblaue Strickmütze. Sie hatte ein neues Plakat, doch mit der alten Aufschrift: »Unser Ende ist nah.« Ich warf ein paar Vierteldollarmünzen in ihren Becher.

Sie bemerkte mein langsames, steifes Schlurfen und meine abgemagerten Glieder. »Was ist denn mit Ihnen los?« fragte sie.

»Ich wurde verseucht«, zitierte ich George, um ihr dann zu versichern, »aber jetzt bin ich wieder okay.« Sie starrte mich aus zusammengekniffenen Augen an. Eigentlich sah sie durch mich hindurch, als erforschte sie mit Röntgenblick meine Seele. Was immer sie dort sehen mochte, es überzeugte sie, daß ich die Wahrheit sagte. Sie akzeptierte mich als eine der ihren. Sie reihte mich in die kleine Armee besessener Plakatträger ein, die auf den Bürgersteigen ihr Innerstes entblößten. Und es war sinnlos, das zu leugnen.

Ich nahm an, daß man in der Lotterie über Gesundheit oder Wahnsinn endlich meine Nummer gezogen hatte. Ihr forschender Blick entspannte sich. Dann zog sie mich ins Vertrauen.

»Am besten, Sie warnen die anderen«, riet sie mir.

»Okay«, versprach ich, hielt die Hand auf und nahm den Bleistift entgegen, den sie den Gläubigen zu schenken pflegte.